侦查学原理

PRINCIPLES OF CRIMINAL INVESTIGATION SCIENCE

主 编 任惠华

撰稿人（以撰写章节为序）

任惠华 吕垚瑶 梁 坤

李 恒 谢 玲 谢 波

法律出版社

LAW PRESS · CHINA

北京

图书在版编目(CIP)数据

侦查学原理 / 任惠华主编. -- 北京 : 法律出版社, 2023

ISBN 978-7-5197-8097-5

Ⅰ. ①侦… Ⅱ. ①任… Ⅲ. ①刑事侦察学-高等学校-教材 Ⅳ. ①D918

中国国家版本馆 CIP 数据核字(2023)第 128930 号

侦查学原理
ZHENCHAXUE YUANLI

任惠华 主编

责任编辑 刘 琳
装帧设计 鲍龙卉

出版发行 法律出版社
编辑统筹 法律教育出版分社
责任校对 王 丰
责任印制 刘晓伟
经 销 新华书店

开本 710 毫米×1000 毫米 1/16
印张 21.5 **字数** 375 千
版本 2023 年 8 月第 1 版
印次 2023 年 8 月第 1 次印刷
印刷 三河市兴达印务有限公司

地址:北京市丰台区莲花池西里 7 号(100073)
网址:www.lawpress.com.cn
投稿邮箱:info@lawpress.com.cn
举报盗版邮箱:jbwq@lawpress.com.cn

销售电话:010-83938349
客服电话:010-83938350
咨询电话:010-63939796

书号:ISBN 978-7-5197-8097-5 **定价**:52.00 元

凡购买本社图书,如有印装错误,我社负责退换。电话:010-83938349

作 者 简 介

任惠华 法学博士，西南政法大学刑事侦查学院教授、博士生导师、博士后合作导师。主要研究方向为侦查学和毒品问题治理。教育部高等学校公安学类专业教学指导委员会委员(2014～2018年)，中国行为法学会侦查分会副会长(2014年至今)，新疆维吾尔自治区天山学者(2017年)，中国人民大学复印资料公安学卷编委。中国人民公安大学、华东政法大学、西北政法大学、中国刑事警察学院、郑州警察学院、吉林警察学院、重庆警察学院等兼职教授或客座教授；重庆市首届高校优秀中青年骨干教师(2004年)，重庆市法学会第二届、第三届学术委员会委员。重庆市重点学科公安学负责人，西南政法大学侦查学学科召集人，国家毒品问题治理研究中心副主任。出版或主编专著和教材40余部，发表学术论文130余篇。

吕垚瑶 法学博士，西南政法大学刑事侦查学院讲师、硕士生导师，美国加州大学伯克利分校法学院访问学者。主要研究方向为侦查学基础理论、金融犯罪治理、警务英语。参与国家社科基金项目、教育部人文社科规划基金项目多项，主持完成重庆市社科规划项目2项，重庆市社科规划智库重点项目1项，合著《民间融资刑法规制完善研究》(法律出版社2016年版)、《民间借贷与非法集资风险防范的法律机制研究》(经济科学出版社2017年版)，多项涉金融犯罪防控智库成果获省部级领导肯定性批示或省部级部门采用，指导学生参加全国警务英语大赛获“团体一等奖”“优秀指导教师奖”等多项荣誉。

梁　坤 法学博士，西南政法大学刑事侦查学院院长、教授、博士生导师，中国人民大学法学博士、社会学博士后，德国马普外国与国际刑法研究所访问学者，巴渝学者青年学者、重庆市高校中青年骨干教师。主要研究方向为侦查学、证据学、数据安全。主持国家社科基金、教育部人文社科基金等科研项目，独著《数据主权与安全:跨境电子取证》(清华大学出版社2023年版),在《法学研究》《法学》《环球法律评论》《中国刑事法杂志》等刊物发表学术论文40余篇,获中国法学会第七届“董必武青年法学研究成果奖”二等奖、重庆市第十一次社会科学优秀成果奖三等奖等奖项。

李　恒　法学博士、博士后,西南政法大学国家安全学院副教授、硕士生导师,台湾大学法学院访问学者。兼任法治网特约评论员、国家毒品问题治理研究中心研究员、重庆市新型犯罪研究中心研究员、西南政法大学政治安全研究中心副主任等。曾在公安机关从事实务工作多年,曾获陕西省优秀博士学位论文。在《情报杂志》《新疆社会科学》等CSSCI来源期刊和《人民检察》《法治日报》等刊物发表学术论文80余篇,咨政建议、研究报告被有关中央有关国家机关、部委采纳或被中央领导批示,论文被人大复印报刊资料全文转载2篇。主持完成中国法学会、中国博士后科学基金面上资助、重庆市社会科学规划项目等省部级研究课题多项。

谢　玲　法学博士、博士后,西南政法大学副教授、刑事侦查学院新型网络犯罪治理教研室主任。兼任全国新型犯罪研究中心重庆分中心研究员。主要研究方向为新型网络犯罪侦查。主持教育部人文社科规划基金、重庆市社会科学规划基金等多项省部级科研项目课题,独著《电信网络诈骗犯罪研究》《电信网络诈骗预警话术指南》,主编《电信网络诈骗案件侦查》,在《国际展望》《学术论坛》《澳门法学》《中国青年社会科学》《中国人民公安大学学报(自科版)》等刊物发表论文、文章40余篇,多篇被《人大复印资料》转载。

谢　波　法学博士,西南政法大学国家安全学院副教授、硕士生导师。兼任重庆市警察协会特邀研究员、西南政法大学总体国家安全观研究院研究人员。曾在公安机关、公安院校工作9年,授二级警督警衔,获个人三等功1次、嘉奖5次。主要研究方向为公安学、国家安全学。主持国家社科基金重大招标项目子课题1项、重庆市社科规划项目3项、重庆市教委科研项目5项。出版专著3部,在《中国人民公安大学学报(社科版)》《中国刑警学院学报》《公安研究》《国家安全研究》《国家安全论坛》等刊物发表论文50余篇,获“中国警学论坛”“京津沪渝法治论坛”“泛珠三角合作与发展法治论坛”等学术奖多项。

编 写 说 明

“侦查学原理”是法学类侦查学专业本硕博阶段的必修课,也是侦查学专业硕士研究生入学考试的考试科目。“侦查学原理”还是一门在侦查实践基础上不断发展的课程,内容具有极强的时代性,随着犯罪的不断发展变化和我国侦查制度改革的推进,侦查理论和方法也与时俱进。监察体制改革作为事关全局的重大政治改革,对原有的职务犯罪侦查制度进行了根本性的改造,以审判为中心的刑事诉讼改革也对侦查提出了全新的要求。这些改革背景令侦查学原理的教学体系和具体内容需要适应时代发展之需要,教材重编刻不容缓。本教材是在法律出版社“新阶梯法学规划课程系列教材”《侦查学原理》的基础上重新编写,重编的重点内容为:一是按照 2018 年 10 月《中华人民共和国刑事诉讼法》修正内容,对所涉及法律条文变化进行了修订;二是依据 2018 年《中华人民共和国监察法》规定,对侦查概念体系进行了重新设定;三是结合当前黑恶犯罪、网络犯罪、无接触犯罪、轻刑犯罪等突出特点,对侦查价值、侦查功能、侦查模式、侦查基础等内容进行了更新。

1893 年,自汉斯·格罗斯创立现代侦查学以来,人们在总结侦查实践的同时,开始着力研究侦查理论问题。尽管有学者认为侦查不是科学,而是一门技艺,但侦查的学术属性在不断提升。侦查学在 1979 年成为法学类大学本科专业,而后升格为硕士学位和博士学位建设学科,我国由此培养了大批的法学类侦查学专业的本科生以及硕士和博士层面的专业人才。各公安、警察、政法院校侦查学专业均开设了“侦查概论”“侦查总论”“侦查学原理”“侦查基本问题研究”等课程。西南政法大学于 1979 年就在刑事侦察专业开设有“侦查概论”课程,这一课程后改名为“侦查学原理”,一直开设到现在,从未停止。为适应该门课程的教学需要,西南政法大学刑事侦查专业、刑事侦查学系、刑事侦查学院刑事侦查教研室先后于 1994 年编写了《刑事侦查学概论》、于 2004 年和 2012 年编写了《侦查学原理》教材并产生了广泛的影响。

本教材首先解决的是侦查概念体系即“侦查是什么”的问题,这一问题是侦查理论和实务研究的基础和依据。其次阐明了“侦查为什么”即侦查价值追求和侦查价值标准,为侦查活动、程序和工作开展设置了目标和指引。再次探讨了“侦查能什么”即侦查功能问题,旨在实现侦查活动对社会和个人作用的最大化。上述问题是侦查原理课程中最根本的问题,对其他侦查理论问题的研究具有引领和规制意义。最后本教材还涉及侦查理论、侦查构造、侦查模式、侦查基础、侦查原则、侦查源流以及侦查学对象、侦查学性质、侦查学特点、侦查学历史等方面的理论问题。

侦查学是一门交叉性极强的学科。因此,本教材引用和参考了大量各个领域的已有研究成果,在此一并致谢！本教材特别适合法学类、公安学类专业本科生、硕士研究生、博士研究生学习,也可供刑事司法尤其是公安实务工作者参考。

本教材由西南政法大学刑事侦查学院侦查学教研室侦查学原理教学团队编写完成,主编提出写作大纲并统稿,共分为十三章,各章分工如下:

任惠华:第一章、第二章、第十一章
吕垚瑶:第三章、第四章
梁　坤:第五章、第七章、第九章
李　恒:第六章、第八章
谢　玲:第十章、第十四章
谢　波:第十二章、第十三章

本教材在体例与内容上难免存在疏漏与错误,敬请各位专家与读者批评、指正。

编　者
2023 年 5 月

目　　录

第一章 侦查概述

侦查概念是侦查学科中最根本的概念，是侦查活动、侦查行为、侦查程序等侦查所有问题展开的基础。在所有侦查和侦查学的教材和著作中，侦查是著述者需要阐释的基本概念。在所有关于侦查的立法中，侦查也是立法者需要解释的法律术语。尽管侦查是一项十分古老的职能活动，但千百年来，人们对这一概念的解析因为受不同历史时期和不同国家与地区政治、经济、文化和法律制度的影响而得出不同的结论，形成不同的侦查模式和侦查法律制度。我国 1979 年和 1996 年公布的《刑事诉讼法》对侦查的规定均为“公安机关、人民检察院在办理案件过程中，依照法律进行的专门调查工作和有关的强制性措施”。而 2018 年修正的刑事诉讼法则将侦查规定为“公安机关、人民检察院对于刑事案件，依照法律进行的收集证据、查明案情的工作和有关的强制性措施”。尽管这一修改并非本质性的变化，但随着原属检察机关负责侦查的贪污贿赂犯罪和渎职犯罪案件改由新组建的监察委员会进行监察调查，虽然监察调查由监察法调整，但部分刑事诉讼法学者认为监察委员会的部分调查权具有侦查权的属性，[1] 因此，需要厘清侦查概念的内涵和外延，明晰与侦查概念密切相关的侦查权的性质和规则。

第一节 侦查概念

侦查的概念是研究侦查的逻辑起点，也是侦查与其他社会活动和社会现象区分的前提。社会活动和社会现象多种多样，侦查也是其中一种，研究侦查概念可以使侦查限定在一定范围和幅度内，使之不与其他社会活动和社会现象混淆，很好地将它与其他社会活动和社会现象区分开，特别是与其他调查活动相

---

〔1〕 陈瑞华：《论监察委员会的调查权》，载《中国人民大学学报》2018 年第 4 期。

区分。侦查的概念是侦查学科中最根本的概念,是侦查所有问题研究的基础。

一、侦查的字义考证

“侦”和“查”的字义是研究侦查概念的逻辑起点。在字形上,“侦”由“人”、“卜”和“贝”三部分组成,“侦”字的三元素一目了然。而“查”在字形上,最下面的一横形似地平线,中间的“日”是地平线上的一轮太阳,最上面的“木”则是指林木、树木。

(一)“侦”“查”“察”的字义

1.“侦”的字义

“侦”字最早见于《易经》中,《易》曰:不恒其德,或承之羞。恒其德侦,妇人吉,夫子凶。会意兼形声字,篆文从人,从貞(占卜),会卜问之意,隶变后楷书写作貞,如今简化为侦。据《辞源》称:侦,有两种含义。第一种是指问。第二种是指探伺。《辞海》称:侦,探伺;暗中察看。[2]《现代汉语词典》称:侦,暗中察看;调查;－探｜－查。[3] 孟康称“诇音侦”,而《辞源》却称:诇(音 xiòng),有两种含义。第一种是指告密。第二种是侦察,刺探。[4]《辞海》则称:诇,侦察;刺探。[5]《现代汉语词典》称:诇,〈书〉刺探:－察(侦查)。[6] 可见,今人与古人考证“诇”字的字义较为一致。因此,古人多用“伺”来解释“侦”与“诇”。关于“伺”字,《辞源》称:伺,侦察,等候。古通作“司”。或作“司见”。[7]《辞海》称:伺,侦候,探察。如:伺便,伺机。[8]《现代汉语词典》称:伺,观察;守候,窥－｜－隙｜－机。[9] 从字义上看,“侦”与“诇”意指暗中或秘密的刺探、调查,观察、查看,强调其暗中或秘密的特点,而“伺”,则意指观察、候望,其暗中或秘密的特点不显著,因而表意刺探时,前面加“微”或“窥”来修饰。

2.“查”的字义

“查”从木,从旦,是会意字,本意是木筏。《辞源》称:查,有五种含义。其中

---

[2] 《辞海》,上海辞书出版社 1989 年版,第 270 页。
[3] 《现代汉语词典》,商务印书馆 1996 年版,第 1597 页。
[4] 《辞源》(第 4 册),商务印书馆 1983 年版,第 2884 页。
[5] 《辞海》,上海辞书出版社 1989 年版,第 441 页。
[6] 《现代汉语词典》,商务印书馆 1996 年版,第 1415 页。
[7] 《辞源》(第 1 册),商务印书馆 1979 年版,第 192 页。
[8] 《辞海》,上海辞书出版社 1989 年版,第 266 页。
[9] 《现代汉语词典》,商务印书馆 1996 年版,第 1198 页。

第二种含义是考察、检点,其余与侦查不直接相关。[10]《辞海》称:查,寻检。如:查究,查核。[11]《现代汉语词典》称:查,检查;调查。[12]

3."察"的字义

关于"察"字,《辞源》称:察,有五种含义。其中,第一种为观察;第二种为考核、调查;其余含义与侦查不直接相关。[13]《辞海》称:察,有五种含义。第一种为细看;详审。第二种是考察;调查。[14]《现代汉语词典》称:察,仔细看;调查:观－｜考－｜－其言,观其行。[15] 显然,"查"与"察"字义基本相同,都有查看、观察、调查、查究、查勘、查核之义,但二者在字义上都没有明显的暗中或秘密的特点,因而,它们与古代汉语中"伺"的字义相似。

(二)侦察"与"侦查"的词义

1."侦察"主要用作军事术语

关于"侦察",《辞源》称,"侦察",暗中察看。《后汉书九十・乌桓传》:"为汉侦察匈奴动静。"[16]可见这里是作军事术语。《辞海》称:侦察,"为获取军事斗争所需敌方或有关战区的情况而采取的措施。按任务范围分为战略侦察、战役侦察和战术侦察;按活动空间分为地面侦察,海上(水中)侦察和空中侦察;按活动方式分为武装侦察、技术侦察和谍报侦察。采用的主要手段有:观察、窃听、搜索、捕俘、战斗侦察、照相侦察、雷达侦查、无线电侦听与测向、调查询问、搜集文件资料等"。[17] 显然,现代意义上的"侦察"一词,也是作为军事术语使用。《辞源》中,有关"诇"的词条有:"诇察""诇伺""诇逻"等词。诇察,意指侦查。[18] 诇伺,意指谍探。[19] 诇逻,意指侦察巡逻。以上都是军事术语。

古汉语中有关"侦"或"诇"的词条,多与军事斗争有关,其余则用于政治斗争术语,均不是法律术语。这显然与中国古代侦察体制融于政治、军事体系中而未能独立有重要的关系。由于历史的惯性,"侦察"这一术语作为军事术语沿

---

〔10〕《辞源》(第2册),商务印书馆1980年版,第1549页。
〔11〕《辞海》,上海辞书出版社1989年版,第1447页。
〔12〕《现代汉语词典》,商务印书馆1996年版,第131页。
〔13〕《辞源》(第2册),商务印书馆1980年版,第860页。
〔14〕《辞海》,上海辞书出版社1989年版,第1162页。
〔15〕《现代汉语词典》,商务印书馆1996年版,第132页。
〔16〕《辞源》(第1册),商务印书馆1979年版,第243－244页。
〔17〕《辞海》,上海辞书出版社1989年版,第270页。
〔18〕《辞源》(第4册),商务印书馆1983年版,第2884页。
〔19〕《辞源》(第4册),商务印书馆1983年版,第2884页。

用至今自然不足为奇,作为法律术语在今天使用显然是一种语言习惯上的继承。

2.“侦查”一词的引入和运用

关于“侦查”,古汉语中尚未见这一词条,“侦查”这一术语应该是在引进国外法律时,结合“侦”与“查”的字义组合起来的新词,其自然有将“侦查”这一法律术语与军事和政治分开的意愿,因而,“侦查”一词的生成与使用,随着中国近现代法治发展的脉络,侦查为社会和法律所承认,也就蕴含法治的精神。

在司法实践中,无论使用“侦察”还是“侦查”,由于它们的词义相同而只是使用的习惯不同,因而都应是指刑事诉讼中对案件的侦办工作,其意指并无任何区别。考虑法律术语的严肃性与规范性,所有的法律(有关刑事诉讼中案件办理工作的法律)都应统一用“侦察”或“侦查”,而不能此法律用“侦查”,彼法律用“侦察”,或同一法律中混用“侦查”和“侦察”。在司法实践中,亦应作同样的规范用语工作。《中华人民共和国刑事诉讼法》中统一使用“侦查”这一术语,而很长一段时间,1993 年《中华人民共和国国家安全法》和 1995 年《中华人民共和国人民警察法》中将“侦查”与“侦察”混用,公安机关和国家安全机关的一些部门规章和文件中也常常是“侦查”与“侦察”混用。

无论是古代还是现代,“侦察”一词都是作为军事术语而使用的,但由于古代侦察职能融入政治、军事体系之中,“侦察”这一词也常常被作为法律术语。尽管相当长一段时间人们对“侦查”与“侦察”二词的含义进行了广泛而多视角的争论,但现在已渐趋统一,且随着“侦察”一词的淡出,“侦查”作为统一的法律术语的地位已经得到确认。

侦查具有多重的字义和词义,在其发展和演绎的过程中,与邻近的“侦察”“调查”“审查”“检查”等概念在具体形态和方法上的相融性、相似性使得人们在实践活动中经常混用,且互相解释,出现了刑事调查(criminal investigation)、治安调查(public security investigation)、行政执法调查(administrative enforcement investigation)、民事调查(civil investigation)、商事调查(business investigation)、执纪调查(disciplinary investigation)、私人侦探(private detective)等组合概念。

二、侦查的概念

法律术语都是从司法实践中来,经理论阐释被公认,由正式的法律明文规定加以确认后,方完成其成为标准的法律术语的历程。一般而言,对侦查概念的论析，应先从其学理解释入手，再到其法理解释。

（一）侦查概念的法律规定

受不同的政治、经济、文化、法律等因素影响，不同国家和地区对侦查的法律规定表现出了不同的侧重。

1. 我国侦查概念的法律规定

出于语言上的同源性，我国大陆（内地）和台湾地区、澳门特区，对侦查概念的认知基本是一致的。我国1979年、1996年和2012年的刑事诉讼法对“侦查”的法律解释完全一致：侦查是指公安机关、人民检察院在办理案件过程中，依照法律进行的专门调查工作和有关的强制性措施。我国2018年修正的《中华人民共和国刑事诉讼法》对侦查的内涵进行了修改，表述为侦查是指公安机关、人民检察院对于刑事案件，依照法律进行的收集证据、查明案情的工作和有关的强制性措施。这项规定强调了侦查的工作和措施的属性。我国台湾地区刑事诉讼规定第二编第一章第二节规定：“侦查为准备起诉之程序，因决断是否提起公诉起见，应汇集决断时所必需的资料。”这一规定将侦查视为“程序”。1996年澳门《刑事诉讼法典》第二部分第六卷第二编第240条规定：侦查指为调查犯罪是否存在，确定行为人及行为人之责任，以及发现及收集证据，以便就是否提起控诉作出决定而采取之一切措施之总体。[20] 这一规定也确认侦查是“措施”。很显然，无论是将侦查定位在“措施”和“工作”，还是“程序”，我国大陆（内地）和台湾地区、澳门特区侦查的内容都是与犯罪调查相关的活动。

2. 国外侦查概念的法律规定

欧美国家一般在法律法规中很少对侦查用语的含义进行界定。1996年《英国刑事程序和侦查法》第二编规定：本部分所称的刑事侦查，是指由警察实施侦查行为，以确定某人是否应受犯罪指控或被指控犯某种罪行的人是否有罪。[Criminal Procedure and Investigations Act 1996：For the purposes of this Part a criminal investigation is an investigation conducted by police officers with a view to it being ascertained—(a) whether a person should be charged with an offence, or (b) whether a person charged with an offence is guilty of it]。在英美法系国家，侦查是指警察或其他负有查明案件情况义务的人所进行的为确定被告人是否犯

---

〔20〕 中国政法大学澳门研究中心、澳门政府法律翻译办公室编：《澳门刑法典　澳门刑事诉讼法典》，澳门政府法律翻译办公室译，法律出版社1997年版，第228页。

有某些罪行或被告人是否有罪以进行的活动，侦查的主体除了警察外，还包括其他负有查明案件情况义务的人，这是典型的双轨制侦查模式在侦查法律规定上的体现。

（二）侦查概念的学理解释

对侦查概念的学理阐释大多是依据法律规范展开的，也有从剖析侦查内部构成要素入手而展开的，还有的从侦查功能、侦查目的、侦查属性等层面而展开的。

1. 诉讼视角侦查概念的学理解释

基于刑事诉讼法的角度，侦查作为刑事诉讼的一个重要阶段，无疑具有程序性意义。日本理论界认为，“侦查是侦查机关以达到提起公诉及实施公诉为目的而发现犯罪和收集证据的程序”，〔21〕这是基于“诉讼侦查观”的侦查概念。强调侦查的程序属性体现了现代法治的精神，也契合了各国刑事诉讼法无一例外地把侦查作为刑事诉讼程序阶段加以规定的客观现实。

我国学者则依据我国刑事诉讼法的规定，多将侦查在学理上定位为“工作”和“措施”。有学者认为，“侦查是警察机关或检察机关为了查明刑事案件情况，收集犯罪证据而对与案件有关的人、物、场所采取的调查性措施和强制性措施”。〔22〕 还有学者认为，“侦查是法定侦查机关在刑事诉讼活动中，为了查明犯罪事实，收集证据，查获犯罪嫌疑人，依照法律采用专门调查和特定措施的总称”。〔23〕 上述界定尽管在侦查主体、侦查对象、侦查目的等侦查概念要素上的表述不一致，但对侦查本质属性的描述都定位在“措施”上，且有专门的调查工作或措施、强制措施、专门调查和特定措施的表述。有学者仿效英美法系国家的做法，认为侦查不仅包括追诉机关实施的专门调查工作和强制性措施，而且包括被追诉方实施的调查取证行为，认为“犯罪侦查是有关人员为了查明案情和收集证据而就被控犯罪行为进行的调查活动”。〔24〕 还有观点认为，“刑事侦察是国家侦察机关，以刑事案件为目标，采取秘密的和公开的调查手段，发现、搜集犯罪证据，揭露、证实犯罪的一种专门活动”。〔25〕

---

〔21〕 肖贤富主编：《现代日本法论》，法律出版社1998年版，第462页。

〔22〕 任惠华主编：《侦查学原理》，法律出版社2012年版，第8页。

〔23〕 邹明理：《侦查与鉴定热点问题研究》，中国检察出版社2004年版，第17页。

〔24〕 何家弘：《外国犯罪侦查制度》，中国人民大学出版社1995年版，第4页。

〔25〕 公安部政治部编：《刑事侦察学导论》，警官教育出版社2009年版，第174页。

刑事诉讼法学学者多从诉讼进程的角度界定侦查，认为“侦查是指国家专门机关在办理刑事案件的过程中，为了收集、调取嫌疑人有罪或者无罪、重罪或者轻罪的证据材料和查获犯罪嫌疑人，依照法定程序进行的专门调查工作和有关的强制性措施”。[26] “侦查是侦查机关为提起和支持公诉而进行的调查作案人和案件证据的活动。”[27] 这种界定方式多数是从侦查的目的出发，强调侦查的目的性及与其他诉讼程序的关系，可以避免将侦查程序孤立起来，使侦查程序立足于既定的方向和目标，并自始至终运行于既定的轨道。

2. 侦查学学者对侦查概念的理解

侦查学学者多从侦查功能的角度界定侦查。有学者认为，“侦查是警察机关和检察机关在办理刑事案件的过程中，为了收集证据、揭露犯罪，揭发犯罪人而依照法律规定所实施的调查性措施和强制性措施”。[28] 还有学者认为，“侦查是警察机关、检察机关等法定主体为了查明案情、收集证据而对与刑事案件有关的人、物、场所开展的调查工作和采取的强制措施”。[29] 许志教授认为，“侦查是指法律授权的机关，在刑事诉讼活动中，为了收集证据、查明案件真相、查缉犯罪嫌疑人、预防和控制犯罪，依法进行的专门性调查活动和采取的有关强制性措施的总称”。[30] 杨宗辉教授将侦查概念的内涵概括为，“法定国家机关就涉嫌案件依法收集和调取证据，查明犯罪嫌疑与事实真相”。[31] 陈祥印教授主编的《刑事侦查学》教材中也持有类似的观点。[32] 刘冲教授认为，“侦查应表述为公安机关、国家安全机关、人民检察院、军队保卫部门、监狱、中国海警局等法定主体对于刑事案件或疑似刑事案件，依照法律进行的收集证据、查明事实、查获犯罪嫌疑人而进行的专门工作和有关的强制性措施”。[33] 这种界定方式多数是从侦查的功能出发，强调侦查的查明案情、收集证据、查缉犯罪嫌疑人的任务。其不仅对侦查的主体作了明确的表述，还在于明确了侦查的内容就是针对刑事案件所实施的调查性措施和强制性措施。但仅从侦查程序内部界定侦查，忽视了侦查作为刑事诉讼中一个环节或阶段的外部属性，割裂了侦查与

---

〔26〕 陈光中：《新编刑事诉讼法学》，中国民主法治出版社 2013 年版，第 275 页。

〔27〕 徐静村：《刑事诉讼法学》（上），法律出版社 1997 年版，第 182 页。

〔28〕 郭晓彬主编：《刑事侦查学》，群众出版社 2002 年版，第 52 页。

〔29〕 任惠华、马方主编：《侦查学教程》（第 2 版），法律出版社 2009 年版，第 3 页。

〔30〕 许志：《侦查概念界定之我见》，载《中国人民公安大学学报（社会科学版）》2009 年第 4 期。

〔31〕 杨宗辉主编：《侦查学总论》，中国检察出版社 2009 年版，第 32 页。

〔32〕 陈祥印主编：《刑事侦查学》，成都科技大学出版社 1997 年版，第 1 页。

〔33〕 吴标、王耀、刘冲：《对侦查定义的反思与重构》，载《辽宁警察学院学报》2020 年第 1 期。

其他诉讼程序的联系,从而有可能导致侦查程序游离于诉讼程序之外,甚至与其他诉讼程序形成冲突。一般而言,侦查是一种活动,外在表现为侦查行为,它不仅仅是一种以查明案件事实、收集证据、抓获犯罪嫌疑人为目的的认识活动,还是在程序法规范制约下的行为活动,必须通过侦查主动的行为方式表现和表达。我国台湾地区学者林灿璋、林信雄认为,就事实而言,犯罪侦查乃是对于刑事案件,能为调查犯罪事实、收集犯罪证据、发现犯罪嫌疑人而依法进行的各种调查活动的总称,亦是刑事司法运作的主要基础。即刑事司法运作基础需来自成功、合法的犯罪侦查。没有犯罪侦查,将难以想象刑罚的解释、裁判是如何进行的。我国台湾地区学者在认定侦查是调查活动的同时,把注意力重点放在了侦查在刑事司法运作中的基础地位上。

3. 国外对侦查概念的学理解释

"侦查"一词源于拉丁语 *vastigan*,意义只是"寻迹、跟踪或追踪",英文对应词为"criminal investigation",美国权威的《布莱克法律辞典》解释为:侦查是指政府行政部门所拥有的调查和揭露有关事实的权力。与《布莱克法律辞典》的解释相对应,美国学者认为,"Investigation is the medium through which facts necessary for successful criminal prosecution or civil litigation are discovered identified (in terms of their relationship to an offensive act), gathered preserved and subsequently prepared as evidence in anticipation of a legal proceeding"。[调查使用已将足以导致成功的刑事起诉或民事诉讼的事实发现、确定(指它们与一件违法事件有关联)、收集、保存,并随后作为证据准备于预期的法律程序的手段]。[34]这是当事人主义诉讼观支持的对抗式调查模式下的侦查界说。这种观点淡化了民事调查与侦查(刑事调查)的界限,在刑事诉讼中将国家机关和犯罪嫌疑人及其辩护人都视为当事人,主张当事人平等原则,不承认任何一方当事人有优于他方当事人的调查权。

日本学者山口守一认为,所谓侦查就是保全犯罪证据,保全犯罪嫌疑人人身。广义的侦查是指包括侦查的开端、侦查的实行、侦查的终结等整个侦查活动,狭义的侦查是指其中的实行侦查部分。显然,山口守一把侦查视作一个过程。也有美国学者认为,犯罪侦查是侦查人员对于犯罪行为收集、记录与评估犯罪事实等活动之过程。德国著名学者洛克信(Cluse Roxin)也认为,"侦查是

---

〔34〕 Frank E. K. lecak, *Principies of Investigation*: *Criminal and Civil investigation Handbook*, McGraw Hill, 1993, p. 121.

在为检察机关于决定是否提起公诉时，所做的准备工作”。[35]

（三）侦查概念的确立

鉴于新时代侦查的新样态，有必要对侦查概念相关元素进行梳理，统一认识。

1. 诉前取证主体的多元

世界上绝大多数国家都把侦查权授予了警察机关和检察机关，且规定了各自不同的侦查管辖范围，普遍的做法是警察机关承担多数刑事案件的侦查工作，检察机关主要负责公职人员职务犯罪的调查。在采用双轨制侦查模式的欧美国家，警察机关和检察机关等公权力机关之外的其他机关和个人在刑事诉讼中也有调查和收集证据的权力。在我国，侦查主体依然是警察机关和检察机关，但侦查主体已不是诉（公诉）前程序中唯一的取证主体。我国《刑事诉讼法》第 54 条第 2 款规定，行政机关在行政执法和查办案件过程中收集的物证、书证、视听资料、电子数据等证据材料，在刑事诉讼中可以作为证据使用。我国《监察法》第 33 条第 1 款也规定，监察机关依照本法规定收集的物证、书证、证人证言、被调查人供述和辩解、视听资料、电子数据等证据材料，在刑事诉讼中可以作为证据使用。由此可见，在世界范围内侦查虽是由法律授予特定机关和人员且受到严格限制的权力，即便是采用单轨制侦查模式的我国，侦查取证权由公权力机关垄断的格局没有改变，但行政机关和监察机关先后取得了刑事取证的权力或具有刑事取证的意义，它们在调查涉嫌犯罪的案件过程中获取的能证明犯罪的材料，只要符合法律的规定和证据的规格，在刑事诉讼中都可以作为证据使用。刑事诉讼中的侦查主体和取证主体的区分已是一种客观现实。然而如果非侦查主体的其他取证主体获取的证据运用于司法实践，将会导致刑事诉讼的可靠性受损。[36] 侦查的主体必须是侦查机关及其侦查人员，非侦查机关进行的刑事调查活动，不是刑事诉讼法意义上的侦查。税务人员对涉税案件的调查、海关官员对走私案件的调查、消防人员对火灾事故的调查、监察人员对贪腐问题的调查，尽管相关案件、事件、事故可能涉嫌犯罪，但他们的调查都不是侦查，因为其不具备侦查主体资格。不过，根据相关法律规定，上述主体在调查过程中获取的涉嫌犯罪的材料可以在刑事诉讼中作为证据使用。

---

〔35〕［德］克劳斯·洛克信：《刑事诉讼法》，吴丽琪译，台北，三民书局 1998 年版，第 404 页。

〔36〕龙宗智：《取证主体合法性若干问题》，载《法学研究》2007 年第 3 期。

2. 实施侦查目的的变化

侦查目的是收集证据、查明案情，收集证据是侦查的主要目的。我国1979年、1996年和2012年刑事诉讼法对侦查的法律规定中都没有涉及侦查的目的。学界对侦查概念的阐释一般都会涉及目的，但对侦查目的的表述也是五花八门。有学者认为，侦查的目的是查明犯罪事实，收集证据，查获犯罪嫌疑人。也有学者认为，侦查的目的是揭露犯罪，证实犯罪，揭发犯罪人。还有学者认为，侦查的目的是多重的、多层的、阶段性的，与侦查的功能、侦查的任务有联系也有区别。长期以来，学界对侦查目的一直存在“查明犯罪”还是“查证犯罪”的争论。在审判中心的模式下，侦查的目的已由破案和缉捕犯罪嫌疑人向收集证据、查明案情转化，其中，收集证据成为侦查的最主要目的。同时证据的合法性也要经受审判的检验，这也正符合程序法是实体法之母的判断，[37]违法取得的证据将受到非法证据排除的严格制约。收集证据是查明案情的基础和要求，证据是所有侦查程序、侦查措施、侦查行为的出发点和落脚点。对侦查的研究必须以证据为中心，侦查程序是取证程序，侦查措施是取证措施，侦查行为是取证行为。原来广义上的侦查基础工作和查控犯罪中的跟踪、守候、盘查等措施如果不以具体的刑事案件和犯罪嫌疑人为对象，不以收集证据和查明案情为目的，就不是刑事诉讼法意义上的侦查。

3. 侦查诉讼程序的定位

侦查诉讼程序存在侦查是审判准备程序抑或独立于审判准备程序的具有独特目的的程序，[38]两者的区别在于并非所有侦查诉讼程序都要输送到法院，检察院的不起诉使得侦查具有独立的特性。我国传统观点认为，侦查是公诉案件刑事诉讼的必经程序，除自诉案件外的所有公诉案件必须经过侦查机关的侦查。“相对于审判程序而言，侦查程序在整个刑事诉讼中居于中心地位，侦查机关所收集的证据及其所认定的事实，既是公诉机关提起公诉的依据，也是法院作出裁判的根据。”[39]但随着国家监察机关的组建，原由检察机关侦查管辖的贪污贿赂犯罪和渎职犯罪成为监察调查机关监察调查的对象。尽管监察调查具有刑事调查的属性，但监察调查由监察法调整，不是刑事诉讼法范畴的侦查。虽然有学者认为，监察调查权的本质系收集证据、查明事实，这与侦查并无明显

---

〔37〕［日］谷口安平：《程序的正义与诉讼》，王亚新译，中国政法大学出版社1996年版，第4页。

〔38〕［日］田口守一：《刑事诉讼法》，张凌等译，中国政法大学出版社2011年版，第30－31页。

〔39〕陈瑞华：《论侦查中心主义》，载《政法论坛》2017年第2期。

区别,[40]但侦查已不是公诉案件刑事诉讼的必经程序。然而侦查仍然是刑事诉讼审判准备程序,只是审判准备程序出现了来源上的交汇现象。随着侦查不是公诉案件刑事诉讼必经程序这一观念的确立,侦查原有的起诉前犯罪调查的唯一性被颠覆,刑事立案、侦查的程序出现了例外。以此为参照,未来的消防调查、税务调查、工商调查、环境污染调查等行政调查中,如果调查事项涉嫌犯罪,而调查所获取的证据材料符合法律的规定和刑事诉讼证据的要求,直接移送检察机关起诉便有了前车之鉴。[41] 如此,实际存在的侦查中心主义就被进一步削弱,侦查机关尤其是公安机关侦查管辖范围缩小,侦查的专业化、职业化会进一步强化,这也许是未来侦查改革的方向。

4. 侦查基本属性的多重

侦查的基本属性是多重的。就法学的角度而言,侦查是一项法律活动或法律现象;从社会学的角度分析,侦查是社会治理或管理的工具;从调查学的角度审视,侦查是案情调查和证据调查的过程;从行为科学角度看,侦查是人们的一种职能活动。因此,对侦查的研究,应从法学、社会学、调查学、行为科学等多学科研究和解释。侦查基本属性的多重性为我们把握侦查概念提供了多视角。加之侦查主体的多样性、侦查目的的多层性、侦查内容的多态性,需要我们全方位地审视侦查这一社会活动和社会现象。唯有如此,侦查科学的内涵才会更加丰富,侦查的方法体系才会不断健全。

在世界范围内,为侦查作出统一的概念是件很困难的事情。中国情境下的侦查可界定为公安机关、人民检察院对刑事案件进行的收集证据、查明案情、证明犯罪的相关工作和采取的相关强制性措施。面对侦查概念的变动,审视侦查权的配置,更需要借助侦查含义的变化对侦查予以重新认识,并在重新配置侦查权中为保障人权提供空间,以免在侦查中的人权保障出现失衡。[42] 侦查是诉前取证的活动之一,具有多重属性,需要全面把握。以此为出发点,侦查价值、侦查功能、侦查目的、侦查原则等也应全面理解、多重解析。信息化侦查、数据化侦查、智能化侦查等更应定位在主体适格、目的明确的相关工作和措施的基础上。唯有如此,侦查的内涵和外延才能明确和周延,侦查与相邻工作或措施的区分才会清晰。

---

〔40〕 陈瑞华:《论侦查中心主义》,载《政法论坛》2017 年第 2 期。

〔41〕 陈瑞华:《论侦查中心主义》,载《政法论坛》2017 年第 2 期。

〔42〕 郭华:《我国检察机关侦查权调整及其互涉案件程序的探讨》,载《法治研究》2019 年第 1 期。

（四）侦查概念的中国实践

中国清代借鉴西方和日本的刑事诉讼制度，框定了法律意义上的“侦查”一词。1910年《大清刑事诉讼律草案》制定，使“侦查”一词首次出现在中国正式的法律制度中。但该法所称的“侦查”不允许采取强制方法，只有在随后进行的“预审”程序中，检察官才可以基于发现证据和犯罪嫌疑人的目的，采取一切强制及非强制处分。中华民国时期，有关法律为“侦探”和“侦查”活动提供了制度框架，诸多刑事司法制度研究人员和警察学研究者把目光投向了侦查的研究。中国学习苏联经验，建立了人民民主性质的刑事司法制度，并在中华人民共和国成立初期短期使用了“侦探”，后长期“侦查”与“侦察”并用或混用，公安机关主要用“侦察”，检察机关主要用“侦查”，直到1979年《刑事诉讼法》规定了“侦查”一词后，这种局面还持续了相当长一段时间。

2012年《刑事诉讼法》第106条规定，“‘侦查’是指公安机关、人民检察院在办理案件过程中，依照法律进行的专门调查工作和有关的强制性措施”。2018年《刑事诉讼法》修改时对这一定义作了两处修改：一是将“办理案件”修改为“对于刑事案件”；二是将“专门调查工作”修改为“收集证据、查明案情的工作”。目前，无论是作为刑事诉讼程序，还是作为实务工作或措施，侦查已经成为人们普遍认同和统一使用的法律用词。

在中国刑事诉讼法律框架下，实践中的侦查从其概念要素上呈现了独有的中国特色：

1. 我国侦查主体设置的世界规律和多元特点

一般而言，侦查的主体资格必须由国家权力机构授予，从世界范围内看，各国法律都把侦查权授予了警察机关和检察机关。我国的刑事诉讼法也不例外，规定了侦查权主体是公安机关和人民检察院。公安机关作为警察机关是最主要的侦查机关，承担着多数刑事案件的侦查，同时，具有警察机关性质的国家安全机关、军队保卫部门、监狱、海警也配置了侦查权。原来检察机关承担的职务犯罪的侦查绝大部分已经由监察机关进行监察调查，检察机关只保留了司法机关工作人员职务犯罪的侦查。监察机关对职务犯罪的监察调查具有刑事调查的属性，但从法律的视角而言，监察调查显然不是侦查的范畴，ciminal investigation也不再简单地等同于侦查。早在1982年7月，最高人民法院、最高人民检察院、公安部联合发布的《关于机关、团体、企事业单位保卫处、科在查破案件时收集的证据可以在刑事诉讼中使用的通知》就规定，县（市辖区）直属以上的机关、团体和企事业单位保卫处、科，在公安机关的指导下，有权在查破一般刑事案件时采取刑事诉讼法规定的部分调查性措施，所获取的相关证据可以在刑事诉讼中使用。2018 年修正的《刑事诉讼法》也明确规定，行政执法机关在行政执法的过程中获取的执法对象涉嫌犯罪的证据也可在刑事诉讼中使用，但企事业单位的保卫部门和其他行政执法部门显然也不是侦查机关的范畴。在刑民交叉和刑治交叉的案件中，调查措施和行为的外在表现形式可能是一样的，也可能是交叉的。特别是受我国刑事诉讼国家职权主义影响，对刑民交叉案件中的事实与证据问题，在承认刑事优先一般原则的同时，也应注意遵循诉讼规律、坚守程序正义底线。〔43〕 这一点对以收集证据、查明案情为目的的侦查行为尤为关键，实际上公安机关有权力、也有义务自行决定对“刑民交叉”案件立案侦查，〔44〕但究竟是侦查行为还是民事调查行为或是治安调查行为，必须具体问题具体分析。

2. 我国侦查目的双重视角

我国侦查目的聚焦在查证犯罪，即不仅要查明犯罪，还要证明犯罪。不同的侦查模式下有不同的侦查目的观。就程序的角度而言，侦查的目的是为起诉犯罪做准备。而从实体的角度出发，侦查的目的则是查明案件情况，收集犯罪证据，揭露证实犯罪，揭发犯罪人。我国早期侦查的目的被表述为破案，主要以查明犯罪人为基本目标。但在侦查终结的法律背景下，查明犯罪人只是终结侦查的基础，侦查还被要求收集证据、缉捕犯罪人、追缴赃物，侦查的目的得以拓展。在现代刑事诉讼理念下，尤其是庭审制度改革的背景下，侦查被赋予了更高的要求，体现在收集的证据不仅要全面及时，还要确实充分，达到有力证明犯罪的程度，查证犯罪成为了侦查的基本目的。

3. 我国侦查对象的刑事属性

刑事案件既是侦查活动的出发点，又是侦查活动的归宿。〔45〕 侦查的对象是刑事案件，是与刑事案件有关的人、物、场所。只有被立案侦查的犯罪事件才是侦查的对象。从理论上而言，任何人、物、场所都有可能成为侦查的对象。调查措施或行为是否为侦查主要看调查的事件的性质是不是已被立案的犯罪事件。一起死亡事件发生后，公安机关一般也会赶赴现场，采用勘验检查、询问相关人

---

〔43〕 龙宗智：《刑民交叉案件中的事实认定与证据使用》，载《法学研究》2018 年第 6 期。

〔44〕 宋阳：《论侦查程序中“刑民交叉”案件的处理》，载《中国人民公安大学学报（社会科学版）》2007 年第 3 期。

〔45〕 肖承海、郭华、陈碧：《侦查学总论》，群众出版社 2009 年版，第 67 页。

员等调查措施,但如果经过调查判定此死亡事件为自杀或意外事件,那么,这些调查措施只具有事件审查性质,不是侦查。自诉案件和监察机关管辖的职务犯罪案件不属于侦查的对象。另外,实践中常见的对扒窃犯罪嫌疑对象进行跟踪的情形,如果跟踪对象为已经立案调查的扒窃案件的犯罪嫌疑人,那么跟踪措施无疑具有侦查性质,但若跟踪对象是随机发现的嫌疑对象,那么跟踪就只具有审查性质。需要特别强调的是,相关措施只有在具体案件调查中运用才是侦查。因此,以发现犯罪线索为目的的大数据分析和视频监控、以研究获取证据方法为目的的刑事科学技术建设、以控制犯罪活动阵地为目的的场所监控等都不是侦查活动。

4. 我国侦查内容的不断丰富

我国侦查内容包括侦查机关采取的各种收集证据、查明案情的工作和强制性措施。从理论上而言,侦查的内容是一个不断发展和丰富的范畴,并不仅仅只局限于刑事诉讼法规定的相关工作和措施。任何方法如果被运用于刑事案件调查中,起到了收集证据和查明犯罪的作用,都可以被纳入侦查工作或侦查措施。侦查工作或侦查措施既可以是公开的,也可以是秘密的;既可以是以调查为目的,也可以是以强制为目标。

由此看来,在我国当下法律语境下,侦查是一个相对狭义的概念。侦查是由特定的机关和人员为了特定的目的对于刑事案件所开展的相关工作和采取的相关措施。但侦查又是一个与时俱进的、开放的概念,因为对于刑事案件的调查可能会涉及各种各样的措施和方法,任何科学知识和技能在刑事案件的侦查中都可能会有用武之地。就这个意义而言,我们既要精准地把握侦查概念的适用范围,更要不断丰富和发展侦查的内涵。

第二节　侦查权特点

侦查权是国家侦查机关和侦查人员,为实现侦查目的,依法定的侦查程序,运用特定的侦查手段开展侦查活动的权力。

一、侦查权的性质

侦查权作为一种特殊职权,其特性是其权能确立与内容构成的基础。

（一）侦查权的阶级性和国家主权属性

1. 侦查权的鲜明阶级性

马克思主义认为，犯罪是一种违反社会行为规范而且对社会具有严重危害性的行为，它和人类社会统治关系都产生于相同的条件，并且是“反对统治关系的斗争”。[46] 因而，自犯罪产生以来，代表统治利益的阶级和代表社会利益的阶级都同犯罪展开了不懈的斗争。随着社会的发展，犯罪的行为方式由简单向复杂演化，同犯罪作斗争已非个人和小群体的能力所及，必须依赖全社会的整体合力和专司其职的权力主体方能行之有效。控制犯罪越来越成为统治阶级和全社会的共同利益，侦查职能的产生及其国家权力化就成为了历史的必然。而侦查权作为一种国家权力，必然由统治阶级所掌握并为统治阶级的利益服务，这就决定了侦查权鲜明的阶级性。我国是人民民主专政的社会主义国家，这决定了我国的侦查权具有鲜明的无产阶级性质，侦查权的行使必须为无产阶级的利益服务，必须以工人阶级和广大人民的利益为出发点，控制犯罪，保障人权，以实现人民民主专政和无产阶级的历史使命。

2. 侦查权的国家主权属性

侦查权作为国家权力的一部分，是国家主权的具体体现之一，其本质上是在一国之内进行的。任何一个主权国家都不能允许其他国家在本国领土内任意进行侦查活动。这是国际法公认的原则。所以，一旦某个国家遇到涉外因素的侦查事情，只能请求各该当事国予以国际侦查协助。这种互助既是请求国国家主权的体现，也是尊重被请求国国家主权的具体体现。互助双方处于平等地位。这种侦查互助与治外法权有本质的区别，因为治外法权的被缔约方实际上是处于主权尤其是司法权部分或全部丧失的地位。鸦片战争后，帝国主义列强在中国各口岸、商埠建立的租界地设立了“会捕房”或“巡捕房”等行使侦查调查的机构，是对当时中国国家主权尤其是司法权的粗暴践踏，是当时中国司法制度半封建半殖民地化的集中体现。

（二）侦查权的司法权和行政权双重属性

1. 侦查权的司法权属性

司法的意义即为狭义的法的适用，而狭义的法的适用的过程就是诉讼过

---

〔46〕《马克思恩格斯全集》（第3卷），人民出版社1972年版，第379页。

程。侦查活动作为刑事诉讼活动的重要阶段,其目的是为正确判明案件事实,最终实现国家刑罚权的司法活动提供基础和创造条件。侦查活动的内容主要表现为对刑事案件调查取证和查明事实真相,因而是司法职能的组成部分。各国的侦查主体都是司法主体或准司法主体,侦查权均被视为司法权之一种。

2. 侦查权的行政权属性

由于侦查的任务是主动、持续地去执行法律规范,调整侦查法律关系中的各种利益关系,实现法律尤其是刑事法律作为规范全社会成员行为准则的目的,因而这种权能具有执法权的性质。而执法权不同于严格意义上的司法,司法的任务在于适用法律,即运用法律处理各种利益纠纷,具有被动性,以"不告不理"为原则,如果没有纠纷或没有告发,就不能去"挖掘"纠纷或动员告发。[47]侦查活动的任务除为适用法律作准备外,还包括维护社会秩序的内容,因而这种活动具有社会管理的特征,而行政管理正是行政权的重要内容;从侦查权能的手段上看,侦查大多与行政调查的手段一脉相承而异于法庭调查等纯粹意义上的司法手段;各国的侦查主体与治安主体都密不可分,既是由于历史的原因,又是由于侦查权能的实现必须以行政管理职能为基础。因此,侦查权具有行政权属性。

(三)侦查权的法定性和强制性

1. 侦查权的法定性

侦查权由法律授权,遵照法律实施,具有法律效力。侦查权的取得及其运作都是由国家法律加以规定的。国家通过宪法、刑事诉讼法和其他法律赋予特定的主体以侦查权,承担侦查职能,非经授权的主体无权行使侦查权。侦查权的运作是刑事诉讼的组成部分,必须严格遵守刑法、刑事诉讼法及其他有关法律的规定,即侦查程序具有法定性。同时,侦查权运作的结果即侦查终结具有一定的法律效力:对于侦查终结移送起诉处分而言,该处分具有对犯罪嫌疑人和案件继续追诉的法律效力;对于侦查终结撤销案件处分而言,该处分具有结束本案程序,放弃对犯罪嫌疑人和案件追诉的法律效力。

2. 侦查权的强制性

侦查权的实施以国家强制力为后盾,在侦查活动中,查缉犯罪嫌疑人,搜集物证、书证等职权行为都可以借助国家强制力。侦查权的国家权力化就已表明

---

〔47〕 叶必丰:《行政执法中若干问题析论》,载《法学》1997 年第 8 期。

侦查活动的非均势对抗性。这集中表现在国家通过法律明确赋予了侦查主体执行强制侦查手段的权力(如搜查、扣押、通缉、拘传、拘留、逮捕等)。因此,侦查权本质上具有强制性。即使在实行所谓"双轨制侦查"制度的国家,律师或民间侦探组织在办案过程中,无权使用搜查、拘传及其他强制侦查手段,若需使用,必须由国家侦查机关组织实施。因此,侦查权的强制性是其与民间证据调查权相区别的重要标志。

(四)侦查权的专门性和独立性

1. 侦查权的专门性

侦查权是专门机关的专门权力,侦查权作为国家追诉权,必须由专门机关的专门职能部门及其具有侦查员资格的侦查人员来执行这项权力,其他任何机关、团体和个人或侦查机关的非侦查职能部门及不具备侦查员资格的工作人员都无权行使侦查权。实现侦查权的手段是由国家法律专门规定并赋予侦查主体的,这些手段集专门性、强制性于一体,与民事调查或行政执法调查手段有显著的区别。侦查权的实现过程又是一种专门的职业技巧,是一种专门化的斗争艺术,侦查主体通过侦查策略的运筹,灵活地组织使用侦查措施和技术手段,形成对个案、类案和所有案件的特殊与一般、微观与宏观的侦查方法体系。

2. 侦查权的独立性

侦查权作为国家司法权的一部分,其权能是否独立是一个国家司法制度现代化程度的重要标志之一。只有保证侦查权的独立性,才能保证侦查权的专门性,也才能体现侦查权的法定性。侦查权的独立性是由侦查的司法属性和特殊要求决定的,其基本含义是侦查主体依法独立行使侦查权,其他任何机关、团体和个人不得干涉。侦查权独立的意义体现在保障侦查主体严格司法、严格执法、不纵不枉、提高效率。在我国,由于特定的历史与现实条件,干预线索调查、干预立案、干预使用侦查手段、干预移送起诉的现象偶有发生,某些领导干部批条子、讲人情干扰侦查权的现象曾是常见情况。需要强调的是,侦查权的独立性并不排除侦查权的行使要受到内部和外部的制约,要接受党的领导、法律的监督和社会的监督。

(五)侦查权的主动性和职责性

1. 侦查权的主动性

侦查权作为国家追诉权,具有积极的主动性。从侦查的启动程序看,"侦查之发生，并不以刑罚权已否存在为前提"[48]，只要侦查主体对自行发现或者报案、举报、控告的犯罪嫌疑事件经判断认为有侦查的必要，就应开始侦查活动。由于侦查的提起与具体实施都是由侦查主体代表国家主动实行的，这就与刑事自诉、民事和行政诉讼是由有关社会个体提起的有根本的区别。实现侦查权的手段具有主动性，侦查中使用的各种侦查手段是以主动进攻、查明犯罪嫌疑、收集证据、缉捕犯罪嫌疑人为直接目标指向的。侦查权的地位具有主动性，侦查权以国家强制力为后盾，以同犯罪作斗争的正义使命为己任，得到国家和社会的支持。

2. 侦查权的职责性

侦查主体代表国家执行侦查权，决定了侦查主体并非侦查权完全意义上的处分主体，侦查处分权属于国家。而侦查主体只是执行主体，具有绝对不可放弃执行的义务，这种权力不同于普通权利主体的可以放弃的"权利"。国家法律赋予侦查主体以侦查权，同时也就意味着侦查主体负有对犯罪的追诉职责，只要符合启动侦查的条件，侦查主体就必须依法开展侦查活动，维护国家和社会的利益，忠实地履行自己的职责；否则就是失职，应承担相应的法律责任。侦查权的不可放弃性既是由于国家权力的本质决定的，也是由于追诉职能的特性决定的。

二、侦查权的规则

（一）侦查权依法授予

1. 侦查权由最高权力机关授予

侦查权要依法授予是指侦查权的获得要经由特定的机关依法定的程序授予，也就是说，侦查权的主体资格必须合法。在我国，侦查权是由国家最高权力机关通过立法授予。1979 年，第五届全国人民代表大会第二次会议通过的《中华人民共和国刑事诉讼法》明确地将侦查权授予公安机关和人民检察院；1983 年第六届全国人民代表大会常务委员会第二十三次会议通过的有关决定确立了国家安全机关的侦查主体资格。此后，全国人民代表大会及其常务委员会通过的《中华人民共和国监狱法》和作出的有关决定又相继授予了监狱和军队保卫部门侦查权。根据 2018 年修正的《中华人民共和国刑事诉讼法》第 308 条的规定，中国海警局对海上发生的刑事案件行使侦查权。因此，在我国只有通过

---

[48] 陈朴生：《刑事诉讼法论》，台北，正中书局 1971 年版，第 146 页。

国家最高权力机关授权的公安机关、检察机关、国家安全机关、监狱、军队保卫部门和中国海警局才享有开展侦查活动、实施刑事诉讼法所规定的侦查措施的权力，除此之外的一切机关都无权开展侦查。

2. 侦查权的国家权力属性

侦查权是国家权力的重要组成部分，其范围覆盖全国甚至涉及境外（如国际侦查协作），其目的是代表国家实现刑事诉讼的控制犯罪与保障人权相统一的目标，其强制性足以对公民的人身自由加以暂时剥夺或限制，对公民的财产权予以暂时剥夺，对公民的名誉权造成影响。因此，侦查权的授予应是国家基本法律的内容，而非国家最高行政机关或最高司法机关以及它们的某一个部门制定的特别法或行政法规所能授予的，也非某一地方立法机关制定的法律所能予以确立的，更非某一政策性文件可以授权的。这是由侦查权在国家权力中的独特地位所决定的。侦查权作为国家权力的一部分，也是国家主权的具体体现之一，其本质是在一国国内进行的。任何一个主权国家都不能允许其他国家自行在本国领土内进行侦查活动，这是国际法公认的原则。所以，一旦某个国家遇到涉外因素的侦查情势，只能请求各该当事国予以国际侦查协作，以作为请求国侦查权的域外延伸。这种互助既是请求国国家主权的体现，也是尊重被请求国国家主权的反映。

（二）侦查权不可泛化

1. 侦查权主体范围的限制

侦查权是一种国家司法权，它的行使往往涉及公民的人身权利和民主权利，因此，侦查权绝不能泛化，侦查权的主体资格要受到严格限制。世界各国立法机关大多将侦查权赋予了代表国家专政职能的警察机关和作为国家起诉机关的检察机关，这一立法精神非常明确，就是要严格限制侦查权的扩散，最大限度地控制侦查权的分布范围。这是世界范围内侦查权立法的基本趋势，也是刑事诉讼向文明化方向发展、强化其保护人权职能的反映。我国的刑事诉讼法顺应了这一世界潮流，根据我国侦查权立法的历史经验和新时期侦查权发展的客观需要，将我国的侦查权授予了公安机关、检察机关、国家安全机关、监狱、军队保卫部门和海警局。这些机关都是我国的刑事司法机关，有着长时期同犯罪作斗争的经历，拥有侦查权是合适的。

对侦查权主体资格的限制程度反映了一定历史时期社会文明和进步的状况。我国历史上曾出现的特务式统治就是侦查权泛化的集中体现。国民党统治时期，除了其警察机关和检察机关拥有法定侦查权外，党务机关（如“中统”）、军事机关（如“军统”）、行政机关、宪兵机关甚至基层组织都在广泛的范围内实际上行使着侦查权。

2. 侦查权内部配置的规制

侦查权是否泛化不仅仅是立法限制的问题，还涉及侦查权主体内部侦查权的配置问题。具有侦查权主体资格的机关，其内部设置实施侦查权的机构和个人也应有着严格的限制，非侦查机构人员不得从事侦查。公安机关作为侦查权主体，其内部有国内安全保卫、经济犯罪侦查、刑事侦查、禁毒、治安管理、交通管理等划分。这种机构内设模式反映了我国的社会历史要求，但怎样做到侦查权在内部的优化配置、保证侦查权的集中统一，仍是公安机关侦查体制改革中不可回避的问题。

（三）侦查权不能放弃

1. 侦查权不得转让

侦查权所蕴含的各种调查性措施和强制性措施都是法律手段，是国家权力的具体体现。基于侦查权的这种属性，侦查权主体只有执行侦查权的职责，而无处分侦查权的权力，即侦查权主体不可把执行侦查权的职责委托给非侦查权主体，或把自己执行侦查权的权力转让给非侦查权主体。在侦查实践中，有些侦查机关有时因侦查力量不足，委托治安人员、基层保卫人员执行诸如讯问犯罪嫌疑人、搜查等侦查措施。这种做法有悖于侦查权运行的基本要求，不仅容易造成对侦查对象合法权利的不法侵害，而且其所获取的所谓“证据”因不符合法定证据的要求，因而无法在刑事诉讼中使用。

2. 侦查权不可取代

有些党政部门的个别领导，由于缺乏法治观念，对于自己管辖范围内犯罪的党员或干部，用组织调查取代侦查机关的侦查。由于这些部门不具备侦查权主体的组织、人员和物质条件，加之必然与犯罪的党员或干部有党务或行政上的联系，因而使犯罪事件不了了之，最后以党纪或行政处分代替刑事法律的追究。显然，这种取代侦查的做法不符合现代法治精神。

3. 侦查权不得放弃

侦查主体代表国家行使侦查权，决定了侦查权主体并非侦查权完全意义上的处分主体，侦查处分权属于国家。而侦查权主体只是执行主体，有绝对不可放弃执行的义务。国家法律赋予侦查主体侦查权，同时也就意味着侦查主体负有对犯罪的追诉职责。即只要符合启动侦查的条件，侦查权主体就必须依法开展侦查活动，维护国家和社会的利益，忠实地履行自己的职责；否则，就应当承担相应的法律责任。可见，侦查权的不可放弃性，既是由国家权力的本质决定的，也是由追诉职能的特性决定的。

（四）侦查权不得滥用

1. 侦查权滥用的表现

侦查权主体依法行使侦查权是履行职务的活动，是代表国家意志而非代表个人意志的活动，体现的是国家意志而非个人意志。但是，由于侦查权的实施最终体现为侦查人员个人的行为，因此，侦查权的滥用在世界各国都会或多或少地有所表现。首先表现在侦查主体绝对地追求揭露犯罪，查明案件真相，发现和缉捕犯罪嫌疑人，而忽视了对侦查对象合法权益的保护与尊重，不依法定条件和程序，滥拘、滥捕以及滥用其他可能侵犯被侦查对象合法权益的侦查措施。其次表现在侦查权主体对侦查对象实行“有罪推定”，而无视其合法权益，甚至进行刑讯逼供。这两种情况实际上是以刑事不法来对付盖然性的犯罪，有悖于侦查法治精神的内在要求。最后表现在某些有侦查权主体资格的侦查人员搞所谓的“个人侦查”，将侦查权用于办理自己或他人的非刑事诉讼活动范畴的事务，甚至以合法身份掩盖非法行为。例如，出于个人目的对他人非法绑架、拘留、非法拘禁、非法搜查等。

2. 侦查权滥用的后果

侦查权的滥用有悖于侦查权的基本属性，侦查权主体执行侦查权，必须在刑事诉讼活动中根据不同的条件情况，依法定程序进行。对于侦查人员滥用侦查权的行为，有关法律包括刑事法律都作了明确的禁止性规定。违反这些规定，应对侦查权主体给予相应的处分，直至追究刑事责任。

（五）侦查权应受制约

侦查权是国家法律赋予侦查权主体的权能，应限定在什么阶段使用侦查权和使用侦查权的具体程序等，要求侦查权主体遵照执行。这就是通常而言的刑事诉讼法本身对侦查权的制约。但这种制约多为静态的制约，而非能动的制约，只有每一个侦查权主体自觉遵守，方能发挥其制约作用，即取决于侦查权主体的“自律”。我国传统上多强调侦查权主体的“自律”，寄希望于通过提高侦查权主体的政治觉悟、法律水平、业务技能等方面来加强其“自律”，而对侦查权的

“他律”重视不够。因此,应加强对侦查权的“他律”,即加强对侦查权的权力制约。

1. 侦查权的内部制约

侦查权内部制约的主要路径有:第一,通过侦查机关内部上级对侦查权主体的领导关系来对侦查权主体的职权活动进行制约。上级领导对侦查权主体的职权活动有直接的指挥、指导,对其违法失职的发现较为直接,对其职务后果的奖惩也令侦查权主体所关注。因此,通过侦查权主体上级领导的权威来制约侦查权主体执行侦查权无疑是对侦查权内部制约的有效途径。第二,通过同级侦查主体优化侦查权的配置来制约侦查权。其方式有三:一是建立侦查权的分解制度,强化侦查活动的动态约束机制,加强侦查行为之间的互相制约,防止某一部门或个人对侦查权的垄断;二是实行侦查职能管理交叉制度,加强对侦查职务活动的双向制约和交叉制约;三是实行侦查权主体限任制度,定期换岗以及实行地域回避、任职回避和公务回避制度等。

2. 侦查权的外部制约

对侦查权的外部制约也有两条基本思路。第一,通过外界的权力规范侦查权主体的义务和责任来制约侦查权。侦查权既是一种权力,又是侦查权主体必须依法执行的义务,若侦查权主体不依法执行该义务,就要承担法律责任。在这种外部制约的具体方式上,世界各国普遍采用法律监督和行政监察两种方式。其一,在法律监督方面,西方国家普遍实行立法机关对侦查机关进行政务监督的方式(包括质询、调查、弹劾和不信任表决等方式)。欧美国家和日本普遍实行强制侦查的司法令状原则,即除强制性侦查措施除紧急情况外,需法官签发令状方能实施,否则追究侦查权主体的责任。德国和日本的检察官可以对刑事警察进行指挥并对其违反职责的行为予以惩处。在我国,侦查权的法律监督主要是检察监督。其二,在行政监察方面,西方国家通过建立议会行政监察专员制度,由行政监察专员对包括侦查权在内的国家行政权、司法权、军事权的执行情况进行监督,受理公民对上述权力主体提起的诉讼。在我国,根据《中华人民共和国行政监察法》的规定,行政监察是通过各级行政监察机关来监督检查同级或下级国家权力主体遵守和执行法律的情况,通过对违纪人员予以行政处分来实现。第二,通过权利制约侦查权。现代国家学说认为,国家权力是集中了分散行使的公民权利而形成的,国家权力的实施又是保证公民拥有权利。在国家权力向公民权利的分流过程中,因国家权力而生并受法律义务所保障的公民的法律权利的行使,可以反过来制约国家权力的扩张。依此立论,对侦查权的制约,就可以通过广泛地分配权利、优化权利结构和强化权利救济等途径来实现。在犯罪嫌疑人的权利方面,多数国家的刑事诉讼法都规定了犯罪嫌疑人申请回避的权利和对其认为侦查权主体的侵权行为有提出申诉、控告的权利以及赋予犯罪嫌疑人在侦查阶段较早和较充分地获取法律帮助的权利。许多国家还不同程度地赋予了被讯问的犯罪嫌疑人以沉默权。在被害人一方的权利方面,多数国家的法律都赋予其申请回避的权利、自诉的权利以及对包括侦查主体的追诉方的消极处分(如不立案、撤销案件、不起诉等)的申诉和申请复议的权利等。

第二章　侦查理论

侦查理论是指阐释侦查本质的根本性理论，而本质即事物本身所固有的根本属性，侦查本质反映的是侦查的必然规律，而“规律就是关系……本质的关系或本质之间的关系”。[1] 侦查理论是我国侦查研究中较为薄弱的部分，许多教材和著述中都没有涉及。尽管如此，在这一问题上仍然形成了许多能够引发人们思索的学术观点。一是将侦查理论概括为侦查认识论、侦查对抗论、侦查思维论、侦查谋略论、侦查科技论、侦查民本论、侦查决策、运筹论、侦查系统论、信息论与控制论和侦查目的论。[2] 二是认为侦查的理论包括认识论、信息论、系统论、控制论和同一认定理论。[3] 三是主张从侦查学科论、侦查本体论、侦查价值论、侦查制度论、侦查方法论、侦查发展论等方面来架构侦查的基本理论体系。[4] 四是把侦查的基本理论界定为辩证唯物主义的认识论与方法论、逻辑理论和同一认定理论。[5] 五是认为侦查的基本原理为物质性原理、物质交换原理和同一认定原理。[6] 六是主张应构建包括学科性理论、本体性理论和原理性理论在内的侦查学基础理论体系，其中原理性理论包括物质转移原理、侦查对抗性原理、同一认定原理和侦查的相对性原理。[7] 七是主张从“侦查要素、侦查原理、侦查方法、侦查管理”等多个方面阐述侦查学基础理论。[8] 八是以“侦查学研究的基本原理”为题，探索马克思主义哲学对侦查学研究的指导意义、现代法治理论对侦查学研究和实践的基础作用以及刑事侦查技术理论和现代科技（包

---

〔1〕《列宁全集》（第38卷），群众出版社1959年版，第161页。

〔2〕王传道编著：《侦查学原理》，中国政法大学出版社2001年版，第16－20页。

〔3〕任惠华主编：《侦查学原理》，法律出版社2002年版，第44－85页。

〔4〕韩德明：《侦查学原理》，中国人民公安大学出版社2005年版，第30页。该书所指基本理论的概念外延比本教材界定的基础理论概念要宽得多。

〔5〕孟宪文主编：《刑事侦查学》，中国人民公安大学出版社2000年版，第8页。

〔6〕刘品新：《论侦查学的基本原理》，载《法学家》2002年第1期。

〔7〕郭冰：《侦查学基础理论研究》，中国人民公安大学出版社2010年版，第166页。

〔8〕马忠红：《侦查学基础理论》，中国人民公安大学2006年版，第3页。

括物质交换原理、同一认定原理、因果关系原理、数字化原理等)对侦查学发展的推动作用。[9] 九是认为侦查学的基本原理是指辩证唯物主义认识论与方法论、物质交换原理和同一认定原理。[10]

揭示侦查本质奥秘的侦查学基本理论是一个多层次和多侧面的理论体系,包括从认识论角度出发揭示侦查活动认识特性的侦查学认识理论、从三论方法论出发提示侦查活动运行过程的侦查学三论理论和从同一论出发阐释侦查活动的基本方法的同一认定理论等。

第一节　侦查认识理论

侦查认识理论是对侦查认识活动客观规律的概括,[11] 是马克思主义唯物辩证法和认识论运用于侦查活动中而形成的一系列基本认识原理。马克思辩证唯物主义是指导人们认识世界、改造世界的方法论,对我国侦查理论的建立具有重要的普遍的指导意义。侦查学认识论的基础是犯罪可知论,侦查认识论的核心是侦查认识方法论。

一、侦查认识的依据

侦查认识的前提和依据是刑事案件的可知性。刑事案件的可识性是指犯罪行为是可以揭示的,也就是说,犯罪及其过程是客观存在的,犯罪行为及其变化是有一定规律的,这种规律可以为人们所认识。刑事案件之所以具有可知性,是由认识论的基本原理、刑事犯罪的特殊本质和揭示刑事犯罪的侦查主体的条件和多功能的认识手段决定的。

(一)认识论的基本原理[12]

辩证唯物主义认识论的基本原理认为,世界上的一切事物和现象都是可以认识的,刑事犯罪作为一种必然的社会现象,无论是整体还是部分都应该能够

---

〔9〕 许昆主编:《侦查学》,高等教育出版社 2016 年版,第 70 - 91 页。
〔10〕 马忠红:《刑事侦查学》,中国人民公安大学出版社 2013 年版,第 5 页。
〔11〕 杨立云:《侦查认识原理研究》,法律出版社 2009 年版,第 27 页。
〔12〕 王传道:《对于侦查认识的再探讨》,载郝宏奎主编:《侦查论坛》(第 6 卷),中国人民公安大学出版社 2007 年版。

被揭示,任何刑事案件都可以被侦破。虽然侦查实践中有一些案件久侦未破,但是,“未破”并不意味着不能破,而只是由于主客观条件的制约,在一定时间内,案件全部情况暂未被认识。随着侦查工作的深入,未破案件始终都存在破获的可能性。在承认刑事案件可知性的同时,应冷静地看到,侦查工作会不时地误入歧途、陷入僵局,对刑事案件的认识是一个复杂、曲折的过程。“只有以辩证唯物主义认识论为指导,侦查人员才能根据事物的变化情况来正确认识案件,才能透过现象,揭露本质。”〔13〕

(二)刑事犯罪的特殊本质

刑事犯罪是“孤立的个人反对统治关系的斗争”,〔14〕具有社会危害性,因此,不仅为法律所禁止,也为广大人民群众所痛恨。一方面,这决定了刑事犯罪大多以隐蔽面目出现;另一方面,又决定了揭示犯罪具有广泛的社会力量,能够得到广大人民群众和社会各界的支持和帮助。刑事犯罪一般都表现为直接的侵害,是一种客观存在的物质现象,它必然会在一定的时间和空间给与犯罪有关的客观外界环境带来一定的变化,即所谓犯罪必取一定的运动形态,犯罪必留一定的痕迹物品。〔15〕犯罪分子在犯罪前的预谋、准备活动,在实施犯罪过程中在犯罪现场留下或从犯罪现场取走的痕迹物品,在犯罪后对抗侦查、逃避打击的行为一旦为侦查主体所了解和掌握,无一不形成破案的契机。一般而言,任何犯罪都有一定的痕迹(包括记忆痕迹),侦查主体能够据此对案件的形成情况、犯罪结构因素作出一定程度的分析结论,并有针对性地部署侦查,侦查活动不断演化的总趋势必将是使案件情况趋于明朗。

(三)侦查主体的条件和多功能的认识手段

侦查工作是同犯罪进行智力斗争的工作,这一工作的特殊性质要求侦查主体具有鲜明的无产阶级立场,树立全心全意为人民服务的思想和科学的思维方法。同时,在业务素质上,侦查人员必须受过良好的专业教育,掌握同犯罪作斗争的基本原理和方法。侦查主体一旦具备了这些优秀品质和素质,就能使揭示犯罪的工作走向深化。为了使侦查工作在同刑事犯罪的斗争中处于主导地位,

〔13〕 周应德主编:《犯罪侦查学》(修订本),法律出版社1986年版,第9页。
〔14〕 《马克思恩格斯全集》(第3卷),人民出版社1995年版,第379页。
〔15〕 武汉:《刑事侦查原理》,上海人民出版社1987年版,第45页。

法律为其规定了一切必要的方法。这些方法既有公开的措施,又有秘密的手段;既可利用先进的技术设备,又可动员全社会的力量,还可以限制犯罪嫌疑人的人身自由。而其中的相当部分都是其他认识活动所没有的。法律和社会都给揭示犯罪提供了广泛、必要的认识手段。

就整体而言,刑事犯罪是可以被认识的,也就是说,任何刑事案件都存在破获的可能性,这是要求侦查人员坚定侦查信念、树立破案信心的理论基础。但是,要正确认识到,由于侦查主客观条件的制约,侦查有时会误入歧途,陷入僵局和停滞的暂时性,因为随着侦查的越深入,对犯罪的认识也就越深刻,破案可能性也就越大。

二、侦查认识的特点

就认识活动的内容、方法等外在表现而言,侦查认识活动具有特定性、逆向性、多维性和模糊性的特点。

(一)侦查认识的特定性

特定性是人类认识客观事物时所依据的一个重要范畴。世界上任何事物都不同于其他事物,而且任何一个事物都只能与其自身相等同,这就是事物的特定性。所谓侦查认识活动的特定性,是指在侦查活动中思维的对象是特定的,思维的过程是特定的,思维的目的是特定的。首先,侦查认识活动的对象具有特定性。侦查认识活动的对象是刑事案件,而实践中的每一个案件都不同于其他案件。每个案件中犯罪人是特定的,被害人是特定的,知情人也是特定的;每个案件中的侵害物是特定的,工具物是特定的,环境物是特定的;每个案件中的作案的工具和动机是特定的,作案的方法和手段是特定的,作案的时间、地点是特定的,作案的过程和结果也是特定的。总之,世界上绝对没有完全相同的两个案件,这就如没有两个完全相同的指纹一样。其次,侦查认识活动的过程具有特定性。在每个案件中,侦查认识活动总是由特定的侦查人员在特定的时间、地点、环境等条件下进行的。因此,这一活动的过程必然具有特定性。一方面,由于人的生理结构、心理结构及思维方式和能力各不相同,所以不同的侦查人员对同一案件的认识亦有所不同;另一方面,由于人的认识活动总要受外界因素的影响,所以,同一个侦查员在不同案件中进行的思维亦有所不同。这两个方面的因素决定了每件案件中具体侦查认识活动的起点、运行轨迹、演化模式和终点均有自己的特点。最后,侦查认识活动的目的具有特定性。案件侦查的核心任务是查明谁是犯罪人,这也正是侦查认识活动的最终目的。侦查人员在大量案情材料的基础上进行的分析和推理,最终要得出谁是犯罪人的结论。这里所说的"谁"可以是一个人或是一些人,但必须是特定的人,因为侦查思维的最终目的不能只是确定犯罪人为不特定的种类人。在日常生活和科学研究中,人们的思维活动往往比较注重事物之间的一般联系和共性,而不去苛求具体事物的特定性,如当人们研究犯罪原因时,并不是要探索某个特定案件的产生原因。然而,侦查认识活动则不同,它不能以不特定的案件为对象,也不能以某类案件为对象,而只能以发生在某时某地的特定案件为对象。由此可见,特定性是侦查中主体认识活动的一个基本特征。

(二)侦查认识的逆向性

时间联系是客观事物之间联系的一种基本形式。在现实生活中,事物发展总是与时间的运动方向一致的,即随着时间的推移,某原因产生某结果,然后该结果作为新的原因又产生新的结果。如果我们的思维方向与客观事物的发展方向一致,即从原因去探索结果及结果的结果,那么这种思维就是顺向思维。如果我们的思维方向与客观事物的发展方向相反,即从结果去追溯原因及原因的原因,那么这种思维就是逆向思维。在侦查过程中,逆向思维是侦查人员的基本思维模式,从整个案件来说,侦查人员首先接触到的往往是犯罪行为的结果,如某人被杀、某财物被盗等,侦查思维就是要从这些结果出发去查明其产生的原因,即通过溯源推理来判断案件的基本情况。从案件的具体情节来说,侦查人员也经常要从结果去推断原因,如现场上的某些物品被烧毁了,要推断其烧毁的原因。总之,根据现在去认识过去是侦查思维的一个重要特征。虽然已经发生的案件是不可能再现的,但侦查中可以采用模拟再现的方法,侦查人员根据客观事物的发展规律,以结果为出发点,以已知案情为条件,可以充分运用思维构想的能力来描绘案件发生的过程。在有些情况下,还可以进行模拟实验,以保证再现的科学性。

(三)侦查认识的多维性

认识活动的多维性,是指认识活动并不是单线定位的简单直线式思维,[16]

---

〔16〕 聂红波:《刑事侦查学基础理论研究》,载戴蓬主编:《侦查学学科建设与基础理论研究文集》,中国人民公安大学出版社 2015 年版。

而是多线、多方位、多角度和综合性思维。侦查活动的多维特点是由于其认识活动逆向探索与案件因果关系往往具有多态性和复杂性所决定的。刑事案件中因果关系的多态性和复杂性表现在以下几个方面：第一，因果关系的形式是多种多样的，既有一因多果，也有一果多因，还有多果多因；第二，因果关系连接的对象是多种多样的，既有人，也有物，还有事；第三，因果关系的性质是多种多样的，既有真实联系，也有虚假联系，既有直接联系，也有间接联系，既有必然联系，也有偶然联系，既有主要联系，也有次要联系；第四，每个案件中因果关系的组合也是多种多样的，既有链条式，也有交叉式，还有网络式。在侦查人员的逆向认识活动前，复杂多样的因果关系组合便表现为不断扩展的可能性空间。如果在某现场发现一具尸体，其死亡原因可能是自杀，也可能是他杀，还可能是意外事故或正常死亡；如果经尸体检验确定为他杀，那么仍有多种可能性，如仇杀，情杀、财杀等，而且这每一个可能性后面仍然可派生出一系列可能性。此外，任何一个犯罪行为都可以造成多个结果，如杀人行为可以造成被害人死亡，可以在现场上留下各种痕迹，可以在有关场所留下各种物证，可以在某些人的头脑中留下印象，也可以使犯罪人出现反常言行。侦查人员在办案时，可能接触的是这部分结果，也可能接触的是那部分结果，而这显然又使侦查认识活动面临的可能性空间大为扩展。一般而言，侦查人员可以也应该根据可能性大小的不同，首先选择最佳的侦查途径，但是，可能性再大也不等于现实，可能性再小也终有成为现实的可能，因此，侦查思维不能只沿着一条路线进行。侦查人员必须不断开拓自己的思维领域，尽量多考虑几种可能性，特别要注意从不同的方法和角度进行思考，要具有“立体思维”和“全息思维”。这就是侦查思维的多维性。

（四）侦查认识的模糊性

认识的模糊性，是指人们对于客体的类属边界与性态的不确定性的认识。辩证唯物主义认为，人类思维对于客观事物的反映并非简单的非此即彼的二值关系，并非要么正确，要么错误，在很多情况下，人们对于客观事物的认识都表现为部分正确和部分错误，有时正确的部分多一些，有时错误的部分多一些，这就是认识的正确度问题。而这实际上是认识模糊性的一种体现。模糊性是与精确性相对的认识范畴。模糊性与精确性之间是对立统一的关系，其中，模糊性是绝对的，精确性是相对的；模糊性是普遍存在的，精确性只是模糊性的一种特殊表现，实际上精确认识只不过是模糊程度较低的模糊认识。在侦查过程中,思维的模糊性有两种表现形式:一种是被动的模糊思维,另一种是主动的模糊思维。被动的模糊思维是指由于主客观条件的限制,使思维不可避免地带有模糊性。如前所述,侦查认识活动是对已发事件的逆向探索,侦查人员不可能直接考察该事物的发展过程,只能运用各种思维手段来填补认识中的空白,而且案件中因果联系往往比较复杂,客体的界限和形态处于一种模糊状态,再加上犯罪分子实施犯罪行为时多采用隐蔽方式和伪装手段,所以侦查人员对案件的认识不可避免地带有一定的模糊性。在侦查的初始阶段,由于所获材料十分有限,侦查人员对案件形成情况和犯罪人情况的认识的模糊状态较为明显。即使是最后查明了案情,捕获了犯罪嫌疑人,但由于侦查人员对过去事件的认识,不仅受客观条件的限制,也要受主体知识、能力、经验、感情等多种因素的影响,破案结论也必然带有一定的模糊性。主动的模糊思维是指主体有意识地对事物之间的区别进行模糊化处理,然后再进行压缩,抽象出若干相对明晰的界限,以便更为准确地把握客体属性。模糊数学就是要运用数学的方法来刻画和处理对象的模糊特征,以达到比较精确的认识。在侦查中,有时为了保证认识的正确性,主体也会有意识地略去那些尚把握不准的特征,即主动地进行模糊思维。例如,侦查人员在划定侦查范围、推断案件发生时间、确定犯罪人条件等过程中,往往会在某种程度上对客体特征进行模糊化处理,以免失误。此外,侦查中对人的相貌、指纹、足迹等进行的模糊识别,也都属于主动的模糊思维。

三、侦查认识的方法

侦查认识的主要方法是侦查思维,侦查思维是侦查主体认识和揭露犯罪过程中的主观认识活动,是犯罪现象通过侦查活动在人们头脑中的反映,是逻辑思维、形象思维和灵感思维的有机组合体。侦查思维是人类思维的一个组成部分,它受一般思维规律的制约。但是,侦查思维的对象、过程、要求以及所受到的限制与一般思维有所不同,因此它既具有一般思维的共性特点,即科学性、间接性和概括性,同时又具有时效性、灵活性、广阔性、广阔性等特点。侦查认识的基本方法包括侦查逻辑思维方法和侦查非逻辑思维方法。

(一)侦查的逻辑思维方法

侦查逻辑思维方法的主要形式有侦查发散性思维、侦查会聚性思维、侦查纵向性思维、侦查横向性思维。

侦查发散性思维是从一个问题出发向多个方面、多个角度进行与之有关的思索的方法。[17] 它具有多维性与灵活性特点，能够增强发现和解决问题的能力。这种思维方法主要适用于以下范围：第一，在分析与案件有关的具体事物时，能够发现该事物与犯罪的多种联系。如对犯罪者遗留在现场上的一个烟头进行发散性思维，就可以发现它与犯罪有以下联系：可以推断犯罪人有抽烟习惯；从遗留在烟头上的手印可以鉴别犯罪人；从遗留的唾液可以化验出犯罪人的血型；从含烟的特点，可以推断犯罪人的职业；从烟的种类、价格可以推断犯罪人的生活水平；从烟的产销地，可以推断犯罪人居住活动的地区范围；从烟头的新旧程度，可以推断犯罪时间；从烟头的遗留状况，可以分析犯罪人当时的心理状况；从烟头是否是被害人家中之物，可以分析犯罪人与被害人的关系等。由此可以看出，在分析一个具体事物时，运用发散性思维方法，可以从中最大限度地挖掘出多种犯罪信息。第二，在探索某种结果的原因时，能够发现产生结果的多种原因。如盗枪案，在分析犯罪人盗枪的动机时，进行发散性思维就可以分析到：可能是为了用枪继续犯罪；可能是为了制造事故报复保管人员或单位领导；可能是出于好奇，为了玩枪；可能是出于经济目的，为了卖钱；等等。这样就不致把侦查视野限制在一个狭小的范围内。第三，在调查嫌疑人时，能够注意从多个方面、多条途径、多种措施去开展工作。如可以从有无作案思维因素、作案时间，是否具备作案人的身高、体态、年龄及知情程度、工具条件、结伙条件、犯罪能力、反常表现等多方面去考察。

侦查会聚性思维与发散性思维在思考问题的方法上相反，它是由多方面、多角度向一点集中的方法。它能够增强认识问题的准确性，主要适用于以下范围：第一，在确定犯罪痕迹时，能够提高判明犯罪痕迹的准确性。例如，现场的一枚足迹，判断其是否系犯罪者所留，就要从遗留时间分析是否符合实施犯罪时间；从遗留的位置分析是否符合犯罪人的行走路线；从遗留的形态分析是否符合罪犯动作规律；从足迹的附着物质分析是否符合本案所涉及的物质；从有关人员方面是否都作了排除；等等。第二，在分析案件要素时，能够增强分析结论的可行性。例如，在分析犯罪时间要素时，从现场上的手印、足迹、工具痕迹、尸体、伤痕、地面擦扫情况、刮风下雨、知情人提供的情况中能够分析出有关作案时间的信息，连同现场能够表现实施犯罪时间的台历、报纸、钟表、日记、信件、车船票等集中起来进行思考，就可以分析出一个相对准确的犯罪时间。第

---

〔17〕 王福相：《侦查中发散思维与收敛思维的互补特性》，载《江苏公安专科学校学报》2000 年第 2 期。

三,在审查嫌疑人时,能够作出相对准确的结论。排除一个嫌疑人或认定一个嫌疑人不能只凭一个依据。为了避免发生失误,必须对考察的各种资料进行会聚思维,从犯罪时间、思想因素、痕迹物品、作案工具、性别、年龄、身高、体态、知情程度、犯罪能力反常表现等多方面列举出认定或否定的依据。实践证明,列举出的依据越多,结论的可靠性越大。

侦查纵向性思维是对事物的过去、现在、未来进行系统性思考的方法。[18]在侦查思维中,实际上是根据事物现在的情况,对其过去和未来进行思考。因此,它包括反馈性思维和超前性思维两种类型。反馈性思维是由现在追溯过去的一种思维方式,主要适用于以下范围:第一,在侦查范围内,用于考察嫌疑人案发前后的活动过程和过去的一贯表现。在调查摸底时,经常采用时间排查法,即根据时间的顺延考察对象在案发前后的活动情况。对具有犯罪时间的嫌疑人,在考察时还需要对这个人的历史状况进行纵向考察,如家庭状况、何时工作、受过何种处分、有无劣迹和作案的思想因素等,从而形成一个纵向的链条。第二,在分析现场情况时,用于研究推断作案过程。为了更好地研究犯罪,往往需要根据现场情况,进行反馈性思维,通过推理大体勾画出作案的过程。如作案人是从哪里来的,从哪里进入现场,先干什么,后干什么,又从哪里出去,往哪里逃走等。第三,在研究痕迹时,用于推断形成的原因。要想深刻地认识犯罪,对任何一个痕迹、物品和现场变化,都需要进行反馈性思维,以探索其产生的原因。如从伤痕推断凶器,从足迹推断知情程度,从字迹推断文化程度,等等。超前性思维,是由现在预测未来的一种思维方法。主要适用于对罪犯实施犯罪行为后的情况进行分析判断,预测其作案后的延续行为,并针对可能出现的情况制定新对策。如根据案件情况,预测犯罪人逃跑的方向,预测犯罪人可能藏身的地方,预测犯罪人销赃的途径,预测其可能出现的反常表现,预测可能会在某个时间、地域对某类对象再次进行犯罪等。

侦查横向性思维是截取事物的某一横断面加以研究的思维方法。它能够增强看问题的广度和协调能力,主要适用于以下范围:第一,对各种痕迹物品进行横向性思维,能够发现他们之间的内在联系。行为动作对痕迹物品的形成,是否符合犯罪的活动规律,它们之间是否协调,就需要对痕迹物品和行为的变化进行横向思考,分析他们之间是否有内在联系。如对一个命案现场,既有自杀的迹象,也有他杀的迹象,如果不从形成的原因之间进行横向思索,案件的性

---

〔18〕 杨郁娟:《论侦查纵向思维的运用》,载《武汉公安干部学院学报》2007 年第 1 期。

质就会模棱两可。第二,对案件的各种要素进行横向思考,从其内在联系中把握案件本质。会聚性思维虽然对案件的每个要求都进行了全面思考,但对于要素之间的联系研究不够,有时会在单独分析案件的某个要素时对所得出的结论感到根据比较充分,而与其他要素联系起来进行思考却发现有许多矛盾。因此,必须加强案件各种要素的横向思考,使他们形成一个有机的整体。第三,对案件之间进行横向思维,不失时机地实施并案侦查。在侦查每一起案件时,都应对或同一时间,或同一地域,或同类案件,或同种作案工具,或同种作案手段,或遗留有其他相同痕迹的其他案件进行横向思维,从中发现有无内在联系,以便及时并案侦查。

(二)侦查的非逻辑思维方法

侦查非逻辑思维方法又称侦查超常规逻辑思维方法,是指正常逻辑思维之外的其他各种思维形式和方法的总称。一般包括侦查直觉思维、侦查灵感思维、侦查想象思维、侦查联想思维、侦查预感思维、侦查机遇思维等,其中运用较为广泛的有侦查直觉思维、侦查灵感思维、侦查联想思维、侦查想象思维等。〔19〕

侦查直觉思维是侦查人员根据已获得的知识和积累的经验,以高度省略的形式,对客观事物的本质作出一种迅速的直接的综合判断。形成的直接性、表现的突发性和存在的短暂性是侦查直接思维的特点。〔20〕侦查活动中,当案件的线索极度缺乏、案情十分模糊的情况下,侦查假设和推理往往是借助直觉思维而降生的。侦查直觉思维一方面能打破侦查思维活动按部就班进行的常规程序,广泛超越逻辑规则限制的认识上的飞跃,较为准确地分析案情,推进侦查;另一方面,由于侦查直觉思维缺少严密科学的逻辑规则的自觉指导,思维结果不可能总能保持正确,这是侦查中运用直接思维要特别注意的。

侦查灵感思维是侦查人员在实践基础上获得了某客观事物或问题的大量信息并对这些信息进行了长时间思考仍未认识事物或问题的情况下,因偶然性机遇从而调动潜意识活动达到一定程度而与意识活动通力合作,使对过往事物或问题的认识产生突然质变的一种高级创造性侦查思维活动。〔21〕蕴育的长期

---

〔19〕 侯晓杰:《论非逻辑思维在侦查中的作用》,载《福建公安高等专科学校学报》2006 年第 5 期。

〔20〕 马前进:《直觉思维方法在形成侦查假说中的作用》,载《江苏警官学院学报》2008 年第 5 期。

〔21〕 刘汉民:《论灵感思维与刑事侦查》,载《政法学刊》2009 年第 4 期。

性、表现的突发性、存在的短时性是侦查灵感思维的特征。在侦查活动中，侦查人员以一定的案件事实为基础，运用多种逻辑的和非逻辑的思维，经过各种各样的假设和推理，采用多种侦查措施，侦查工作已陷入僵局，处于停滞，正当走投无路之时，侦查人员往往突然受到偶然机遇的引发，灵机一动，想出办法，从而使案件获得总体或局部上的突破。这种说不清、道不明的“灵机一动”，就是灵感的迸发。

侦查联想思维是一促由此及彼跳跃式的非逻辑思维，有自由联想和定向联想之分。侦查联想大部分都是定向联想，具有目的性、灵活性、选择性的特点。侦查员在侦查活动中，由一件事想到一个人，由案件中的一个情节想到另一个情节，由此案想到彼案，受某种偶然性启示解决一些不思不解的难题，就是侦查联想。侦查联想都是基于一定的目的，以案件为中心进行的，绝不是野马无缰的遐想。侦查联想是提出侦查假设的起点，丰富的侦查联想可以拓展侦查人员的思路。〔22〕 尤其是在并案侦查和疑难案件的侦查中，联想的作用更加突出。例如，某市郊区曾发生一起强奸杀人案，根据目击证人提供的线索和现场勘验获得的材料，初步推测犯罪人可能是小卧车司机。在侦查过程中，侦查人员获得了另一个重要线索，即在本案发生的几个月前也发生过一起至今未破的强奸杀人案。两起案件的作案工具、作案方法、作案动机目的都相似，于是侦查员进行联想思维，提出了“两起案件可能是同一犯罪人能为”的侦查假设，破案证实了这一侦查假设的正确。

侦查想象思维是侦查人员在已有知识和经验的基础上，于思维中创造从未经历过的事物形象的非逻辑思维过程。时空的超越性、主观的能动性、结果的或然性是这一思维形式的主要特征。侦查活动中的想象指的是侦查人员根据已有的经验、知识和犯罪信息，在大脑中对已经形成的与案件有关的若干表象进行人工改造，进而设想犯罪人个性特征、犯罪行为过程、犯罪手段方式等主要案件要素，直至形成犯罪人形象的心理发展过程。由于侦查想象具有超越时空的特性，因而侦查人员对于侦查工作不能仅仅局限在一个具体案件的前后因果关系上，而是应通过对具体案件多侧面、多角度、多方位的丰富想象活动，通过对案发时空作缩小或扩大的定位，将案件的各个具体组成部分放置到普遍联系的因果链条中检验和证实。在侦查活动中，侦查人员必须根据现场证据、被害人或证人的陈述等有限材料，发挥充分的想象，刻画犯罪人的特征和作案过程，

---

〔22〕 刘汉民:《论侦查联想思维的特征》，载《河北学刊》2008 年第 4 期。

必要时还要根据被害人或证人的陈述对犯罪人进行模拟画像,这实际上都是上述所说的想象思维在侦查中的运用。侦查假设的提出之所以需要想象这一非逻辑思维作为认识的思维工具和手段,这是由案件初始阶段的复杂性和模糊性决定的。案件在初始阶段,侦查人员对案件各方面因素的认识往往是在认识不明确、模糊的状态下进行的,而且在不少案件中,可资分析判断案情的相关材料不仅少,甚至常常呈现一种似乎彼此无关的表象,侦查人员如果单凭这些有限的犯罪信息所提供的犯罪线索是很难作出正确判断的。在这种情况下,要求侦查人员借助于想象这一非逻辑思维,进行大胆猜测、判断、突破大脑中思维的某些障碍,提出具有重大意义的侦查假设,从而使案件顺利侦破。

侦查直觉思维、灵感思维、联想思维、想象思维这四种主要的非逻辑形式在侦查中具有重要的意义,但是也绝不能片面夸大其作用。因为非逻辑思维由于其自身具有直观性、跳跃性,没有严格的规则和模式可供遵循等特点,决定了其必然具有一些自身不能克服的缺陷和不足。在侦查活动中,逻辑思维和非逻辑思维往往是相互交融、互为补充的关系。

四、侦查认识的决策

(一)侦查决策的概念

决策,简言之就是作出决定。侦查决策是指侦查工作的组织者、领导者就侦查工作中面临的实际问题,为优化达到一定的侦查目标所作的侦查工作的设计和抉择。侦查决策是侦查主体在侦查活动中,在一定的客观条件下为达到一定的目的,为确定侦查的行动目标和行动方法而进行的一系列筹划、优选和决断活动。[23] 侦查决策是一项实践活动,但它必须以侦查认识活动为前提。侦查决策体现了侦查认识和实践的高度统一。侦查决策是侦查主体主观能动性的突出表现,它贯穿于侦查工作的各个方面,贯穿于侦查破案的始终,是侦查认识过程的重要环节和基本活动。侦查决策受侦查决策主体、决策参与者、决策环境、决策压力、决策目标、决策信息和决策规范等多重因素的影响和制约。[24]

(二)侦查决策的分类

侦查决策可以从不同角度进行分类。侦查战略决策和战术决策是根据侦

〔23〕 张跃兵:《论侦查决策之概念》,载《政法学刊》2013 年第 5 期。
〔24〕 杨立云:《侦查认识原理研究》,法律出版社 2009 年版,第 130 页。

查决策目标的重要程度进行的分类。

侦查战略决策是对侦查的全局性、长远性、根本性的重大问题所作的决策，它往往与长期规划有关，常常是关于整个系统的全局安排与统筹。侦查战术决策是在战略决策的指导下，为解决侦查的局部或个别问题而进行的决策。侦查战术决策是侦查战略决策的短安排，是侦查战略决策在实施过程中的一系列具体决策。

侦查决策还有侦查常规决策和非常规型决策之分。侦查常规型决策是对侦查工作中经常反复出现的问题所作的决策。这类决策的过程有一套可以遵循的程序，在积累和总结经验的基础上，可以掌握其规律性。如对立案侦查的由事到人的案件的常规侦查决策过程是：现场勘查—案情分析—制定方案—部署侦查。侦查非常规型决策是对过去没有或较少出现的侦查问题所进行的决策。这类决策无过去的惯例作依据或参考，但又必须立即作出决策，为此常依据决策者的知识、经验和创造力迅速作出决断。如对突发性的暴力性犯罪案件的紧急处置工作就不能按部就班，而必须机智灵活，随机应变，否则就难以保证决策的正确性和及时性。

侦查决策也可分为侦查简单决策和复杂决策。内容单一、包含的方面较少的决策称为简单决策，多适用于个别侦查行为和对个别案件的处理。这类决策的特点是情况比较明确，决策条件充分，应采取的对策容易决断，后果也易预料。侦查复杂决策较之简单决策难度更大，涉及的问题更多，认识过程更复杂，逻辑思维更严密，一般适用于重大疑难案件和复杂的侦查系统行为的处置。

侦查决策还可分为侦查的高层决策、中层决策和基层决策。侦查的高层决策是由侦查的决策层所制定的涉及整个侦查系统的决策，它对侦查全系统的每一环节都发生影响。侦查中层决策是指侦查的管理层所作的决策。这些决策大多属于安排某一阶段的任务，或解决侦查中的具体问题，如省、自治区、直辖市公安厅(局)刑侦总队所作的决策。侦查的基层决策主要是指侦查执行层和操作层所作的决策，大多属于经常性的具体任务的安排和对临时出现的问题的处理。这些决策对侦查的全局产生不了重大影响，但决策的技术性、时间性要求比较高，如基层刑警队、侦破小组、侦查员个人有关侦查活动的决策。一般来说，侦查决策的层次越高，越具有战略性、长期性的特点；侦查决策的层次越低，越具有战术性、短期性的特点。侦查每一层次的决策都应以更高层次的决策为指导，以更低层次的决策为基础。

侦查决策是经验决策和科学决策的有机整合。经验决策是决策者凭借经验制定决策的活动和过程,它并不等于主观任意决策,其积极意义在于使侦查决策更加快捷和准确,但也存在经验的正确性和有效性具有相对性、决策者主观因素影响较大、在推广适用方面存在较大的局限性等缺陷。科学决策是相对于经验决策而言的,其核心内容是把科学技术及其方法运用于决策分析。科学决策流程是科学决策的根本前提,理性思维方法是科学决策的重要保障。科学决策同样具有局限性,在具体的侦查决策中,它更多的是具有标准化的象征意义,激励或引导侦查人员尽可能地向决策理性化靠近。为提高侦查决策的理性化,侦查人员既需要重视经验和知识的积累,又要重视科学决策的程序和思维方式。[25]

(三)侦查决策的步骤

侦查决策不是一次性完成的活动,而是一个认识侦查工作现状、预测侦查工作未来、指导侦查行动的动态过程。侦查决策应遵循有限理性原则、经验原则、渐进原则和正当原则。[26] 一般而言,侦查决策可以分为以下几个步骤:一是发现问题,确定目标。发现问题、确定目标是侦查决策的起点。所谓问题是指应当或可能达到的状况同现实状况的差距;目标则是指在一定的客观条件下,权衡需要和可能而争取达到的状况,它有一定的时间要求和约束条件。二是调查预测,拟订方案。调查是决策的基础,只有通过调查才能占有与所要解决的特定的侦查问题有关的有利条件和不利因素,才能了解解决问题的途径和方法,才能在此基础上着手制定解决问题的方案。每一侦查决策中,客观上都存在若干套可供选择的侦查方案;在拟定侦查决策方案时,要尽可能地顾及实际存在的各种方案,以保证决策的客观性、全面性、正确性。三是评估优选,确定方案。这一阶段的工作就是通过对各种可供选择的侦查方案分析对比、全面评估、总体平衡,然后选取其一或综合成一。四是实施反馈,修正完善。侦查决策方案的订立并不是决策过程的完结,还必须付诸实施,贯彻执行的决策避免毫无存在的价值。通过实施,验证决策是否正确合理。对合理的方案进行完善、修改,再付诸实施,这一阶段称为追踪决策。

---

〔25〕 杨郁娟:《论侦查经验决策与侦查科学决策》,载《山东警察学院学报》2010 年第 2 期。

〔26〕 杨立云:《侦查认识原理研究》,法律出版社 2009 年版,第 146 页。

第二节 侦查三论理论

侦查信息论、系统论、控制论是现代三论方法论运用在侦查领域而成为的一系列原理和方法。侦查三论理论是信息论、系统论和控制论在侦查中全面运用而形成的,其基本的观点是,侦查是一个根据信息进行控制的系统工作。

一、侦查信息论

(一)侦查信息论的引入

1. 信息及信息论的概念

自20世纪40年代开始,信息作为科学名词。信息,被解释为是“对消息的接收者来说原先不知道的报道”,是“由数据、信号等构成的消息中所载有的内容”。信息论的创始人申农认为,信息是用以消除随机不定性的东西。信息源于物质,体现物质的特征、物质的运动和发展,是人们认识事物的基础。一般地说,信息是指反映客观世界中各种事物的特征和变化的组合,是一种有用的知识。信息论则是研究信息的基本性质及度量方法,研究信息的计量获得、传输、处理、交换存储的一般规律的理论,是一门应用数理统计方法研究信息传输和处理的科学。

2. 侦查信息论的基本内涵

信息论作为一种科学的方法论,引入侦查学领域后,给人们认识侦查和犯罪提供了新的认识方法和认识角度。侦查信息论的基本观点是:犯罪行为必取一定的形态,不同的犯罪形态反映不同的犯罪行为信息;犯罪信息不仅储存于犯罪行为形态之中,还储存于犯罪痕迹、犯罪行为结构及犯罪行为的联系等诸方面;犯罪信息是形成侦查判断、推理、假定的前提,也是推进侦查、调整侦查的基础。

(二)侦查信息论的实践运用

1. 犯罪行为与犯罪信息

信息论认为,任何物质运动的过程都是能量交换的过程,是信息产生的过程。犯罪人实施犯罪行为,必然要与特定的时间、空间、人、事、物发生相互关系,形成一定的犯罪危害后果,也必然会产生犯罪信息。犯罪信息与犯罪行为的关系具体体现在以下几个方面：

第一，犯罪信息储存于犯罪行为的形态之中。一般而言，犯罪行为是犯罪主体借助某种工具或力量对犯罪对象的侵害，是发生在物质之间的物质运动。所有构成犯罪的要件，都是运动着的物质，而运动着的物质必然要具备一定的形态，因而，犯罪行为必取一定的形态。不同的犯罪行为形态反映出不同的犯罪信息，杀人犯罪的形态反映的是杀人犯罪的信息，盗窃犯罪的形态反映的是盗窃犯罪的信息。

第二，犯罪信息储存于犯罪行为引起的痕迹变化之中。犯罪行为作为一种直接侵害，大多要在犯罪现场留下痕迹和其他物证，引起侵害对象及其周围环境的变化。这些变化能够反映出多方面的犯罪信息，诸如犯罪的性质和类型、犯罪的手段和方法、犯罪行为的过程、犯罪工具等。

第三，犯罪信息储存于犯罪行为的因果联系之中。任何犯罪行为的发生都有特定的原因并形成一定的危害后果，这种原因和后果间内在的联系也蕴含着许多犯罪信息。犯罪时机的选择、犯罪方式的确定等无不在相当程度上受着犯罪行为因果联系的制约。

2. 侦查过程与犯罪信息

侦查实质上是对犯罪信息处理的过程，侦查的提起、侦查的部署和侦查的推进，处处都要以犯罪信息为前提。犯罪行为发生后，即要产生出犯罪信息，但这些犯罪信息在未被人们感知、认识前，大多处在隐蔽状态。侦查部门接到报案材料后，即通过现场勘查和调查访问等工作，广泛地接收和收集各种犯罪信息。现场勘查后的临场研究和各个侦查环节的案情分析即是对已接收到的犯罪信息的处理过程。在分析判断的基础上，对犯罪分子的形象进行刻画，实际上就是信息的输出；对侦查工作的部署，实际上就是依据犯罪信息的反馈，对侦查工作进行修正和调整，最后达到犯罪行为的再现。很显然，这一侦查工作的过程实际上就是对犯罪信息的处理过程。

3. 犯罪防控与犯罪信息

侦查工作的重要任务之一就是防范控制犯罪，而犯罪信息不仅仅只反映具体犯罪行为的特征，而且也预示着犯罪发展变化的规律和趋势。因此，犯罪信息对预防犯罪有重要意义，是制定防范控制犯罪对策的依据。实践中，根据犯罪信息反映出的制度上和工作上的漏洞，及时采取防范措施，可以消除犯罪的隐患；根据犯罪信息所反映出的犯罪活动的规律和特点，可以确定犯罪防范控制的重点和方向，等等。

二、侦查系统论

(一)侦查系统论的界定

1. 系统与系统论的含义

系统论的创始人美籍奥地利生物学家贝塔朗菲认为,系统是“由两个以上要素组成的具有整体功能和综合行为的统一集合体”。也就是说,系统是由多个要素构成的具有一定层次结构并与客观环境发生联系的整体。系统论是研究系统的模式、原则和规律,并对其功能进行数学描述的一门学科。系统论认为,任何事物及其运动过程都是一个多层次的系统,这个系统与其环境构成一个统一体。因此,系统的核心是强调系统和整体的观点。

2. 侦查系统论的本质

侦查系统论认为,犯罪和侦查均为系统工程。任何犯罪行为都是由犯罪意向、犯罪时间、犯罪空间、与犯罪有关的人和物、犯罪原因、犯罪结果等物质要素构成的,是一个有机联系的整体。侦查的过程,实际上就是“信息—反馈—再现”的系统过程,即任何一起刑事案件的侦查都包括信息的发现、信息的收集和储存、信息的处理、信息的输出、信息的反馈、犯罪的“再现”这一过程。

(二)侦查系统论的内涵

1. 犯罪行为结构系统

犯罪行为系统主要有两个方面的意义,一是犯罪行为的结构系统,二是犯罪行为的运动系统。

根据刑法学的理论,任何犯罪都是由犯罪主体、犯罪客体、犯罪的主观方面、犯罪的客观方面四重要素构成。根据刑法学的这一基本理论,结合侦查实践需要,侦查学把犯罪行为的结构剖析为下列几个系统要素:一是犯罪意向,指犯罪分子实施犯罪的意图和倾向。二是犯罪时间,包括犯罪的预谋时间、犯罪的行为实施时间、销赃毁证时间等。三是犯罪空间,也称犯罪现场,是指犯罪分子实施犯罪的地点和留有犯罪有关的一切痕迹物品的场所。四是与犯罪有关的人或物。与犯罪有关的人包括犯罪人、被害人、证人等;与犯罪有关的物主要是指犯罪凶器、工具、犯罪遗留物和犯罪所获的赃物等。五是犯罪原因,指犯罪行为的具体起因。六是犯罪结果,主要是指犯罪行为造成的实际危害后果,如人身伤亡、财产损失,有时也包括犯罪行为的精神性后果、间接性后果。七是犯罪过程,指犯罪分子实施犯罪的具体经过,是上述各因素的综合。

从历史和发展的观点看，犯罪行为是由多个环节构成的，犯罪行为的运动系统具体包括：一是犯罪的预备，指实施犯罪前的预谋活动，如准备工具、制造条件、踩点等；二是犯罪的实施，指犯罪行为对犯罪对象的直接侵害，其中包括犯罪的中止、犯罪的未遂、犯罪的既遂等情形；三是犯罪的后续行为，指犯罪人实施犯罪到被缉获归案的这一过程的活动，这些活动情形复杂，除了极少数犯罪人在实施犯罪后投案自首或畏罪自杀外，大多数犯罪人实施犯罪后的后续活动与侦查活动是一种对抗的格局，如表现为隐匿、逃逸、伪装积极、制造谣言、制造假象、窥探侦查、继续进行新的犯罪活动等。

2. 侦查行为结构系统

侦查系统作为刑事诉讼的一个子系统，也有其独特的内部结构因素和众多的形成、发展环节。如就侦查的结构而言，有侦查主体（包括侦查机构、侦查组织形式、侦查人员）、侦查手段、侦查策略、侦查对象等。就某一个具体的刑事案件的侦查过程而言，侦查需要经过侦查启动、侦查取证、侦查终结三个阶段，每一个阶段又有多个环节，如侦查取证就包括拟定侦查计划、部署侦查实施、发现嫌疑对象、确定重点嫌疑及对重点嫌疑对象开展侦查等。

三、侦查控制论

（一）侦查控制论的概念

1. 控制和控制论的含义

控制是指按照给定的条件和预定的目标，对一个过程或一序列事件施加影响的一种行动。控制论是研究各种相关因素组成的系统的调整和控制的一般规律的理论，这一理论是 21 世纪 40 年代逐步形成和发展起来的。控制论有两个核心要领，即信息和反馈。控制论主张对系统的控制要通过信息的反馈来实现，为此，提出了建立反馈模型或控制论模型的认识方法。

2. 侦查控制论的内涵

侦查控制论认为，侦查是一个可以由侦查主体加以控制的系统工程。无论是犯罪信息的接受，还是犯罪信息的输出都是在侦查人员的主持下进行的，受着侦查人员主观意志的控制和制约。侦查学控制论的目的是通过对侦查控制系统的研究，为侦查控制提供新的原理和方法，从而提高侦查控制系统的功能和效果。

(二)侦查控制论的适用范围和方法

1. 侦查控制论的适用范围

侦查控制论主要涉及以下几个领域:侦查活动系统的功能和分析方法;侦查信息处理过程中的程序化、自动化的条件、原则和方法;建立侦查自动信息系统的方式方法;从理论和实践的角度研究侦查数字化、控制化、智能化的法律、组织及其他问题。

随着控制论和侦查科学的不断发展,侦查学控制论的领域将越来越大,越来越具有针对性和实用性。

2. 侦查控制论的方法

侦查控制论为侦查领域提供了一系列方法,主要有:一是侦查的系统方法,这一方法以侦查系统这一整体为出发点和归宿点,着眼于分析和发挥侦查系统的整体功能。它运用层次论、结构论和动态原则,分析与综合同步进行。二是侦查模拟方法,主要通过建立侦查模型来实现,有观念模型和物质模型两种类型。三是侦查的程序设计方法,这类方法的实质就是对侦查系统各要素进行设计,使其按固定的程序运行。侦查的程序设计法具有可变性、精确性的基本特点。四是侦查的优选方法,依据信息的反馈,对侦查系统进行合理调控,使其达到最佳的有序状态。

侦查控制论涉及侦查工作的各个方面和各个环节,如对侦查工作的组织与控制、对侦查计划的调节、对侦查途径的调整、对犯罪的防范控制等,都要运用到侦查学控制论的一般原理和方法。可以说,侦查控制论在侦查领域有广泛的适用前景。

第三节 侦查同一理论

同一是自身与自身的等同,同一的过程被称为同一认定。同一认定方法古已有之,科学系统的同一认定理论形成于20世纪20年代的苏联,并于20世纪50年代传入中国,20世纪80年代开始,中国学者开始系统研究同一认定问题。1989年出版的《同一认定——犯罪侦查方法的奥秘》是我国第一本系统研究同一认定的著作。[27]

侦查同一理论认为，侦查的实质就是认定侦查中相关的人、物和场所等客体物自身与自身是否同一的问题，其主要依据是客体物特征具有特殊性和稳定性。侦查同一认定的形式多种多样，须依相关程序展开并对结论进行严格的审查评断。

一、同一认定概念

（一）同一认定的概念

1. 同一的含义

所谓"同一"，是指特定的客体自身与自身的等同，即是物的自身同一。"同一"一词源于拉丁文 *ibem*，意即视为同一，视为相同。在美国，"同一"是以"大自然从不精确地重复其本身"的原理表现。从词源及其应用看，同一都有自身相同的含义。

马克思唯物辩证法认为，物质世界具有特殊性，物质世界的任何一个客体都是独一无二的。正是因为客体存在特殊性，因此，客体只能等同于其自己，而与其他一切客体都有区别。恩格斯曾说："显而易见，自身的同一，从一开始就有必要的补充，同其他一切都有区别。"在此前提下，他又认为："植物、动物的每一个细胞，在各自生命的每一瞬间，既是同一的而又有别于自己……每个物体都在不停顿地以受着机械的、物理的、化学的作用，它们始终不停地使物体发生着变异，改变着它的同一……真正的、具体的同一包含着差异。"[28]马克思主义同一观是侦查学同一认定理论的科学依据。

同一和相同或相似不是一个概念，在认定客体同一时，实际上只有一个客体，即这个客体自己与自己同一；在认定客体不同一时，实际上有两个客体，尽管这两个客体的外表可能十分相似，以致很难加以区分，但它们毕竟是两个客体，相似不是同一，不是等同。

2. 同一认定的概念

同一认定，是指其具有专门知识的人或熟悉客体某些特征的人，在研究和比较先后出现的两个反映形象的特征的基础上对其是否出自一个或是否是原属同一整体物所作出的判断。这一概念包含以下基本要点：第一，同一认定的

---

〔27〕 参见何家弘：《同一认定——犯罪侦查方法的奥秘》，中国人民大学出版社1989年版。

〔28〕 《马克思恩格斯全集》（第30卷），人民出版社1997年版，第530页。

主体必须是具有专门知识的人或熟悉客体某些特征的人。他可以是司法机关下属的鉴定机关的鉴定人,也可以是被邀请的其他具有专门知识的人,还可以是犯罪案件中被害人、犯罪目击人。第二,同一认定的客体只能是与案件有关的人或物(包括场所),而且这些客体或其反映形象在案件发生和侦查过程中已先后出现过两次。第三,同一认定的目的是确定某一客体是否同一或是否原属同一整体物,也就是解决某一客体与案件的特殊联系。第四,同一认定的方法必须是以对客体特征的比较为基础。或者说,比较客体特征是认定同一与否的唯一途径。第五,同一认定属于判断型认识活动,无论是物证技术鉴定中的同一认定,还是案件调查中的同一认定都是对客体是否同一所作出的判断。

(二)同一认定的其他基本概念

1. 客体和客体反映形象

客体是指外界事物,同一认定客体是指一定的人或物的自身。客体的反映形象是客体自身形成的痕迹或以技术加工制成的复制品。

2. 被寻找客体和受审查客体

被寻找客体是指与案件有关的人或物,当然这里的人和物不纯粹是其全部,而是他们各个方面的特性,即表现人或物各个方面特性的客体,如皮肤乳突花纹、人体的外貌、书写习惯、物的外表结构等。被寻找客体是指第一次在现场上出现后又消失不见的客体,是侦查人员所要寻找的客体,如犯罪分子在犯罪现场上的电灯泡上留下了右手拇、食、中指的指印,那么,犯罪分子拇、食、中指上的指纹就是被寻找客体。受审查客体是指在案件侦查调查过程中被怀疑与案件有关的人或物,是正在寻找、需要审查的客体。如犯罪分子在现场灯泡上留下了右手拇、食、中指的指印,而侦查中发现了某个人具有犯罪嫌疑,那么,这个嫌疑人右手的拇、食、中指的指纹就是受审查客体。在鉴定某一痕迹或物品时,受审查客体就是被寻找客体,其余暂时被列为受审查的客体就彻底地排除了嫌疑。

3. 检材和样本

检材多数情况下是被寻找客体的反映形象,是为了确定被寻找客体具有哪些特征而利用的,它在未作出同一认定结论前是个未知物,如被寻找客体留下的指印、笔迹等。样本多数情况下是受审查客体的反映形象,是为了确定受审查客体具备哪些特征而利用的,它是侦查与鉴定中的已知物,是鉴定过程中供分析比较的对象,如受审查客体的指印、笔迹等。

4. 被认定同一客体和供认定同一客体

被认定同一客体，是指需要解决是否同一或是否原属同一整体的两个先后出现的客体，都是指案件中有关的或有牵连的人或物的自身。被认定同一客体包括被寻找客体和受审查客体。供认定同一客体是指进行同一认定时所利用的客体，它包括检材和样本。

（三）同一认定的形式

同一认定有很多表现形式，最为典型的是 ABA′C 和 ABA′形式。

1. ABA′C 形式

ABA′C 是一种最典型的同一认定形式。假设被寻找客体为 A，受审查客体为 A′，检材为 B，样本为 C，这种形式如图 1 所示：

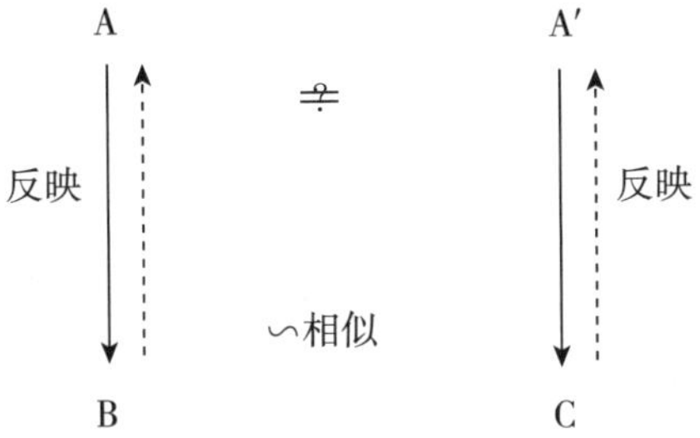

图 1　ABA′C 同一认定形式

第一，A 与 B 的关系是反映与被反映的关系，通过 B 可以了解 A 的特征。如通过现场上提取的拇指印可以了解留下指印的犯罪嫌疑人的有关指纹的特征。第二，A′与 C 的关系也是反映与被反映的关系，通过 C 可以了解 A′的特征。如向嫌疑对象捺取其拇指印样本，通过该指印样本可以了解嫌疑对象拇指指纹的纹型和细节特征。第三，B 和 C 的关系是并列关系，它们是在不同条件下形成的，即使最后证明它们是同一客体所留，它们也不是同一关系，而是许多特征相互符合的并列关系。如现场上提取的拇指指印是凶器上的血指印，取自嫌疑对象的指印样本是用油墨按指所留，血指印和油墨指印也不是同一指印，而只能是两个有许多特征相互符合的并列指印。第四，A 与 A′分别代表被寻找客体和受审查客体，它们之间的关系取决于鉴定人最后作出的判断。如果鉴定人作出的是肯定同一认定结论，它们的关系就是同一关系。如作出的是否定同一认定的结论，它们的关系就是并列关系。如判断现场上犯罪分子右手拇指指纹留下的血指印就是嫌疑对象的右手拇指所留，那么，犯罪嫌疑人右手拇指指纹与嫌疑对象右手拇指指纹就是同一关系,否则就是并列关系。

2. ABA′形式

同一认定的 ABA′形式中,由于没有出现受审查客体的特征反映体,所以人们便通过比较 B 与 A′的特征来判断 A 与 A′是否为同一客体。这是断离客体同一认定的基本形式,如图 2 所示:

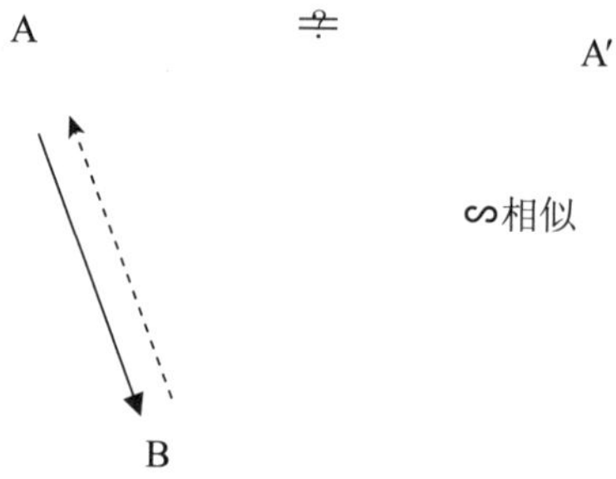

图 2 ABA′同一认定形式

B 为现场发现的客体的断离部分,A 为客体的另一部分(被寻找客体),B 和 A 互为特征反映体,通过 B 可以了解 A 的特征,通过 A 也可以了解 B 的特点。A 和 B 的关系是原属同一整体的两个断离部分。A′是受审查客体,它和 A 的关系要通过研究它们各自的特征并加以比对后才能决定。如果彼此特征吻合,那么证明 A 和 A′原属同一整体,A 就是 A′;如果特征不吻合,那么证明 A 和 A′不属于同一整体,A 不是 A′。ABA′是一种特殊形式的同一认定。首先,这种同一认定的客体已被分离为两部分或多部分,因此,它本身在数量和形态上都发生了一定的变化。其次,特征反映体 B 就是原整体物的一部分,它与被寻找客体 A 共同构成原整体物,因此,B 所反映的实际上是原整体物的共同特征。最后,这种同一认定往往要综合利用客体多方面的特征,其中既有形象特征,也有物质成分特征;既有该客体本身固有的特征,也有附加特征;既有断离以前就形成的特征,也有断离时才形成的特征。

二、同一认定的科学基础

通常认为,侦查同一认定的依据是客观事物的物质性、特殊性和反映性。[29]

[29] 何家弘:《同一认定——犯罪侦查方法的奥秘》,中国人民大学出版社 1989 年版,第 18 页。

（一）客体的物质性与反映性

1. 客体的物质性

客体的物质性，是指客观的犯罪行为必然产生客观的物质结果。刑事案件是犯罪人的行为作用于一定的物质客体而形成的，犯罪行为是一种物质运动，是犯罪人内心起因的外化，任何犯罪行为都是通过一定的物质运动形态与周围的物体发生相互作用，使客体物质形态发生一定变化，产生一定的客观反映。这种物质形态的变化，是犯罪人本身无法改变的。例如，杀人犯罪一般都有尸体和凶器，放火一般有被焚烧的物质和引火物，网络犯罪也会在网上留下痕迹等。客体物质性的表现形态多种多样，有犯罪行为引起现场环境和物质形态的变化、犯罪行为引起物质性质的转化和物品数量的增减、犯罪行为引起人体或动物机体的破坏等。

2. 客体的反映性

客体的反映性，是指客体反映出的一定的形态特征能够为人们认识和感知，即客体的特征能在其他客体上借助一定条件予以再现的属性。客观物质都具有一定的形态，或为固态，或为液态，或为气态。根据物质变化规律，客体的物质形态在外力作用下可以互相转化，如血液可凝固为血斑、毒液可挥发为毒气等，而客体存在和运动的形态可以反映出其各种特征和表象，为人们提供了认识客体的物质基础。

（二）客体的共同性和客体的特殊性

1. 客体的共同性

客体的共同性是指各种客体所具有的共同点和共同要素，它一般是从个别中抽象出来的，存在于同一类或同一种事物之中，是客体普遍具有的特性。如指纹纹线的形式、系统、类型及细节是构成指纹的共同要素，不具备这些共同要素就不称其为指纹。同一工厂、同一台车床、同一个模具生产出的产品的规格、型号也是相同的，都具有共同的一般特征。共同性是事物分类的基础，是同一认定确定一般特征的依据，是认定具体客体的基础和前提。

2. 客体的特殊性

客体的特殊性是指每个特定的客体所独具的特性，是客体的特殊点和个别要素。指纹虽具有形式、系统、类型和细节等共同要素，但人各不同、指各不同则是这些要素的特定化。客体的特殊性表明客体只能与自身等同，客观事物都有其各自质和量的规定性，没有两个完全相同、绝对一致的客体。以人的相貌而论，基于遗传的原因，父母、子女及兄弟姐妹之间，其相貌可能极其相似，但是骨骼、软组织有个体差异，加上疾病、心理因素的影响，会形成各不相同的个体特点，这种个体特点是区别不同人相貌的依据。

同一认定的基础就在于任何客体都有特殊性，都有相互区别的规定性。所以，当一个客体先后在不同时间或不同地点被发现时，只要它留下自己的反映形象或其他特征反映体，人们就有可能解决这两个先后被发现的客体实际上是否为同一客体或是否原属同一客体。

（三）客体的变化性和稳定性

1. 客体的变化性

马克思自然辩证法原理认为，不论什么客体的运动都是呈现相对静止和显著变动的两种状态。当客体的运动处在第一种状态的时候，它只有量的变化，而无质的变化，所以显示出好似静止的状态；当客体的运动处在第二种状态的时候，表明客体已发生了质变，由此事物变化为彼事物。客体的变化性表明了其运动的绝对性，客体的稳定性表明了其静止的相对性。

2. 客体的稳定性

客体的相对稳定性是对客体进行同一认定的必要条件，否则就不可能对任何客体作出是否同一的结论。一个在不同时间写的字迹会发生这样或那样的变化，但它们能反映出的书写习惯总和却是稳定不变的，这就是笔迹鉴定的前提和条件。不同的客体的稳定时间各不相同，有的长期处于相对稳定状态，有的在较短时间内又可能发生明显变化。即使是同一客体的稳定性强弱也是不同的，属于生产生活用品的物体，如在经常使用的条件下其变化一般较大，若长期闲置不用，其变化性一般较小；人的动作习惯，如经常反复练习就可能改变某些动作的特征，反之，某些习惯就会停滞在原来水平；属于人和动物生理特征的，因年龄阶段和健康状况等差别，有的时期变化显著，有的时期则变化缓慢。

（四）同一认定的条件

并非在任何情况下，一个客体先后出现两次以上都可以解决是否同一的问题。进行同一认定必须具备以下条件。

1. 客体特性的相对稳定性

如果客体无相对静止的状态，就无法对客体进行同一认定。在侦查实践中,一个客体两次被发现的时间往往有一定的间隔,间隔时间有长有短。稳定性大的客体,进行同一认定的可能性就大,稳定性小的客体,进行同一认定的可能性就小。

2. 客体特性的较好反映

同一认定时对被认定同一客体特征的认识,除断离体同一认定场合外,通常都是利用客体的反映形象进行的。反映形象所反映的客体特征越清楚,进行同一认定的可能性越大。如果特征反映十分模糊,同一认定就无法进行。

3. 对客体特征的较高认识水平

认识水平的高低与进行同一认定的准确性的大小成正比。为此,首先要有有效的科学技术手段,是否采用了有效的科学技术手段是决定检验和识别客体特征能力的重要因素之一;其次,要有具备较高业务水平的检验人员,同样的痕迹、笔迹或其他特征反映体,检验人员业务水平较高、经验丰富的,比专业水平低、经验不足的检验人员能发现更多的特征,所以,检验人员专业水平高低和经验是否丰富,也是决定对客体特征认识能力高低的重要因素。

三、同一认定的类型

同一认定可以从不同的角度进行分类。

(一)以进行同一认定主体为标准的分类

以进行同一认定主体为标准,同一认定分为鉴定型同一认定和非鉴定型同一认定。

1. 鉴定型同一认定

鉴定型同一认定,是指鉴定人根据侦查部门或审判部门的决定和聘请而进行的同一认定,主要是指各国法律规定的鉴定对象中的同一认定,如指纹鉴定、足迹鉴定、工具痕迹鉴定、笔迹鉴定、声纹鉴定等。鉴定型同一认定的主体必须是对案件中所要解决的问题具有专门知识的人,而且鉴定型同一认定一般都是在各种检验的基础上进行的,其中大多数都要用专门的仪器来分析识别和比较客体的特征。

2. 非鉴定型同一认定

非鉴定型同一认定是由对被寻找客体的外表特征有所了解的犯罪目睹人、被害人等在侦查员的组织和主持下进行的同一认定。这种同一认定总是以具体人的观察、记忆、分析等个体认识活动为基础,而且个人的有关经验和能力往往起决定性作用,因此,其主体必须了解要认定同一的客体特征,并且应该在识别分析该类特征方面具备足够的经验和能力。辨认是一种主要的非鉴定型同一认定,作案手法同一认定也是非鉴定型同一认定。

3. 鉴定型同一认定和非鉴定型同一认定的区别

鉴定型同一认定和非鉴定型同一认定之间存在明显区别。首先,鉴定型同一认定的主体是鉴定人,其前提条件是具有解决案件问题所需的专门知识;非鉴定型同一认定的主体是被害人、证人或侦查人员,其前提条件是了解所要认定的客体特征。其次,鉴定型同一认定一般要通过技术检验实现,所以,检验方法的科学与否十分重要;非鉴定型的同一认定往往要通过特定人的辨认和思维来实现,因此,个人的经验和能力是决定因素。最后,鉴定型同一认定的结果是我国刑事诉讼法规定的证据之一——鉴定结论;非鉴定型同一认定的结论可能是一种法定证据,如证人证言或被害人陈述,也可能只是采取某种侦查措施的依据,如并案侦查的依据。

(二)以被认定同一客体为标准的分类

以被认定同一客体为标准,同一认定分为人身同一认定、物体同一认定和场所同一认定。

1. 人身同一认定

人身同一认定按具体的被认定同一客体的不同,分为指纹同一认定、脚纹同一认定,人体外貌同一认定、牙齿同一认定、动作习惯同一认定。人身同一认定,除动作习惯同一认定外,都是根据人身机体某一部分的反映形象来进行的。而人的技能与习惯是经过长期练习而获得的,每种技能与习惯都必然表现为人的肌体的定型化运动或动作。各种技能与习惯,只有当它符合同一认定条件时,才可能进行同一认定。从目前情况来看,对人的书写技能习惯可以利用笔迹特征进行同一认定;对人的讲话技能与习惯,可以利用声纹特征进行同一认定。

对尸体的同一认定也是人身同一认定,这种同一认定可以通过各种科学鉴定来实现,也可以通过有关人员的辨认来实现,其主要依据是死者的相貌、衣着、牙齿、身体的疤痣、内脏的解剖病理特征和生前的手术特征等。

2. 物体同一认定

物体同一认定可以按具体被认定同一物体是否断离,分为完整物同一认定和断离物同一认定。如鞋底的同一认定、工具刃口的同一认定是完整物的同一认定,两截木棍的同一认定就是断离物同一认定。

完整物同一认定是最常见的同一认定形式,其主要依据是客体的形象特征。断离物同一认定是一种特殊形式的同一认定,这种同一认定的客体在进行同一认定之前已经断离为两部分或多部分。根据物体的断离方式不同,又可分为断裂物同一认定和分离物同一认定。前者指单一客体在较强烈的外力作用下以断裂的方式分为两部分或多部分,如撕开的报纸、扯裂的纺织品等,后者指组合客体被分离成一两部分或多部分,如拆开的机器、脱落的家具把手、被分离开的弹头与弹壳等。这种同一认定所依据的不仅有客体断离面的形象痕迹,还有客体的物质成分特征和附加特征。

3. 场所同一认定

场所同一认定是依据场所的综合特征来判断其是否同一的一种认识活动。一般来说,场所同一认定都是要求认定某个场所是否就是与案件有关的那个场所。在某种意义上而言,场所也属物体的范畴,但场所与通常所指的物体终究有较大的差别。一方面,场所有比较固定的空间位置;另一方面,场所总是由许多物体综合而成的,所以,这些物体间的相互关系对场所同一认定具有重要意义。

场所同一认定是在实施侦查活动的过程中所进行的同一认定。它有两种形式:一是由侦查人员根据某场所上的各种痕迹和物品来认定其是否是犯罪现场;二是由被害人对某场所进行辨认以认定它是否为要查找的那个与案件有关的场所。

(三)以进行同一认定的依据为标准的分类

以进行同一认定的依据为标准,同一认定分为根据客体的形象特征进行的同一认定、依据客体的动作习惯进行的同一认定、根据客体的物质成分特征进行的同一认定、根据客体的时空位置特征进行的同一认定和根据客体的气味特征进行的同一认定。

1. 根据客体的形象特征进行的同一认定

形象特征,是指客体的外表结构、形状、图案、花纹颜色等方面的特征,如人的相貌、手指的乳突花纹、工具的外表形状、鞋底的花纹等。根据客体的形象特征进行的同一认定是传统的同一认定,但在今天仍然是最主要的同一认定形式。一般而言,同一认定并不能直接以客体特征为依据,而要以客体的反映形象特征为直接依据。反映形象是客体的某些外表形象特征在另一个客体上的反映，它是特征反映体的一种。反映形象又可分为物质性反映形象和意识性反映形象，前者如指印、足迹、工具痕迹等，后者则是指客体在辨认者大脑记忆中留下的印象。

2. 依据客体的动作习惯进行的同一认定

动作习惯特征，是指反映某客体特殊运动规律的特征。利用客体的运动习惯特征来进行同一认定的主要领域是人身同一认定。人的动作习惯特征可分为三种：生理活动习惯特征、心理活动习惯特征和特殊的技能习惯特征。

生理活动习惯特征，主要是指以人的某些生理功能为基础而形成的习惯特征，如人的说话习惯和走路习惯就是以生理功能为基础而逐步形成的，它们分别构成了声纹鉴定和步法鉴定的主要依据。

心理活动习惯特征，是指以人的神经系统活动为基础而形成的个性心理特征。不同人有不同的心理活动习惯，主要表现在兴趣结构、能力结构、气质结构和性格结构等心理要素的综合上的差异性。在侦查中利用犯罪人的个性心理特征来对其进行同一认定，是一个难度较大的课题。在这方面，根据犯罪分子在犯罪手法和现场上显示出的个性心理特征来查找罪犯或者并案侦查，已有一些成功的尝试。

特殊的技能习惯特征，是指因某种特殊的需要而在生理机能的基础上反复练习而形成的带有技能性的习惯特征。笔迹鉴定所依据的主要就是技能习惯特征。另外，编织、裁剪缝纫、纳鞋以及各种手工修理、雕刻艺术都能够形成具有特定性的技能习惯特征。

3. 根据客体的物质成分特征进行的同一认定

物质成分特征，是指客体成分的结构、排列及其含量比例等方面的特征。根据物质成分特征的属性不同，这类同一认定又可分为根据客体本身的物质成分特征进行的同一认定和根据客体附着物物质成分而进行的同一认定。

4. 根据客体的时空位置特征进行的同一认定

时空位置特征，是指客体在一定时间内所占有的空间和方位。这种特征具有很强的特定性，但由于稳定性较小，反映性较低，所以其同一认定价值不高，它主要用于种类认定和否定的同一认定，在肯定同一认定，它只能作为辅助性依据。在侦查实践中，确定侦查范围、查找嫌疑人和审查嫌疑人都是利用客体时空位置特征的主要形式，如某人不在犯罪现场的证明就是依据客体的时空位置特征得出的否定同一的结论。此外，在场所同一认定中，时空位置特征也起着十分重要的作用。

5. 根据客体的气味特征进行的同一认定

气味特征，是指客体中某些物质所具有的能够刺激动物感官并产生味觉的特征。目前在同一认定中利用的主要是人体的气味特征。

（四）以同一认定的结论为标准的分类

根据结论的确定性程度，同一认定又可分为确定性同一认定和非确定性同一认定（又称推测性同一认定），其中，非确定性同一认定并非毫无意义，而是一种带倾向性的推测。确定性同一认定结论可确定某客体与案件事实的联系，非确定性同一认定结论可排除某客体的嫌疑。

四、鉴定型同一认定的一般方法

一般而言，鉴定型同一认定在做好检验前准备工作的基础上，按照分别检验、比较检验、综合评断、作出结论的程序开展工作。

（一）检验前的准备工作

检验前的准备工作包括熟悉案件情况、查验送检材料、了解鉴定要求、准备必要的器材、复制检验材料。

1. 案件情况的熟悉

进行同一认定，特别是完整物同一认定，之所以必须熟悉案情，首先是因为物证技术鉴定中的同一认定，多数是根据客体的痕迹或复制品进行的，而痕迹和复制品的形成条件、发现和收取的方法对研究客体的特征有着重要意义。其次，被寻找客体留下痕迹后，一般并不会马上被发现，而当它作为受审查客体被发现时，往往已经过了相当长一段时间。在这段时间内，这个客体本身会发生人为的或自然的变化，这些变化的情况，对研究客体的特征也有着重要意义。另外，被寻找客体留下的反映形象，在被发现和提取前后，也可能发生变化，这些变化对以后评断检验结果也有重大意义。最后，比对样本的收集方法、保存方法对同一认定结论的评断也有重要意义。

总之，熟悉案件情况，对正确进行科学检验和正确评断检验过程中所发现的符合点和差异点都是十分必要的。鉴定人员熟悉案情的方法，通常是听取送检人员的介绍，或调阅案卷中的有关笔录，必要时，还可对犯罪现场进行实地观察研究。

2. 送交检验材料的查验

查验送检材料的主要目的是，查看送检材料是否短缺和是否完好无损；初步确定检验现场物证材料的可靠程度，为解决是否需要修改鉴定要求提供依据；了解现场物证材料是否有鉴定条件，样本是否有可比条件。

查验送检材料，首先应从检验包装物开始，检验包装是否完好，物证是否由于包装不善而发生变化；对包装物中的物品，应当根据清单核对。查验时，检材和样本要严格分开。对检材要核对其名称、数量；对样本要了解其来源和收取方法。送检材料如果容易损坏，要采取适当的保存措施。

对检材的查验，主要查验检材是否符合鉴定条件，可以从数量和质量两个方面检查。从质量上看，检材必须清楚地反映被认定同一客体上的特征，否则，被认定同一客体虽然有比较稳定的特征，同一认定也无法进行；从数量上看，检材反映的客体特征必须达到一定的数量，如果数量太少，也难进行同一认定。例如，指纹鉴定，如果送检的现场指印只有二三根外围纹线，那就无法进行同一认定。

对样本的查验，要从以下几个方面进行：第一，样本的来源是否可靠。样本是研究受审查客体特性的依据，所以来源应当可靠，样本必须确实取自受审查客体。第二，样本的数量是否充足。为了确保全面研究受审查客体的特性，为比较检验创造良好的条件，必须根据送检材料的性质提供足够数量的样本，此点在笔迹鉴定中尤为重要。第三，样本是否有可比条件。为了进行比较检验，样本不仅数量上要足够，质量上也要有可比条件，例如，现场痕迹是在什么条件下形成的，样本亦应尽可能在相同条件上制取。

3. 鉴定要求的了解

鉴定要求是送检单位提请鉴定人解决的问题。鉴定人员在开始检验前，应当运用自己的专业知识考虑送检单位提出的鉴定要求是否合适，是否需要进行修改。一般地，修改有以下三种情况：第一种情况，对鉴定要求并无实质性改动，只是使问题的提法在措辞上更准确。这种修改无疑是允许的。第二种情况，由于鉴定要求解决的问题范围太大，鉴定人员认为需要修改鉴定要求，缩小检验范围。此类修改，问题比较复杂，应当和送检单位商讨后决定。第三种情况，鉴定人员初步研究认为通过鉴定不仅可以解决送检单位提出的要求，而且还可以解决其他对案件有意义的问题，因而认为有必要修改鉴定要求，扩大检验范围。这类修改，反映了鉴定人员为侦查工作服务的主动性，无疑是应当鼓励的。

4. 相关器材的准备

为了检验供认定同一客体,往往需要比较精密的科学器材。科学仪器在进行同一认定中的作用主要表现在两个方面:一方面,科学仪器有助于发现更多的同一认定特征。被寻找客体反映在痕迹、笔迹中的特征,究竟能发现多少、利用多少,往往与所采用的科学仪器有密切关系。另一方面,科学仪器有助于顺利地进行比较检验,为了解决是否同一问题,不仅要检验供认定同一客体上反映的特征,而且要对发现的特征进行比较检验。各种供比对用的精密仪器,如比较显微镜、比对投影仪等,能够提供既准确又方便的条件。

5. 检验材料的复制

无论检材和样本是原物自身还是其反映形象,在检验前都要采用科学技术方法进行复制。复制的方法有拍摄照片、制作复印件、制作模型、制作幻灯片、制作实验样本等多种。为了便于进行比较,复制样本时必须选准客体的部位,采用与检材形成时相同的条件与方法。

(二)分别检验

1. 分别检验的任务和对象

分别检验是检验的第一阶段,它的任务是要研究被寻找客体和受审查客体各自的特征,以便为下一阶段的比较检验提供良好的条件。分别检验的对象为:研究被寻找客体的特征,要检验该客体留下的反映形象中的特征;研究受审查客体的特征,需要检验取自该客体的样本;有时还要检验受审查客体自身。

2. 分别检验的顺序

分别检验要按一定的顺序进行。就客体而言,首先应检验被寻找客体留下的反映形象,而后再检验受审查客体的样本,这是因为掌握了被寻找客体反映形象中的特征后,在检验受审查客体样本时,就可以目标更加明确。就特征而言,应当先检验一般特征,后检验细节特征。前者表明整个客体的特点,后者说明了客体个别部位的特点。当发现客体的一般特征有明显的本质差异时,即可作出否定同一认定结论,而无需对细节特征进行徒劳的检验。但一般特征只能说明客体的种类属性,不能说明客体的特性,所以,当发现客体的一般特征相符合时,为了确定客体的特性,还需要对客体的细节特征进行研究。对客体特征的检验,不仅要注意特征本身,而且还要注意特征与特征之间的关系。只有根据客体的一般特征和细节特征的总和,才能把客体特定化,从而将其与所有同类的其他客体区分开来。

（三）比较检验

在分别检验的基础上进行比较检验，旨在对被寻找客体和受审查客体的特性进行研究和比对，以确定两个客体特性之间有哪些相同，有哪些不同。

对客体特性的研究，是通过对特征的研究来实现的。比较检验的顺序是先比对一般特征，后比对细节特征。比对研究的对象，一般是两个客体的反映形象（检材和样本）。有时候，作为辅助手段，也可以比较被寻找客体和受审查客体本身。

在比对反映形象过程中，可以利用各种光学仪器、摄影技术和某些辅助性工具。比对反映形象的方法，通常有特征对照法、特征重叠法和特征接合法，可根据反映形象的性质和特点适当选用。

1. 特征对照法

特征对照法是把相互比对的两个特征反映体并列地置于同一视野内，对它们所反映的客体特征进行比对研究的方法。该方法简便实用，既可以用肉眼直接比对特征反映体，又可以比对他们的同倍放大照片，还可以利用投影比对仪进行比对。对特征进行比对研究时，不能孤立地比对各个特征，而应当从特征的形态、特征的具体位置、特征与特征的相互关系等方面进行研究，必要时还可以借助各种几何线条来确定特征与特征之间的相互关系。

2. 特征重叠法

特征重叠法适用于对一些图像比较简单，点线界限明显的反映形象（如图章印文、辨认照片等）进行比对。采用这种方法，至少要有一个反映形象是透明的，如果反映形象不透明，应当事先将反映形象制成幻灯片。特征重叠法还可以利用仪器进行。

3. 特征接合法

将两个反映形象分别制成同倍放大照片，然后在同一部位将两张照片剪开，用一张照片的一半与另一张照片的另一半相结合。如果两个反映形象实际上是同一客体所留，在接合的照片上可以发现特征能准确地结合。

（四）综合评断

综合评断是同一认定鉴定最后也是最关键的一个阶段。综合评断的目的就是要对比较检验中发现的符合点和差异点进行科学的分析判断，并在分析判断的基础上，对是否同一问题作出正确的结论。

1. 对差异点的评断

综合评断一般从评断差异开始。评断差异点的目的是要分析研究差异点形成的原因。产生差异点的主要原因有：一是由于现场痕迹和样本形成的机理不同而产生的，如由手指印形成机理不同，环形纹可能变成类似长圆螺形纹；二是由于被寻找客体在形成痕迹后继续使用或进行过修理、擦拭等而产生差异，如鞋底形成痕迹后继续穿用，或由于磨损、修补而产生差异；三是由于反映形象本身形成后发生变化而产生；四是由于被寻找客体和受审查客体本来就是两个客体。

为了确定差异形成的原因，应当仔细研究被寻找客体的反映形象形成的机理（如留下指印时手的动作、字迹形成时的书写姿势等），全面了解受审查客体的使用、修理和保管情况以及反映形象的发现、收取、保存、运送的情况。如果确定差异点是由于上述第一、二、三种原因引起的，则差异点并不影响对是否同一问题作出结论，但究竟是否同一，还必须对符合点的总和进行评断；如果差异点不可能用上述第一、二、三种原因加以解释，就可以作出否定结论。在解释差异点产生的原因时，还应当考虑到犯罪分子可能故意改变客体特征。如犯罪分子故意改变自己的笔迹特征，故意掩饰或破坏自己指纹的特征，故意损坏犯罪工具特征等。

2. 对符合点的评断

如果被寻找客体和受审查客体的特征没有本质上的差异，或者虽然有差异，但已得到科学的解释，还要对符合点进行评断。对符合点评断的目的就是判断检验中发现的符合点作为一个整体是否具有特定性，是否可能在其他客体上重复出现，是否可据以作出受审查客体就是被寻找客体的鉴定结论。

评断符合点首先要评断符合特征的质量。所谓客体特征的质量，是指它对同一认定的价值，这种价值取决于特征的性质和出现率。客体的特性按其性质可分为一般特征和细节特征两大类。一般特征是说明客体总体特性的特征，是某一类、某一种或某一型号的客体所共有的特征，如指纹的类型、鞋底的花纹结构、手枪的口径和来复线条数等。细节特征是说明客体局部特性的特点，是某一客体所特有的特征，如指纹纹线的分歧与结合、鞋底的破损、手枪来复线磨损程度、笔画搭配比例关系等。客体特征的质量也取决于特征的出现率，如在指纹的细节特征中，小眼比起点、终点罕见，其价值也要比起点、终点为高。

评断符合点也不可忽视符合特征的数量。究竟需要多少个符合点才可以作出肯定同一的结论，迄今为止，无论是哪一种同一认定，实践中都没有数量标准。一般来说,如果符合点中有罕见的特征,要求的数量较之常见的特征要少一些。

经过评断,如果认为已经发现的符合点作为一个整体,不可能在其他客体上重复出现,就可以作出受审查客体就是被寻找客体的结论;如果认为符合点仅仅是一些一般特征,就不能作出受审查客体就是被寻找客体的结论。在这种情况下,鉴定工作就只能以确定某些一般特征相同而告终。

(五)制作鉴定书

表述鉴定结论的法律文书,就是鉴定书。鉴定书的内容包括:送检事项、检验、论证、结论四个部分:

1. 送检事项。送检事项部分,应当写明送检单位、送检人、受理日期、简要案情,及检材的名称、种类、数量、提取方法、载体及包装、运送情况,鉴定要求。

2. 检验部分。检验部分,应当记录检材和样本和形态、色质、大小、检验和实验的步骤、方法、手段等,通过检验所发现的数据、特征,检材与样本的相同与不同特征。

3. 论证部分。论证部分,应当对检验发现的特征、数据进行综合评断,并论述结论的科学依据。

4. 结论部分。结论部分,应对送检单位提出的是否同一的问题作出肯切的回答。鉴定结论,无论是肯定结论或否定结论,都应使用确定的语气。如确因检材不够,缺乏鉴定条件,无法作出肯定结论,也可以提出分析性意见。

鉴定书应当文字简练,描述确切,照片清晰真实,特征描画鲜明。要使懂得同一认定基本知识的人阅读鉴定书后能够判断鉴定人的检验方法是否正确,以及鉴定结论是否是从检验所发现的特征中得出的正确结论。

五、对同一认定结论的评断

我国刑事诉讼法规定,各种证据必须经过查证属实,才能作为定案的依据。以解决是否同一问题为目的的鉴定意见,和其他证据一样,也必须经过查证属实,才能作为证据加以使用。鉴定意见虽是在科学检验的基础上作出的,但它是否确实可靠,在案件中的证据意义如何,都须由侦查人员和审判人员正确地进行评断。鉴定意见的评断分为两个方面:一是评断鉴定意见的科学可靠性,二是评断鉴定意见的证据意义。这两方面互相联系,科学可靠性是鉴定意见构成诉讼证据的基础,证据意义则表明鉴定意见在证据体系中的地位和作用。一般认为,司法鉴定制度的改革不仅带来了司法鉴定体制的变化,而且促成了相关证据规则的完善。作为一种法定的证据种类,“鉴定意见”不再具有“鉴定结论”的效力,而要像其他证据一样,在证明力和证据能力方面经受法庭上的审查。违背法定的鉴定主体资格、鉴定程序、鉴真方法或鉴定文书的形式要件,鉴定人所提供的鉴定意见应被排除于法庭之外。有关鉴定意见的证据能力规则,不仅维护了法律程序的实施,而且可最大限度地增强该证据的证明力。从未来刑事证据法发展的角度来看,只有在宏观层面的司法体制和中观层面的鉴定程序方面发生实质性的变化,处于微观层面的鉴定证据规则才能有更大的制度空间。〔30〕

(一)对同一认定结论科学可靠性的评断

同一认定鉴定结论是鉴定人根据自己的专门知识,对案件中的专门性问题,经过科学的检验和分析后作出的,一般来说是科学可靠的。但由于种种原因,鉴定结论也可能不正确,因此,各种鉴定结论不应盲目相信。评断鉴定结论的科学性时,应注意审查以下几个方面的情况:

1. 关于鉴定人方面的情况

审查鉴定人是否具备解决案件中专门性问题的知识以及解决专门性问题的实际能力。这一点可从多方面考察,如鉴定人是否受过专门的业务教育,从事科研工作的工龄,有无鉴定经验、有何技术职称等。若鉴定人不具备条件,其所作的鉴定结论是不足信的,必要时应另行指派、聘请鉴定人。另外,还要对鉴定人的职业道德进行审查,查明其是否受有外界干扰,故意作虚假鉴定的情况。

2. 关于检验方面的情况

首先,应审查检材是否具备鉴定条件,样本是否有比对条件,尤其是要注意检材和样本的来源是否确实。把来源不确实的材料作为鉴定依据,根据不具备鉴定条件的材料作鉴定结论,或是鉴定材料在收取、传递、保管过程中,受到意外损伤,都可能会使鉴定结论发生错误。

其次,要注意考察检验工作是否充分,如果检验不够充分,作出的鉴定结论就不能认为在科学上是可靠的。如在检验可疑文书上是否有填写内容时,如果鉴定人只对有关部分字迹的墨水进行比对检验,而未对字迹笔画的细微特征进行检验就不能认为检验是充分的。另外,要审查鉴定结论的科学依据,即鉴定

---

〔30〕 陈瑞华:《鉴定意见的审查判断问题》,载《中国司法鉴定》2011 年第 5 期。

人所依据的原理是否科学，运用的设备是否完善，采用的方法是否正确。如果鉴定人运用的原理和方法尚未得到验证，在学术界还存有争议，根据这些原理和方法进行的检验就很难认为在科学上是可靠的。

3. 关于论证方面的情况

在同一认定鉴定书的论证部分，应当就此对检验中发现的差异点与符合点进行综合评断。在评断同一认定结论时，应当注意论证是否充分。如果在检验部分描述了发现的差异点，结论是认定同一，但在论证部分却未对差异点进行解释，或者虽有解释，但缺乏说服力，这样的论证就是不充分的。论证不充分，结论就不易使人信服。

4. 关于鉴定结论与其他证据的关系

即审查鉴定结论与其他证据是否协调一致，有无矛盾。如相互矛盾，则要对鉴定结论与其他证据一并审查，以确定其客观真实性。

（二）对同一认定结论证据意义的评断

评断鉴定结论的科学可靠性是要解决鉴定所确定的事实是否正确，而评断鉴定结论的证据意义则要解决鉴定所确定的事实对于确定犯罪事件和认定被告人有罪究竟有什么意义。违背科学性的鉴定结论，当然毫无证据意义。但同是符合科学的鉴定结论，在案件中的证明力也不尽相同。有的证明价值较大，有的证明价值较小。

1. 对认定人身同一结论的评断

对人身进行同一认定所依据的反映形象，可能有两类情况：一类是同正在侦查的犯罪事件没有联系，例如，根据指纹登记卡片上的指纹对犯罪嫌疑人进行同一认定，根据照片对无名尸体进行同一认定等。根据这类反映形象进行同一认定作出的结论，对侦查证实犯罪的意义，要根据它们在侦查任务中所起的作用来决定。另一类是同犯罪事件存在联系，其中又可分为以下几种情况。

第一，反映形象是实施犯罪或掩盖犯罪行为时形成的，如实施犯罪时，在犯罪现场入口处的气窗木框上留下的指印，根据这种反映形象作出认定同一的结论，是证明被认定同一的人实施犯罪的有力证据。

第二，反映形象是在犯罪现场逗留时形成的。根据这类反映形象作出的同一认定结论，不能证明一定的人实施了某种犯罪行为，而只能证明一定的人到过犯罪现场。如果要证明被认定同一的人不仅同犯罪现场有联系，而且同犯罪行为也有联系，那么，还需查明一系列其他情况，如此人平时是否来过犯罪现场,特别是发案前后是否到过犯罪现场,在现场接触过哪些物品等。必要时,还可询问其本人发案前是否到过现场,若到过现场,要仔细了解和研究其在现场的情况;若否认到过现场,而同一认定结论又证明他接触过现场物品,则要仔细研究其为什么要否认到过现场,是出于狡猾抵赖还是由于害怕心理。

第三,反映形象是在案件中发现的一些物品上提取的。如在现场勘查中发现的遗留物上或在搜查中发现的可疑文书上提取的痕迹。根据这类反映形象进行的同一认定的结论,并不能证明一定的人实施了犯罪行为或者在犯罪现场逗留过,但这个结论却能为侦查人员找到同犯罪事件有联系的人提供十分重要的线索和方向。在这种情况下,侦查人员应仔细研究,留在这些反映形象上的物品为什么会出现在犯罪现场或某个人的住处。为了研究这些问题,有时可以对受审查的人直接讯问。

2. 对认定特定物同一的结论的评断

对特定物同一结论的评断包括两个方面:其一,确定被认定同一的物同犯罪事件的联系;其二,确定特定物与一定人的联系。

被认定同一的物同犯罪事件的联系,有三种情况:

第一,已被认定同一的物是犯罪分子实施犯罪的工具。如根据门上的撬压痕迹认定为某一工具所留;根据碎尸骨骼中发现的刀刃碎片,认定碎尸行为是使用了某一把菜刀等。这都可以证明已被认定同一之物为犯罪工具。

第二,已被认定同一的物曾在犯罪地点被使用过。如根据现场上的鞋印,认定为送交检验的胶鞋所留,这个结论,只能说明这只胶鞋曾经在犯罪地点被穿用过,但不能说明它就是犯罪时所穿用的,要想证明这点,还要查明一些其他情况,排除在犯罪时间以外留下这个鞋印的可能。

第三,已被认定同一的物,同犯罪事件只有间接联系,既不是犯罪工具,又不曾在犯罪地点被使用过。如根据现场遗留物上的工具痕迹,认定为某一工具所留,这个结论既不能证明这一工具就是犯罪工具,也不能证明它在犯罪现场被使用过。不过,既然它通过现场遗留物和犯罪事件有某种间接联系,还可以为侦查犯罪提供一定线索。

第四节 侦查其他理论

侦查发展演绎的过程中,形成了许多引领和指导实践的理论原理和方法,如刑事案件的构成理论、犯罪物质的交换理论、侦查活动的“拼图”理论、侦查过程的P—H—D循环理论、侦查破案的死角理论等。

一、刑事案件的构成理论

(一)刑事案件构成的相关认识

刑事案件是侦查的对象,自然也是侦查研究的逻辑起点。在刑事案件侦查中,对案件构成要素的剖析是分析案情的基本内容,也是开展侦查工作的基础。刑事案件的构成主要是指刑事案件的各结构要素及其相互关系。关于刑事案件的结构理论有多种观点,具有代表性的有:

第一种观点是以刑法的犯罪构成理论作为刑事案件的构成依据,有学者指出:“一起案件的结构,是由基本要件结构、类型结构和个案结构三种层次结构,犯罪意向结构、犯罪条件结构、犯罪行为结构和犯罪人特征结构四个组合要件所组成。每销售点层次结构和每个性质组合结构都由若干要件和要素组成,从而组成千差万别的个案。”〔31〕还有学者认为,不同诉讼阶段有不同内涵的刑事案件,侦查学强调客观发生的犯罪事件本身,取向于那个已经实际发生的事件的客观状况,侦查阶段析刑事案件是由犯罪行为主体、犯罪行为对象、犯罪行为形式、犯罪行为时空、犯罪行为结果、犯罪行为原因构成的。〔32〕第二种观点认为,刑事案件是由七何要素构成的,即何时——犯罪时间、何地——犯罪空间、何事——案件性质、何人——犯罪人和被害人、如何——犯罪过程、何为——犯罪目的、为何——犯罪动机。〔33〕第三种观点认为,对刑事案件的认识和剖析,应从静态和动态两个角度进行。案件从动态上包括从犯罪动机形成,到犯罪预备活动,再至犯罪实施,一直到犯罪之后的活动整个过程;静态上则包括犯罪主体、犯罪对象、犯罪时间、犯罪空间、犯罪工具、犯罪手段、犯罪痕迹、犯罪遗留物、犯罪带离物等方面。〔34〕

有学者认为,案件结构理论是对案件、案件结构要素之间关系进行解析并用于指导侦查实践的知识体系。通过对“案件”“案件事实”等概念的分析,可以发现案件结构的动态性、开放性及其与侦查行为的共生性等特征。案件要素应当扩充至“犯罪事实”之外但不可忽视刑法上犯罪构成对案件构成的指向意义,

---

〔31〕 武汉:《刑事侦查原理》,上海人民出版社1987年版,第110-114页。

〔32〕 韩德明:《侦查原理论》,中国人民公安大学出版社2005年版,第92页。

〔33〕 曲玉斌:《刑侦方略新探》,警官教育出版社1998年版,第239页。

〔34〕 郝宏奎:《论犯罪现场的构成》,载《公安大学学报》2002年第4期。

同时,案件结构要素可以根据不同标准进行分类,如案件的法定要素和非法定要素。案件结构理论是研究侦查学逻辑学起点的理论,对于侦查过程具有穿透性,可以成为侦查方法应用和创新的理论引领,因此,案件结构理论应纳入侦查学基础理论体系。[35]

(二)刑事案件的构成要素

侦查学从根本上而言是研究侦查方法的科学,亦即以侦查活动的规律为其研究对象。侦查方法并不是人们的主观臆想,而是建立在一定的客观事实的基础之上的,这些客观事实即犯罪活动的规律特点。可以说,对刑事案件特点的认识和剖析是开展侦查活动的前提和基础,侦查方法是对犯罪活动特点认识活动的必然延伸。可见,对刑事案件特点的剖析在侦查活动中具有特别重要的意义。目前,侦查学的教材和专著对刑事案件特点的研究,缺乏统一的标准和严密的逻辑性,有就事论事之嫌,罗列出各种案件的特点要么是简单重复,要么是互为排斥,这在一定程度上妨碍了对侦查方法的纵深探讨。因此,侦查学对犯罪特点的剖析应有一个统一的基点,这个基点就是刑事案件的结构。也就是说,对犯罪特点的总结和归纳应围绕刑事案件的各个结构要素展开。[36]

刑事案件的结构要素,既非从社会历史角度对犯罪活动规律的把握,也非刑法学中所言的犯罪结构,而是与侦查活动密切相关的犯罪时间、犯罪空间、犯罪对象、犯罪行为、犯罪结果等因素构成一个体系。这些结构要素是任何刑事案件所必有的,没有这些构成要素,就不称其为刑事案件。实践中,人们将此归纳为“七何”要素,即何时、何处、何人、何事、何物、何因、如何;国外也有“六 W”之说,即 What、Who、Where、When、How、Why。每一个刑事案件都有一定的构成要素。从侦查学意义剖析,刑事案件的结构要素主要有犯罪时间、犯罪空间、犯罪主体、犯罪对象、犯罪的手段、犯罪结果六个方面。

二、犯罪物质的交换理论

(一)犯罪物质交换理论的含义

犯罪物质交换理论又称洛卡德交换原理(Locard’s Exchange Principle)、物

---

〔35〕 刘为军:《论作为侦查学基础理论的案件结构理论》,载《公安学研究》2020 年第 3 期。

〔36〕 任惠华:《对刑事案件特点的归纳应建立统一的标准——刑事案件结构要素论》,载重庆警察学院编:《警察论丛》2018 年上卷。

质转移原理、互相影响原理、洛卡德物质交换原理，是由法国侦查学家、法庭科学家埃德蒙·洛卡德（Edmond Locard，1877～1966年）提出，可以概括为任何接触都会留下痕迹。正如查尔斯·奥哈拉在《犯罪调查的基本原则》一书中所言："不仅要考虑犯罪分子在现场留下的痕迹，而且要考虑作案现场在犯罪分子身上留下的蛛丝马迹。"[37] 如在犯罪现场，犯罪人可能会留下指纹，同时也会将遗留指纹所在部位的灰尘带走，如用刀具、枪支等工具进行攻击，可能留下刀具、枪支的痕迹或者物质，并且可能在刀具和枪支上黏附相关部位的物质。侦查人员如果充分利用这些痕迹、物质的交换，则可以找到犯罪人。[38]

洛卡德之所以提出这一原理，是因为他对灰尘以及其他微量的物质有浓厚的兴趣，因此，在犯罪现场洛卡德要求侦查人员要重视这些微量物质，并且要像考古学家提取古代文化遗址上的物质一样，层层采集并加以妥善保存。

（二）犯罪物质交换理论的影响

洛卡德提出这一原理后，世界各国的法庭科学和侦查学著作纷纷将其作为基本理论之一加以引用。如李昌钰博士认为："系统地勘查犯罪现场是以洛卡德交换原理为根据的……"[39] 又如，保罗·科克（Paul Kirk）对此进一步加以阐释："他（即犯罪人）每走一步路，他触摸的每一个东西，甚或无意识留下的每一样东西，都可能成为控告他的无声证据。不仅他的指纹、鞋印，还有他的毛发、衣服上的纤维，他打碎的玻璃，他留下的工具痕迹，他刮落的油漆，他带走的或者遗留下的血迹和精液——所有这些，包括更多的证据都成为控告他的无声证据。"[40] 因此，西方各国的法庭科学和侦查学著作均将洛卡德交换原理当作基础理论中极为重要的部分加以阐释。

洛卡德交换原理是建立在大量的实际观察的基础之上的，它提出了这样一个假定：犯罪人的任何行为都是建立在与特定对象进行接触的基础之上的，否则犯罪行为无法进行，而如果必须接触，则极有可能发生痕迹、物质的彼此交换。因此，洛卡德交换原理所主张的"交换"实际上仅仅注重有形物质之间的交换，如指纹、足迹、枪弹、血迹、毛发、油漆、灰尘等，所以国内学者常常又将此原理

---

[37] ［美］乔耶·尼克尔等：《犯罪案件侦破》，贾宗谊等译，新华出版社2002年版，第29页。

[38] 任克勤：《试论刑事侦察学的物质交换原理》，载《公安大学学报》1990年第5期。

[39] Lee, H. C. (et al.), *Henry Lee's Crime Scene Handbook*, Academic Press, 2001, p. 16.

[40] Kirk, P. L., in Thornton, J. I. (eds.), *Crime Investigation*, 2nd ed., John Wiley & Sons, 1974, p. 2.

称为“物质交换理论”。但是随着新型犯罪的产生,比如利用计算机信息进行的犯罪,洛卡德交换原理似乎就不适用了,因为科学技术发展水平的限制,洛卡德不可能考虑信息交换的情形。然而,实际情况并非如此,利用计算机信息进行的犯罪常常要在计算机存储系统中留下各种电子数据,这些数据既包括计算机与操作者之间关系的数据,也包括计算机与计算机之间关系的数据,最显著的是计算机与计算机之间的数据交换。因此,洛卡德交换原理在以计算机犯罪为代表的新型犯罪领域仍然是适用的,只不过需略加扩展解释即可。

三、侦查活动的“拼图”理论

(一)侦查拼图的含义

“拼图”其实是个比喻——将侦查活动比喻为一个拼七巧板游戏:各种零散的、杂乱无章的信息、证据便是单个的“七巧板”,侦查人员的任务就是在各种地方搜集到这些零散的“七巧板”,并且根据每个“七巧板”所显示出来的关系把它拼成一个完整的或者基本完整的图案,这个图案就是犯罪事件。侦查活动完全符合这个类似于“拼图”的认知过程。犯罪事件发生后,事件本身已经一去不复返。但是,关于犯罪事件构成要素的信息则以各种形式分散地存在于各种载体中,侦查认识活动的任务就是将这些分散于各个载体的信息收集起来,然后根据逻辑与经验法则、事件的合理结构以及法律规范的要求,将分散的信息整合在一起,这样将形成一幅关于整个犯罪事件的完整图景。

侦查拼图理论究竟为谁提出,现有文献资料均不可考。在国外一些重要的侦查学著作中都有类似表述,如汤姆·贝维尔(Tom Bevel)与罗斯·M.加德纳(Ross M. Gardner)合著的《血迹形态分析——犯罪现场的重建导论》一书的第二版、第三版均详细描述了在犯罪现场分析和重建如何体现、运用拼图理论,并且还构建了一个完备的方法体系。甚至有些侦查学著作就直接将封面设计为七巧板拼图,足见拼图理论之重要。

(二)侦查拼图的基本步骤

1. 收集信息或证据

反映犯罪事件概貌和细节的信息或证据很多,要使最后形成的关于犯罪事件的“图景”(案件事实)尽可能清晰、完整,则证据和信息也就必须完整;如果信息或证据不完整,那么最后的“图景”中就会出现空白,这对认清整个犯罪事件来说当然是不利的。全面地收集信息或证据,就是收集信息或证据的要求。当然,要绝对全面地把反映犯罪事件每个细节的信息或证据全部收集起来,事实上是不可能的;而且由于收集的手段不符合法律和伦理的要求,一部分信息或证据不能采用,也是时常会发生的事。因此,事实上,最后形成的关于犯罪事件的"图景"中,不可避免地会有"空白"。不过,和七巧板拼图一样,非关键部位的"空白",并不影响整个犯罪事件"图景"的完整性,因为某些"空白"的地方,可以通过逻辑推理和事件本身的结构间接推导出来。

2. 评估信息或证据的可靠性和可信度

证据或信息能否被整合在一起,关键看评估信息或证据的可靠性(reliability)和可信度(credibility)。信息或证据的可靠性评估,回答的是证据材料或者信息的来源来自何方及证据存在的状况如何。信息或证据的可信度评估,回答的是产生证据的这一过程是否合理,证据或信息彼此之间是否一致,信息或证据能否被来自别处的证据所确证。

3. 评估信息或证据能否用于证明特定的对象

收集了信息或证据,并进行了可靠性、可信度评估,还必须看这些信息或证据能否用于对犯罪事件的构成要素进行证明。如果信息或证据能够证明犯罪事件的某一或某些要素,那么这些信息或证据是有用的;如果信息或证据虽然是可靠的、可信的,但却不能对犯罪事件的任何方面构成证明,那么这些信息或证据是没有用的。这个过程就是评估信息或证据能否用于证明特定的对象。

4. 将信息或证据整合为一个符合逻辑的整体

如果信息或证据数量充分、可靠、可信而且确实能够对犯罪事件的要素构成证明,那么就可以将这些信息或证据整合在一起。在这个整合的过程中,首先是对犯罪事件的每个构成要素形成命题,同时选取支持这些要素命题的信息或证据;之后,将这些关于犯罪事件要素的命题组合起来,最后形成关于整个犯罪事件的"副本"(案件事实);最后看关于整个犯罪事件的"副本"是否存在"空白"、是否合理、是否符合逻辑规则和经验规则。

四、侦查过程的 P—H—D 循环理论[41]

(一)侦查过程的 P—H—D 循环理论的含义

P—H—D 循环中,P 代表问题(problem),H 代表假设(hypothesis),D 代表演绎推理(deduction)。在侦查过程中,推动侦查活动的基本动因是各种尚待解

---

〔41〕 杨立云:《侦查认识原理研究》,群众出版社 2009 年版,第 100 - 114 页。

决的问题,而对这些问题的解决常常是以提出一个或者多个假定方案、途径为起点的,并且以假定方案、途径为依据进行演绎推理,最后对演绎推理结果进行验证。此后再解决其余的问题或者新出现的问题,以上过程再次出现,周而复始,直至案件中的所有问题得到解决为止,所以这个过程被称为“循环”。

(二)侦查过程 P—H—D 循环基本结构与内容

侦查 P—H—D 循环基本结构与内容包括:

1. 获取关于犯罪事件最初的信息资料

当疑似犯罪的事件发生后,侦查人员通过对场所、人员、物品的调查,便是搜集最初信息资料的过程。在这个过程中,一般不提出关于犯罪事件构成要素的问题,而是尽可能全面地搜集相关资料,这个阶段其实是提出问题的准备阶段,当然,在这一阶段常常已经产生问题。

2. 分析信息资料,提出问题(P)

首先要提出的问题是,这个可疑的事件是否为犯罪事件?如果能够立即确定这是犯罪事件,那么分别就犯罪事件的构成要素提出问题,即分别提出关于时间(when),地点(where),犯罪人、被害人、证人(who),犯罪过程、方法(how),结果(what),动机、原因(why)六大方面的问题;并且每一方面的问题还可以进一步细分,提出更小的子问题。收集资料和提出问题阶段常常需要运用归纳推理。

3. 对无证据支持的问题,提出假设性解答(H)

对于有证据支持的问题,可以立即通过推论得到解答,当然这要求证据具有确实性和关联性。然而,在此阶段常常存在大量无证据支持的问题,或者存在证据支持度较弱的问题,对这些问题必须进行解答。为了后续的侦查具有一定的目的性,以及节省侦查资源,就必须对这类问题提供假设性解答,此即侦查假设。假设性解答的数量可能很多,但总体来说,假设性解答可以分为两类:一类是肯定性假设,另一类是否定性假设。为了避免侦查错误,避免侦查人员的偏见,对每一个尚未解答的问题,都要提出正反两面的假设,这是在本阶段必须加以注意的。因此,贝弗里奇指出:“必须警惕这样的危险:一旦假说形成,偏爱可能影响观察、解释及判断,‘主观愿望’可能在不知不觉中发挥作用。”[42]

---

〔42〕 [英]W. J. B. 贝弗里奇:《科学研究的艺术》,陈捷译,科学出版社 1979 年版,第 49 页。

4. 筛选以及进一步搜索证据

只有借助证据，假说才能得到确证或者否证，否则假说将一直停留在不确定状态中。因此，首先应当在现有证据中再次加以梳理、筛选可以支持或者反驳假说的证据。然而，现有的证据常常是不充足的，还需要进一步搜索新的信息资料，并且在新的信息资料中筛选两方面的证据。比如，对假说“犯罪发生时，某甲不在犯罪现场”，应当同时搜集、筛选证明某甲在现场以及不在现场的证据。

5. 根据假说和证据，形成推论（D）

在假说的指引下，收集了新的证据，并不等于已经获得了犯罪事件的真相，还必须以假说和证据为前提，进行演绎推理，发现犯罪事件中的新事实。比如，对假说“犯罪发生时，某甲不在犯罪现场”，因此专门寻找有无支持其在现场的证据，结果发现某甲的确不在现场，那么被害人指甲缝的污物里不会有某甲的DNA。从某甲不在现场这一假设，最后得出被害人指甲缝的污物里不会有某甲的DNA，这便是以假设和证据为前提得出的推论。

6. 检验假说推论之结果

假说推论的结果是不是真的呢？有些时候可以很直观地加以判别，而有些时候则可能需要别的证据来加以检验。比如某甲不在现场，那么推论是被害人指甲缝里的污物不会有某甲的DNA，那么污物中的DNA是否一定不是某甲的呢？直观的辨认显然是达不到目的的，因此需要对污物中的DNA进行鉴定，如果DNA的确不是某甲的，则证明某甲不在现场的假定成立可能性很大，并且有别的证据加以证明，则假定成立的可能性更大许多；若DNA是某甲的，则假说不成立，而其他的证据的真实性亦值得怀疑。可见，假说推论结果的检验十分关键，因为它常常关系假说是否能成立，支持或者反驳假说的证据是否真实有效。

7. 根据检验回答第2步提出的问题

对假说进行检验以后，则可以回头来回答第2步提出的问题了。根据对DNA的检验，结合根据假说为指引而获得证据，可以回答“犯罪发生时，某甲是否在犯罪现场”这一问题了。然而，这一问题得到圆满的解答，并不意味着P—H—D循环到此结束，如果问题的答案是“某甲不在现场”，那么新的问题又来了“他在哪里？是否雇佣他人实施犯罪？”或者其他已经提出来的问题还没有得到解答，那么仍然要经历这些步骤加以解决。因此，在这一步中既是既有问题解决的终点，又是新问题的起点；而新问题的解决也无非重复以上步骤，所以以上步骤是要周而复始，不断循环运作，直至案件中所有的问题得到较为充分的解答为止。

五、侦查破案的死角理论

（一）侦查破案死角理论的内涵

与刑事犯罪的可知论相对立，资产阶级的犯罪学家和侦查学家提出了侦查破案死角理论。该理论是最初由美国人罗伯特·约翰·维克斯在20世纪60年代提出。当时，面对破案率低微，警方压力重重的严酷现实，维克斯鲜明地指出：侦查刑不是万能的，侦探更不像上帝那样无所不知，无所不能。侦查作为世界上的一种事物和现象也有如其中事物和现象有其局限性。[43] 基于以上的认识，维克斯借鉴了弹道学中的“死角”（指射击失标和射击失望是一种角度，即不属于射击范围的一种角度或者射击者不能自觉发现目标的一种角度）概念，提起侦查死角理论。该理论由三个基本观点构成：一是侦查三难论。维克斯认为，“侦查死角”的引起是由于“难观察，难破察、难破获”。其中，难观察是形成死角的基本原因。二是双重侦查论。维克斯认为，“侦查死角”的内在矛盾是侦查原理与参复结构的矛盾，这一矛盾必须通过根源——射击角度才能解决。因此，他提出实行“双重侦查”是解决侦查死角的根本方法。这一原理源于“实事战术中的侧防防和御理论，实事防御的主要火力交叉网，这是消除牧人利用死角进行射击和进改的唯一方法”。由于侦查工作很少有静态防御态势，所以用双重侦查方式来代替侧防交叉火力。因此，维克斯提出与番侦查、交替侦查等双重侦查形式。三是死角主体论。死角主体是指射击者或观察者身所在之处，即自己作用于私人的安全死角。维克斯指示：自己近旁的目标。为了迷惑加家人，避免自己观察的死角是私人为显的目标，为了迷惑犯罪人，避免自己观察死角必须采用“双重侦查方法”。

（二）侦查破案死角理论的影响

侦查死角论为资本主义国家客观存在的破案率低的现象提供了理论依据，因而不少人认为侦查死角论是科学和公允的。因而类观点在西方警界十分流行。但我们认为，侦查工作是一种社会行为；侦查行为是受社会意识支配的，个体可以通过各种渠道、各种手段、各个方面的现象认识犯罪行为，揭露犯罪人。

---

〔43〕 邹明理、任惠华：《刑事侦查学概论》，西南政法大学出版社1994年版，第87页。

人们对客观世界的认识,只有尚未认识的事物,没有不能认识的事物。侦查实践中,只有侦查条件好坏的复件和犯罪条件本身暴露不应分暂时难以全面认识的复件,没有根本不能认识和不能破获的复件。这与射击弹的机械性能不同,侦查实践中客观上不存在死角。

随着人们对犯罪和侦查认识的不断深化,历史上出现了许多与侦查相关的理论和方法体系。这些理论和方法涉及侦查组织、侦查方法、侦查目的、侦查功能等领域。如侦查学创始人汉斯·格罗斯提出的侦查报复理论,以当时资产阶级倡导的实用主义为引领,要求侦查人员以复仇的精神提高侦查效率,对激发侦查人员的职业责任感起到了积极作用。美国警察学院爱德温·克德创立了分层侦查理论,克德把侦查分为动态侦查活动、静态侦查活动和动静交互侦查活动三个层次,认为所有成功的侦查都是实体感知、分析验证和最后作出悟性判断的侦查方法。

第三章　侦 查 价 值

侦查价值作为侦查学理论的一个重要组成部分,是以价值哲学为理论依据,以侦查的外在价值和内在价值为基本研究对象。就理论层面而言,侦查价值为侦查学研究提供了理论支撑,也为整个侦查学的理论研究开辟了新的领域。就实践层面而言,侦查价值为侦查活动的开展提供了明确的价值目标和评价标准。侦查价值的研究是一种理性思辨活动,侦查与价值取向、价值追求的结合,侦查自身的合理性和社会理想的结合,使侦查价值研究在刑事诉讼领域的地位和作用逐渐凸显。

侦查价值是一个内在统一、有机联系的整体,而并非各要素互不相干的拼凑重叠。侦查的各种价值得到充分全面发展只能是一种理想存在,实践中往往需要权衡取舍两种或多种价值冲突来实现侦查目的,进而最大限度发挥侦查功能。通过对侦查价值的研究,一方面有利于树立正确的侦查价值观,使侦查程序的设置能够坚持正确的价值导向;另一方面有助于采取有效措施,尽量避免侦查的负面价值,提高侦查行为的社会效益。

第一节　侦查价值内涵

一、侦查价值

(一)侦查价值的概念

“价值”是一个经济上的术语,意为体现在商品中的社会必要劳动,是物满足人和社会需求的属性。按照马克思主义价值学说中,社会历史过程是主客体关系的统一,“价值是一定社会文化活动的产物和结果,是一定社会关系的特殊表现,是‘人的本质力量’的体现,是人们在认识世界和改造世界的过程中形成的,反映客体满足主体需要的一种特殊的效用关系,是社会主体对象化活动的产物,是主体客体化和客体主体化的统一;它表明客观对象能够满足社会主体的需要并为主体的利益服务的性能和属性”。[1] 19世纪,在一些思想家和哲学流派的影响和推动下,“价值”这一概念开始延伸到哲学和社会学的各个领域。“价值”在法哲学上通常包含两方面的含义:一方面是指法律制度的伦理目标或道德思想,即法律制度赖以存在的道德根据及其在运作中要实现的理想结果,如正义、自由、平等、秩序、安全、公共福利等;另一方面,价值又可指人们据以确定或判断一项好的法律制度和法律程序的标准,它在对法律制度和法律程序进行评价过程中是作为具体的准则而存在的,而且人们在构建一项法律制度和法律程序时也会把它作为具体的尺度。

目前学界普遍接受的侦查价值的概念是指“人们通过设置侦查程序,开展侦查活动所要达到的理想目标和人们评价侦查活动的客观标准”[2]。换言之,侦查价值体现的是侦查活动存在的意义,为侦查程序的设置提供了正面的价值导向,是评价侦查活动的客观标准和尺度。

(二)侦查价值的分类

侦查价值的思维向度一般从侦查目的和侦查形式意义上进行分类,传统上将侦查价值分为侦查的内在价值和侦查的外在价值。[3]

侦查的外在价值是指人们评价侦查在揭露和证实犯罪、揭发犯罪人方面的功效和客观尺度,是侦查活动直观、显性的价值意义,也是评价侦查行为实效的直接标准。一般而言,侦查机关在侦查程序中通过实施侦查行为,能够有效地查明案件事实,为起诉和审判提供确实充分的证据,因此,侦查具有工具和手段的价值。

侦查的内在价值是指侦查自身具有“善”的品质所体现出的积极意义。侦查程序所体现出的公正性、独立性、科学性等一些独立的价值标准,相对于其证明案件事实、实现侦查目的、完成侦查工作任务等外在价值的实现,同样具有重要意义。侦查的内在价值包括正义价值、秩序价值、效益价值、自由价值、安全价值等。

此外,侦查价值还有很多分类标准,如侦查的正面价值和侦查的负面价值,

---

[1] 公丕祥主编:《法理学》,复旦大学出版社2002年版,第77-81页。
[2] 任惠华:《论侦查的内外价值及其协调》,载《铁道警官高等专科学校学报》2002年第1期。
[3] 任惠华:《侦查学原理》,法律出版社2012年版,第21-30页。

侦查的政治价值、法律价值和社会价值,侦查的主要价值和次要价值,侦查的实体价值和程序价值等。

(三)侦查价值的相互关系

人自身需求的多元化和法律文化的多元化带来侦查价值的多元化,侦查的价值是一个内在统一、有机联系的整体,而并非各要素互不相干的拼凑重叠。哲学的辩证统一的理论同样在侦查价值体系内部发生着效力,侦查的各种价值得到充分全面发展只能是一种理想存在,在实践中往往出现两种或者多种价值的冲突需要去权衡取舍来实现侦查目的,使侦查功能得到充分发挥。侦查价值选择是人们的观念和理想在现实社会中的反映,人们对特定事实持某种态度,是侦查价值选择的行动目标,人们对认为某种事实有侦查价值持肯定态度,从而表明了人们的侦查行动意向。

侦查的正义价值、秩序价值、效益价值和安全价值是理论界所明确的侦查传统的基本价值目标,各项价值是相互依存、相互作用和相互制约的。其中,正义和秩序是侦查最基本的价值目标。正义贯穿了整个侦查程序全过程,虽然任何侦查程序都必须满足于秩序的要求,但秩序的真正实现,也须以正义为前提。侦查程序作用的对象是过去发生的事实,具有不可重现性,要明确其真相不能单为了讲求效益而忽视了秩序和公正,因此与秩序和正义两个价值相比,侦查程序的效益价值属于较低层次的价值。同时,只有有利于实现人们对自由的需求的侦查,在实现其正义、秩序、效益价值时,才能得到社会公众的支持,在结果的实现上才能更加顺利。安全价值的确定是侦查适应社会发展的需要,也是侦查所不可或缺的一个重要基本价值目标。

二、侦查外在价值的内涵

(一)侦查外在价值的概念

侦查的外在价值,是指人们评价侦查在揭露和证实犯罪、揭发犯罪人方面的功效的客观尺度。一般而言,侦查机关在侦查程序中通过实施侦查行为,能够有效地查明案件事实,为起诉和审判提供确实充分的证据,因此,侦查具有工具和手段的价值。

工具主义价值理论是以边沁的功利主义法学理论为基础,认为所有的法律制度都是用以实现最大多数人的最大幸福即“功利原则”的工具。国家制定法律赋予侦查机关侦查权的目的在于收集证据,查获犯罪人,并对犯罪嫌疑人采取相应的强制措施,防止犯罪嫌疑人继续危害社会,以保护广大人民的利益。根据工具主义的理论,如果一种侦查程序能够查明案件的客观事实,无论侦查机关在侦查过程中采取了何种侦查措施,甚至侵犯了犯罪嫌疑人或其他人的合法权利,这种侦查程序也具有工具价值。反之,如果侦查程序不能揭露案件真实,即使它具有存在的合理依据,能够维护广大社会成员的利益,这种侦查程序也不具有工具价值。

(二)侦查外在价值的标准

1. 侦查外在价值的最低标准

评价侦查的工具和手段价值有一定的标准,最低标准可以从客观性、主要事实和利益最大保护等几个方面来体现:第一,客观性要求。侦查中发现和收集的证据,必须能够揭露犯罪的客观事实,“再现”犯罪。如果侦查不能重现犯罪或者是对客观事实的歪曲反映,那么,侦查就不是发现客观事实的手段。第二,主要事实要求。刑事审判中对被告人定罪量刑依据的是案件的主要事实,不是案件的全部事实。侦查终结的基本条件是案件事实已经查清或不具备继续侦查的条件,根据已查明的事实和证据能够作出刑事追诉或不追诉(或撤销案件)的结论。第三,利益最大保护要求。侦查不仅要保护相关社会成员的利益,而且要保护犯罪嫌疑人的权利,二者需要兼顾。当二者发生冲突时,取向于体现国家整体利益的利益。

2. 侦查外在价值的最高标准

侦查外在价值的最高标准是对最低标准的升华,是一种追求达到的理想状态。包括以下三个方面:第一,完全再现性。一个案件通过犯罪嫌疑人供述及各种物证、书证将案件事实完全再现,这在现实侦查程序中很少出现,只能作为一种追求的状态。第二,全面保护性。国家利益与犯罪嫌疑人利益都得到了保护。它们之间不存在冲突,不需要取舍。第三,后续影响性。一个完美的侦查过程,应当为有效的预防犯罪作出贡献。通过一次侦查程序,在社会中产生广泛的震慑、教育的作用,使犯罪嫌疑人充分认识自己的过失,达到良心的回归。

三、侦查内在价值的内涵

侦查的内在价值是指人们据以评价侦查是否具有善的品质的标准。侦查程序不论是否具备好的结果的能力,只要它本身具备了一些独立的价值标准,则可以认为它具备了一种内在的善。侦查的内在价值有秩序、效益、公正、安全、自由、人权等。自由作为最高的抽象价值理念，主要在意志层面进行研究，人权则在其他价值中都有体现，因此，此处只论及侦查的秩序、正义、效益等内在价值。

(一)侦查的秩序价值

1. 侦查秩序价值的概念

秩序是指“有条理，不混乱”，或者是指一种符合社会规范化的状态，是人类社会在广泛意义上追寻的一项价值目标。对秩序的理解，既可把它看作一种既定的状态，即指自然和人类社会的一切事物按一定规律的安排所形成的固定的、有规则的合理关系状态；也可以把它看作自然、社会运动过程的一致性、连续性和确定性。显然，世界存在自然秩序和社会秩序。法律实际建立的是社会秩序。社会秩序是整个社会有条不紊的状态。社会秩序不是针对个人而言，它强调的是“社会统合”、“社会连带”及“个人与社会的和谐”。因此，秩序是构成人类理想的要素，同时也是人类社会活动的基本目标。在侦查程序所追求的众多价值目标中，秩序价值虽不是其核心价值，但秩序作为人类生存、社会发展和阶级统治的基础，是侦查最基础的价值。

2. 侦查秩序价值的内涵

秩序在侦查中的价值内涵主要体现在以下三个方面：

第一，以文明的侦查秩序恢复业已破坏的社会秩序。犯罪作为一种特殊的社会现象，造成的直接后果是对社会秩序的破坏。因此，侦查的最基本的任务是查明犯罪事实，确定犯罪嫌疑人。在确定犯罪嫌疑人后，不足以恢复被犯罪行为破坏的社会秩序，所以还必须对犯罪嫌疑人采取必要的措施，防止其逃避侦查、审判和继续进行犯罪活动。查明案件事实和对犯罪嫌疑人采取强制措施在方式及手段上存在两种不同的途径。一种途径是野蛮的方式，即利用秘密或侵犯犯罪嫌疑人、他人合法权益的手段收集证据，对犯罪嫌疑人采取惨无人道、灭绝人性的强制措施。这种野蛮的方式虽然有助于查明案件情况，能有力打击犯罪，但同时又滋长了犯罪，给社会可能带来更严重的损害。另一种途径是侦查机关按照法律规定的秩序收集证据，对需要采取强制措施的犯罪嫌疑人依照法定的方式适用法定种类的强制措施，收集证据、查明犯罪嫌疑人以不破坏正常的生产和生活秩序为前提，不给社会和个人的合法权益造成损害，这种方式才有利于恢复正常的社会秩序，有利于生产力的发展、社会的进步。

第二，以国家强制力恢复统治秩序的威严。犯罪是严重危害社会的行为，即具有严重的社会危害性。从犯罪的阶级本质属性上看，犯罪的社会危害性就是某种行为在一定历史时期内对统治阶级的利益和统治秩序造成的损害。犯罪分子实施犯罪行为，是犯罪分子对现行法律和统治秩序的藐视，因而对犯罪行为进行侦查，发现犯罪证据，确定犯罪嫌疑人，最后将案件移交公诉机关提起公诉，并由审判机关对犯罪行为进行定罪量刑，实际上是对法律和统治秩序的尊严和权威的回复和重塑过程，而这一过程只有借助国家强制力才能实现。在侦查程序中，国家强制力一是体现在侦查主体资格上；二是体现在侦查权内容上。

第三，以程序性规范建立侦查机关权力运作秩序。侦查机关作为用以维护法律或统治秩序的司法机关，其本身的行为必须是符合秩序的，尤其是在权力的行使方面更应如此。因为权力的行使有两种潜在的后果，一是权力的正常行使有利于保护统治阶级的利益，维护统治秩序；二是权力的滥用既会侵害公民和社会的整体利益，又会损害统治阶级的整体利益，危及统治秩序。两种后果截然相反。因此，在有国家强制力支持的前提下，作为刑事司法权重要组成部分的侦查权的行使更应慎重。所以，从遵守和维护秩序的角度看，侦查秩序的价值在于建立权力运作秩序，即通过规定侦查主体的权力界限、权力行使方式、程序及侦查主体权力间的制约和协调，使权力运作规范化、制度化、法律化。

（二）侦查的正义价值

1. 侦查正义价值的概念

正义是法律制度所要实现的最高理想和目标，也是人们用来评价和判断一种法律制度具有正当根据的价值标准。作为法律制度的重要组成部分，侦查程序本身也必须符合正义的要求，才能具备一种内在的品质。正义是人类社会的美德，它本身属于一种道德价值或道德标准。正义的含义因阶级、历史的不同而存在差别。对侦查程序而言，其正义价值包括实体正义（结果正义）和程序正义（过程正义）两个方面。

2. 侦查正义价值的内涵

侦查的实体正义是指人们对实体上的权利、义务和责任确定时所要遵循的价值标准。从动态上看，侦查机关进行侦查活动的过程就是把刑法、刑事诉讼法所确定的原则和规则用于具体的案件，确定犯罪嫌疑人的行为应否受到刑事追诉的过程。侦查机关在侦查终结后作出移送起诉或撤销案件的决定是否正当、合理，其评判标准是看它能否使每个人的合法权益受到保护；从静态上看，国家制定刑法的目的在于以法律规范的形式对特定的权利、义务和责任作出调整,这种调整应符合实体正义的一般要求。因此,实体正义又可视为作为法律制度组成部分的刑法所要实现的目标。在一般情况下,侦查机关通过准确地适用刑法中有关犯罪构成的规定,对构成犯罪、需要追究刑事责任的行为立案,实施侦查行为,在侦查终结后移送检察机关提起公诉,以追究犯罪嫌疑人的刑事责任,对不构成犯罪或不需要追究刑事责任的行为不立案、不实施侦查行为,或实施侦查行为后发现不应追究刑事责任或证据不足的,应当撤销案件,以实现刑事打击犯罪保护无罪的目的。

侦查的程序正义是指法律程序在具体运作过程中所要实现的价值目标,是一种“过程价值”。一项法律程序是否具有程序正义所要求的品质,要看它是否使那些受程序结果影响的人受到应得的待遇,而不是看它能否产生好的结果。程序正义包括侦查公开和权利保障两个方面。侦查公开是指侦查过程须向犯罪嫌疑人和社会公开,除特殊情况外不得秘密进行。侦查是强大的国家侦查机关对犯罪嫌疑人个人实施国家权力的活动,后者居于弱者的地位。秘密侦查不仅易使犯罪嫌疑人个人的合法权利受到侵犯,无法求助于法律规定的救助措施,而且易使侦查机关因缺乏社会监督,导致侦查权的滥用,侵犯犯罪嫌疑人和其他社会成员的利益;权利保障是指在侦查过程中,犯罪嫌疑人应享有相应的权利,侦查机关应为犯罪嫌疑人行使权利提供必要的保障。为此,各国刑事诉讼法都有规定了犯罪嫌疑人在侦查程序中所享有的各种权利。

(三)侦查的效益价值

1. 侦查效益价值的概念

效益原为经济学上的名词,是指有效产出减出实际投入后的结果,即反映投入与产出的关系。经考证,我国的古汉语中没有“效益”一词,而《辞海》中对效益的解释为“效果和收益”[4]。《现代汉语典》解释为“效果和利益”[5]。随着社会的发展,“效益”一词广泛运用于社会学领域,法学也不例外。在追究犯罪嫌疑人刑事责任的过程中,侦查活动同样需要追求效益。因为国家投入侦查活动的司法资源十分有限,如果在侦查活动中不提高效益,侦查机关就不能顺利履行其职能,大量的刑事案件可能会因为来不及侦查而造成积压。另外,犯

---

〔4〕《辞海》,上海辞书出版社 1989 年版,第 5125 页。
〔5〕《现代汉语词典》,商务印书馆 1996 年版,第 1390 页。

罪分子在实施犯罪后,会毁灭、伪造证据,而且由于自然原因证据会逐渐灭失。如果不及时进行侦查,收集、固定和保全证据,可能导致无法及时破案,严重影响侦查机关在人们心目中的地位和威信。此外,侦查期限的拖延会严重损害犯罪嫌疑人、被害人、证人的利益。犯罪嫌疑人在法院作出生效判决之前,其自由、财产乃至生命等实体权利处于待判定的状态,他本人也处于犯罪嫌疑人的地位,其名誉和信誉及与别人的交往受到影响。对于那些被羁押的犯罪嫌疑人而言,侦查期限的延长还意味着其人身自由被限制的期限延长。同时由于侦查机关的多次调查询问,被害人、证人受到诉讼的牵连,影响其正常的工作和生活。因此,我国刑事诉讼法规定,侦查程序应遵循迅速及时原则。

所谓侦查的效益价值,是指反映的是侦查投入的成本量与其带来的收益量之间的对比关系,可以表现为侦查的经济价值和社会效益两个方面。一是侦查的经济效益。侦查的经济效益是指取得的经济利益与投入的各种物资资源之差。侦查行为本身不生产和创造物质财富,侦查的经济效益是一种相对性的收益,是从侦查投入的资源以及侦查机关通过侦破刑事案件所挽回的经济损失或查获的赃款赃物两方面衡量。取得的经济利益通常为挽回的经济损失,如侦查过程中发现的赃款、赃物;投入的各种物质资源包括人力、物力、财力等。二是侦查的社会效益。侦查社会效益的内涵涵盖了侦查活动在社会生活层面所产生的一切积极意义,但强调的是良好科学的侦查有利于实现国家对有限资源的高效利用,在节约侦查成本的同时追求更大的价值收益。

2. 侦查效益价值的原则

为了提高侦查的效益价值,侦查活动应遵循以下原则:

第一,迅速及时原则。侦查是一项战机性很强的工作,不得有丝毫的迟缓和拖延。一方面,犯罪分子实施犯罪时行动快、逃跑快、销赃快,要求侦查机关行动迅速,以快制快;另一方面,“证据的品质会因时间延长而衰弱(例如尤其是证人的记忆力),因此需要有一迅速的刑事司法程序”〔6〕。由于自然的原因,证据往往会发生变化,或消失毁灭,由于时过境迁证人记忆模糊、被害人死亡等,因此,在决定立案侦查后,应当争取在最短的时间内,以最快的速度,迅速赶赴现场,收集证据,查找犯罪线索,确定侦查方向和侦查范围,对查明的犯罪嫌疑人及时采取强制措施,这样才能发挥侦查在打击犯罪中的作用。

第二,程序简化原则。侦查程序设计得越烦琐、复杂,侦查人员在侦查中所

〔6〕 [德]克劳思·罗科信:《德国刑事诉讼法》,吴丽琪译,台北,三民书局1992年版,第148页。

受到的限制则越多,侦查中的经济耗费就越大。这是因为烦琐的程序不仅会降低侦查的速度,而且易使单位时间内的人力、物力和财力的投入受到更大的耗费。因此,侦查程序应力求简洁便利,以节省不必要的损耗,如美国最高法院就放宽了搜查令状的要求,允许警察仅仅根据猜测而非充分可靠的依据"表面搜查"犯罪嫌疑人。[7] 但程序的简化必须有一个必要的限度,要以查明案情为前提。

第三,侦查资源合理配置原则。在一定时期内,国家对刑事诉讼活动投入的侦查资源是相对固定和有限的。国家只有使这些资源得到最佳的合理配置,才能在不损害正义目标实现的前提下提高侦查活动的效益价值。要提高侦查活动的效益,就必须使侦查产生的经济、社会效益与投入的司法资源成正比。因此,案件越复杂重大、影响越大,侦查活动产生的社会效益越大,侦查机关对这种案件进行侦查时投入的人力、物力和财力就应当相应地增大。同时,对案情简单和罪行轻微的刑事案件,侦查机关则应相应地投入较少的司法资源。

第二节 侦查价值冲突

侦查程序的内在价值和外在价值之间以及内在价值各项价值目标之间在具体的实现过程中,由于价值取向和追求的目标不同,不可避免地会发生冲突,对侦查价值的实现产生了束缚。侦查价值冲突表现为两大方面:一是侦查内在价值和外在价值之间的冲突;二是侦查内在价值中各价值目标间的冲突。

一、侦查内在价值和外在价值的冲突

(一)侦查内在价值和外在价值冲突的表现

公正的侦查程序在一定程度上的确有利于发现、收集证据,查明案情,促进公正结果的产生,这是侦查程序的内在价值与外在价值主要一致之处,但公正的侦查程序和侦查结果之间仍存在矛盾和冲突。概括起来,侦查程序内外价值之间的冲突可表现为下面三种情形:

第一,公正的侦查程序产生了不公正的结果。例如,侦查人员严格遵守各

---

[7] 宋冰编:《读本:美国与德国的司法制度与司法程序》,中国政法大学出版社 1998 年版,第 337 页。

项程序要求,但无法发现线索,查实案情,使有罪的人逃避法律制裁。第二,不公正的侦查程序产生了公正的侦查结果。如侦查人员在侦查过程中对犯罪嫌疑人进行刑讯逼供,迫使犯罪嫌疑人交代了自己的罪行,然后再根据犯罪嫌疑人的供述寻找证据,进一步核实证据,使案情得以查明。在这里公正的结果通过非公正的程序产生,侦查程序的内在价值与外在价值之间未能保持一致。第三,公正的侦查程序与公正的侦查结果之间没有内在联系。在这种情形下,程序本身尽管符合公正标准,但它在查清案情方面徒具形式,没有任何实际意义。

(二)侦查内在价值和外在价值冲突的原因

侦查的内在价值与外在价值之间之所以会产生冲突,不仅是由于一些偶然因素的作用,也有侦查程序本身的原因。

1. 公正的侦查程序和公正的侦查结果各自有一套独立的价值标准体系。符合程序公正性的侦查程序并不一定具备产生公正结果的能力,这是因为程序的公正性是相对的。人类社会从来就不存在一种绝对公正的侦查模式,侦查模式的公正标准是在克服历史和现实侦查模式的特定的不公正性的基础上制定的。

2. 公正的侦查程序更可能产生公正的侦查结果。这是就一般情况且相对于不公正的程序而言的。但在某些情况下,公正的侦查程序本身在客观上就具有产生非正义侦查结果的可能性。如英美国家赋予犯罪嫌疑人沉默权,犯罪嫌疑人对侦查人员的讯问有拒绝回答的权利。侦查人员可能因为犯罪嫌疑人行使沉默权而无法收集到确实充分的证据,犯罪分子得以逃避法律的惩罚。这种案情无法查实的结果就是不公正的结果。

二、侦查内在价值的冲突

(一)侦查内在价值间的一致性

正义、秩序和效益是侦查程序共同追求的基本目标,这些基本的目标既相互渗透、相互包含,在一定条件下又相互对立、相互冲突,从而以其多元的价值形态交织在侦查价值之中。正义、秩序和效益三种价值目标在一般情况下是一致的。侦查人员遵守法定的侦查程序,在立案后迅速开展侦查活动,查明犯罪事实,依法对犯罪嫌疑人采取强制措施,侦查终结后,将案件移送到检察机关审查起诉,使犯罪嫌疑人受到刑事追诉,被犯罪行为破坏的社会秩序得以恢复,正义得以实现。相反,如果无辜者错误地受到追诉,不仅正义未能实现,司法资源被白白浪费，而且破坏了稳定的社会秩序。

（二）侦查内在价值间的冲突表现

侦查内在价值目标之间也会发生冲突，这些冲突主要表现在以下三个方面：

一是侦查资源的有限性和对秩序稳定的追求限制了侦查机关对正义的绝对追求。由于国家投入的侦查资源是有限的，侦查机关不可能为查明每一个疑难案件的事实真相而无限期地开展侦查工作，因为离案件发生时间越久远，侦查工作越难以进行，证据越难收集。同时，案件发生一段时间后，随着时间的推移，社会秩序可能已经稳定，若重新开展侦查工作，稳定的社会秩序将被扰乱，不利于社会的发展和统治阶级的统治秩序。因而，司法资源的有限性和业已稳定的社会秩序会迫使侦查人员放弃对正义的绝对追求，以保证经济效益的提高和社会的稳定。所以，我国刑事诉讼法规定了对于公安机关补充侦查的案件，人民检察院仍然认为证据不足的，可以作出不起诉的决定。

二是侦查程序正义性的增强会直接导致侦查资源的增加，以至于降低侦查活动的经济效益，被犯罪破坏的社会秩序长期不能恢复。正义是一个发展变化的概念，具有开放性。人类刑事诉讼制度的发展史在一定意义上可以视为程序公正程度不断提高的过程。侦查程序公正性的不断增强必然使犯罪嫌疑人的权利受到更加充分的保护，程序的烦琐程度相应提高，这一切又会导致侦查速度的降低和侦查资源耗费量的增加，甚至可能导致刑事案件的积压，被犯罪破坏的社会秩序不能及时得到恢复，侦查程序维护社会秩序的作用不能充分发挥。

三是对经济效益价值的追求往往会使对正义的要求无法在侦查程序过程和结果中实现，业已破坏的社会秩序同样不能恢复。侦查活动的公正进行必然耗费一定的司法资源，恢复被破坏的社会秩序同样需要消耗一定的人力、物力和财力。但侦查程序公正性、合理性的提高和恢复理想的社会秩序又会使侦查资源耗费增加。与此同时，侦查机关通过侦查活动来查明案件事实真相和恢复社会秩序，要有相当数量的侦查资源投入作为保障，而且随着刑事案件在社会影响程度及复杂程度和对社会秩序造成严重破坏程度的增大，侦查机关投入的人力、物力和财力也应相应增加。但一旦侦查人员对程序的经济价值过于偏重，为确保侦查活动正常进行所必需的最低数量的侦查资源得到提供，那么，实体正义和程序正义就很难实现，侦查的秩序价值同样也得不到实现。

（三）侦查价值的内在不足

侦查价值的实现受到的重重阻碍，很大程度的原因是侦查价值内在的评价体系不能科学、完善地指导侦查价值。侦查价值内在不足主要表现在以下两个方面：

一是侦查外在价值评判存在内部矛盾。侦查外在价值的评判本身包含了侦查实体价值的矛盾，如传统刑事诉讼所强调的安全指的是社会安全，而保障人权针对的是安全权利，当国家安全与权利保护对立时，权利总是处于危险之中，人权保障与社会安全这两种价值对立并视为矛盾是导致在打击犯罪过程中忽视人权保障的一个重要原因。在侦查过程中，国家权力总是处于强势地位，只有将侦查的外在价值作为一项侦查的基本价值来考虑，才能改善权利和权力之间的紧张关系。侦查中自由与安全之间有时是对立的，旨在保护一般安全的法律必然会削弱自由，而旨在扩大个人自由的法律可能会减少公众在免受犯罪行为侵害方面的安全。由于受刑事诉讼目的、人们认识手段、司法资源相对缺乏等因素的限制，侦查外在价值中所包含的自由和安全的冲突更加激烈。强制手段的使用可能会侵犯犯罪嫌疑人的人权，而注重对犯罪嫌疑人的人权保障，可能会放纵犯罪。贝卡里亚在《犯罪与刑罚》中指出，有罪不罚，放纵犯罪固然会给国家、社会和人民带来严重的危害，但是冤枉无辜，使无罪者受到错误的刑事追究，比滥罚有罪者的后果更为严重，因为它不但破坏了国家法制，而且严重地侵犯了公民的人权。[8]

二是侦查价值评判存在误区。侦查价值是一个综合评判的指标，在单个案件中，侦查外在价值的考察也应该是包含诸多因素的综合，不应当是一个单向度的概念。侦查实践中往往只对某个方面进行考核，对侦查的价值产生误导并带来了损害，常见的如“定指标”“破案率”“命案必破”等考察指标，不仅不能正确地衡量侦查效益价值，而且将侦查效益价值的实现带入了误区。限期破案、降低犯罪率等“指标”，司空见惯地默许、纵容侦查人员滥用特权的越轨现象。不科学的“指标”是对侦查外在价值和内在安全价值的单项畸形衡量。破案率只能表示侦查部门对已经发生的案件的侦破情况，在一定条件下可以作为衡量侦查效率的因素，其高低直接与犯罪类型、犯罪手段和方式、犯罪人的反侦查能力以及侦查技术、侦查人员业务水平、法律对侦查程序的约束状况等紧密相关，

---

〔8〕［意］切萨雷·贝卡里亚：《论犯罪与刑罚》，黄风译，中国大百科全书出版社1993年版，第65－66页。

作为一个被动性的指标,与侦查价值需要主动的、动态的衡量标准不相符合。

整个侦查价值体系的评判标准一般从实体价值标准和程序正义标准两方面去衡量,在考察侦查价值的评判标准中若依照实体和程序去划分,则会使侦查的价值重新陷入混乱的局面,必须将侦查的实体价值标准和程序价值标准融会贯通在侦查外在价值标准和侦查内在价值标准之中。将侦查的价值明确界定并用具体的标准加以考察,为侦查的价值得以真正地实现提供前提,不仅会使侦查价值的地位不言自明,更会为指导侦查实践提供可行性的依据。

第三节　侦查价值协调

价值的统一会对事物的发展起到正向的推动作用,而价值的冲突则会增加事物的内耗,甚至完全阻碍事物的发展进程。如果侦查的价值对立和冲突持续得不到解决将会导致整个侦查程序的价值消耗和功能衰竭,从而进一步危害整个社会的法治进程。在一定意义上,侦查的价值选择体现了一个国家在侦查领域的基本法治理念和利益调整模式,必须在充分认识侦查价值多元化和主体选择多元化的基础上,对各项侦查价值进行协调。

一、侦查内外价值的协调

尽管侦查程序的内在价值与外在价值之间存在矛盾和冲突,但它们之间也具有一致性。为了最大限度地提高侦查程序内外价值的一致性,消除和淡化矛盾,应对内外价值作出必要的调整,并遵循下列协调原则。

(一)内外价值兼顾原则

确保侦查程序本身与侦查的结果同时符合正义的要求,这是一种最为理想的侦查模式。为此,就必须树立一种侦查程序的内在价值和外在价值兼顾的观念。兼顾原则要求对侦查程序的内在价值和外在价值给予同等的重视,侦查活动的进行,使犯罪嫌疑人受到最低限度的公正对待,确保有罪人受到追究。只有这样,才能确保公正的要求在整个侦查活动中得到全面、彻底的实现。“重程序轻结果”实际上否定了程序所应具备的内在价值,将程序仅仅视为附属于结果的工具;而“重程序轻结果”又把程序的内在价值置于至高无上的地位,忽视“公正结果”的社会效应。

（二）内外价值权衡原则

一旦侦查程序本身的公正性与结果的公正性无法同时兼顾，侦查人员必须对两项价值进行选择，要么放弃实体结果的真实性，追求程序的公正性；要么使犯罪嫌疑人受到不公正的待遇，侵犯其合法权利，以确保侦查结果的真实性。为避免片面追求某一方面的价值，侦查人员必须对两种价值进行权衡，以便作出合理的选择。这种权衡应当遵守以下几项具体要求：

一是以不枉为追求的首要目的。侦查程序的理想结果中查明案件事实，不枉不纵，使有罪者受到审判机关的定罪量刑，无辜者免受追诉并尽快洗脱罪嫌。但在不枉与不纵难以同时实现时，应以不枉为首先追求的目标。

二是严格遵守国际公认的最低限度程序公正标准。这些公正标准一般都在国际公约中以具体权利保障规则的形式体现出来，是普遍适用于各国的刑事诉讼活动的最低伦理和文明标准。

三是使侦查程序的公正性保持适当的限度。程序公正固然是一个理想的价值目标，但它涉及对国家利益与个人利益的平衡问题，这种公正性必须在一定限度内得到保障，无论是立法者还是侦查人员，都不能为了实现程序公正而不计任何后果和代价，牺牲国家的根本利益和社会的整体利益。

二、侦查内在价值间的协调

如何协调侦查程序各价值目标之间的关系，最大限度地发挥侦查人员主侦查程序在打击犯罪、保护无辜中的作用，是各国刑事诉讼都面临的问题。各国根据本国政治、经济、法律文化和思想观念的不同，决定本国侦查程序的价值取向。如英美法系国家侧重程序的公正性，加强人权保护，赋予犯罪人较多的对抗侦查机关的权利，对侦查机关的约束较多；而大陆法系国家强调的是打击犯罪，对侦查机关赋予较大的权力，犯罪嫌疑人的权利受到相对多的限制。当正义、秩序和效益价值之间冲突时，一般应以下列原则协调。

（一）侦查内在价值之间的协调原则

当正义、秩序和效益价值之间冲突时，一般应以下列原则协调：

1. 内在价值的兼顾

正义、秩序和效益为侦查程序的三项独立的价值标准，各有作用范围。兼顾原则要求在确保侦查过程和侦查结果符合正义要求的同时还应顾及恢复被犯罪行为破坏的社会秩序和使稳定的社会秩序不至于被破坏，并应当使侦查活动的经济效益得到适当提高，即尽可能以较少的侦查资源破获更多的刑事案件。同时，在对一项侦查程序进行评价时，应当建立三套独立的标准和尺度。只要侦查程序不符合其中的任何一项标准，就应当对该项侦查程序进行适当的修改或重新构建。

2. 正义、秩序价值优先

与正义和秩序相比，程序经济性毕竟属于次一级的价值标准，因此，不能为提高侦查活动的经济效益而不惜牺牲正义和秩序价值为代价。在对正义、秩序和效益价值进行选择时，应当将正义、秩序作为优先选择和实现的价值目标。只有在正义和秩序得到实现的前提下，才能谈得上提高经济效益。同时，对程序经济价值的追求，也不能妨碍正义目标实现和秩序稳定，否则为本末倒置。

（二）侦查内在价值的内部优化

侦查的价值有严密的逻辑体系，应该在价值认知的基础上上升为对刑事诉讼价值目标、取向的思考，在中国特有的刑事诉讼程序价值中如何将侦查的价值同国际通行刑事诉讼价值标准相结合，即“本土”与“移植”的关系问题。侦查价值观随着中国政治体制改革特别是市场经济体制的确立，发生了深刻的变化，在这种变化中须有一个引导的过程，逐步纠正滞存的刑事诉讼价值偏误，克服其惰性，同时重视国际通行的诉讼价值目标，顺应发展潮流。

侦查价值的实现是权利保障的要求，同时不仅需要权力的限制，更需要权力的规范。宏观层面上需要侦查模式的合理建立，微观层面上需要各项制度的切实执行；在主观上需要正确的侦查价值理念指导侦查实践，在客观上需要在侦查实践中贯彻施行，从立法、制度、科技、物质保障、人员素质和各项监督等一系列规范活动中得以体现并落实。

1. 建立侦查价值的评价体系

随着当今各国的政治、经济、文化交流的加快，各国在构建和完善各自的刑事诉讼模式时一直在不断地借鉴、参考他国的价值理念。尽管由于国情不同，各国的诉讼模式不可能表现出明显的趋同，但价值观念却可以在本国国情的基础上相互吸收和借鉴。所以在研究侦查价值观时，不能现实地割裂了两大法系的侦查价值观的客观内在联系，将两大法系所崇尚的侦查价值理念分别进行研究，而应该是吸取不同侦查价值体系中合理的侦查价值理念，在符合国情的基础上，树立顺应时代发展的法治社会的侦查价值观，建立科学有效的侦查价值评价体系。

在侦查的基本价值中，由于侦查资源的稀缺导致各种价值不能得以全面实现，而任何只关注单一价值或者关注比例失衡的刑事诉讼价值选择，其机会成本都相对较高。受各种因素的影响，现实生活中诸如自由、正义等侦查价值与侦查安全、秩序价值在更多的时候是处于对立、冲突且无法调和的状态，这就使诉讼价值选择的重心不得不常常偏于某种特定价值，这种倾斜也应当是适当的、有限度的，而且还要随着犯罪率高低、国家司法权力的行使状况等方面的变化适时地作出调整。就侦查价值体系而言，一方面，从侦查外在价值考虑，打击已然犯罪，威慑未然犯罪，需要作为国家机器之一的侦查机关高效运转，但是高效率在某种程度上意味着高失误。另一方面，从侦查内在价值考虑，必须考虑法律成本问题，因为如果无罪者被蒙冤致死，生命将不能挽回，显然成本太高，法律权威荡然无存。在侦查过程中，社会安全与权利保护实质上是统一的，侦查的外在价值和内在价值是相通的，也是相辅相成的。虽然理论上的侦查价值实现的理想状态是侦查机关对所有的刑事案件都立案侦查并采取充分、积极的侦查措施，而不论其案件的种类、性质及案情难易复杂情况，但实践中由于侦查资源的有限性及其侦查任务的艰巨性，我们必须容忍合理程度的积案甚至死案存在的现实性，侦查效率和侦查成本的要求和限制导致侦查机关不可能对每个案件都展开无期限、不计代价的侦查工作，这种侦查状态的存在本身也是对侦查价值的侵蚀，既不能满足社会公众的需要，又将使其他案件的侦查资源得不到保障，使整个社会的安全陷入恶性循环。

在侦查的基本价值中，必须寻求各种价值实现的平衡点，使其由相互冲突妨碍实现社会价值目标的潜在或现实的现状转化为推动侦查价值实现的积极力量，提升侦查效能，实现侦查对社会秩序的恢复和保障功能。一方面维持侦查价值体系内部质的统一；另一方面达到侦查价值对外的社会性作用。在实现侦查对社会的恢复和保障功能的过程中，离不开侦查效能的提高。侦查效能的提高又离不开侦查行为的规范，由程序正义体现出安全价值。因为只有通过侦查人员合法的侦查活动，才能增强社会公民的安全感和信任感，即使仍然存在案件难以侦破的现象，但只有合法的侦查行为树立了法律的权威、提升侦查机关的形象，才能增强侦查的效能，实现对社会安全的恢复和保障。与之相对，通过非法的侦查活动，即便抓获了真正的犯罪嫌疑人并通过判决的形式使之在法律上受到处罚，但会由于其手段不人道、形式不公正，导致侦查传统伦理损伤，会使社会公众产生一种逆反心理，埋下社会不安的隐患。

2. 建立侦查价值的评价机制

在侦查程序的设计上体现侦查价值，使权力得到有效规范，权利得到合理、充分的保障；在侦查程序的运行上实现侦查价值，体现出侦查的单向性、时限性和法定性对侦查价值的要求。例如，如何在侦查模式中权力配置方面体现出侦查价值的要求，如何保障犯罪嫌疑人在侦查程序中的参与权，如何在侦查活动过程中保障人权，以及如何切实保护侦查人员的权利，都是侦查价值的实现对侦查模式的要求。

从各项制度上保障侦查价值的实现，既要完善侦查外在价值，又要努力实现侦查内在价值；既要从宏观上高度重视，又要在实际办案中认真落实；既要在“硬件”设施上不断改善，又要在“软件”方案上认真研究。一是突出侦查防范工作，增强办案法治意识。立案侦查的案件都要制定侦查方案，在侦查方案中除了拟定查清事实和收集证据的措施外，还应有相关具体要求。二是在物质技术上保障侦查价值的实现。现代科学技术虽然让高科技犯罪成为安全的威胁之一，但也极大地提高了侦查人员的认知能力，如 DNA 鉴定、计算机模拟画像、侦查信息网络系统等，在经济全球化加快了我国社会主义现代化步伐的大背景下，迫切需要加大投入、提升侦查工作的科技含量，做到大力发展和使用刑事科学技术是侦查工作的必由之路。从不限制犯罪嫌疑人权利的常规侦查措施中获取证据，分析出许多对侦破犯罪具有重要价值的案件信息，是一种能够实现控制犯罪和保障人权兼顾的理想侦查方式。加大人力、物力、财力的投入，优化侦查队伍的专业结构，建立一支专家型的侦查科技队伍，是现代科技高速发展对侦查安全价值实现提出的新的挑战和要求。三是加强侦查人员自身安全的保护。保护侦查人员自身或他人的生命健康安全是保障侦查活动的顺利进行的基本前提，也是侦查内在安全价值和外在安全价值的共同要求，一方面要从相关制度的建立加强对侦查人员的安全保障，其主要内容包括：在特定情形下的身份保密制度，有条件的刑事豁免制度和出庭作证豁免制度等；另一方面要提高侦查人员专业素质和法律素质，加强侦查人员自身的安全意识，同时从物质配备上确保侦查人员的安全。

第四章　侦查功能

根据《现代汉语词典》的解释，功能是指"事物或方法所发挥的有利的作用、效能"[1]。侦查功能是一个多元化多层级的概念，侦查在维护国家安全、社会稳定和治理犯罪等领域有多方面的积极作用。侦查功能具体是指侦查作为社会行为系统之一，在侦查价值的指引下，基于其内部结构属性而同对象系统所发生的各种行为后果（关系），并通过其有利于实现侦查价值的那一部分实现自我维持。关于侦查的功能，历史上有许多学说，如报复说、预防说、防卫说、折衷说等。在我国，侦查作为社会管理职能的一部分和刑事诉讼的一个重要阶段，其基本任务就是对已经立案的刑事案件，依照法定程序收集、审查各种证据材料，及时地查明犯罪事实，预防和减少犯罪案件的发生，保护国家、集体的权利和公民的合法权利，维护国家机关和国家工作人员的声誉和廉洁，保证国家机器的运转。

一般认为，侦查功能是侦查活动对国家、社会和个人可能产生的积极作用。[2] 侦查所具有的功能是有层次的，对于不同的对象有不同的作用，其地位也不一样。因此，具体到侦查领域，侦查功能是侦查基于其内在属性，通过职能活动对社会产生的客观积极作用，具有社会性、潜在性、积极性、客观性等基本特征。对侦查功能客观性的解读，并非否认侦查主体主观能动性的发挥，而是突出侦查功能植根于自身固有本质。对侦查功能积极性的判断，并非认为侦查活动不具有消极影响，只是由于这种消极影响与设定侦查活动的价值标准相背离，不应作为侦查功能定义的界定因素。

---

〔1〕 中国社会科学院语言研究所词典编辑室：《现代汉语词典》（第5版），商务印书馆2005年版，第475页。

〔2〕 任惠华主编：《侦查学原理》，法律出版社2012年版，第17－19页。

第一节　侦查功能内涵

随着侦查法治化、科学化的提出，学界对侦查功能的研究也逐渐转向规范法学的研究范式，在借鉴刑事诉讼法学相关研究成果的基础上，学者们提出了侦查的三大功能，即揭露犯罪功能、防范和控制犯罪功能、保障人权功能。

一、侦查揭露功能

侦查的主要任务就是侦破刑事案件，及时揭露证实犯罪，揭发犯罪人，其具体表现为以下几个方面。

（一）收集证据和查明案情

1. 收集证据

证据问题，是刑事诉讼中至关重要的问题。实践证明，只有掌握了真凭实据，才能对犯罪嫌疑人作出有罪或无罪以及罪轻或罪重的结论。侦查人员应当把收集证据作为侦查中头等重要的任务，切实做好发现证据、固定和提取证据、检验和核实证据的工作。具体包括三个方面：

第一，发现证据。犯罪事实是客观存在的，犯罪分子犯罪时留下的痕迹物品也是客观存在的。这些客观存在的证据材料有些完好无损，有些则被人为地销毁、破坏、隐匿。因此，在侦查中，侦查人员首先必须采取有效的侦查措施和技术手段，如勘查现场、询问证人、搜查辨认等，及时、准确地发现这些证据事实。

第二，固定和提取证据。只有将发现的证据材料加以固定和提取，证据才能得以在刑事诉讼中发挥作用。固定和提取证据材料的方法较多，如照相、绘图、制模、笔录等。

第三，检验和核实证据。固定和提取的证据材料并不都是客观真实的，侦查人员只有将发现和提取的每一种证据材料查证属实，才能作为定案的依据。因此，必须对有关的证据材料进行检验鉴定和调查核实。

2. 查明案情

查明案情是处理刑事案件的基础。从立案侦查到侦查终结，都是围绕查明案情展开的。全面地查明案件情况，准确地确定犯罪人是侦查的一项基本任务。查明案情主要包括两个方面的内容:一是确定是否发生了犯罪事实;二是如果发生了犯罪事实,必须查明犯罪分子实施犯罪的时间、地点、手段、动机目的、侵害的对象、造成的危害后果以及犯罪人实施犯罪时的年龄和精神状态等。也就是说,凡是根据我国《刑法》规定已构成犯罪并且应当追究刑事责任的各种事实,在侦查中都必须周密地进行调查。

(二)缉捕犯罪嫌疑人和追缴赃物

1. 缉捕犯罪嫌疑人

犯罪分子实施犯罪后,总是力图千方百计地逃避法律制裁,如毁灭罪证、转移赃物,伪造证据、制造假象,或者逃跑、隐匿、串供,甚至栽赃陷害,嫁祸于人。特别是那些未实施终了的犯罪人力图既遂,知悉检举人、控告人的犯罪人可能对检举人、控告人进行报复,甚至杀人灭口。因此,侦查的另一项重要任务就是要对犯罪分子或重大犯罪嫌疑分子及时地采取必要的强制措施,以防止他们逃避侦查和继续进行新的犯罪活动。如果犯罪嫌疑人已经逃匿,侦查机关应迅速组织力量进行追缉堵截,实施追捕,或发出协查通报、通缉令,请求外地侦查机关协助查缉。

2. 追缴赃物

有些案件,犯罪分子在犯罪中非法获取了大量财物,给国家、集体和个人造成了严重的物质损失。在侦查中,特别是破案后,侦查机关应采取搜查、扣押、冻结等有效措施,向犯罪分子追缴赃物。

二、侦查防范功能

治理犯罪是全社会的共同任务,对此,侦查也理所当然地负有不可推卸的责任。预防犯罪是侦查的基本功能,“预防性的犯罪控制是整个刑事司法机制近年来经历的一种转变,不仅表现在刑事司法上对预防的强调,而且表现在国家治理非传统安全威胁时司法资源的配置、社会秩序的维护上”[3]。侦查防范控制犯罪的任务和作用主要表现为以下三个方面。

(一)侦查的直接预防和间接预防功能

通过侦查破案揭露犯罪和揭发犯罪人,消除犯罪嫌疑人继续进行犯罪的可

---

〔3〕 张永强:《预防性犯罪化及其限度研究》,中国社会科学出版社 2020 年版,第 32 页。

能性,并以此激发广大公民同犯罪作斗争的积极性,震慑潜在犯罪人。

1. 侦查的直接预防

通过侦查破案揭露犯罪和揭发犯罪人,并采取适当措施剥夺或限制犯罪嫌疑人的人身自由,实际上是对这部分人最直接的预防行为,即可以剥夺其在社会面进行新的犯罪活动的可能性。

2. 侦查的间接预防

通过侦查破案,结合法制教育、典型案例宣传和发还赃物等活动,可以提高广大公民的法律意识,教育公民充分认识犯罪的危害性,从而激发群众对犯罪的义愤,提高他们同犯罪作斗争的积极性。此外,在侦查中,还可以通过具体案例,宣传党和国家同犯罪作斗争的政策、法律。强大的法制宣传和生动的案例教育,不仅会使未归案的犯罪分子坦白、自首,而且对那些图谋不轨、企图犯罪的人也有警戒和震慑作用,使其不敢以身试法。

(二)侦查的阵地控制和技术预防功能

1. 侦查的阵地控制

为了提高发现和控制犯罪的能力,侦查机关必须加强自身的基础业务建设,对公共场所、复杂地区和特种行业进行阵地控制。需要坚持专门工作和群众工作相结合,公开管理和秘密控制相结合,通过各种渠道及时发现和打击犯罪。

2. 侦查的技术预防

为了保障国家、集体财产的安全,震慑犯罪分子,侦查机关要督促有关单位和部门在重点部位安装报警装置,在公共场所和复杂地区安装监控设备,做好技术预防工作。此处所提及的公共场所和复杂地区通常是指车站、码头、机场、影剧院、公园、商贸金融场所;重点部位则包括枪支弹药库、重点科研单位、机密资料保管场所、金库、重要历史文物和珍宝陈列部位、物资仓库等。

(三)侦查的教育引导和犯罪预测功能

1. 侦查的教育引导

侦查的教育引导功能,是指侦查过程中加强对犯罪嫌疑人进行政策、法律、前途的教育和引导,为起诉、审判被告人及改造罪犯工作打下良好基础。侦查的教育预防功能并不仅仅限于对一般公民和有犯罪潜意识的人,还贯穿于对犯罪嫌疑人的拘捕和讯问的全过程中。在拘捕后的讯问中,针对犯罪嫌疑人的心理特点,进行必要的政策、法律、前途教育,选择一些切合犯罪嫌疑人实际情况的典型案例教育,往往能消除或缓解犯罪嫌疑人的对抗心理,从而在侦查阶段就为检察机关的起诉工作和法院的审判工作以及监狱管理机关对罪犯的改造工作打下良好的基础。

2. 侦查的犯罪预测

侦查中通过调研作出对犯罪的科学预测,为决策机构的决策工作提供依据;同时,通过司法建议,督促有关单位和部门堵塞漏洞,消除犯罪隐患。一方面,侦查机关通过侦查破案和调查研究工作,科学分析新形势下一定时期特定地区刑事犯罪活动的规律和特点,全面、客观地估量和分析社会治安形势,可以为决策机构打击犯罪的决策工作提供可靠的依据。另一方面,侦查机关还可以通过侦查破案发现各机关、团体和企事业单位的管理漏洞和防范的薄弱环节,推动社会治安综合治理。此外,在认真总结侦查破案经验教训的同时,要客观分析犯罪形成的具体原因,对于发现的一些单位和部门在工作上、制度上的漏洞和空隙,要提出防范措施和改进意见,并督促有关单位和部门堵塞漏洞,消除隐患。

三、侦查保障功能

所谓保障功能,是指司法制度对公民的权利、自由以及各种广泛存在的社会关系的保护和促进作用。侦查作为一项国家职能活动,在开展过程中必须处理好打击犯罪和权利保障之间的关系,切实维护国家、集体和个人的合法权益,保障无罪公民免受刑事追诉,采取有效措施保护犯罪嫌疑人合法权利,充分发挥侦查的保障功能。

(一)国家、集体和个人合法权益的保护

侦查是一项国家职能活动,其根本任务就是通过揭露和证实犯罪,保护国家、集体和个人的合法权益不受侵害,尤其是要保护国家机关、企事业单位、人民团体的正常管理活动和声誉。如职务犯罪严重腐蚀了党的肌体和危害国家利益,是对社会主义民主政治制度的严重破坏和法治原则的严重践踏,因此,同职务犯罪的斗争是关系党和国家生死存亡的重大问题,而对职务犯罪侦查工作是同职务犯罪作斗争的中心任务和关键环节,任重而道远。

(二)保障无罪的人免受刑事追诉

由于犯罪本身具有对已发生的事件进行回溯认识的特殊特点,因此,即使

侦查工作进行得细致周密，有时也难免出现这样或那样的疏忽和错误。在被纳入侦查视线的人中，即使是被采取了强制措施的有重大犯罪嫌疑的人中，都可能存在无罪的人。因而，在侦查中，特别是在审讯中，必须认真检验、核实相关材料的真伪，注意发现侦查工作中的疏忽和错误，及时地进行补救和纠正。

为了保证不放纵一个犯罪人，又不冤枉一个无罪的人，在侦查中，侦查人员不仅要注意获取能够证明犯罪嫌疑人有罪的材料和供述，也要注意收集能够证明犯罪嫌疑人无罪的材料，认真听取犯罪嫌疑人无罪的辩解。经过查证，凡是发现不应当立案侦查的，应立即停止侦查；对有关人员采取了强制措施的，应立即解除强制措施，并做好善后工作。

（三）犯罪嫌疑人的合法权利的保护

对于涉嫌犯罪的犯罪嫌疑人，侦查机关及其侦查人员应采取有效措施保护其合法权利，保证其在侦查过程中受到公正对待。根据我国刑事诉讼法的规定，犯罪嫌疑人在侦查阶段享有自我辩护权、知道涉嫌罪名权、聘请律师提供法律帮助权、拒绝回答与本案无关问题权、控告权、要求回避权、使用本民族语言进行诉讼权、知道用作证据的鉴定结论和申请补充鉴定或者重新鉴定权、申请取保候审权、核对讯问笔录权等。侦查机关及其侦查人员有义务使得犯罪嫌疑人的上述权利能够得以充分实现。

第二节　侦查功能局限

“局限性”一词的词源本意为受限制或受约束的性质。侦查活动功能局限性的成因主要分为内外两个方面。内部原因是侦查作为一项特殊的社会控制手段所与生俱来的，它在立法者对侦查活动的设定之初就业已形成，如其调整范围的局限性，可将其称为先天局限。外部原因是侦查在与社会关系互相影响、互相作用的过程中，囿于对象一方的主客观局限而产生的局限性，并在与侦查内核呼应的过程中带上了侦查活动的特有色彩，可将之称为后天局限。纵使侦查功能十分强大，然而其并无法臻于完美，侦查活动囿于其内在要素的缺陷，加之与社会环境交相作用过程中无法规避的不足，使其具有调整范围局限、防控犯罪局限、主体功能局限和侦查程序局限。

一、侦查功能局限的内涵

侦查功能的影响因素纷繁复杂，天气变幻使得证据灭失、主体动机不良以致侦查工作误入歧途等，均可归为侦查工作的不利影响因素。然而将其与侦查功能局限性，尤其是后天局限性相比较不难发现，影响因素在理论上存在被完全克服的可能性，而且其产生诱因更多的是外界环境主导，具有不稳定性与偶然性，对侦查功能实质内核的依附性大大降低。尤其在案情简单的侦查活动中，只要侦查主体充分发挥主观能动性，这些不利的影响因素可以被极大规避。

（一）侦查调整范围的局限性

侦查活动无法包罗万象，其有自己特定的调整领域。有些领域，侦查不宜介入；有些情况，侦查无力介入。对于这些领域和情况，侦查这种社会控制机制不是唯一的方式或不是最佳的手段。如果一定要诉诸侦查，可能会导致社会成本过大，甚至造成侦查权的滥用。[4] 侦查对其他范畴的社会职能或多或少会有一些辅益功效，但无法完全取而代之。

侦查权赖以维系的强制本质，使实践中侦查活动与其他社会职能的边界含混不清。随着侦查的专业化，侦查权极具扩张倾向。“侦查中心主义”使得侦查结果在很大程度上左右着审判的最终判决。实践中侦查权的不当扩张其实不是侦查功能的正当发挥或扩张发挥，因为在资源有限的情况下，侦查权的不当扩张消耗了本应用于正当功能运行的资源，以致本末倒置、本原功能发挥受损。

（二）侦查防控犯罪的局限性

揭露犯罪、预防犯罪、震慑犯罪本是侦查功能中最本原的存在，其他功能的发挥均是防控犯罪功能的必要衍生，然而在防控犯罪领域，侦查同样存在局限。

侦查活动不能揭露所有的犯罪。即便是经济科技强的发达国家，破案率往往也不足五成，这能在一定侧面反映侦查活动在揭露犯罪领域的局限性。犯罪活动发生后，不一定产生报案的必然结果，有许多犯罪事实可能湮没在无人知晓或无人举报的沉默之中。并且，即便侦查机关立案侦查，受制于人力、物力、财力的客观条件，对于某些轻微案件（如数额不大的盗窃案件）可能不会投入过

---

〔4〕 付子堂主编：《法理学进阶》，法律出版社2010年版，第226页。

多警力甚至不会投入警力。再者,侦查活动本身就是过去见之于现在的回溯性认知活动,复刻过去发生的事实,在理论上就存在无法侦破的可能性。

侦查活动无力预防所有犯罪。犯罪是个人与社会环境之间的复合产物,其有深刻的人性诱因和社会诱因,单单依靠侦查活动是难以防范或根除的。且侦查活动滞后性的固有弊端,常常会使侦查在花样翻新的犯罪手段面前捉襟见肘,犯罪智能化、集团化、专业化的趋势无疑给侦查的预防工作带来新的难题。

侦查活动无法威慑所有的潜在犯罪人。潜在犯罪人是否将犯意转化为现实,是自身诸多利益博弈的综合判断。侦查的威慑功能在两类犯罪人面前束手无策:一是执意犯罪人,二是过于自信犯罪人。即便公安机关通过阵地控制、科学调研等形成了"天衣无缝"的侦查防控体系,仍然无法阻碍孤注一掷的执意犯罪人铤而走险。此外,有些过于自信的犯罪分子自恃手段高明、作案经验丰富,抱有极强的侥幸逃脱心理,此时威慑力度的增加并不会变相削弱其内心的盲目自信。

(三)侦查主体能力的局限性

侦查活动归根结底是一种主观认识客观的认知活动,侦查主体的主观局限性势必会对侦查功能的发挥形成制约。人类的认识能力受到其所处的社会历史阶段的制约。辩证唯物主义认为人的认识能力具有无限性,然而要将这种可能性转化为现实性,则要受到一定历史条件的制约。[5] 恩格斯在《反杜林论》中曾经指出:"一方面,人的思维的性质必然被看作绝对的;另一方面,人的思维又是在完全有限地思维着的个人中实现的。"[6]

侦查主体的道德水平和业务素质的高低也会制约侦查功能的发挥。道德具有不稳定性且缺乏统一的量化衡量标准。近年来,刑讯逼供、非法取证等不法行为的偶发,不一定是侦查人员法律知识的匮乏,而往往应归咎于道德底线的沦丧。在破案率、逮捕率等考核机制的激励下,在限期破案的重压下,在权钱交易的诱惑下,很多侦查人员难以坚守道德底线。

侦查主体的业务素质、法律素养和专业技能在很大程度上影响侦查功能的实际效果。在实践中,办案人员素质参差不齐、非专业化问题严重,侦查主体个人的知识量和经验量的差异势必会成为侦查功能发挥的制约因素。立法主体

---

〔5〕 何家弘:《从相似到同一:犯罪侦查研究》,中国法制出版社 2008 年版,第 180 页。

〔6〕 《马克思恩格斯选集》,人民出版社 1973 年版,第 126 页。

自身的局限性也会间接影响侦查功能的发挥。囿于人类主观认识在特定时期的有限性与人类社会发展的无限性之间永难解决的矛盾，立法内容总体上势必会滞后于社会实践。由于法律的滞后性与缺陷性，势必对立法指导下的侦查工作产生滞后性、缺陷性的指导，这同样会在一定程度上给侦查功能造成不利影响。

（四）侦查程序的局限性

法定的侦查程序多集中规定于刑事诉讼法等法律条文中，此时法律的局限性自然也就成为制约侦查程序乃至侦查功能发挥的"瓶颈"。立法者的主观局限性、法律的滞后性和自身固有的僵硬性，使其在与现实对接的过程中，自身缺漏会显露无遗。此外，法律毕竟是人类内在主观意志的外化结晶，其内容是以文字、概念、逻辑、原理等技术载体来传达与表述的，而面对生动、丰富和复杂的现实社会生活，人类的任何语言和文字都是苍白的、抽象的，[7]法律的这种抽象概括性常常使得侦查办案中缺乏切实可行的依据，造成侦查权的滥用或错用。更重要的是，立法的价值博弈导致侦查程序中天然存在不调和的矛盾。例如，惩罚犯罪与保障人权的冲突，程序正义与实体正义的取舍，公正与效率的抉择。价值博弈脱胎于立法设定，同时也深切地左右着侦查程序，进而影响着侦查功能。秩序的诉求与自由的向往永远无法用量化的指标精确计算孰轻孰重，安全的保障和人权的庇佑也永远无法等量齐观。植根于法律设定过程中的永难调和的矛盾势必成为侦查程序抉择的难点，也势必引导着侦查功能的追求趋向。

二、侦查功能局限的表现

（一）侦查功能的发挥受制于侦查主体

侦查主体是侦查系统中最重要的要素，也是最活跃的要素，其他要素最终也要通过人起作用。侦查工作主要是侦查人员利用所得信息通过思维回溯历史事件，发现事实真相的活动。侦查主体的素质很大程度上会造成侦查功能的局限性。侦查人员的素质主要指业务素质和职业道德素质。业务素质指具备进行侦查工作的基本技能，包括身体素质、熟悉法律和基本的办案流程与侦破案件的基本方法，以及相应的技术技能，只有具备相应的业务素质才有能力进

---

〔7〕 秦国荣：《法治社会中法律的局限性及其矫正》，载《法学》2005 年第 3 期。

行侦查工作。虽然人的智能水平是有差异的，但业务能力是可以通过培训得到提升的。职业道德素质主要指个人在进行侦查工作中达到的大众认可的能力，包括政治素质、职业素质和良好的品性。这不仅是对个人品行的评价，也是对侦查队伍整体的认同。我国现行的侦查系统所表现出的不足说明我国侦查系统面临的困难不仅是侦查能力的问题，更是侦查人员整体素质有待提高的问题。例如，云南杜培武案、内蒙古呼格吉勒图案等这些案件的侦查人员并不是完全不具备相应的专业素质，并不是不知道刑讯逼供的禁止性，但是侦查人员只顾发挥侦查揭露犯罪、打击犯罪的功能，而全然忽视保障犯罪嫌疑人合法权益的功能。

（二）侦查活动不能预防、揭露所有犯罪

侦查最基本的功能就是发现案件的真相，也就是揭露犯罪。但是侦查机关是否可以有效发挥预防犯罪职能，所有的犯罪事实是否都能被侦查机关揭露，所有的立案案件是否都能顺利破获，甚至所有侦查终结的案件是否都真正查清事实，这些问题都需要我们进行思考。实践中，并非所有的案件均能通过侦查活动破获，即使是公安部强调的“命案必破”的命案，公安机关也无法达到100%的破案率。其中，可能存在立案后经过侦查发现不属于刑事案件的情况，也可能存在部分刑事案件无法查明事实或者无法抓获犯罪嫌疑人的情况。这充分体现出侦查功能所具有的局限性，侦查活动无法揭露所有犯罪。当然，在这里所谓的不能揭露并不能理解为永远不能。

（三）揭露犯罪功能与保障人权功能的必然冲突

侦查揭露犯罪的功能一方面可以保障无辜的人免受刑事处罚，查明事情真相，抓获真正犯罪人，使其受到应有惩罚；另一方面，侦查在打击犯罪过程中不可避免地会侵犯犯罪嫌疑人的个人人身、财产权益。这就是侦查功能的另一个局限性的体现。侦查实践中所运用的各项措施也能体现出这一局限性。立案侦查之后，侦查机关的侦查人员依法可以对犯罪嫌疑人采取强制性侦查措施，发现案件线索，收集证据。强制性措施之所以称为“强制性”就在于其采取的措施会涉及限制或者剥夺个人人身自由、财产、隐私等权利。由此可见，侦查的揭露功能虽然能够及时发现案件事实真相，惩治犯罪嫌疑人，但是同时不可避免

地造成对个人人身与财产权益的侵害。[8]

(四)相关因素制约侦查功能发挥

侦查活动的发展以及功能的发挥受政治、经济、文化、地理等因素的影响。侦查系统是存在于社会中并随着社会的进步而发展的一个独立的系统,社会是侦查系统形成和发展的环境,社会状况影响侦查系统的构建和行为。社会环境因素的变化对侦查功能的发挥起着一定的制约作用。目前,我国管理社会的手段不断健全,法治环境也不断改善,侦查机关的权力手段受到了考验,法治和科技的结合正成为侦查机关目前探索的道路。因此,侦查功能的发挥不仅受到内部的制约影响,还要受到外部的司法环境、社会环境甚至国际环境的影响,这是侦查功能局限性的一大体现。

除历史性所导致的客观差异外,相同时间概念下的侦查功能还会受到环境、政策、侦查内部各要素的实际影响,形成因地制宜、因人制宜的裁量性功能机理,这种主观差异性尤其表现在侦查对象的侧重上,如经济发达地区注重金融犯罪侦查,欠发达地区注重传统盗抢类、环境资源类犯罪的侦查。

第三节 侦查功能实现

一、侦查功能的现实发挥

侦查功能的现实发挥因素主要来自侦查系统内,如破案效果、侦查人员素质、政策及相关手段等。

(一)破案率与破案周期与侦查功能的现实发挥

犯罪功能通常与破案率呈正相关关系,与发案率呈负相关关系。以传统盗抢骗等“小案”为例,2017 年全国公安机关共破获 167.2 万起,2018 年达到 317.1 万起,[9]近年来,小案在多数公安机关刑事案件中的占比常较大,但平均破案率并不高。破案周期与发案数也呈正相关关系,破案周期越长,发案数与发案率

---

〔8〕 孙长永主编:《刑事诉讼法学》,法律出版社 2013 年版,第 32 – 33 页。

〔9〕 靳高风等:《中国犯罪形势分析与预测(2018—2019)》,载《中国人民公安大学学报(社会科学版)》2019 年第 3 期。

也越高。21世纪以来,各地公安机关在集中控制严重暴力犯罪中强力投入,命案破案周期急速缩短。如浙江温州公安命案破案率由2004年的7.5天缩短至2018年的1.24天,从2016年起连续维持命案破案率达100%。[10] 小案侦破周期较长,多年未得到根本性改观,因此小案发案数与年俱增。1992~2000年,盗窃案立案数增长107.75%,诈骗案增长225.37%,[11]2012~2019年,盗抢骗年均发案300万~500万起,未见明显拐点。

(二)侦查人员素质和理念与侦查功能的现实发挥

侦查功能得到充分发挥的关键因素之一是执行任务的侦查人员素质。由于客观影响,侦查队伍中尤其缺乏高素质侦查人才。一方面,相较于打击犯罪侦破案件,较低水平的素质结构影响侦查队伍未对现行侦查整体认同,理论理念的构建与实践需求的效率并不匹配;另一方面,刑事错案的压力、办案质量终身负责制与侦查人员个体权限较低的压力都让侦查人员难以从案件侦办工作中抽出精力,专门从事侦查治理的研究与实践。[12]

(三)侦查政策与侦查功能的现实发挥

侦查政策对标犯罪态势,既具备一定时空范围内的稳定性,又有根据形势变化进行微调的动态性。现行犯罪的显性因素明显高于潜在犯罪,因此侦查打击政策比侦查政策更具指导性和可操作性,收效也更为明显,侦查政策也因之陷入稳定政策与动态方法矛盾的制约中而略显尴尬。此外,为应对分化程度越发明显的犯罪,侦查打击往往是在以专项行动、破案战役为主的政策指导下进行,大规模、长时间、典型化的犯罪打击使得犯罪分子更容易积累反侦查经验,激化犯罪向更多样化、深层次转型,侧面增加了侦查防控的难度。

(四)侦查技术水平与侦查功能的现实发挥

与高科技犯罪利用技术的直接性、碎片化、更新快的特点不同的是,相应的

---

[10] 《命案侦破百分百,平均破案周期1.24天——且看温州警方如何回炉"冷案"速破"热案"》,载平安浙江网,http://www.pazjw.gov.cn/yaowen/201905/t20190505_10055184.shtml。

[11] 吴鹏森:《中国刑事犯罪60年:犯罪与社会的互动——兼论当代中国犯罪历史分期》,载《安徽师范大学学报(人文社会科学版)》2012年第3期。

[12] 刘启刚:《办案质量终身负责制对侦查人员压力影响的实证研究》,载《中国刑警学院学报》2018年第4期。

技术作用于侦查活动并蜕变为成熟的侦查措施，需要进行机制、决策、实验、运用、成本等因素的考量，拖慢了防控工作“走在犯罪前面”甚至对抗犯罪的脚步。现有技术（如天网、无人机、犯罪制图及其他人工智能设备等）的全面更新也是摆在侦查机关面前的难题。

二、侦查功能的有效实现

犯罪治理的过程也回归了侦查功能认识性与社会性的本质，决定了对侦查功能局限的克服需要具备认识论和社会功能的视野。因此，使侦查功能突破时间与空间的限制，强化侦查功能与犯罪治理系统工程的相互作用就成为克服侦查功能局限的题中之义。

（一）侦查功能的系统推进

风险社会秩序的推进导致关联性两极分化，新的犯罪形态在对抗过程中表现出侦查运动式执法的不适性。一是犯罪性质衍生过快使侦查打击难以有效压缩犯罪空间，二是犯罪的全域性趋势和渗透性迅速使侦查机关无法像过去一样用机械的资源调动覆盖整个犯罪领域。良好的侦查功能应当诉诸常态化侦查体系的建立，要破除“指标化”桎梏的侦查体制改革。传统的指标化考核导致立案数、破案率潜移默化为侦查人员的信条，侦查过程和防控架构逐渐下降到次要地位，侦查权内部控制模式体现出组织化的功能衰退消解了侦查功能得以强化的基础。在侦查体制改革中破除种种指标导向，凸显侦查功能重要性尤为必要。通过高低对口的设置方法整合侦查部门内设机构，在警种合成的基础上进一步整合侦查权能，实现侦查功能的扁平化运作，弱化警种考核指标。科学配置侦查防控警力，采取常规设置与机动抽调相配合的模式，建立常态化侦查防控专业队伍。推动侦查权的统一，在侦查部门整合的前提下，将侦查权自上而下进行分级分类、权责明晰，相对剥离侦查功能使之更具专业化，同时压缩侦查指挥层级，推动警力下沉。

与时俱进地探索合成侦查逻辑下的侦查功能的发挥。合成侦查本质上是一种多警种、多部门在统一指挥下集中行动、分散发力、效果整合的运作模式，相同的侦查目标串联起指挥机构、合成组织与个人行动。在指挥层面，加深确定侦查范围的数据库与侦查功能情报体系的一体化，使侦查合成方案的分析与措施实际运行方式具有数据同源性，保证设计功能的运行准确性；在组织层面，纵向上根据事权划分科学确立不同层级侦查力量的有机组合，加强侦查功能合成发挥中的边界明晰化，横向上发挥侦查体制“以块为主”的组织管理优势，加强侦查功能地域合成中的边界扩大化；在个体实施层面，赋予合成防控中的侦查人员更大的自主选择权，如数据使用权限，措施启动权限，防控小组机动组织权限等，使参与合成防控的“个人智慧”最大限度地支持合成整体的智能化，用个人的灵活性补充组织的机械性，有效应对复杂多变的犯罪形态。

（二）侦查功能的超前预设

侦查功能的价值内核即是扭转传统滞后的侦查时间节点，推动侦查权追溯模式向预先模式变革——韩德明教授将其定义为监控型侦查权[13]——为侦查防控功能的时间预先化构筑权力框架。

1. 把握侦查功能启动维度

在回溯性侦查语境下，侦查权的启动由外部条件——犯罪案件的发生和内部条件——上级领导的命令共同构成，这种单向度切入的启动模式导致基层侦查机关在承担主要侦查职责的同时又被抽离了侦查权启动的自主性。互联网与信息化开始对单向度侦查权的启动产生去中心化的作用，公安信息系统的逐步完善，使基层侦查人员在侦查范围确定、方向与策略设计中能够主要依靠信息系统的数据研判来完成。合理性在于侦查人员可以利用互联网技术实施犯罪监控、犯罪数据研判、犯罪预防模型构建，从而灵活的、先行的、自下而上的使需求因子逐渐形成完善的防控方案；合法性则在于相对自主的权能启动依然受上级领导的引导与规制。

2. 掌控侦查功能运行维度

坚持“实时控制效能”的原则，克服时间上的迟滞，力求保持与犯罪博弈过程的共时性。侦查功能中的监控是实现共时性的典型。侦查监控措施又分为内发式和外源式两种，内发式主要指由侦查主体根据防控需要自主决策并建设的监控系统，如“天网”视频监控、无人机监控、网络监控等；外源式则是侦查对各行业电子信息技术的借用、演化和资源共享，如通信监控、QQ 微信、微博舆情监控、证券交易监控等。侦查防控功能的强化要求功能主体向内通过技术革新提升自有监控技术的有效性，将机械式的监控与智能化的数据分析相结合，进一步推动监控信息从感性资料向可视化理性数据的跃升，向外则扩大动员范围，加快犯罪相关行业人员及行业动态信息向侦查机关的输入，将可利用的信

---

〔13〕　韩德明：《风险社会中犯罪的规制和侦查》，中国人民公安大学出版社 2016 年版，第 150 页。

息资源逐步建成可塑性佳、调动性强、监控力与效率持久的网络系统。

3. 注意侦查功能自我完善维度

侦查功能对时机的抢先也会造成防控决策系统和方案科学性在一定程度上的流失。对犯罪数据的管理研判和对犯罪风险的科学评估能够维系侦查功能的稳定性。在海量数据形成记忆库的同时,加强数据突破传统体制等级化的限制,在侦查机关上下自由流通;进一步发挥技术专家在犯罪数据开发、组织、运用中的支柱作用,让不同组合的数据碰撞出犯罪前趋势中的隐性因子,全力进化“情报导侦”思维;建立侦查机关与其他机关数据秩序化常态化互动机制,发挥侦查权力附着于数据技术的优势,提高数据链接整合能力等。侦查功能自我完善的另一个方向是犯罪风险合理评估机制的建设。在犯罪预防原则驱使下,犯罪风险评估的目的应细化为在足够高盖然性支撑下对重点对象及场所、犯罪条件、原因、预备的先行控制以及对那些传统意义上与犯罪行为逻辑关系较远的抽象性原因的及时干预。

(三)侦查功能的多维展开

脱域犯罪的典型特征是在多维空间中发生,或在某一空间出现犯罪,随后延伸到其他空间。侦查要以大数据为依托,将相应侦查权能置入实地跨空间、虚拟空间以及实地—虚拟交错空间当中。

1. 构建以数据质量为核心的加速侦查数据库

当前各地公安机关智慧警务的实践反映出侦查防控数据体系质量较低的特点:[14]一是数据异化,多数地区公安数据库建设处于收集与加工并行的状态,算法不一,数据质量也参差不齐;二是数据浅层化,对数据性质的深度挖掘不足;三是数据孤岛化,各地公安数据库还停留在“自给自足”阶段,跨省市互通存在壁垒。建立全国统一的标准,首先打破数据库趋于僵化的局面,实现实地跨区域数据互通。加快数据收集与算法技术的研究,让数据高速巨量输入公安机关的同时避免人力和机械的实践偏差,脱去数据表征,探索数据结构化的分类处理方式,使数据本身能够消去地域化烙印,从而获得更高的使用价值,提升数据质量。侦查防控犯罪的预先性要求数据统一地向类型化深入——用数据的本源性对应犯罪的源头治理。

---

〔14〕《“智慧公安”建设各地开花,科技助力警务改革》,载搜狐网,http://www.sohu.com/a/250453269_653639. 2018-08-28。

2. 以数据关联为目标打破侦查功能的空间限制

犯罪行为对空间限制的突破速度极快，因而犯罪空间形态也在不断发生着演绎、转型、衍生和变化。数据关联性为侦查功能跨区域、跨空间的展开提供了实践基础。犯罪制图技术很好地证明了数据关联性特点，通过对当前犯罪轨迹分析可以预测犯罪发展的空间范围，通过对历史犯罪热点分析可以判断当前犯罪在特定空间的活跃程度。犯罪数据基于犯罪人在特定社会形态中的行为而产生，行为的可预测性为数据关联性提供了保障。在犯罪情境预防理论视角下，侦查主体还可以就犯罪产生的环境、条件、时机等类目进行关联性数据挖掘，针对性增加情境风险和成本，提前遏制犯罪。[15] 由于数据关联性侦查功能在性质上符合犯罪脱域化规律，甚至可以通过侦查手段经营出隐性犯罪空间的联络，不拘泥于纯粹发现的机制特点可以构成侦查各部门联动协作的内生动力，侦查力量跨空间的整合又能弥合犯罪空间的间隙，形成良性循环。

3. 以数据带动为前提发挥传统侦查手段的作用

侦查功能的手段构造正处于传统持续与新型蝶变交互的阶段，数据将不断剥除传统防控手段的工具价值，而未被取代的那些手段的剩余价值只在于法律领地（合法性）与相应犯罪空间（特殊性）。例如，在小案侦查中，智慧警务模式淘汰了滞后性较强的街面巡逻和捉襟见肘的机械化基层警力空间调配，代之以犯罪热点分析后的定点监控，即是数据手段颠覆传统的典型体现，而在数据库支撑下对视频监控手段的整合化革新，有利于在接触性犯罪控制的同时深挖余罪、深挖团伙，这则是在视频侦查溯源性功能基础之上增加预测性功能。[16] 前者是数据带动对传统手段的价值覆盖，后者是对传统手段剩余价值的发挥。在秘密侦查措施中，更注重针对一定犯罪领域的特定性，且其侵权属性具有相对完善的合法性规制，数据带动在其中更多表现在法律容许与防控需求的剩余价值基础上进行增量，而不必要建构新的数据化秘侦手段去等待新的制度酝酿——此时的数据带动重在对传统手段的强化而非解构，工具价值大于能动价值——主要是修正诱惑侦查、卧底侦查、控制下交付等行为的经验主义偏差。

三、侦查功能的局限克服

侦查功能的发挥具有潜在性，其内在属性决定其有发挥的可能性，而这种

---

〔15〕 冯姣：《大数据与犯罪侦查：机遇、挑战及应对》，载《兰州学刊》2019 年第 5 期。

〔16〕 陈如超：《侦破能力、小案管控及其常态化》，载《山东警察学院学报》2016 年第 1 期。

可能性能否转化为现实性,很大程度上要受制于自身局限性的克服程度。局限性随着侦查功能现实化的过程,而取得了客观性与必然性的特质。也就是说,侦查功能一旦有所发挥,局限性的出现是必然的,二者相伴相生。然而,这并不意味着我们在局限性面前束手无策,因为虽然局限性的存在具有必然性,但是其对侦查功能的削弱作用却是可以限制和克服的。研究侦查功能局限性的基点不是计较其是否存在,而是尽量降低其带来的负面效果,以保证侦查功能的正常运作。

(一)侦查治理理念的确立

侦查机关的侦查人员应树立惩罚犯罪和保障人权并重的理念。侦查机关的侦查人员应树立实体正义和程序正义并重的理念。侦查机关的侦查人员应树立办案规范与办案效率并重的理念。将侦查活动与社会治安综合治理等措施相结合,确立一整套成熟的社会治理的体系,加强组织体系建设和健全管理制度,建立基层“网格化治理”的长效机制。

(二)侦查流程管理的完善

案件侦破的侦查组或者专案组按照一定的侦查步骤根据现有的案件信息进行科学决策,控制侦查偏差,保证案件侦查活动的顺利进行。完善侦查队伍的管理,主要是从侦查人员的准入机制和入职后培训机制两个方面进行完善。准入机制的完善就是在招录侦查人员时提高相应的专业标准,多招取本身具有侦查专业知识的人才,促使侦查队伍的职业化,减少再培训的投入提高效率;入职后的培训机制完善主要是形成在职侦查人员定期培训制度,可通过建立网络学习平台提高侦查人员的综合素质,提高侦查应用能力。在前述增强侦查人员意识的基础上,具备相应的科学侦查能力以更高的效率侦破案件,寻找事实真相、揭露犯罪,同时具备合法侦查能力以在侦查中不会因为滥用公权力造成对社会的不良影响。展现法治侦查的实效,保证侦查机关的正义性,一定程度上克服侦查在揭露犯罪和保障人权之间冲突的局限性。

(三)侦查法治水平的提升

自党的十八届四中全会以来,侦查法治化已成大势所趋,将侦查这一暴力型社会控制方式置于法律框架之内,已成为学界共识。然而,侦查立法中存在的诸多弊端,使法治化进程举步维艰。提高立法水平,就是要最大限度地克服立法者的自身局限。立法者在侦查立法过程中，既要密切联系办案实际，防止过于空洞化、脱节化的立法；又要高瞻远瞩、准确把握侦查发展脉络，制定出一些富有创设性与预见性的法律。通过明晰科学的立法活动，使得侦查程序不断完善，进而运用法律的权威与程序的机制来为功能的贯彻保驾护航。此外，为了应对侦查权扩张的趋势，立法过程中有必要对侦查活动的范围进行更为详尽的规制，避免出现“全警皆侦”的混乱局面。

（四）侦查主体素质的提高

打击犯罪是侦查活动的本源功能，针对破案率低、办案人员整体素质偏低的现状，科技强警、知识育警、监督律警迫在眉睫。用现代化的技术设备武装侦查人员，提高其对案件走向的把控精度，应对新型的智能化、集团化犯罪。加强公安民警职业道德修养学习与专业技能学习，使其具备坚定的政治素质、过硬的身体素质和心理素质，并且要着重培养其人权保障意识、证据意识与程序意识。针对侦查工作的秘密性与道德评价的模糊性，完备的监督机制必不可少。除了公安机关内部的自循环监督，检察机关、社会公众、新闻媒体的交互监督可能更为关键。近年来，司法审查制度设置的呼声日益高涨，如果能最终确立，无疑对规范侦查程序、保障侦查功能发挥意义深远。

（五）侦查合作意识的强化

犯罪归根结底是社会问题，而预防犯罪的关键是将侦查工作与其他社会职能紧密结合，以便及早发现犯罪、打击犯罪。除传统的特种行业控制、治安巡逻等办案手段以外，可以尝试建立一套成熟的社会治安综合治理的体系，建立基层“网格化治理”的长效机制。在基层设立综合治理工作中心，下设法制宣传组、治保会、调委会、规整人员安置帮教小组，并设法制宣传员、护村队、调解信息员和帮教责任员，充分发挥预防作用，将犯罪扼杀在“摇篮”里。但在此过程中，也要格外注意侦查功能与其他社会职能的界线，严格遵守立法规定，切勿造成侦查权的滥用。

第五章　侦 查 构 造

构造也称作形式、模式、结构等，但形式、模式、结构仅表现出各个组成部分排列的静态，而"构造"一词还强调各个组成部分的安排、组织和相互关系，呈现了各个组成部分的运作态势和组织形式静态的统一。侦查构造本身属于诉讼构造的一个重要组成部分，[1]关注的是侦查程序中不同参与主体的法律地位和相互关系。这种地位和关系并不是凭空形成的，而是由一定的侦查目的所决定。虽然不同国家和地区在侦查程序中行使不同职能的主体并不相同，但基本上都能够形成类似于审判程序的控、辩、审三角关系。

就刑事诉讼角度而言，侦查构造是指基于不同的刑事诉讼结构而形成的，侦查机关、检察机关与犯罪嫌疑人及辩护人在侦查活动中的地位和相互关系。[2] 但从侦查学的视野出发，侦查构造意指侦查活动内部的基本构成要素及其相互关系，这些构成要素具体包括侦查主体、侦查客体、侦查行为三个方面。

第一节　侦 查 主 体

侦查主体，是指被法律赋予侦查权的机关和个人。从世界范围来看，各国法律多把侦查权赋予了警察机关、检察机关等国家机关，我国也不例外。由于侦查主体是一个比较复杂的概念范畴，因而其结构样态表现出不同的面向。

---

〔1〕 宋英辉：《刑事诉讼目的论》，中国人民公安大学出版社 1995 年版，第 152 页。

〔2〕 李心鉴：《刑事诉讼构造论》，中国政法大学出版社 1992 年版，第 7 页。

一、侦查主体的组织模式[3]

（一）单轨制侦查主体和双轨制侦查主体

所谓单轨制侦查主体，是指侦查活动是由警方或检方侦查人员单独进行，而且是从属于或主要服务于公诉方的。所谓双轨制侦查主体是指侦查活动是由官方和民间的侦查人员分别进行，而且他们分别服务于公诉方和辩护方。换言之，在单轨制侦查的组织模式下，查明案情和收集证据是以警察、检察官为代表的"官方"责任。而在双轨制侦查的组织模式下，查明案情和收集证据则是诉辩双方的共同责任。在双轨制侦查组织模式的制度环境下，不仅检察官可以要求和指导侦查人员（一般为警察）就案件进行侦查，辩护律师也可以聘请某些专门人员（一般为私人侦探、民间鉴定人员或其他有专门知识的人）调查案情和收集证据。

单轨制侦查体制源于大陆法系的纠问式诉讼制度，它较为符合国家机关主导的侦查活动的特殊要求，不仅有利于减少侦查障碍和提高破案效率，而且还可以减少侦查资源的损耗。双轨制侦查体制源于英美法系的控告式诉讼制度，其主要优点是有利于保障犯罪嫌疑人的合法权利，平衡控辩双方的力量悬殊。这样一来，双轨制侦查打破了控方在刑事案件调查中占绝对统治地位的局面，从制度层面为其树立了竞争对手，从而有助于在一定程序上促进警方改进自己的工作态度，并且提高侦查工作的质量。

随着时代的发展，两大法系的刑事诉讼制度都在发生显著的变化，其基本趋势之一便在于相互取长补短。但是总体来看，在过去的数十年间，更多的是大陆法系的刑事诉讼制度在向英美法系的诉讼制度取经。这种趋势也对侦查主体的组织模式产生了巨大的影响。大陆法系国家侦查主体的组织模式在此背景下也越来越多地引入了双轨制侦查的制度要素，绝对意义上的单轨制侦查主体实际上已经很难在全球主流国家中寻觅到踪迹。

（二）集中型侦查主体和分散型侦查主体

集中型侦查主体有两重含义：一是一个国家的侦查人员隶属于全国统一的警察组织，或者其他具有执法功能的组织；二是在一个警察机构或其他具有执

---

〔3〕关于侦查主体组织模式的更为详尽的分析，参见何家弘：《从它山到本土——刑事司法考究》，中国法制出版社2008年版，第6－22页。

法功能的组织内,侦查力量集中于总部。分散型侦查主体也有两重含义:一是一个国家的侦查人员分散于各地独立的警察组织或其他具有执法功能的组织内;二是在一个警察机构或其他具有执法功能的组织内,侦查力量分散于各分局或区署。

一个国家的侦查体制问题主要涉及该国的警察体制问题,而一个国家的警察体制又是由这个国家的政治和法律制度所决定的。从世界两大主要法系的情况来看,大陆法系国家的政治制度偏向于集中型,因而其警察体制也具有集中型的特点,即全国的警察力量多统一受中央政府的领导,或者说中央与地方警察机构之间多具有隶属关系,而且不同层次上的警察机构多组成了一个统一的体系。英美法系国家的政治法律制度偏向于分散型,因而其警察机构也具有分散型的特点,即各地警察机构分别受当地政府领导。特别是在像美国这样的联邦制国家,从联邦与州、州与下属各县、各县与其辖区内各市、各市与其下层级的行政单位来看,各个警察机构之间均不存在隶属关系。

集中型侦查体制和分散型侦查体制各有优劣。集中型侦查有利于侦查工作的统一指挥和警区之间的协作,有利于集中力量打击严重犯罪活动和流窜犯罪活动,也有利于提高侦查人员的专案侦查水平。但是,它的缺点也十分明显,这种具有明显的科层特色的体制导致侦查活动的开展经常需要层层汇报,大量的审批和协调不可避免,各警区侦查工作的灵活性容易受影响。分散型侦查有利于强化侦查人员与本地区巡逻警察的合作,有利于侦查人员熟悉当地的社会情况和犯罪活动规律,也有利于案件侦查工作的灵活分配和管理,但其弱点是很可能缺乏执法的统一性和效率。此外,随着跨区域犯罪、难以区分地域的涉众型网络犯罪的增多,各警区在分散型侦查体制下,容易面临有权管辖的警察机关过多、难以确定侦查管辖〔4〕且很可能不易开展跨区侦查取证协作等诸多问题。

---

〔4〕 例如,最高人民法院、最高人民检察院、公安部于2022年发布的《关于办理信息网络犯罪案件适用刑事诉讼程序若干问题的意见》第2条规定了多个公安机关均可开展此类案件的侦查管辖:“信息网络犯罪案件由犯罪地公安机关立案侦查。必要时,可以由犯罪嫌疑人居住地公安机关立案侦查。信息网络犯罪案件的犯罪地包括用于实施犯罪行为的网络服务使用的服务器所在地,网络服务提供者所在地,被侵害的信息网络系统及其管理者所在地,犯罪过程中犯罪嫌疑人、被害人或者其他涉案人员使用的信息网络系统所在地,被害人被侵害时所在地以及被害人财产遭受损失地等。涉及多个环节的信息网络犯罪案件,犯罪嫌疑人为信息网络犯罪提供帮助的,其犯罪地、居住地或者被帮助对象的犯罪地公安机关可以立案侦查。”此外,该意见第3条对侦查管辖的次序和争议的解决进行了规定,这实际上反映出实务中侦查管辖的确定是一个十分复杂的问题。

(三)专门化侦查主体和一般化侦查主体

侦查人员的分工有两种基本模式:一是根据犯罪的种类分工,即实行专门化侦查;二是根据管辖的地域进行分工,即采用一般化侦查。前者是指侦查人员分成若干专业队组,分别负责某类犯罪的侦查工作。后者是指侦查人员被分派到若干地区分队或被派驻到各个辖区,分别负责相应区域内发生的所有刑事案件的侦查工作。由此可见,专门化侦查多属于集中型侦查,而一般化侦查多见于分散型侦查。

专门化侦查是较一般化侦查而言,属于更高层次的侦查分工方式。但从实践的角度看,二者又各有长处。专门化侦查有利于提高侦查人员的专业技能,有利于帮助侦查人员掌握某类犯罪活动的规律和特点,并积累丰富的专案侦查经验。因此,专门化侦查有利于提高案件的破案率,特别是特定类型的重大犯罪案件和疑难犯罪案件的破案率。此外,专门化侦查有利于提高侦查人员的破案责任心和专业兴趣,还有利于加快对新警员的专业培训进程。需要指出的是,专门化侦查并不意味着特定类型的侦查工作只是由警察机关的某一部门开展的。相反,即使定位为专门化侦查,也必须保证侦查工作得到刑事技术等部门的密切协作。特别是随着犯罪越发趋于复杂化,单一部门承担特定类型案件的全部侦查工作,更是难以令人想象。以我国的公安机关为例,近年来所推动的“合成作战”“情指勤舆一体化实战化改革”[5]都对各部门的侦查工作职能整合提出了全新的要求,有力地回应了专门化侦查在复杂犯罪形势下的迫切需求。

一般化侦查则便于对侦查工作的管理,特别是便于对侦查力量的值班安排和任务分配,不会因“专业”细分而造成值班安排的困难和各分队承担任务的不均衡。这种类型的侦查主体组织模式比较适应于社区警务的工作需要。虽然一般化侦查对侦查人员的个人综合素质要求较高,但它也具有较大的灵活性,有利于节省警力,能够较快地适应特定社区中犯罪情况的变化。与此同时,需要注意的是,在一般化侦查的组织模式下,要尽力避免侦查主体成为“万金油”

---

[5] 2021年7月25日召开的全国公安机关深化警务机制改革推进会要求,深入推进“情指勤舆”一体化实战化运行机制改革,进一步提升警务运行质效和实战能力。2022年1月17日召开的全国公安厅局长会议再次强调,着眼推动公安工作高质量发展,加快构建“情指勤舆”一体化实战化运行机制等警务机制改革,努力在一些制约公安工作整体效能和核心战斗力的关键环节上取得新的重大突破。

式的角色，避免什么案件都能办、什么案件都办不好或办不精的情况出现。

二、侦查主体的内部结构

侦查主体的内部结构包括多重因素，如职类结构、专业结构、能级结构、知识结构、智力结构等。

（一）侦查主体的职类结构

侦查主体的职内结构是指不同性质和类别的侦查人员之间的比例及其相互关系。一般来说，侦查人员的职类包括：

1. 侦查破案人员。侦查破案人员是指以具体的刑事案件为目标，负责发现犯罪线索、收集犯罪证据、缉捕犯罪嫌疑人的侦查主体人员，是侦查工作的主导力量。

2. 侦查科技人员。侦查科技人员包括两种人员：一是刑事技术科研人员，即从事刑事科学技术研究工作的人员。他们通过科学技术的研究、引进和开发，开创新的刑事科学技术理论和方法，并把所获成果推广应用到实际的侦查工作中。二是刑事技术人员，即运用刑事科学技术手段和方法，发现、收集提取、检验、鉴定物证书证和其他犯罪证据的侦查主体人员。

3. 侦查情报人员。侦查情报人员是指专门从事犯罪情报的收集、储存、分析、检索，并为侦查工作提供犯罪信息和线索的人员，包括刑事案件各类相关资料的统计人员、犯罪情报资料的计算机系统管理人员、犯罪阵地控制人员和刑事特情管理人员等。

4. 侦查调研人员。侦查调研人员是专门从事侦查工作各方面情况的调查、分析和研究的人员。他们的主要任务是把侦查工作中的经验、出现的新问题以及犯罪活动的新情况进行总结和归纳，提交给侦查部门的领导和指挥人员，为其制定侦查决策提供依据。

5. 侦查管理人员。侦查管理人员是专职从事组织指挥、政治思想工作和后勤服务的侦查主体人员。他们的管理工作对于提高侦查工作的效能，促进、监督和保障侦查工作的顺利进行，具有重要的作用。

以上几类侦查主体人员应建立一个科学且合适的比例关系。确立这一比例关系的基本原则是要以侦查破案和效能提升为中心，加大侦查实战人员的比重，强化刑事技术和情报人员的力量，配置干练的运筹帷幄的管理人员。当然，这种比例关系并不是一成不变的，而需要在不同的时期，随着犯罪形势和犯罪治理的实践需要而进行相应的调整。

(二)侦查主体的专业结构

侦查主体的专业结构,是指在一个侦查主体系统内相关的专业人员的比例构成及其相互关系。当代科学技术的发展日益分化和高度综合,学科、专业划分越来越细,各学科之间互相渗透,纵横交错。为了适应侦查日益复杂化的刑事犯罪的需要,侦查工作必须运用多种相关学科的知识。因此,侦查主体必须要由具有多种专业知识的人员构成。

就微观方面而言,侦查主体系统内所需的各种专业人员及其比例关系,主要的依据是侦查工作的任务,以及同刑事犯罪斗争的需要。从宏观方面而言,侦查主体系统内所需的各种专业人员及其比例关系,主要是依据侦查工作自身的发展规律和国家对犯罪治理工作的总目标来进行宏观调控。侦查主体系统内各专业人员的培养和配备,既应照顾全面,又要重点配置。要重点培养和配备在侦查和技术领域上具有带头作用的专业人员,正确处理基础和应用、常规和尖端、重点和一般、预期和现实等关系,做到专业配套、科学分布、结构合理。

(三)侦查主体的能级结构

侦查主体的能级结构是指不同知识和能力的侦查人员的比例构成及其相互关系,它是侦查队伍质量和效能的重要因素。在侦查主体系统中,侦查破案、管理人员的能级结构可分为高、中、初、预备四级配备。合理的侦查主体能级结构中,应由一定数量的起领导指挥作用的高级指挥人员和高级刑事科学技术人员,占相应数量的起骨干作用的侦查人员,占多数的起“接力”作用的初能侦查人员组成。上述几个能级侦查人员的数量,应由高到低呈“金字塔”形配备。

最佳的能级结构,还需侦查人员之间的恰当分工和通力合作。因此,应与职称、警衔等配套,制定合理且规范的各级侦查人员的职责、权限。

三、侦查主体的素质结构

(一)侦查主体的知识结构

为了适应侦查这一特定领域的工作,侦查人员必须建立起合理的知识结构。所谓合理的知识结构,就是侦查人员所要掌握的知识按一定的比例和方式组合起来的有机整体。建立合理的知识结构，有利于侦查人员将自己掌握的专业知识和其他方面的知识相结合，拓宽知识视野；有利于侦查人员采用灵活的思维活动方式，发现和寻找更多的侦查途径；有利于侦查人员适应社会的发展变迁特别是社会的信息化特征越发深化的背景，从而满足智慧侦查和犯罪智能预警的专业化工作需求。综合来看，侦查学是一门需要交叉学科知识所构架起来的知识系统，侦查主体的知识结构也必须以专业知识为基础，多向度地发散。

1. 科学文化基础知识

科学文化基础知识是侦查人员必须具备的基础文化知识和修养。科学文化基础知识的内容十分广泛，它既涉及社会科学、自然科学和思维科学这三大门类科学中的内容，又涉及日常生活知识和科学知识等各个层次中的知识。其中较为常见的学科知识领域有法学、社会学、心理学、语言学、逻辑学、管理学、数学、物理学、化学、生物学、医学等。

2. 哲学、思维科学知识

哲学是横向知识中最高层次的知识，只有熟悉哲学的基本知识，才能进行哲学思维。由于哲学思维的基本特征，是从主体和客体的关系中把握对象，以抽象的方式探求真理，获取关于对象的一般知识，因而对侦查工作具有绝对的指导意义。

哲学作为人类思维的一种高能形态，具有能动地认识事物的普遍性和必然性、形成科学的世界观和方法论、促进理论思维发展的功能。在哲学思维的指导下，全面掌握科学的思维方式和方法，还必须具有思维科学的知识。由于侦查思维是从侦查角度研究思维的，它本质上是思维科学在侦查思维领域中的实际应用。因此，学习掌握侦查思维的知识对侦查工作有更直接和具体的作用。

3. 侦查专业知识

侦查专业知识是侦查主体知识结构的关键所在。主要包括：侦查业务知识，主要是侦查学和刑事科学技术方面的知识，如现场勘查、侦查策略、案件侦查方法、痕迹与文件检验、法医鉴定、电子数据恢复与提取、视频侦查、大数据预警与建模分析等多方面的知识。侦查业务基础知识，具体而言涉及诸如侦查运筹、侦查决策、侦查指挥，以及侦查逻辑、侦查心理、侦查情报等方面的知识。与侦查业务相关的其他专业知识，具体而言涉及犯罪学、犯罪心理学、司法精神病学、警察学、治安学、预审学、刑事诉讼法学等学科的知识，以及在信息化深度发展背景下与数据安全和维护、个人信息保护相关的多方面知识。

(二)侦查主体的智力结构

智力是指人们理解、认识客观事物并运用知识和经验解决实际问题能力的总和。侦查工作是一项以智力斗争为主要内容的工作,对侦查主体的智力结构有着特殊的要求。

1. 观察能力

观察能力是认识主体通过自身的感官对发生的事件或现象进行有目的、有计划的认识的直觉过程。侦查中的观察活动,是侦查人员对与刑事案件有关的人、事、物及现象的主动知觉。

观察活动是侦查活动的前提,它贯穿于侦查活动的始终。观察能力又是侦查人员获得感性知识、捕捉犯罪嫌疑线索、收集犯罪证据的基本手段。因此,侦查人员首先要培养良好的观察习惯,如养成有目的、有计划、有选择的观察习惯,对与侦查相关的事物要有重复观察和反复观察的自觉性;其次,侦查人员要具备良好的着手观察的心理品质,在观察时既深入、细致,又耐心、持久;另外,侦查人员还要有科学的观察方法,如边观察、边分析、边综合和边总结。

2. 记忆能力

记忆是人脑对过去所经历过的事物再现的活动。记忆力是人们对获取与适用知识和经验必不可少的能力。记忆是知识和经验的仓库,它为思维活动提供原材料。

由于侦查工作的特殊性,这要求侦查人员的记忆力必须敏捷、准确、持久,即对客观事物快速反应,不歪曲其本来面目,并长期留存在自己的头脑中。侦查人员必须加强专门训练,带着明确的目标,以坚强的毅力,掌握科学的记忆方法,锻炼自己的记忆力,培养和发展自己的记忆力。

3. 分析和综合能力

分析和综合能力是认识事物由个别到整体的两个步骤。分析是认识事物时将被认识对象分解为各外部分或各个因素,分别进行观察。综合是把已分析过的事物或因素的各个部分联结成一个整体,找出其相互间的内在联系,从而作出符合事实的认识结论。

分析和综合是认识犯罪的基本方法,分析和综合能力是侦查人员智力结构的核心。在分析和综合能力方面,侦查人员需要具有深刻性、广阔性、逻辑性和灵活性。在智慧侦查越发得到重视的这个时代,侦查人员要善于运用计算机,借助具有人工智能特征的大数据分析系统开展工作,[6]高效地处理分析和综合工作,避免传统的人力资源运用在记忆、分析和综合方面的能力缺陷。

4. 应变能力和自制能力

应变能力是指对突然的事件或情况能迅速作出判断,采取随机应变措施的能力。侦查活动是一种动态的对抗活动,对抗的双方都会受到主客观各种因素的影响。在实践中,侦查人员必然会面临始料不及的情况或问题,预定的侦查部署和行动方案也很可能被打乱。此时,侦查人员必须临阵不乱,沉着机智,果断地采取紧急措施解决问题。

自制能力是指自我克制、自我控制的能力。侦查工作充满着矛盾、冲突和刺激,而且这些矛盾、冲突和刺激涉及犯罪嫌疑人、被害人、证人等方方面面。这就要求侦查人员应当具备善于克制、调节自己情感的能力,在诸多矛盾和冲突前,保持镇静,理智地处理好各种问题。

第二节 侦 查 客 体

侦查客体即侦查活动所指向的对象,实际上就是指刑事案件,包括人、物、场所。每一起刑事案件都有一定的构成要素。从侦查学意义剖析,刑事案件的结构要素主要有犯罪时间、犯罪空间、犯罪主体、犯罪对象、犯罪行为五个方面。

一、犯罪时间

犯罪时间的概念有广义和狭义之分。广义的犯罪时间,是指犯罪分子从产生犯罪意图,进行犯罪预备活动,然后实施犯罪,直至被缉获归案的一个较长的时间段,包括犯罪预备时间、犯罪实施时间、销赃毁证时间和逃避打击时间等。狭义的犯罪时间,是指对侦查工作具有直接作用的、犯罪分子实施犯罪的时间,即犯罪分子在犯罪现场实施犯罪活动的时间。

---

[6] 在强大的科技引擎助推下,继“信息化”与“数据化”之后,“人工智能”走进侦查已经成为必然,人工智能侦查应运而生。人工智能侦查推动传统侦查方式的事后、被动、单线侦查向事前、主动、复线侦查转型,更从警力配置角度降低了侦查成本;在情报数据智能研判、刑事证据智能获取、刑事情报智能搜集、犯罪嫌疑人智能缉捕方面有巨大价值。参见梁坤、周韬:《当前人工智能侦查的应用困境及突破进路》,载《山东警察学院学报》2018 年第 3 期;任惠华、金浩波:《人工智能侦查的实践应用与制度构建》,载《河北法学》2018 年第 6 期。

犯罪时间是任何刑事案件必备的要素之一。任何刑事案件的发生都必然在一定的时间段内进行。无论犯罪分子的犯罪过程如何短促,行动如何迅速,都需要时间。没有犯罪时间的刑事案件在客观上是不存在的。

(一)犯罪时间的意义

根据各种因素判明犯罪时间,尤其是判明犯罪分子在犯罪现场实施犯罪的时间,对刑事案件侦查有着多方面的重要意义。

1. 有利于排查犯罪嫌疑对象。利用犯罪时间排查嫌疑对象一般有三种情形:一是通过查证核实,有多个证据确能证明嫌疑对象在犯罪时间段内不在犯罪现场而在其他地方活动,抑或并没有在特定的时间段内操作实施网络犯罪的计算机系统,其犯罪嫌疑便可予以否定。二是犯罪嫌疑对象于犯罪时间段内的在其他地方的活动无法证实,或者其在特定活动时间方面存在故意编造虚假情节的情况,抑或有多人证明嫌疑对象在犯罪时间段内曾出现在犯罪现场及其附近,则嫌疑对象的疑点上升,因而有必要进一步采取侦查措施。三是有多人证实在犯罪时间段内只有嫌疑对象出现在犯罪现场而未发现其他人员的踪迹,则在很大程度上可以肯定,嫌疑对象即实施犯罪的人员。

2. 有利于刻画犯罪人。在刑事案件侦查中,根据犯罪时间常常可以推断出犯罪分子的居住范围,分析出犯罪分子是本地人还是外地人,以及判断出犯罪分子的知情程度等。如今,侦查机关已经越来越多地应用具有人工智能特性的大数据分析系统,进行犯罪时间甄别,抑或通过建模方式梳理犯罪人逃跑的可能路线,以及其在单位时间内搭乘特定交通工具可能到达的区域范围。

3. 有利于采取紧急侦查措施。判明犯罪时间是采取紧急侦查措施的基本前提和可靠依据。尤其是距案件发生时间短、犯罪嫌疑人逃离现场不远时,可采用警犬追踪、步法追踪、智能视频摸排等方式,或在车站、码头、交通路口或卡口等处设卡堵截并盘查可疑人员,进而发现犯罪嫌疑人,从而有助于大大缩减侦破案件的时间。

(二)犯罪时间差

犯罪时间差,是指犯罪人在犯罪现场实施犯罪行为的活动与他人(如被害人、案件发现人、侦查人员)在其他场所的活动在时间上存在的一种相互交叉重叠的现象。这种相互交叉重叠反映在,他们在犯罪现场的活动在时间顺序上存在先后之别。犯罪分子在实施犯罪时,总是利用周围无人、事主离去等有利时机,犯罪后又往往采用破坏、转移、伪装、掩盖等方法,尽量使犯罪行为处于隐蔽状态而不易被发现和揭露。需要注意的是,犯罪时间差通常包含以下三个方面的内涵:

1. 犯罪行为的实施与被害人或其他人在犯罪现场的活动间的时间差。这类时间差并不存在于强奸、抢劫劫夺、故意伤害等犯罪人与被害人存在正面接触的案件中,而是多存在于盗窃等案件当中。部分杀人案件中也可能出现这种时间差,如投毒杀人案件、爆炸杀人案件等便是如此。随着时代的发展,一些类型的案件原本多不存在时间差,但是现今却越来越多地表现出时间差。例如,传统的贩毒案件往往都是在犯罪人与被害人正面接触的情况下产生交易行为的。不过,随着公安机关在接到情报后对现场交易打击的强化,一些毒品卖家和买家选择所谓“埋雷”的方式实施交货和取货,双方在并不见面的情况下完成无接触买卖,从而令这类犯罪活动出现了特殊的犯罪时间差。

2. 犯罪行为的发生与案件的发现之间的时间差。犯罪人在犯罪过程中被人发现和现场抓获的情形虽然存在,但是总体而言较为少见。案件发生后,犯罪人大多要经过一段时间后才能被人发现。因此,侦查工作中很多时候都是采取“由事到人”的模式逐步发现并锁定嫌疑人。在以“杀猪盘”为代表的电信网络诈骗犯罪中,尽管犯罪人可能在与受害者长时间接触的过程中,以“培养感情”的方式一步步实施犯罪,直至引诱后者以投资理财等方式骗取到数额较大的钱财,但是当某些案件的受害者幡然醒悟时,钱财可能早就已经辗转多国的金融系统并且难以追踪了。而在诸如贪污、贿赂这样的十分隐蔽的职务犯罪案件中,犯罪人第一次实施犯罪至犯罪行为的最后暴露,往往都有相当长时间的周期。犯罪行为的发生与案件的发现之间的犯罪时间差的长短,直接决定了案件侦查工作启动和开展的速度。犯罪时间差越短,对侦查工作的开展越有利。相反,犯罪时间差越长,很可能犯罪情报信息已经不易获得,犯罪证据已经灭失,抑或涉案资金已经转移,这对包括人员查控和阵地控制、情报和证据收集、紧急止付和追赃挽损在内的侦查工作的开展而言,显然都是非常不利的。

3. 发现案件与侦查活动的开展的时间差。侦查活动的开展必须以发现案件为前提。发现案件到侦查活动的开始,一般来说,虽然间隔的时间较短,但由于路途、地形、交通工具等因素的影响,很可能会延误侦查人员到达现场的时间,从而拉长这一时间差。而在包括性侵和用图像处理软件编辑领导“艳照”进行敲诈勒索在内的案件中,受害者可能因遭受威胁抑或顾及名誉而先期选择隐忍,后来再选择报案。这也可能导致发现案件与侦查活动的开展出现原本可以缩短的犯罪时间差,从而导致侦查工作无法及时有效地开展。

(三)犯罪分子常用的掩盖犯罪时间的手法

由于犯罪时间在排查犯罪嫌疑对象时有肯定犯罪嫌疑或否定犯罪嫌疑的作用,因此,犯罪分子总是利用掩盖犯罪时间的方式来逃避打击。掩盖犯罪时间的方法多种多样,主要受制于犯罪分子的性别、年龄、职业、文化知识、社会阅历、性格爱好等因素,常见的方法有:

1. 长途奔袭掩盖犯罪时间。长途奔袭是指犯罪分子的日常居住地、工作地与犯罪实施地相距较远,犯罪分子利用现代化交通工具,远距离奔波,迅速实施犯罪。整个犯罪过程在较短时间内完成,从而致使他人不易察觉。采用此手法掩盖犯罪时间的犯罪分子多利用下班后的时间和节假日休息时间长途奔袭实施犯罪,然后立即赶回居住地佯装并未发生任何事情。不过,随着时代的发展,特别是随着监控系统的完善,采取长途奔袭的方式实施犯罪的情况已经相较过去减少了很多。

2. 幕后操纵和冒名顶替掩盖犯罪时间。犯罪人在实施犯罪时不出现在犯罪现场,而是扮演幕后指挥的角色,如雇用他人实施犯罪或利用他人实施犯罪。冒名顶替通常有两方面的表现:一是犯罪分子在犯罪时间段内指使他人冒己之名从事某项活动;二是在实施犯罪时,冒他人之名,以转移侦查视线,嫁祸于人。

3. 利用物品和出示假证掩盖犯罪时间。犯罪人有时会利用各种物品推迟犯罪时间。常见的方法有故意撕去现场的日历,在现场上故意留下推迟犯罪时间的字条或字迹,利用定时装置延时引爆,等等。犯罪分子为了证明自己无犯罪时间,往往故意出示能够证明一定时间的物品,如火车票、汽车票、电影票及其他电子票证等,而这些票据上所标示的时间正好是与犯罪时间重叠,抑或与犯罪时间接近。为犯罪分子在时间上作伪证的大多是与其有明显密切关系的亲朋好友,后者的目的往往在于帮助犯罪分子避免遭到打击,抑或阻碍侦查工作的顺利开展。

4. 利用技术手段掩盖犯罪时间。在网络犯罪中,犯罪分子有时会通过修改登录或退出系统时间、篡改系统日志文件等方式,掩盖实际的犯罪时间。

二、犯罪空间

(一)犯罪空间的概念

犯罪空间,传统上亦有犯罪地点之称,是指犯罪分子实施犯罪的处所。犯罪空间是与犯罪时间紧密联系的一个概念。依犯罪时间的先后,犯罪空间亦有预备犯罪的空间、实施犯罪的空间和处理赃款赃物等罪证的空间之分。从侦查管辖的角度而言,犯罪空间可主要涉及犯罪行为发生地和犯罪结果发生地。

传统的犯罪空间具有三维性,与犯罪时间一样,也是一个无限延伸的概念,它可以小到一个点,大到一个国家的领土、领海、领空。而且,犯罪空间的意义并不仅仅是指一个相对固定和静止的点或处所,而是一个运动的、联系的概念,移动的场所、有内在联系的犯罪地点间的位置关系都属于犯罪空间的范畴。

除传统的实体空间而外,犯罪空间早已经向网络虚拟空间延伸。不仅常规的犯罪表现出向虚拟空间延伸或与之关联的态势,近年来十分突出的网络犯罪〔7〕更是主要发生在网络虚拟空间。具体从信息网络犯罪案件的犯罪地来看,犯罪行为发生地和犯罪结果发生地就可以广泛地包括:用于实施犯罪行为的网络服务使用的服务器所在地,网络服务提供者所在地,被侵害的信息网络系统及其管理者所在地,犯罪过程中犯罪嫌疑人、被害人或者其他涉案人员使用的信息网络系统所在地,被害人被侵害时所在地以及被害人财产遭受损失地等。〔8〕信息网络犯罪的这些行为地和结果地的侦查机关均对相应案件拥有侦查管辖权。

(二)犯罪空间的意义

1. 犯罪空间是审查嫌疑对象的主要依据之一。一般而言,犯罪分子要侵害一定场所的特定对象,必然要亲临一定的场所,或者留下某种形式的痕迹,这其实就是洛卡德原则的基本内涵。这种痕迹既包括实体犯罪空间中犯罪现场的实物痕迹,也包括虚拟犯罪空间中的电子痕迹。从传统的实体犯罪空间来看,如果现场的痕迹物品和有关的证人证言可以证实某一个人曾到过犯罪现场,则可以在一定程度上证明其有实施犯罪的嫌疑。在特定情况下,某人如果确实到过犯罪现场,便可直接提升其犯罪的嫌疑。例如,在某财物保管处所的被盗保险柜上发现留有某人的手印,而此人平常又无接触此保险柜的可能,尤其是此人又是有前科的外地流窜犯罪分子时,则可以在一定程度上证实其实施了盗窃保险柜的犯罪。同样,若证实某嫌疑对象从未到过犯罪现场,在排除了与他人

〔7〕具体包括“针对信息网络实施的犯罪,利用信息网络实施的犯罪,以及其他上下游关联犯罪”,参见最高人民检察院于2021年施行的《人民检察院办理网络犯罪案件规定》第2条。

〔8〕参见最高人民法院、最高人民检察院、公安部于2022年发布的《关于办理信息网络犯罪案件适用刑事诉讼程序若干问题的意见》第二部分“关于信息网络犯罪案件的管辖”的规定。

勾结或雇人犯罪等情形外,则可否定其犯罪嫌疑。

而从虚拟犯罪空间来看,鉴别和审查嫌疑对象的问题则更为复杂。“从侦查途径来看,‘从事到人’曾经是一种主要的侦查模式。网络的迅猛发展,使犯罪案件与作案人分处于虚拟与物理两大空间,计算机充当着犯罪‘帮凶’的角色,因此侦查模式必然转变为‘事—机—人’模式。”〔9〕这样一来,从网络犯罪的结果或受害人的角度出发,通过虚拟痕迹往往只能查找到实施犯罪的某一台电子设备,而无法确定到底是谁使用某个账号登录系统并实施了犯罪,也即还无法据此明确相应的嫌疑对象,而是还需要开展进一步的侦查工作。〔10〕

2. 犯罪空间是判明案件情况和开展侦查的重要依据。犯罪空间的选择和犯罪空间相互之间的联系都在一定程度上能反映出案件的某些情况。例如,以实体空间为例,不同的犯罪空间之间若存在特定的联系,此犯罪空间上遗留有彼犯罪空间上丢失的物品,几个犯罪空间上有同样的犯罪痕迹或反映出实施犯罪的相同方式,则可指向同一个或同一伙犯罪分子实施的犯罪。此外,犯罪空间出现的一些反常现象、遗留的犯罪痕迹或异常物质,常常是侦查工作的重要依据和线索。

虚拟犯罪空间也存在彼此联系的情况。例如,如果网络服务提供者的云服务器中存储的数据来自某个网络犯罪,则云服务器中的虚拟空间便与实际实施网络犯罪的电子设备所指向的虚拟空间联系在了一起。侦查机关除需要对相关电子设备进行勘验鉴定以获得犯罪证据以外,还可以向网络服务提供者调取相应的电子数据,以推进侦查工作的开展。

3. 犯罪空间是推断犯罪分子情况的基本依据。从传统的实体犯罪空间来看,犯罪空间与犯罪时间等要素相结合,常常可以推断犯罪分子是本地人还是外地人、犯罪分子的启程点和落脚点距犯罪空间的距离等。从犯罪空间的环境和内部状况等情况出发,还可以分析犯罪分子对犯罪空间的知情程度,判明是内部人员还是外部人员,抑或内部人员和外部人员相互勾结实施犯罪等。

而从虚拟犯罪空间来看,犯罪分子在网络中遗留的数据痕迹已经成为大数

---

〔9〕 刘品新:《论网络时代侦查模式的转变》,载《山东警察学院学报》2006年第1期。

〔10〕 最高人民法院、最高人民检察院、公安部于2016年发布的《关于办理刑事案件收集提取和审查判断电子数据若干问题的规定》第25条规定:“认定犯罪嫌疑人、被告人的网络身份与现实身份的同一性,可以通过核查相关IP地址、网络活动记录、上网终端归属、相关证人证言以及犯罪嫌疑人、被告人供述和辩解等进行综合判断。认定犯罪嫌疑人、被告人与存储介质的关联性,可以通过核查相关证人证言以及犯罪嫌疑人、被告人供述和辩解等进行综合判断。”

据侦查实践中推断犯罪情况的重要信息来源。这些痕迹有的是直接源于犯罪本身,虽然很多可能与当次犯罪并无实质关联,但是却可以用于进行“数据画像”。侦查中的“数据画像”,是指通过大数据分析方法,将嫌疑人或相关人的身份、行为特征、兴趣爱好、人际关系等情况以数据形式表现出来,刻画出分析对象的数据全貌,为犯罪侦查活动提供线索、信息。[11] 之所以可以借助虚拟犯罪空间所留下的各种电子痕迹对嫌疑人进行数据画像,是因为单个信息可能并无绘制某人特征的功能,但是经大数据技术把这些信息汇集起来并采用特定算法加以整合后,就能形成指向明确的标签,这便是大数据侦查中“马赛克理论”所谓的将单个马赛克汇集起来所构成的特定拼图。[12]

三、犯罪主体

(一)犯罪主体的概念

犯罪主体在不同的诉讼阶段有不同的称呼,侦查阶段称为犯罪嫌疑人,而在人民检察院提起公诉之后称为被告人。根据我国刑法的有关规定,犯罪主体是指具有刑事责任能力、实施了犯罪行为的自然人或单位。其中,自然人构成了我国犯罪主体的绝大多数。在我国,已满12周岁,具有了解自己行为的性质、意义和后果,能自觉控制自己行为和有能力对自己的行为负责任的人均有可能成为犯罪主体。任何物品、动物、死人、人工智能均不能成为犯罪主体。[13] 根据侦查的不同情形,在由事到人的刑事案件的侦查模式中,犯罪主体是侦查工作所要查找的对象;在由人到事的刑事案件的侦查模式中,犯罪主体则是侦查工作初始阶段便要进行审查的对象。

(二)犯罪主体的形态

犯罪主体作为侦查工作的揭露对象,其活动与侦查的开展是一对矛盾统一体。犯罪主体的活动总是贯穿于对抗侦查、干扰侦查等反侦查的因素。在侦查

---

〔11〕 王燃:《大数据侦查》,清华大学出版社2017年版,第138页。

〔12〕 关于大数据侦查中的“马赛克理论”,参见艾明:《从马赛克理论到完美监控理论:大数据侦查法律规制的理论演进》,载《北大法律评论》2020年第1期;朱嘉珺:《数字时代刑事侦查与隐私权保护的界限——以美国卡平特案大讨论为切入口》,载《环球法律评论》2020年第3期。

〔13〕 关于人工智能即具有智能行为模仿能力的机器是否可以成为独立的刑事责任主体,刑法理论上存在一定争议。参见储陈城:《人工智能可否成为刑事责任主体》,载《检察日报》2018年4月19日,第3版。

实践中,犯罪主体主要有三种基本形态:

1. 犯罪集团。所谓犯罪集团,是指由三人以上结成的有严密的纪律、明确的目标的犯罪组织形式。犯罪集团所实施的犯罪的能量相较其他犯罪而言往往更大,其内部一般有严密的组织分工。一些重大的贩毒、走私、电信网络诈骗案件的犯罪组织形式主要是犯罪集团。

2. 犯罪团伙。所谓犯罪团伙是指由三人以上结成的比较松散的犯罪组织。某些犯罪团伙的成员并不固定,实施犯罪具有一定的随机性,犯罪能量远不如犯罪集团大,也无强大的经济破坏能力,如实施盗窃、抢劫的犯罪团伙,带有黑社会性质的某些犯罪团伙等。犯罪团伙若得不到及时的打击,也可能发展为犯罪集团。

3. 单个犯罪人。单个犯罪人指向的是一个人故意或过失实施犯罪的情形。单人犯罪虽能量较小,但隐蔽性、灵活性更强,如果得不到有效控制,可能发展成为惯犯、累犯。

四、犯罪对象

犯罪对象是指犯罪分子实施犯罪行为所指向的具体的人或物。犯罪对象不同于犯罪客体,它不是刑法所保护而又为犯罪行为所侵犯的、抽象的社会关系,而是这种社会关系的主体或物质表现。在刑事案件侦查中,犯罪对象最主要的两种形态是被害人和赃物。

(一)被害人

1. 被害人的概念

刑事案件中的被害人,是指人身或财产受到犯罪损害的人。被害人问题,如成为被害人的原因和预防成为被害人的措施等,已成为一门新兴的学科——刑事被害人学的研究范畴。在某些刑事案件中,并不存在常规意义上的被害人,如贪污、贿赂、走私等案件便是如此;而在另一些刑事案件中,被害人在侦查初期并不明确,因而需要侦查机关在更深更广的领域去挖掘线索。

2. 被害人陈述的意义

在刑事诉讼中,被害人陈述是一种法定的证据形式。被害人提供的情况以及通过调查所获取的被害人的社会关系(如仇怨关系、奸情关系等)、经济收支、活动情况等都是侦查工作的重要线索。被害人在刑事诉讼中的地位比较特殊,它既不同于证人,又不同于其他当事人。由于被害人是犯罪行为的直接受害者，对犯罪情况一般知晓得比较详细、具体。杀人、伤害、强奸、抢劫、诈骗、拐卖人口等案件的被害人，由于他们同犯罪分子有过正面接触，可以提供犯罪分子的体貌特征、衣着打扮和方言口音等，有的甚至能够直接指认出犯罪嫌疑人。虽然电信诈骗等网络犯罪的兴起令犯罪越来越多地表现出非接触性特征，被害人与犯罪分子缺乏正面接触，但是由于被害人遭受了犯罪行为的直接侵害，因而一般也能够在资金流向的确定、数据信息的提取方面提供案件的有关重要信息。总体来说，在刑事案件侦查中，被害人是侦查工作的重要依靠力量。

但是，被害人陈述也容易受到主、客观因素的影响。就主观方面而言，基于惩罚犯罪的偏激情绪和心态，被害人可能夸大犯罪情节，或者为隐瞒或减轻自己的过错而捏造事实，甚至伪造证据陷害无辜。就客观方面而言，被害人对犯罪行为的感知、记忆可能因心情恐慌、时间久远、环境条件等因素发生错误。因此，在刑事案件侦查中，利用被害人提供的情况时一定要认真地分析和甄别，审查其现实表现、与犯罪嫌疑人的关系、陈述的来源及内容等，以此避免侦查工作误入歧途。

侦查工作必须重视对被害人陈述的固定，但是这并不等于说，每一起案件都有条件对所有的被害人陈述都能够有效进行固定。一方面，犯罪黑数是刑事司法实践中客观存在的现象，个案中无法寻找到所有被害人的情况并不鲜见。另一方面，受制于特定案件的实际情况，侦查机关即使能够定位到所有的被害人，也有可能无法全面地固定被害人陈述。原因在于，随着网络犯罪的兴起，诈骗、非法集资等犯罪越发向网络蔓延，这导致“涉众型网络犯罪”已经成为这个时代的侦查工作无法回避的问题。因此，如果确因客观条件的限制无法逐一收集包括被害人陈述在内的言词证据的，允许按照一般的比例对数据样本进行选取，并在结合相关物证、书证、电子数据等客观性证据材料的情况下，综合认定涉案数额等重要情节，但嫌疑人能够作出合理说明的除外。[14]

---

〔14〕 相关侦查或证据审查规则可参见最高人民法院、最高人民检察院、公安部单独或联合发布的下列文件：《关于办理组织领导传销活动刑事案件适用法律若干问题的意见》（2013 年）第 1 条、《关于办理网络犯罪案件适用刑事诉讼程序若干问题的意见》（2014 年，已失效）第 20 条、《关于办理非法集资刑事案件适用法律若干问题的意见》（2014 年）第 6 条、《关于办理电信网络诈骗等刑事案件适用法律若干问题的意见》（2016 年）“六、证据的收集和审查判断”、《人民检察院办理网络犯罪案件规定》（2021 年）第 20 条和第 21 条、《关于办理信息网络犯罪案件适用刑事诉讼程序若干问题的意见》（2022 年）第 20 条和第 21 条。

（二）赃物

1. 赃物的概念

赃物是指犯罪分子犯罪非法所得之物。在司法实践中，有赃款、赃物并列的称呼法，但由于赃款也是一种物，因此，拟统称赃物为宜。由于贪利已成为犯罪分子实施犯罪的主要趋向，多数刑事案件都直接或间接地与经济利益有关联。总体来说，赃物在刑事案件侦查中的地位和作用不可忽视。

2. 赃物的意义

赃物具有各不相同的使用价值和存在形态。犯罪分子不但有获取赃物的各种手段和方法，而且有着各自不同的处置赃物的手段和方法。因此，赃物对于侦查工作就有着多方面的意义。它既可以反映犯罪分子实施犯罪的动机和目的，反映犯罪人的需求和兴趣，还可以通过其数量，结合运赃方式和犯罪时间等，推断出实施犯罪分子的人数。

由于赃物持有者多是犯罪分子或与犯罪分子有着直接或间接的联系，因此，控制和发现赃物，通过赃物寻迹追踪犯罪人就成为存在赃物的刑事案件侦查的一条基本思路。特别是在电信网络诈骗犯罪的侦查工作中，在信息流之外准确地定位资金流，已经成为主要的侦查途径，追赃挽损的实际效果也成为衡量这类案件侦查工作成效的重要指标之一。通过各种侦查措施和手段查获的赃物，以及查证核实的犯罪分子获取和处置赃物活动的证言、供词，在刑事诉讼中都可以作为揭露证实犯罪的证据。

需要注意的是，犯罪对象并不是所有犯罪必须具备的构成要件，如刑法规定的脱逃罪、偷越国（边）境罪便不存在犯罪对象。此外，犯罪分子所侵害的具体的人和物是广泛的，并不仅仅只局限于被害人和赃物两个方面。侦查工作应当善于发现和利用犯罪对象，从而为侦查工作服务。

五、犯罪行为

犯罪行为是刑事案件结构要素中最核心的内容。任何犯罪行为都有一定的起因，都有一定的形态，都有一定的结果。

（一）犯罪原因

1. 犯罪原因的多层性

马克思主义犯罪学理论认为，剥削阶级的制度和思想是产生犯罪的总根源。在社会主义制度下,尤其是在社会主义发展的初级阶段,犯罪的发生与阶级斗争在一定范畴内的存在,多种经济成分的长期并存、生产力的发展不能满足人们日益增长但不平衡不充分的物质和文化需要、剥削阶级制度和思想的残余影响等因素,有着直接的关联。

就具体犯罪行为的原因分析来看,有来自宏观社会环境的影响,如政治因素、经济因素、文化因素、科技因素等。例如,正确认识和处理阶级斗争问题有利于抑制犯罪,然而经济政策失误及管理、监督体制的缺陷易诱发经济领域犯罪,文化领域中消极因素对社会造成污染也会对犯罪起催化作用。同时,犯罪行为也会受社会微观因素的影响,如家庭环境、成长环境、学校环境、社区环境、职业环境、人际关系等,它们均会从不同方面影响着犯罪的发生。

2. 犯罪目的和动机的内涵

侦查学研究刑事案件的犯罪原因时,通常并不具体分析导致某一犯罪行为发生的宏观社会环境和微观社会环境,而是侧重于对与侦查工作有直接关联的犯罪动机和目的的考察。

犯罪目的是指犯罪人实施犯罪行为希望达到的结果,它只存在于直接故意的犯罪中。凡属直接故意犯罪,都是犯罪人基于某一特定目的而实施的。间接故意犯罪和过失犯罪都并不存在典型意义上的犯罪目的。不同类型的刑事案件有着不同的犯罪目的,如盗窃案件中的犯罪目的是非法窃取公私财物,故意杀人案件中的犯罪目的是非法剥夺他人的生命。

犯罪动机则是指推动或促使犯罪人实施犯罪行为的内心起因。例如,为报私仇而杀人,报私仇本身就是杀人的动机。犯罪动机和犯罪目的是密切联系、互相作用的,但又互有区别,不能混为一谈。动机是目的的内在起因,而目的是动机的具体指向。如在故意杀人案件中,犯罪人犯罪的目的是非法剥夺他人生命,但犯罪人动机是多种多样的,有的是为了报私仇泄愤杀人,有的是为了毁灭罪证消灭罪迹杀人,有的是图财杀人,有的是因婚姻恋爱家庭纠纷杀人等。又如盗窃案件中,犯罪人都是以非法窃取公私财物为目的,但犯罪的动机却各不相同,有的是由于腐化堕落,有的是为了贪图享受,有的是因生活困难等。

3. 犯罪动机和目的的侦查意义

犯罪的目的和动机对认定犯罪、审查立案有着各自不同的意义。犯罪的目的是某些犯罪的必备要件,如拐卖人口犯罪(以出卖为目的)便是如此。而犯罪动机一般不是犯罪的构成要件,不影响犯罪的性质,只是影响犯罪的社会危害程度,在量刑方面具有重要意义。

在刑事案件侦查中,犯罪的动机和目的是侦查工作首先要判明的重要问题,具有重要的意义。首先,犯罪的动机和目的是确定刑事案件性质的基础。刑事案件侦查中的案件性质既非一般意义上的事件性质,也不完全等同于刑法上的犯罪性质,其确定的主要依据并不是刑法上的犯罪结构因素,而是是否有利于侦查工作的开展。侦查中确定刑事案件性质的主要因素就是犯罪的动机和目的。例如,就盗窃案件的性质而言,按犯罪动机和目的可分为政治性盗窃和经济性盗窃;就放火案件的性质而言,依犯罪人的犯罪动机便可分为报复社会放火、私仇报复放火、放火灭迹(如灭杀人之迹、灭盗窃或贪污之迹等)。其次,犯罪动机和目的是确定侦查方向和范围的重要依据。犯罪的动机和目的可以反映出犯罪人和被害人之间有无特定的社会关系,有无利害冲突,从而为确定侦查方向和侦查范围提供依据。

(二)犯罪形态

犯罪形态,是指犯罪行为的外部物质表现形式。刑事案件的犯罪形态可谓五花八门,不同的刑事案件有着不同的犯罪形态。犯罪形态包括以下几个方面的内容。

1. 犯罪的预备形态

我国《刑法》第 22 条第 1 款规定:"为了犯罪,准备工具、制造条件的,是犯罪预备。"刑事案件,无论是未遂的还是既遂的,大多有预备形态。除了备制犯罪工具,犯罪分子在正式实施犯罪前常常有下列预备行为:(1)准备犯罪的手段,如为实施扒窃而学习和练习扒窃的技术;(2)为实施犯罪而事先进行准备,如窥测犯罪地点、打探被害人行踪等;(3)清除实施犯罪的障碍,如为深夜行窃、事先将被害人家中的狗毒死;(4)引诱、胁迫他人进行犯罪;(5)拟订共同犯罪的计划,进行组织分工,等等。

2. 犯罪工具的形态

犯罪工具,是指犯罪人在实施犯罪的过程中破坏犯罪障碍物、侵害犯罪对象等所借助的物品。其中,造成他人人身伤害的犯罪工具一般称为凶器。犯罪工具的选择和使用集中体现犯罪手段方式。

由于犯罪分子实施犯罪的手段方式多种多样,被犯罪分子利用的犯罪工具也形形色色。从来源上分,犯罪工具有犯罪分子在实施犯罪前预先准备的,有在实施犯罪时在犯罪现场周围或在犯罪现场就地获取的;从功能上分,犯罪工具有破坏障碍物的工具(如撬压工具),有侵害人身的凶器,有掩盖犯罪的工具

（如手套、汽油等），有实施犯罪的辅助工具（如照明工具、搬运工具）等；从空间上分，犯罪工具既有实体空间中有形的实物工具，也有虚拟空间中无形的网络工具（如恶意程序、入侵软件等）。

犯罪工具的判定对案件侦查有着多方面的意义，如刻画出犯罪分子有获取某种工具的条件，有使用某种工具的特殊技能，可能居住在某一特定区域或在某一特定行业工作等。犯罪工具及其痕迹还是刑事案件侦查中并案侦查的主要依据之一，也是搜查、勘验（含远程勘验）、鉴定、警犬追踪和识别、技术侦查等侦查措施实施的目标和基础。

3. 犯罪的侵害形态

在多数情况下，犯罪分子对犯罪对象的侵害与其在犯罪现场的活动过程是密切联系在一起的。无论是对人的侵害，还是对物的侵害，犯罪分子对犯罪对象的侵害形态主要有两种，一种是公开的暴力侵害形态，另一种是秘密的非暴力侵害形态。对犯罪侵害形态的分析是一个综合而又复杂的问题，如对犯罪分子接近犯罪对象的方法、侵害犯罪对象的方法、逃离犯罪现场的方法、通过虚拟平台骗取资金的方法等，需结合现场情况和被害人陈述、证人证言、电子数据等进行全面研判。

4. 犯罪的后续形态

犯罪的后续形态是指犯罪分子对犯罪对象实施了侵害、达到犯罪目的后实施的与其犯罪行为有关的活动，是其犯罪行为的延续，如处置赃物或将所骗财物进行洗钱的行为，毁灭证据、与他人订立攻守同盟的行为，刺探侦查工作情况的行为，隐匿逃窜的行为，自首的行为等。对犯罪后续形态的分析判定是发现侦查线索、追赃挽损和缉捕犯罪嫌疑人的基础。

（三）犯罪结果

1. 犯罪结果的概念

犯罪结果是指犯罪分子实施犯罪行为的危害结果。犯罪结果既有物质性的，也有精神性的，前者如人身伤亡、财产损失，后者如政治及社会影响等。

2. 犯罪结果的意义

在刑事案件侦查中，犯罪结果是确定案件级别、实行侦查分级管理的主要依据。刑事案件依据其危害结果可以分为一般案件、重大案件和特别重大案件。根据案件分级管理的有关规定，它们分别归属于不同级别的侦查机关负责侦查。其中，那些犯罪结果严重，特别是重特大案件，是刑事案件侦查的主攻目标。

犯罪结果也是认识刑事案件的起点和基础。刑事侦查认识活动的基本特点之一就是逆向性。[15] 在刑事案件侦查中,侦查人员首先接触到的往往是犯罪行为的危害结果,如某人被杀、某物被盗等。侦查工作就是要从这些犯罪结果出发,逆向查明犯罪的原因和案件的形成情况,进而查获犯罪嫌疑人。因此,犯罪结果往往是侦查认识活动的起点,对案件性质的认识、对案情的分析以及侦查工作的开展都必须以犯罪结果所反映的客观事物为依据。

潜在的犯罪结果是侦查工作需要追寻的目标,现实的犯罪结果是核实和印证犯罪嫌疑人供述的重要依据。侦查工作首先接触的并不一定都是某一犯罪结果,而仅仅是可疑的犯罪线索和犯罪嫌疑人,或者是只掌握了其涉案部分事实的犯罪嫌疑人。此时,侦查的目的就是要查明犯罪结果,犯罪的结果于是成为侦查工作要追寻的目标,如非国家工作人员涉嫌贿赂案件调查工作的开展往往如此。但是,现实的犯罪结果,如犯罪现场情况、被害人的人身伤亡和财产损失情况,在经勘验固定和调查掌握后,又是核实犯罪嫌疑人供述或辩解的真伪、揭露证实犯罪的重要依据。

第三节　侦查行为

侦查行为是侦查主体实施的侦查活动,是指为实现一定侦查目标而采取的侦查措施和手段。侦查行为的表现形式多种多样,其实施必须遵循一定的原则。

一、侦查行为的表现形式

侦查行为根据不同的区分标准可以表现为不同的形态。

---

〔15〕 随着“侦查治理”理念的提出,侦查认识活动除了以逆向性为基本特征外,还在一定程度上包含了具有预防犯罪目的的预测性特征。以极端型杀人犯罪的侦查治理为例,在模式上“应秉持侦查打击和犯罪防控并行的思维模式,以重在预防、快速处置为原则,将现场处置、证据收集、案情查明作为侦查治理的基本要点,同时也应注重侦查工作在基层矛盾的化解以及犯罪嫌疑人精准预防中的专业作用,以此创新侦查治理模式,形成极端型杀人犯罪治理的长效机制”。参见任惠华、李轩:《极端型杀人犯罪侦查治理研究》,载《公安学研究》2022 年第 4 期。关于侦查工作的预防理念,也可参见刘为军:《论侦查、预防、服务三元一体的侦查理念》,载《中国人民公安大学学报(社会科学版)》2020 年第 2 期。

（一）根据侦查行为实施形态的分类

根据侦查行为的实施形态，侦查行为可分为公开的侦查行为和秘密的侦查行为。

1. 公开的侦查行为

公开的侦查行为，是指侦查主体公开身份、公开意图而开展的侦查活动。公开的侦查行为常发生在获取犯罪证据和对犯罪嫌疑人采取公开的查缉和强制措施之时。《刑事诉讼法》规定的一部分侦查措施或强制措施往往都是在公开的状态下开展的，如询问证人和被害人、勘验检查、侦查、搜查、通缉、拘传、拘留、逮捕等。

2. 秘密的侦查行为

秘密的侦查行为，是指侦查主体隐蔽真实身份，隐蔽侦查意图而开展的侦查活动。秘密的侦查行为常发生在对重点嫌疑对象开展侦查的阶段。根据秘密侦查行为的具体实践，可将其分为外线侦查行为、内线侦查行为和技术侦查行为等，如跟踪守候、特情侦查、窃听等。某些侦查行为对于嫌疑人而言是秘密开展的，但是却是在被害人或相关涉案人员知晓并同意的情况下开展的，例如，绑架、贩卖毒品案件侦查中的电话监听即是如此。出于侦查保密、保护特情等原因，经秘密侦查所获得的部分材料只能用作侦查线索，或者经转化后方可作为证据进行使用。依法采取技术侦查措施收集的材料在刑事诉讼中可以作为证据使用。但是，如果使用采取技术侦查措施收集的证据材料可能危及有关人员的人身安全，或者可能产生其他严重后果，可以使用化名等代替侦查人员及有关人员的个人信息，抑或不具体写明技术侦查措施使用的技术设备和技术方法。

（二）根据侦查行为功能的分类

根据侦查行为功能，侦查行为可分为取证类侦查行为、控制类侦查行为、查缉类侦查行为、强制类侦查行为。

1. 取证类侦查行为

取证类侦查行为，是指法律明确规定的、以获取证据为其主要功能的侦查措施，如讯问、询问、勘验检查、搜查、鉴定、技术侦查、远程勘验等。

2. 控制类侦查行为

控制类侦查行为，是指控制犯罪嫌疑人和赃物等的侦查措施，如扣押赃款赃物和电子设备、冻结金融账户和电子账户、开展阵地控制和控制下交付等。

3. 查缉类侦查行为

查缉类侦查行为，是指为查获和缉捕犯罪嫌疑人而采取的侦查措施，如追击堵截、通缉、清查、缉捕在逃犯罪嫌疑人等。

4. 强制类侦查行为

强制类侦查行为，是指限制和剥夺犯罪嫌疑人人身、财产权利的各项侦查措施。非强制性侦查行为即侦查学理论中所称的任意侦查行为。与强制类侦查行为相对，任意侦查行为在侦查立案前后表现出明显的差异。在立案前的调查核实过程中，侦查机关可以依照有关法律规定，采取询问、查询、勘验、鉴定和调取〔16〕证据材料等不限制被调查对象人身、财产权利的措施。但是，不得对被调查对象采取强制措施，不得查封、扣押、冻结被调查对象的财产，不得对其采取技术侦查措施。这里所谓的只能在立案后实施的个体行为，可以被定性为强制侦查行为。〔17〕

（三）按照侦查行为意思表示与行为后果之关系的分类

按照意思表示与行为后果之关系的不同，侦查行为进而可分为侦查法律行为与侦查事实行为。所谓法律行为，即以产生某种诉讼法律效果的意思表示为要素的诉讼行为；所谓事实行为，是指与行为人的意思无关而具有某种诉讼效果的诉讼行为；〔18〕任何一个侦查行为均是内外两个方面的结合。因此，侦查行为中的法律行为是指侦查行为内在意思与侦查行为有直接联系，其并不依赖其他要素而单独就能成立的行为。譬如，侦查机关提请批捕的行为、移送审查起诉的行为就是典型的侦查法律行为，因为一旦有此行为，就启动批捕程序和审查起诉程序；而事实行为是指侦查的内在意思同侦查最后结果并不具有直接关联，而仅仅是间接因素之一。如讯问被告人而言，即便是侦查人员有极端的讯问意图，但也无法把握供述的有无，在这种情况下，讯问仅是事实行为而非法律

---

〔16〕 关于调取到底是否属于非强制性侦查措施，在理论上存在争议。参见艾明：《调取证据应该成为一项独立的侦查取证措施吗？——调取证据措施正当性批判》，载《证据科学》2016 年第 2 期；梁坤：《论初查中收集电子数据的法律规制——兼与龙宗智、谢登科商榷》，载《中国刑事法杂志》2020 年第 1 期。

〔17〕 关于任意侦查与强制侦查的界分，可以参见陈卫东、程雷：《任意侦查与强制侦查理论之介评——以同意取证行为为核心的分析》，载何家弘主编：《证据学论坛》（第 7 卷），中国检察出版社 2004 年版；邓立军：《控制下交付的侦查属性：强制侦查与任意侦查之论争与批判》，载《中国人民公安大学学报（社会科学版）》2021 年第 6 期。

〔18〕 ［日］田口守一：《刑事诉讼法》，刘迪等译，法律出版社 2000 年版，第 127 页。

行为。这种分类已经背离了德日一脉相承的分类方法，不仅对实践并没有多大的指导意义，还在于它容易引起混乱。况且侦查行为本身大部分就是法律行为，法律行为是指法律规范规定的，行为人在一定意思支配下的、能够引起法律关系产生、变更或消灭的行为。[19] 此法律行为与彼法律行为差异非常显著。

侦查行为还有很多其他的分类，如强制侦查行为与任意侦查行为，其分类的依据是侦查人员是否动用了国家强制力以及是否侵犯了相关人的权利。前者是指"侵犯个人利益的措施，因此，强制侦查只应限制在法律规定的领域"[20]，也就是强制措施的法定主义原则；任意侦查是指当事人自愿与侦查人员相配合的侦查行为，因此应该尽可能以任意侦查方式进行侦查，侦查行为中以任意侦查为原则，强制侦查为例外，并受到严格的法律限制。所以，为了平衡侦查行为与个人权利保障要求，侦查行为受到三个原则限制[21]：一是比例原则，侦查行为强制的力度与事情本身相符合；二是任意侦查原则，这是侦查人员首先应当予以明确的；三是强制侦查法定原则。这三种原则不仅是立法的指导思想，也是侦查人员实施侦查行为必须予以考虑的因素。

二、侦查行为的实施原则

（一）合法运用的原则

侦查是一项法律活动，受一定的法律规范的调节和制约，因此必须符合合法运用的原则。

1. 侦查行为实施对象的法定性

侦查行为的运用对象只能是与犯罪案件有关的人、事、物。侦查作为刑事诉讼行为，其对象实际上就是已经立案、需要侦查的犯罪事件，即刑事案件。某一种行为是否构成犯罪以及构成何种犯罪，是刑法调整的范畴。侦查活动的开展必须以刑法规定的犯罪的存在或可能存在为前提。相应地，侦查行为的实施对象只能是与犯罪有关的人、事、物，如被害人、犯罪嫌疑人、犯罪工具、赃物、犯罪嫌疑线索等。

2. 侦查行为实施程序的法定性

侦查行为的实施必须遵循刑事诉讼对侦查的程序规定。《刑事诉讼法》对

---

〔19〕 卓泽渊：《法学导论》，法律出版社2007年版，第69页。

〔20〕 ［日］田口守一：《刑事诉讼法》，刘迪等译，法律出版社2000年版，第28页。

〔21〕 徐静村主编：《刑事诉讼法》（上），法律出版社1997年版，第222页。

于讯问犯罪嫌疑人，询问证人，勘验检查、搜查、扣押物证和书证及鉴定活动的程序及逮捕、拘留等强制措施的条件、程序、时限等都作了明确的规定。设计上述侦查行为时必须严格遵循刑事诉讼的有关程序规定。采用刑讯逼供等非法方法收集的犯罪嫌疑人、被告人供述和采用暴力、威胁等非法方法收集的证人证言、被害人陈述，应当予以排除。收集物证、书证不符合法定程序，可能严重影响司法公正的，应当予以补正或者作出合理解释；不能补正或者作出合理解释的，对该证据应当予以排除。

侦查是一项复杂的社会工作，涉及社会生活的各个领域和各个方面，仅有刑法和刑事诉讼法的原则性规定，显然是不够的。为此，有关侦查职能部门和司法机关为了适应各自工作的需要，颁行了大量的法令、条例、规定、细则、司法解释等，使侦查工作的规范日趋制度化、规范化、具体化。例如，公安部近年来就制定了《公安机关办理刑事案件程序规定》(2020 年)、《公安机关办理刑事案件电子数据取证规则》(2019 年)、《公安机关讯问犯罪嫌疑人录音录像工作规定》(2014 年)，与最高人民检察院和最高人民法院联合制定了涉及侦查取证的《关于办理信息网络犯罪案件适用刑事诉讼程序若干问题的意见》(2022 年)、《关于办理电信网络诈骗等刑事案件适用法律若干问题的意见(二)》(2021 年)、《关于办理刑事案件收集提取和审查判断电子数据若干问题的规定》(2016 年)等。这些办案规范对现实的侦查工作具有更加切实可行的规范和指导意义。侦查行为的实施，必须严格遵循上述法律法规和司法解释规定。

(二)严密部署的原则

侦查行为的实施是一项认识活动，更是一项实践活动。建立在对犯罪情况分析判断基础之上的侦查行为要有效地实施，还必须有赖于严密的部署，其具体要求如下。

1. 侦查部署的点面结合

侦查工作开展之初，由于犯罪情况往往还并不明朗，侦查决策的依据尚不充分，因而在侦查的设计和部署上要强调在确定的侦查方向和侦查范围内有点有面地开展工作。也就是说，既要运用侦查策略在较大的范围内去发现侦查线索，又要把侦查已发现的较为突出的、明显的线索作为侦查行为的主攻目标，做到点面结合。如此部署侦查，即使在侦查重点线索和侦查主攻目标的确定方面出现了某些偏差，也不会令整个侦查工作受到重大影响，因为可以通过面上的侦查工作逐步缩小侦查范围，及时调整侦查重心，把侦查工作推向深入。

2. 侦查措施的交叉组合

每一项侦查措施都有其特定的功能，也都有其局限性，每一项侦查行为都不可能是万能的。因此，为了迅速且有效地推进侦查，必须使各项侦查行为在一定的侦查情势下合理组合，形成合力。实践证明，在已经确定的侦查范围内实行多层次、多种类的侦查行为组合，只要其中的一种或几种措施发挥了功能，就能迅速地发现侦查线索，从而推进侦查工作向纵深开展。

即使是单一的侦查措施的实施，也离不开相关侦查措施的支持和配合。例如，每一项侦查措施的实施，都需要运用正面调查和侧面调查的方法获取有关情况；一些秘密侦查措施的实施，也需要运用其他侦查措施进行掩护抑或对犯罪嫌疑人进行有效监控，只运用某一侦查策略措施就能侦查终结某一起刑事案件，或者单靠某一侦查策略措施就可以圆满地达到某一侦查目标，在客观上都是存在极大难度的。

3. 侦查行为的公秘配合

侦查措施既有公开实施的，也有秘密进行的，其功能和使用的策略方法各不相同，但两者之间联系紧密，需要互相配合。公开的侦查措施常常被运用于掩护秘密侦查措施，秘密侦查措施则常常被用于为公开的侦查措施的实施提供基础性信息或情报。例如，使用秘密侦查措施查明了犯罪组织内部情况、通过监视控制犯罪嫌疑人，可以为公开的搜查和缉捕的实施提供可靠的依据。

（三）优化选择的原则

优化选择的原则，是指侦查行为在运筹过程中要根据具体的侦查情势，从客观存在的若干侦查措施中选择花费时间短、侦查代价小、侦查功效大的措施付诸实施。侦查措施之所以要进行优化选择，受制于下列诸多因素。

1. 侦查措施的多样化

无论是从实践还是从规范层面来看，侦查中已经形成了门类齐全的侦查策略措施体系。这些侦查措施从功能上考察，既有调查性的，又有强制性的；从运用形式上分类，既有公开的，又有秘密的；从法律属性上分析，既有刑事诉讼法明确规定的调查取证措施，又有相关侦查法律中补充细化规定的侦查措施。这些侦查策略措施多数情况下在侦查中都有其适用性，可以解决案件侦查中的某一个或某一些问题。但是，任何侦查策略措施的实施都必须具备一定的客观条件，同时也都有一定的局限性。于是，这就必然涉及在实践中对侦查策略措施的取舍问题。

2. 侦查思维的多维性

侦查思维的多维性，是指侦查认识活动并不是单向定位的简单思维，而是多方位、多角度的综合性思维。侦查思维的多维性是由刑事案件中因果联系的复杂性决定的。刑事案件因果联系的形式多种多样，既有一因多果，又有一果多因，还有多因多果；既有真实的，又有虚假的；既有直接的，又有间接的；既有必然的，又有偶然的；等等。因果联系的复杂性要求侦查认识活动不能只沿着单一的线路展开。侦查主体在侦查过程中，要不断开拓思维领域，尽可能穷尽各种可能性。在对刑事案件各种可能性的评价中，必然会有所偏重，而由各种可能性派生的侦查策略措施也就自然地需要优选。

在大数据深入融入社会生活的时代，侦查思维的多维性表现得更加复杂。有研究者便指出，“在认知机理上，大数据侦查仍以因果关系为起点和终点，但相关关系对因果事实查明做了有益补充”〔22〕。另有研究者不仅论及侦查思维的因果关系转向相关关系，还更为具体地归纳出了侦查思维所表现出的多维面向：“在大数据时代需要适时地将侦查思维的重心从被动侦查转向主动侦查，从犯罪行为转向非犯罪行为，从因果关系转向相关关系，从精确性转向模糊性，并使大数据思维这种先进的生产力及时转化为打击刑事犯罪的利器。这不仅十分迫切，而且尤为必要。”〔23〕总之，侦查思维在大数据时代表现得更为多维和复杂，侦查人员需要对此加以密切关注，并且善于在实践中加以运用。

3. 侦查工作的及时性

及时破案是对侦查工作的基本要求。由于犯罪大多是物质性的破坏活动，危害大且影响坏。因此，无论是已经实施的犯罪，还是正在预谋的犯罪，一般都应予以及时揭露和打击。侦查工作这一目标的实现有赖于在对犯罪情况进行全面科学分析的基础上，采取行之有效的策略措施。

因此，侦查行为的实施必须充分考虑到其效益，包括侦查行为实施的人力、物力、财力、时间等因素，力求用最少的侦查代价达到最好的侦查效果，使侦查工作尽可能少地出现重复消耗或无谓消耗等问题，从而达到及时揭露并证实犯罪的目标。

---

〔22〕 倪春乐：《大数据侦查的样态和机理——基于大数据认识论的思考》，载《中国人民公安大学学报（社会科学版）》2019 年第 5 期。

〔23〕 方斌：《大数据时代侦查思维变革》，载《中国人民公安大学学报（社会科学版）》2017 年第 3 期。

（四）因势施策的原则

因势施策的原则，是指侦查主体要根据犯罪的具体情况和侦查的基本态势，灵活实施侦查行为。任何侦查行为的实施都必须有充分的依据，侦查人员运用侦查行为的主观意图要与客观实际情况相符合。

1. 侦查行为设计的知己知彼

知己知彼，是指侦查主体在设计和实施侦查行为时，必须熟悉侦查行为实施主体和实施对象的具体情况，并根据双方的实际情况施计用谋。侦查行为的实施是一场极其复杂的智力斗争，特别是行为实施主体面对的是阴险狡诈的犯罪分子时，如何利用自己的有利条件和对方的弱点，采取隐蔽巧妙的策略方法，往往是侦查工作成败的关键。因此，侦查主体要实施侦查行为时，要深入周密地研究自身和对方的具体情况，尤其是侦查人员和犯罪嫌疑人的对比和相互关系。在分析判断犯罪情况时，侦查人员应在分析犯罪人的经验、能力和心理倾向的基础上，采用"心理换位法"设身处地地考虑，在一定条件下的犯罪人会如何犯罪以及如何对付侦查，从而使侦查行为的实施建立在知己知彼的基础上。例如，近年来的电信网络诈骗犯罪之所以发生较多，很重要的原因就在于犯罪人利用被害人个人的具体情况，采用"心理控制"的方式进行了精准诈骗，因此侦查工作中必须充分把握犯罪者对被害人实施的心理控制机制，及时阻断并侦破犯罪。〔24〕

2. 侦查行为实施的随机应变

随机应变，是指侦查行为在实施过程中要根据不断变化的犯罪情况，不断进行调整和改变，以适应侦查工作的需要。

客观世界瞬息万变，侦查工作也常常面临着变化。一方面，由于侦查认识活动是一种逆向思维，因而不可避免地带有模糊性和不确定性的特点，侦查中作出的判断和推理在很多时候也是一种或然性的结论。因此，对犯罪情况的分析判断往往需要随着侦查工作的推进而进行修正。另一方面，犯罪活动是发展变化的，犯罪人往往采用各种方法转移侦查工作的视线，将侦查工作引入歧途，陷入僵局。面对这些不断变化的情况，侦查工作的基本策略要求便是，及时调整侦查方向和侦查重点，使侦查措施适应变动中的犯罪情况。

---

〔24〕 参见向静、刘亚岚：《"杀猪盘"电信诈骗犯罪的心理控制机制剖析》，载《中国人民公安大学学报（社会科学版）》2021 年第 4 期；谢玲：《电信网络诈骗心理控制的形成及阻断》，载《中国刑警学院学报》2022 年第 1 期。

第六章 侦查模式

模式在《现代汉语词典》中被解释为某种事物的标准形式或使人可以照着做的标准样式。[1] 在英语中“模式”的对应单词为“mode”，意指“模式、方法、办法、状态”。侦查模式是指侦查某一类或几类刑事案件的标准样式。[2] 侦查模式可以为比较研究不同时期侦查措施与侦查方法提供平台，为侦查主体选择侦查措施提供宏观指引。随着新时代刑事犯罪活动出现的新情况、新变化，侦查工作不能固守旧的侦查观念、沿用旧的侦查方式，必须探索新的侦查模式以进一步提高侦查能力。

第一节 侦查模式样态

一、侦查模式的概念

（一）侦查模式概念的提出

“侦查模式”一词，最早源于何家弘教授编著的《外国犯罪侦查制度》一书，在该书第一章第三节“犯罪侦查制度的几个理论问题”中，分别论述了以下几个理论问题：单轨制侦查与双轨制侦查、集中型侦查与分散型侦查、专门化侦查与一般化侦查、一步式侦查与二步式侦查。在一步式侦查的论述中，介绍了一步式侦查有两种基本模式：一般化侦查体制下的一步式侦查和专门化侦查体制下的一步式侦查。以上谈到的几个理论问题，只是从侦查制度的角度进行理论介绍和探讨，对侦查模式概念的界定并不明确。

---

〔1〕《现代汉语词典》（增补版），商务印书馆2002年版，第894页。

〔2〕高春兴：《信息化条件下我国侦查模式的多元化与侦查方法创新》，载郝宏奎主编：《侦查论坛》（第11卷），中国人民公安大学出版社2013年版，第53页。

周欣教授主编的《中外刑事侦查概论》一书,在本书第三章第二节,作者明确提出了“刑事侦查模式”的概念,对刑事侦查模式进行了一步式侦查和二步式侦查的分类,分别介绍了英国、美国、法国、德国、意大利、日本、苏联和中国的刑事侦查模式。我国侦查学理论界对国外侦查理论、理念的介绍和引进,无疑对我国的侦查理论研究和实践具有重要的理论价值和实践意义,对拓宽研究方向和研究视野,推进侦查方式、方法的变革,促进我国侦查工作的现代化具有一定的理论参考借鉴价值。

自中华人民共和国成立初期至20世纪80年代,在我国出版的侦查学专业教科书及相关理论研究文献中,几乎找不到有关“侦查模式”的概念,大家所能看到的也只有“侦查途径”选择和运用的说法。进入21世纪后,即从2001年年初开始,公安部在深化刑侦体制、机制改革中,提得最响、讨论得最热烈的问题莫过于对“侦查模式转变”问题的探讨。公安部刑事侦查局《刑侦工作》刊发多期文章,阐述转变侦查模式的重要意义和作用,其中唯一明确提出和极力推行的是要把过去以“从案到人”为主的侦查模式逐步转变到“从人到案”的侦查模式上来。公安部有关领导在会见媒体记者时也明确提出侦查工作由“传统的‘从案到人’为主的侦查模式逐步向‘从人到案’为主的侦查模式的转变,是刑侦改革的深化,体现了刑侦机制的战略性改革”。由此将侦查模式限定在“从人到案”或“从案到人”两种模式并提出模式转变。

对此,有学者认为,各国侦查工作由于国情和历史传统及法律制度的不同,不可能采取固定、单一或统一的模式。我国正处在进一步深化改革开放的关键时期,理应采取“兼容并蓄”的科学态度,在严格依法侦查的前提下,坚持多种侦查模式并重和各种侦查模式并存,允许不同的侦查部门根据案情需要和个案的特点差异,选择不同的侦查模式。

(二)侦查模式概念的界定

侦查模式是指侦查主体进行侦查活动时所采用的基本样式。侦查模式不仅是一个国家侦查制度的体现,也是国家意志的体现。不同的侦查模式会影响到案件的侦查质量和效益。因此,各国在设计侦查模式时,都试图寻求到一种最完美、最实用、最简洁的模式,以满足侦查活动的需要和最大限度地体现并确保法律实施的公正性。[3]

---

〔3〕 高春兴、李双其主编:《侦查学总论》,中国人民公安大学出版社2014年版,第107页。

二、侦查模式的特点

（一）侦查模式的不同视角

侦查模式是近年来侦查学理论研究的热点问题之一，也是侦查学理论研究的基础性问题。目前我国理论界对侦查模式的研究存在较大差异，不同学者有不同的理解和解释。有学者认为，侦查模式，就是指侦查程序中各主体权力、权利关系的问题。有学者认为，侦查模式是指侦查的标准式样。有学者认为，侦查模式是指侦查制度系统的结构特征和侦查运行程序的表现形式。侦查模式不是侦查制度系统和侦查运行程序本身，而是该类系统的特征和运行规律的提炼和抽象。侦查模式反映的是侦查制度系统的结构要素之间的关系，反映的是运行程序的价值取向和理念。有学者认为，侦查模式是指侦查主体进行侦查活动时所采用的程式。侦查模式是一种行为模式，是一种侦查方法模式。有学者将侦查过程中的所有因素，包括侦查主体、主体的权力等因素的搭配和排列称为侦查模式。有学者认为，侦查模式是对侦查程序或侦查行为的若干基本特征进行的类型化概括和抽象，包括诉讼程序性角度的侦查模式和技术方法性角度的侦查模式。前者是指对侦查程序的基本特征进行的类型化概括和抽象，后者是指对侦查行为的基本特征进行的类型侦查模式。

对侦查模式的定义尽管不同，但从根本上讲，主要包含两个研究视角，即从程序性角度研究侦查模式和从技术方法性的角度研究侦查模式。

（二）侦查模式的不同分类

从程序性侦查模式看，由于理论界普遍将刑事诉讼模式分为当事人主义诉讼模式与职权主义诉讼模式，侦查模式受刑事诉讼模式的影响，形成了当事人主义侦查模式和职权主义侦查模式。从侦查取证角度看，这两种模式最大的区别在于是否在侦查阶段赋予辩方取证权，因此，可以称为英美法系双轨制和大陆法系单轨制侦查。由于对侦查的研究有着不同的视角，如行政的视角、诉讼的视角、结构的视角、功能的视角等，对侦查模式的探讨自然会有不同的角度。包括：对抗制侦查模式和非对抗制侦查模式；由供到证侦查模式与注重证据、不依赖口供的侦查模式；被动型侦查模式与主动型侦查模式；从案到人侦查模式和从人到案侦查模式。侦查模式可以从不同的角度，如诉讼的视角、行政的视角、结构的视角等进行分类，包括：职权式侦查模式与对抗式侦查模式；司法型侦查模式与行政型侦查模式；一步式侦查与二步式侦查模式；主体单一性侦查模式和主体多元性侦查模式;集中型侦查模式和分散型侦查模式。有学者认为,侦查模式从时间上看,根据侦查活动是否明显划分为不同阶段,可分为一步式、二步式;从侦查方与被侦查方的对抗性上看,可分为对抗制与单极制,也被称为对抗制模式与非对抗制模式;从有无司法机关介入上看,有审判机关介入式和没有审判机关介入式;从目的倾向性上看,有敌我斗争式、实事求是式和正当程序式;从侦查是否在犯罪发生后开始,分被动型侦查模式和主动型侦查模式;从侦查活动的起始点不同,可以分为从案到人的模式和从人到案的模式;从获取口供与获取其他证据之间的关系,可以分为由供到证的侦查模式和注重证据、不依赖口供的侦查模式。

（三）侦查模式的不同目的

程序性侦查模式研究的目的,一是探求各国刑事诉讼的价值取向;二是可以清晰地勾画出各国刑事诉讼中如何确定侦查权和人权的关系;三是可以客观评价我国《刑事诉讼法》修改的目的以及存在的问题,以有利于我国借鉴他国的法律制度与程序,不断调整和完善我国的刑事侦查模式,促进刑事诉讼法逐渐趋于合理化。技术方法性的侦查模式,就是研究侦查行为如何运用自然科学和社会科学的研究成果,提升侦查行为的科学性、策略性和有效性,以满足侦查获取犯罪证据、查明案件事实和查获犯罪嫌疑人的需要。技术性侦查模式可以为侦查人员提供一种可参考的模式、提示或思路,帮助拓宽侦查人员的侦查思路,拓展侦查人员的思维广度。技术方法性侦查模式的最重要特征,是为不同案件的侦查提供不同的侦查式样,并以此展开侦查活动。侦查学理论应更多从技术方法的角度研究侦查模式。

三、侦查模式的类型

在当前深化改革,提倡制度创新、理论创新、科技创新和管理创新的形势下,侦查观念不断更新,传统侦查思维方式不断被突破,多元化侦查模式逐渐建立起来,呈现多种侦查模式并存的局面。侦查机关在侦查实践中,如何选用和选用何种侦查模式,最终是由案件自身的特点、发展态势以及当时所处的侦查环境决定的。侦查部门及主办侦查人员享有充分的自由选择权,决策机关及其侦查指挥员不必过早作出侦查模式优劣的结论。实践是检验真理的唯一标准,只要是对侦查破案有利,能够提高侦查效益,不违反法律原则及其法律的具体规定,任何形式的侦查模式均应被允许存在和使用。[4]

(一)一步式侦查与二步式侦查模式

一步式侦查和二步式侦查的概念源于外国犯罪侦查制度,是以侦查的步骤为标准对侦查模式进行的分类。

1. 一步式侦查模式

一步式侦查,是指整个侦查活动过程没有明确的阶段划分,一个案件的侦查工作由一个部门的侦查人员从头到尾负责,又称为一贯式侦查。二步式侦查,是指案件侦查过程明确地分为初步侦查和后续侦查两个阶段,而且这两个阶段的侦查工作由不同部门的侦查人员分别负责,又称为分段式侦查。从侦查步骤看,多数国家的警察机构都采用二步式侦查,但也有些国家的警察机构采用一步式侦查。有的国家的警察机构根据不同地区的行政区域、地理位置等,分别采取一步式侦查和二步式侦查。

一步式侦查有两种基本模式:一种是一般化侦查体制下的一步式侦查;另一种是专门化侦查体制下的一步式侦查。一般化侦查体制下的一步式侦查是由基层的侦查人员或巡警负责。在小型警察机构中,犯罪侦查工作往往由巡警负责,他们在接到报案或发现案件之后便开展各种侦查工作,直至破案;有时他们也通知本警察局内的侦查人员(若该局内有专职侦查人员)或者其他较大的警察机构中的侦查人员,但后者只协助他们破案,如帮助他们分析案情或查询档案,向他们提供技术帮助等,而整个案件的侦查工作仍由他们自己负责。在采用一般化侦查体制的大中型警察机构中,侦查工作由分局或警区的侦查人员负责。他们在接到报案或发案通知后,便着手进行调查和收集证据,直至侦查终结。

专门化侦查体制下的一步式侦查由专门侦缉队的侦探负责。巡警在接到报案或发现案件后,只要无须立即采取行动去抓捕犯罪嫌疑人,他们就立即通知总部指挥中心安排负责该类案件的侦探来开展侦查工作。如果总部指挥中心从其他途径得到报案,则直接分配给有关的侦探,进行现场勘查、询问证人、收集证据和缉捕犯罪嫌疑人。这也是“一竿子插到底”的侦查方式。

2. 二步式侦查模式

二步式侦查模式把整个侦查过程分为初步侦查和后续侦查两个阶段。初

---

〔4〕 高春兴、李双其主编:《侦查学总论》,中国人民公安大学出版社2014年版,第109页。

步侦查阶段的主要工作是询问报案人、受害人、目击证人等知情人，初步勘查现场，以便查明案件的基本情况并尽快收集可能与作案人有关的信息，然后写出报告，转给负责此类案件的侦查人员。初步侦查的质量往往决定着整个侦查工作的成败，而且有些案件就是在初步侦查阶段破获的，由此可见初步侦查的重要性。

初步侦查一般都是由巡警负责，有些警察机构的初步侦查由基层侦查人员负责，这一般都是重大犯罪案件，还有些警察机构在总部建有专门负责重大案件初步侦查的部门。后续侦查阶段的任务是通过深入细致的调查来查明案件情况，并全面收集证据和查缉作案人。一般来说，后续侦查都是由专门化侦查人员负责，因此，二步式侦查一般也都属于专业化侦查。

从案件管理的角度来讲，二步式侦查有两次案件分配，即初步侦查的分配和后续侦查的分配。而且两次分配都涉及侦查分工问题。在实践中，初步侦查的分工多以地区为依据，即负责初步侦查的人员之间没有案件类型的分工，他们负责一定地区内发生的所有案件的初步侦查。也就是说，初步侦查多为一般化侦查。与此相反，后续侦查的分工多以案件类型为基础，即负责后续侦查的人员之间有案件类型的分工，他们分别负责一类或几类刑事案件的后续侦查。换言之，后续侦查多为专门化侦查。在第二次案件分配之前，侦查指挥人员或管理人员要对初步侦查的结果进行审查，以便确定该案有无开展后续侦查的必要和有无破案的可能，然后再分配给适于侦破该案的侦探。

一步式侦查和二步式侦查各有优势。一步式侦查由一名或一组侦查人员从头到尾负责案件的侦查工作，有利于加强侦查人员的责任心并减少案件的侦查环节，可以提高工作效率和避免互相推诿扯皮的情况。此外，一步式侦查可以简化侦查管理和案件分配，便于在人员较少的情况下安排日常侦查工作。二步式侦查由巡警或基层侦探负责比较简单的初步侦查工作，而由专门化侦查人员负责比较复杂的后续侦查工作，有利于在人力使用上扬长避短、提高效率，并能较好地集中力量侦破重大犯罪案件和疑难案件。

侦查机关在选择一步式侦查或二步式侦查时，不仅要考虑自身的侦查体制和人员情况，而且要考虑不同类型案件的情况。一般来说，一步式侦查适用于比较简单的犯罪案件，二步式侦查适用于比较复杂的犯罪案件；无犯罪现场的案件适宜用一步式侦查，有犯罪现场的案件适宜用二步式侦查；无须采用紧急措施的案件适宜用一步式侦查，有必要采取紧急措施的案件适宜用二步式侦查。因此，在一个警察机构，应当针对不同种类的案件采用不同的侦查模式。

(二)主动型侦查与被动型侦查模式

根据侦查发生在犯罪后、犯罪正在进行中还是将要实施犯罪时,可以将侦查划分为主动型侦查模式和被动型侦查模式。主动型侦查,是指对正在进行或者将要实施的犯罪,通过监控或通过精心设计为犯罪嫌疑人提供犯罪机会的方法,查获并缉捕犯罪嫌疑人的侦查方式。被动型侦查,是指在犯罪案件发生后才着手收集犯罪证据与线索、寻找犯罪嫌疑人,证实犯罪嫌疑人的侦查方式;被动型侦查是一种"回应型"侦查,即侦查机关在获悉犯罪行为发生之后,为了获取犯罪证据、查获犯罪嫌疑人而开展一系列侦查活动,犯罪在前,侦查在后。在犯罪率不高、犯罪行为有明显外部后果(死伤、毁坏等)的条件下,这种侦查模式的充分运用基本上可以达到维持社会安定的目的,而且对于个人私生活的影响程度也相对较小。

但是,随着国家管理职能的扩张以及科学技术的进步,犯罪行为出现了新的变化,日趋呈现多样化、隐蔽化、组织化和智能化等特点,特别是没有明显被害人的犯罪、制造和贩卖毒品犯罪、洗钱犯罪、计算机网络犯罪、金融诈骗犯罪以及组织严密、暴力性明显、背景深厚的有组织犯罪,仅靠被害人和其他人控告、举报后进行现场勘查、询问证人、搜查等传统方法已经不可能达到侦破案件、捕获犯罪嫌疑人的目的,侦查机关为了对一定的犯罪进行追究,不得不对重点场所或特定犯罪嫌疑人进行预防性的监控或者同步监控,如利用隐匿身份侦查,采取跟踪监视、电子监控、监听通信、开拆邮件等,学界称为"监控型"侦查,其基本特点是与犯罪过程同步进行,但侦查人员并不参与犯罪。

(三)以口供为中心的侦查与综合收集利用证据的侦查模式

1. 以口供为中心的侦查模式

在中国传统的侦查活动中,对案件事实的揭示和对证据材料的获取,通常是围绕着口供进行的,这就是以口供为中心的侦查模式。以口供为中心的侦查模式在中国有着悠久的法律渊源,在封建社会,口供主义证据原则、法定证据制度、有罪推定的司法原则三位一体,形成了口供在定案中特殊的中心地位。"无供不录案""断案必取服输供词",侦查人员在办案过程中将口供视为必不可少的证据、最好的证据。

中华人民共和国成立之后,司法实践中虽然摒弃了口供主义证据原则,口供不再作为必备的定案证据,但受传统侦查观念和传统侦查方式的影响,加之受侦查资源保障不足等因素的制约和限制，在相当大比例的刑事案件的侦查工作中，侦查方式仍带有以口供为中心的痕迹。通常情况下，以口供为中心的侦查方式呈现这样一种侦查过程：第一步，侦查人员通过初步的侦查活动，收集到一定的线索和零星的证据，并以此为依据查找到犯罪嫌疑人。第二步，由于仅靠这些线索和零星的证据不足以构成指控犯罪的完整证据体系，侦查人员便以这些线索和零星证据为支点，以讯问为杠杆“撬开”犯罪嫌疑人的嘴巴获取口供。第三步，根据口供获取其他证据，并且还可以再将新获取的证据作为支点，进一步扩大讯问战果，获取新的口供，新的口供又为获取新的证据提供了新的依据。如此循环往复，证据数量不断增加。第四步，将早期获得的线索和零星证据、犯罪嫌疑人的口供、依据犯罪嫌疑人的口供获取的证据构成一个完整的证据体系，宣告案件破获。综观整个侦查过程，犯罪嫌疑人的口供在证据体系的构建中起到了关键的作用。

以口供为中心的侦查模式的一个显著特点是侦查经济成本和时间成本低，因而，这种侦查模式为一些侦查人员所青睐，但它是以沉重的社会成本为代价的。为了获取口供，侦查人员可能采取刑讯逼供和变相刑讯逼供等非法的讯问手段，犯罪嫌疑人的合法权益就会受到践踏，并且可能引发冤假错案。

2. 综合收集利用证据的侦查模式

随着整个社会法治水平的提高，摒弃以口供为中心的侦查模式成为一种必然的历史选择，取而代之的是综合收集利用证据的侦查模式。综合收集利用证据的侦查模式，不排斥对作为证据形式之一的口供的运用，但对整个证据体系的构建不依赖于口供，而是通过侦查活动获取的物证、书证、证人证言、被害人陈述、犯罪嫌疑人供述和辩解、鉴定意见、勘验、检查、辨认、侦查实验笔录、电子数据、视听资料等各种证据，共同构筑起揭示犯罪事实、指控犯罪的证据体系。科技进步和经济发展为综合收集利用证据的侦查方式提供了可能。

（四）从案到人的侦查与从人到案的侦查模式

从案到人的侦查模式和从人到案的侦查模式是依据侦查活动起始点的不同而划分的。

从案到人的侦查模式，是指特定犯罪案件发生之后，侦查人员积极收集并利用该单一案件或系列案件在实施过程中及实施前后遗留的痕迹物证和暴露出的蛛丝马迹，运用多种途径、方法、措施、手段，查找、证实犯罪嫌疑人的侦查方式。从人到案侦查模式，是指侦查人员以各项侦查基础业务、专门侦查手段为依托，从个体或群体在特定或不特定场所暴露出的、与已知或未知的犯罪相关联的嫌疑活动或嫌疑信息入手，确认其行为性质或确认其与特定案件之间联系的侦查方式。从人到案侦查模式中的“人”，严格地讲，应是指“人所暴露出的嫌疑活动或嫌疑信息”，所以，从人到案侦查模式是对“从人所暴露出的嫌疑活动或嫌疑信息到案”的侦查模式的简称。从人到案侦查模式包括四种情况：一是从人所暴露出的嫌疑活动或嫌疑信息探求、破获已经发生的案件。这些案件可能是已被警方掌握的，也可能是未被警方掌握的。二是从人所暴露出的嫌疑活动或嫌疑信息探求、破获正在实施的案件。三是从人所暴露出的嫌疑活动或嫌疑信息探求、破获预备中的犯罪案件。四是从此案犯罪嫌疑人所暴露出的与彼案有关的嫌疑活动或嫌疑信息（包括个体特征、痕迹物证等方面的信息）探求、破获彼案件或彼系列案件。

有一些法学界人士对从人到案的侦查模式存在一定误解，认为从人到案必然会践踏人权。其实不然，从人到案中的人并不是泛指所有的人，而是有条件限制的，从人到案的方式也不是先随意对人采取强制措施而后从其身上挖掘案件。从人到案需要通过种种合法途径与措施来实现，如群众举报，秘密力量依法提供情报，对相关场所（如犯罪嫌疑人易销赃场所）的控制及对易发案地段、区域的巡逻、守候、电子监控，对此案件犯罪嫌疑人的特征及案件罪证与其他案件相关要素的串、并等。纳入侦查人员视线的人通常已经暴露出了比较充分的犯罪证据，从人到案侦查模式往往是取证在先、采取强制措施在后，这不仅不会践踏人权，反而可以避免出现刑讯逼供或变相刑讯逼供的现象。

从人到案侦查模式与前述的主动型侦查模式是有明显区别的。从人到案侦查模式指向的案件对象范围、采取的侦查措施、发挥的功能要比主动型侦查模式宽泛得多。〔5〕

（五）控制下交付的侦查模式

“控制下交付”一词源于 controlled delivery 的英文翻译。在不同国家称谓也不尽一致，例如：澳大利亚学者将其翻译为“监控行动”；日本将其翻译为“追踪监控”或“监控下移动”。控制下交付是指，侦查机关在发现有关违禁品后，为了将与之相关犯罪或者组织团伙一网打尽，而在执法机关的监控下将违禁品进行放行，由此发现更多甚至全部犯罪人员的一项特殊技术侦查模式。这种“放

〔5〕　高春兴、李双其主编：《侦查学总论》，中国人民公安大学出版社 2014 年版，第 114 页。

长线、钓大鱼；顺藤摸瓜”的特殊侦查模式最初是在毒品犯罪侦查中运用的，该侦查模式通过监控违禁品的流转运输，以便查明其具体涉案人员、犯罪组织团伙人员，本质上是一种“由物找人”的侦查手段与策略。

在普通案件的控制下交付实施当中，警方仅仅是“静观其变”，直到违禁品或者财物最后运抵目的地、交给收货人员时才人赃俱获。可见，这种侦查模式的要旨在于确保犯罪嫌疑人及其违禁品或者财物处于警方掌握之中，要把破案时机留在最佳时刻，目的是打击抓捕幕后组织头目，一举摧毁重大犯罪组织集团。控制下交付的适用范围应当包括两个方面：一是控制下交付适用的案件范围，即控制下交付适用的具体类型案件。二是控制下交付适用的对象范围，即被非法运输、运送、传递、转移的违禁品或者财物，在控制下交付行动中对其流转、运送过程中，以及交付的每个环节进行监控的整个对象范围。对于控制下交付的对象可以不限于某些物品种类，而应该扩展至各种非法运送的违禁品和各类走私物品或者财物，以及如洗钱犯罪资金交易和伪造、贩卖假币案件等行为。只要违禁品或者财物被非法运送并有实施控制下交付的必要性和可行性，就可以考虑采用该种特殊技术侦查模式。

警方要对给付毒品或者违禁品及其财物的犯罪活动进行查获，时常用到控制下交付这一特殊侦查模式。一个完整的控制下交付实施过程，应该分为：第一步，发现违法犯罪阶段即发现并缉获违禁品；第二步，启动阶段即作出控制下交付具体策略；第三步，实施阶段即让违禁品在警方的监控中运行；第四步，收网阶段即一举抓捕涉案犯罪人员及其破获全案。当然，公安机关在多数案件中，对交付现场或其附近区域的多种意外因素还应当充分考虑，诸如，交通、通信的堵塞，出现的嫌疑车辆、人员，还有嫌疑人员临时改变原计划交付地点，公安机关应随机应变，将计就计，以便成功实施下一步抓捕方案。[6]

第二节　侦查模式合成

“合成侦查”是公安机关面对犯罪变化的一种积极反应，该思想源于军事行

---

〔6〕 参见李恒、魏青宝：《论控制下交付侦查模式的适用范围和实施步骤》，载《安徽警官职业学院学报》2013 年第 1 期。

动，意为通过多兵种的协同配合达成单兵作战中难以完成的任务。[7] 而侦查领域中的“合成侦查”是在面对现实中严峻的捉襟见肘的警力配置及社会刑事案件的高发态势时总结出的一种侦查模式，其形式是协调相关警种、整合相关信息资源从而发挥整体作战作用。“大刑侦格局”便是在公安机关合成侦查思维引导下，针对当时刑事案件高发态势而提出的以专业化的刑侦队伍为主体，通过消除公安机关刑侦、网安、技侦、经侦等各部门之间隔阂，实现人力资源、技术手段、情报信息的共享，最终达成警力升华的一种合成侦查模式。[8]

（一）侦查模式的合成原理

在大数据时代中，侦查模式亟待创新，如不能顺应潮流及时融合大数据技术于公安工作中，随着世界的进步，犯罪势头终将脱离控制。人们通过利用大数据技术的运用，对海量数据进行收集、整理、分析，在看似杂乱无章的社会活动中找出适用特定事物的发展变化规律，并对应展开措施；合成侦查是以信息技术为支撑实现各警种、岗位、区域等因素间优势互补的警务策略。[9] 大数据时代下的侦查模式亟须创新以顺应时代潮流。大数据技术的产生和应用将加速公安合成侦查警务策略的优化实施，并充分提升公安机关的工作效率；公安机关合成侦查发挥其互相配合、优势互补等优势的同时也必将把大数据技术的警务应用水平发挥到新的高度。

1. 大数据是合成侦查现代化的基本技术路径。大数据使人类在以量化的视角认识世界的道路上走出了坚实一步，对侦查工作产生了巨大的影响，对原有的侦查思维、侦查模式、体制机制等各方面都催发了颠覆性的更新，在特别极度依赖情报信息共享的侦查合成侦查领域，大数据技术的应用更为公安合成侦查的信息平台填补了最后一块技术缺陷，决定着现代警务要素的彼此融合程度，成为整个合成侦查现代化进程中的基本技术路径。相较于公安机关先前浅表层的大数据应用，未来公安机关必将在大数据技术中的深度挖掘、深度分析和深度应用方面着重推进。近年来，受限于传统信息技术中的功能性缺陷，公安合成侦查中扩展性不强、情报信息共享度不高、联动机制运行不顺畅等缺点严重阻碍了机制的推行，但是随着大数据、云计算等技术的发展运用，这些问题

---

〔7〕 尚海燕：《借鉴军队合成侦查理念构建现代警务机制》，载《公安研究》2007 年第 9 期。

〔8〕 海娜仁：《信息化背景下“大刑侦”格局再思考》，载《湖北警官学院学报》2012 年第 11 期。

〔9〕 李亦中：《论新形势下合成作战在公安刑事侦查工作中的运用》，载《上海公安高等专科学校学报》2016 年第 4 期。

都能得到逐步解决。[10] 公安大数据的关键技术是根据大数据技术本身所携带的技术特点演化而来,包括公安资源融合技术、数据治理技术、数据挖掘技术、可视化分析技术等,通过这些技术使数据实现物理分布、逻辑统一、数据综合治理、分析数据关联、可视化图表展现等功能,[11] 利用公安大数据分析技术处理和分析情报信息,通过信息将各种警种业务联系在一起,基于大数据技术中的智能感知采集数据、电子围栏等技术辅助公安机关合成侦查中及时获得最精确的信息,并相应作出部署调配,以确保侦查活动作出合理决策。在实践层面大数据警务活动应用已经开始崭露头角,侦查机关研发了防控指挥调度系统、人群分析系统、目标分析系统、舆情分析系统和视频大数据分析系统等数据应用系统,推动工作格局由传统指挥调度向联合决策、扁平指挥、合成处置转型,为公安机关打防管控插上"智慧翅膀"。大数据技术应用实现了公安机关情报数据的开源式发展,并整合合成侦查中原本分散的各个系统,重塑信息化条件下系统联勤联动机制,必然成为合成侦查现代化的基本技术路径。

关于大数据的定义目前并没有形成一种公认的说法,从宏观视角俯瞰,大数据技术是结合信息组团和人类社会以及物理世界的交叉地带,联通了物理世界和信息数据,以信息数据为表现形式展现物理世界的客观存在,同时人类社会也借助人机互动、互联技术在信息空间产生反映人类社会活动的数据镜像,这些数据最终又会回流反馈给人类社会,最终转化为行为施加给物理社会。[12] 国外的一些专家认为,大数据所引领的革命为世界创造了第二经济,即与第一经济(物理经济)相对应的虚拟经济,此种经济或者说技术的一大特点就是依附性,其依附于第一经济而存在而又使实体经济变得智能化,大数据之大的表现形态有体量大、模态多、价值大等,由于计算机系统运算速度的飞速发展缓解数据量大带来的数据解读分析困难,在一定程度上也破除了大数据的一大难点。大数据的核心便是将数学算法运用到海量的数据上来预测事情发生的可能性,是当今社会独有的一种新型能力,[13] 大数据应用所带来的革命性变革中的一点,便是不再深究原因而是直接分析出事态发生趋势。一直以来,当需要面对海量数据作出研判分析以便采取下一步行动之时,我们往往采用随机采样的方

---

〔10〕 朱维和、王楠、王鑫:《公安合成作战体系建设及关键技术研究》,载《警察技术》2017 年第 4 期。

〔11〕 王楠、韩鹏霄:《公安大数据应用研究》,载《警察技术》2016 年第 5 期。

〔12〕 程学旗等:《大数据系统和分析技术综述》,载《软件学报》2014 年第 9 期。

〔13〕 郝宏奎:《大数据时代与侦查学术创新》,载《中国人民公安大学学报(社会科学版)》2016 年第 6 期。

法,而采样分析是信息匮乏、交流受限年代的产物,而现在则可以运用大数据分析技术利用一切数据进行更高精确度的分析,发现之前局限性数据所无法发现的细节。过去信息时代中最被担心的隐私泄密问题将被取代,个人行为被预知将成为新的争议焦点,个人在实施犯罪行为前就被大数据分析,预先逮捕将成为可能。[14]

2. 合成侦查平台能最大限度发挥大数据警务应用技术。合成侦查机制之要旨所在便是在参与侦查活动的各个主体要素之间建立联系,确定在整个联动的合成整体中各部分的运作方式、步骤以及各参与主体的职责、权力等因素,包含了指挥决策、线索经营、监督保障、部门运行等机制,确保合成侦查体系正常运行。[15] 在理想的状态下,公安合成侦查机制所形成的是一套能独立、快速、精确应对未知犯罪的犯罪控制闭环。相较于传统的各自为战的侦查作战体系,合成侦查平台协调统一,通过整合运用公安系统内和系统外各种资源和力量,着力解决警务资源分散、警种单打独斗等困扰公安机关多年的工作难题。大数据本身的流通性要求信息在各部交流、交换保持通畅,现在公安机关所倡导的合成侦查核心要求信息共享与情报联动,这与大数据应用技术之理念与性质不谋而合,大数据在合成侦查体系中的契合作用会发挥结构性的优势。

合成侦查模式可以推动联合指挥、视频指挥、情报一体化运作,在一体化运作中大数据情报的分析便将冲破原有体系中各自为战的樊篱,使大数据警务技术进入更加广阔的应用领域当中。合成侦查的统一接口、分级响应、自动化启动等运行机制能够摒除原先侦查体制中各单元间的隔阂,最大限度地发挥警务大数据的应用有效性。当发生重大事件或者突发类警情时,指挥中心能快速获取全部信息,经过大数据分析技术的预测及指挥员个体或集体的人工研判作出决策,利用大数据技术中的信息传输通道快速部署参战人员,极大降低警务决策失误率,极快提升警务反应速度。

在管理层级方面,大数据技术的高度分享和高速传送等特性能使指挥中心不经过传统意义上的层层上报或下达,直接获得最新、最快、最精确的情报信息。大数据技术的数据全面性使各终端都能获取某时刻点最为翔实的现场情况及各种分析结果,各层级单位在接到指令时能够更为明白了解指令所包含的

---

〔14〕 郝宏奎:《大数据时代与侦查学术创新》,载《中国人民公安大学学报(社会科学版)》2016 年第 6 期。

〔15〕 徐永胜、徐公社:《试论大数据背景下侦查合成作战机制》,载《山东警察学院学报》2017 年第 4 期。

具体信息,减少管理层级以达成纵向贯通的指挥控制机制。指挥中心对各级实战警力实现一对多或者一对一的扁平化指挥体系,精确下达和如实理解行政指令,以免贻误战机。[16]

(二)侦查模式的合成依据

缺乏大数据联通的合成侦查并非真正意义上的合成侦查,其在现实层面的协同漏洞降低了合成的效果,抬高了协同的成本。随着大数据时代的到来,现代社会斗转星移瞬息万变,侦查背景、侦查对象、侦查实践的快节奏更新,传统意义上的合成侦查模式在应对快速变化的犯罪形势时未免捉襟见肘、猝不及防。未及原有的合成侦查机制成型便落后于犯罪控制形势,现实种种的不济要求务必结合大数据技术升级合成侦查模式。

1. 健全侦查指挥体系

大数据技术促使侦查情报转型,大数据将彻底冲击以往的经验主义主导的侦查模式,将"情报导侦"的思想推向巅峰。大数据理念与公安学合成侦查理论融合之后,通过比较研究可以发现,实践中的公安机关合成侦查的指挥体系不健全的漏洞,不仅出现在制度层面,也出现在技术层面,这两个层面的漏洞与梗阻不但严重割裂了应有的信息共享机制,更严重阻碍了公安合成侦查制度的顺畅运行。只注重技术层面的提升而忽略体系制度建设是无法消弭合成侦查制度内地方保护主义缺陷的,所以建立一套成熟的信息情报机制并辅以完善的辅助机制十分必要。站在大数据理念下来看公安机关合成侦查制度中的制度层面缺陷,数据合成、反应快速、出警联动、权责分明的合成侦查制度建设并不完善。合成侦查是一个以情报信息的互联互通为基础的警务运作模式,所以相关的制度构建必须以促进信息的多次交换以达到信息的充分利用为宗旨。然而现实中由于合成制度的深入推进缺乏力度及深度,在不同行政级别的指挥中心、不同业务警种之间都还存在衔接机制不畅的问题,在权责、奖励、原则等具体运行机制都没有明确规定之时,各公安作战团体的无缝对接只会是纸上谈兵;县级公安机关是合成侦查的主力,但由于各地、各部门的信息资源、情报资源等往往缺乏整合,不能形成相互配合的共享整体。[17] 而在技术层面,公安机

[16] 韩大彤、刘洋宁:《信息化背景下合成警务的内涵及运行机制探究》,载《湖南警察学院学报》2017 年第 2 期。

[17] 华韬:《提升公安机关合成作战效能的几点思考》,载《公安学刊(浙江警察学院学报)》2013 年第 4 期。

关的情报搜集网实际上仍停留在传统的情报搜集层面,基于大数据总体整合的情报体系并未建立;此外,指挥系统的指挥预案普遍陈旧,建立在大数据分析研判结论上的指挥预案并不多,往往导致指挥预案犹如空中楼阁,不能如实根据现实状况作出反应,在破解侦查迷局的关键时刻往往不能发挥拨乱反正的作用。再者,大数据时代的情报信息将会呈现爆炸式增长,面对大量的情报信息和处理意见,如果没有建立一套应用大数据研判技术的智能信息筛选系统,那么作战方案的制定很有可能陷入毫无逻辑、思路凌乱的境地。

2. 侦查思维和警务保障的提升

数据化时代的量化思维倒逼侦查理念的更新。在合成侦查的发展趋势之下,公安警察往往需要对其他警种或其他相关业务也有所了解,如果在没有充分准备或了解的情况下贸然交叉,则会造成合成侦查效能低下。当下的大数据变革环境是一个由精确数据逐渐代替主观经验的过程,如果警员的思维拘泥古板,则会造成大数据背景下的合成侦查秩序难以建立执行。此外,各地的警务保障、装备配置不统一,在合成侦查中常常出现对接不匹配的现象,极大程度上阻碍了合成侦查的效率;由于缺乏经费等原因,有部分地区的警务装备处于相对落后的状态,也导致以信息的互通有无为基础的合成侦查模式无法全面铺开。

3. 成熟的信息情报机制的建立

在合成侦查模式中,情报是维系整个系统保持正常运转的纽带,一旦情报出现纰漏,则侦查活动的整个战局都会出现偏差。大数据作为一个信息交换频繁的系统,为了提升其系统内的情报的价值必然要增加信息的交换频率对同一信息进行多次认证。而公安部门现行的情报过分注重自上而下或极个别自下而上的单向输出,鲜有信息交叉流通,这样的信息分享模式使信息的指引共享作用受限,信息反馈匮乏成为指挥体系中的最大弊端,单向而又缺乏交换的信息情报信息系统显然不成熟也不能应付未来瞬息万变的犯罪形态。大数据时代下的公安情报制度应当实现扁平化共享,强化各参与部门间的整体联动效果和系统凝聚合力,最终实现情报来源的多元化、信息传输的集约化、决策运行扁平化。侦查技术对犯罪技术保持相对优势才能有效控制犯罪,而数据生态化的侦查模式无疑会将侦查技术提升到一个新的高度。因此,不应将公安的大数据应用停留在浅表层,对大数据的研判技术浅尝辄止,缺乏利用大数据技术维护情报信息的通路,应构建侦查模式预测犯罪、防控犯罪的实用机制。

4. 联动侦查效益的提升

公安机关的合成侦查机制在侦查破案方面发挥着强有力的作用,但其运行成本较之从前也有极大的提升。全面常态化、整体化的合成侦查机制是未来追求的目标，但与此同时，侦查的成本也必须要维持在合理的区间内，打破这个悖论的唯一方法便是在合成侦查行动之前便作出全面的审查预判，尽可能地减少行动过程中多余的警务成本，大数据技术的出现能对此环节作出足额的补强。合成侦查机制的运行需要各专业警种、各区域警力、各机关部门等单元的集体合力，而维持这种联动机制需要大量的财力、人力成本，事实上也并不是所有的侦查活动都需要合成侦查战法的应用，在目前我国警力不济的情况下，我们不得不考虑合成侦查机制是否变相地浪费了过多警力。

大数据理念的核心观点就是数据反馈与动态调整，随着侦查环境的不断更迭、犯罪手法的不断翻新，犯罪空间突破了犯罪主体日常工作生活的空间半径，犯罪时空也由特定时空走向高度开放，犯罪主体也得以自由穿行于实体空间与虚拟空间当中；侦查模式必然要创新改革，[18] 大数据理念下的合成侦查模式构建不仅是简单的技术层面的联动共享，在制度层面也要建立统一架构的一体化运行模式，并配备以权责分配、激励条款为主要内容的保障机制，谨防参与合成侦查的各警种重新陷入各自为战的老局面，最终打破警务单元间的壁垒、实现资源共享；打破封闭观念，实现开放的大数据警务合成体系。

（三）侦查模式的合成内涵

大数据理念下的合成侦查模式包括立案分析研判、组织运行、运行评价、继续挖掘四个子模式，对比现实的合成侦查机制，在各处作出多方修缮，以求完满。

1. 大数据立案分析研判模式的建立

建立大数据立案分析研判模式其目的便是减少合成侦查的协作成本，以求实现合成侦查的可持续发展。我国现行的侦查体制受大陆法系的影响较大，属于典型的单轨制。由于国家单独行使侦查权，案件侦查极其依赖国家公权力机关，侦查机关和侦查人员权力也就较大，否则难以快速、准确、单独应付海量的犯罪案件；与此相对，我国对犯罪嫌疑人的权利限制也就较多。出于节约侦查成本及限制侦查权的需求，必须要建立相关的筛选制度以避免合成侦查的盲目联动。在大数据技术出现之前，公安情报工作的主线是搜集情报以供分析研

---

〔18〕　郝宏奎：《大数据时代与侦查学术创新》，载《中国人民公安大学学报（社会科学版）》2016 年第 6 期。

判，但现下公安情报系统在进行技术更新、数据井喷之后，情报工作的主要任务由搜集变为筛选，迅速过滤、甄别出案件的主体信息以便侦查系统针对性部署、节省警力资源，成为大数据侦查情报分析的主要目标。从传统意义上来说，侦查机关的主要线索源于报案、控告、举报及线报等，这些情报的真实性良莠不齐，与此同时核心信息外围的支撑信息也相对匮乏。大数据带来的海量数据在量的层级上已经解决了信息的匮乏问题，但是如果不能去伪存真，剥离虚假及无用的信息，侦查机关的研判工作依然无法有效开展。大数据立案研判制度是要在侦查工作开始之前检索海量的情报线索，利用大数据技术甄别案件信息，对其性质作出初步的判断，对犯罪信息进行初步关联，并导出限缩在一定范围内的情报产品以供指挥中心作出初级研判，再根据现实的案件需求调配侦查部门本方的警力配置；代替人工审查避免耗费巨大的人力、物力资源，提升工作效率。大数据时代必须通过立案初查活动检索所接收的所有线索，对这些线索材料进行初步的筛选、甄别，交由合成侦查指挥中心作出客观正确的判断后，调配侦查所需要的警力进行侦查活动。这样可以确保充足的警力资源投入侦查任务及时准确地查破案件，同时也避免了警力资源的无端浪费。

2. 大数据合成侦查组织运行模式的完善

完善大数据的组织运行模式涵盖合成侦查的构成要素、运行架构、情报轨迹、权责分配、奖惩制度等诸多子模式，其确立与完善关乎合成侦查机制的常态运行顺畅程度，务求周全。[19] 一方面，建立合成侦查的运行框架。现实的合成侦查组织架构并不是一个单独存在的常设组织机构，而是一套定型的配置体系，当合成侦查机制运行时呈现出的是“1 + n”，即“刑侦部门 + 其他部门”的局面，以合成路径为联通渠道，打通各个部门之间的联系。要建立合成侦查的框架就必先明确参与合成侦查的警务种类及各区域之间的合成方式，辅以适应大数据时代的高素质警员配备，支撑全警开展联合侦查，务必使个体警员在合成系统中形成“群体智慧”，明白其本身职能所在，也了解其他个体的权责分布。在确定参与警种方面，由指挥中心作出大数据模型分析之后，大致确定案件或侦查活动所涉及的范围，配置相应的警种参与到本次合成侦查的体系当中，包括网侦、视侦、技侦等诸多部门在内，根据现实的案件需求调配侦查部门本方的警力配置。而在区域间合成侦查方面，也必须建立相应的合成制度，现下我国

〔19〕 参见邓祥展：《构建“合成警务”实战模式的实践与思考》，载戴蓬、毕惜茜、王俊家主编：《侦查前沿论坛》（第2卷），中国人民公安大学出版社2016年版，第319－320页。

的警务体系为"条块结合",在执行区域间合成侦查之时可以发挥现有体制的优势,由公安系统直线领导,启动省级合成、市级合成、县级合成等等级的合成分区体系,[20]由专案组长统一指挥、各区域警力合成研判、各级警力集群作战,针对案情开展针对性合成演变,实现合成侦查的集约化经营。另一方面,妥善管理合成侦查情报轨迹。情报安全是整个合成侦查体系的生命线,大数据时代的情报轨迹又得到了空前拓展,其不仅停留于单向的自下而上的信息传导,各协同作战单元之间的情报交流渠道将得到极大丰富,情报的纵向横向交通将越发通达,信息的交叉分享将成为这个时代警务情报的显著特点。由于上述特点,妥善管理合成侦查中密集的情报轨迹,保证情报在相互交流的过程中不被泄密就显得尤为重要。利用大数据技术提高情报安全攻击检测、风险感知能力,形成"数据驱动安全"的公安情报安全新体系。通过引入 APT 攻击检测系统[21]、网络异常检测系统、网络安全态势感知系统[22]、网络威胁情报分析系统[23]等基于大数据技术的情报保护系统,加强对公安情报的技术保护。刨除技术层面的防范,制度的建设也不能落后,必须要明确人为故意、过失导致情报泄露的责任认定及惩罚措施,严厉打击出卖情报行为,尽全力保护合成侦查体系的生命线。此外,应推进辩证信息反馈机制建立。及时信息的反馈是大数据时代的技术精神所在,根据现实情况的及时反馈进行动态调整是整个人工智能时代实现代替人工进行精准化运作的核心力量,合成侦查机制要做到缜密运行、及时纠正侦查错误,也必须推进信息反馈机制的建立。通过信息的传导将指挥中心的信息传达效果及操作部门的决策执行效果及时反馈,由指挥中心将此反馈与实现预定的作战计划相互对照、比较,发现不足及优势采取应对措施不断完善方案,对下一步的作战计划进行不定期的动态调整,最终保证整个行动的平稳运行及顺利结束。总体上来看,大数据下的情报反馈机制形成了一套自我批判的辩证情报运作环。以情报评价系统为总领,以情报的反馈路径为依赖,双管齐

---

〔20〕徐永胜、徐公社:《试论大数据背景下侦查合成作战机制》,载《山东警察学院学报》2017 年第 4 期。

〔21〕通过大数据分析技术在短时间内处理大量日志信息,检测组织机构中的资源使用模式,发现以往会被忽视的策略违背与恶意软件感染,并根据 APT 攻击多个阶段的行为与正常通信存在细小的行为差异,关联检测到的看似孤立的事件,发现攻击者 APT 入侵的证据。(转引自陈兴蜀等:《基于大数据的网络安全与情报分析》,载《工程科学与技术》2017 年第 3 期)

〔22〕网络安全态势感知技术能够综合各方面的安全因素,通过安全要素的获取、理解、评估与可视,从总体上反映网络安全状况,并对网络安全的发展趋势进行预测和预警。

〔23〕网络安全威胁情报产品与服务从反恐怖主义、防范网络犯罪、漏洞检测、恶意软件清理等多个角度满足不同用户的特定需求。

下支撑起整个大数据公安情报研判系统。对所有阶段过程中的情报进行多方评估和反馈,由指挥中心对情报进行筛选,如发现阶段性成果与目标或任务存在较大偏离或相悖时,则需返回辩证情报运作环做初始循环。[24]

3. 合成侦查的大数据运行评价模式的构建

合成侦查的运行评价模式是对上文中所述的合成侦查运行过程作出评价的处置模式,其价值所在便是对合成侦查的运行过程进行评价,纠正程序错误,限制公权力界限;也只有包含了评价模式的合成侦查才能算是既符合法治精神又能匡正社会治安的现代侦查模式。大数据应用于侦查的提起、实施、终结等各个阶段,在此过程中公权力强势发挥作用必然会侵犯公民权利、冲击伦理,更会有滥用职权的现象出现,是故运行评价模式的存在有其特有的现实意义。运行评价模式包含了对侦查权力审批程序的评价、侦查边际的监督、运行违法监督等子模式。大数据使合成侦查成为更强大的用以对抗犯罪的机器,合成侦查模式的应用也从另一个侧面放大了网侦、技侦等部门对公民隐私的获取,必须要严格监督履行合成侦查的法律审批程序,杜绝权力滥用对当事人及不相关人员的权利侵害。此外,通过大数据合成侦查捕获犯罪嫌疑人行为、轨迹等线索时,必须对侦查行为中的不规范行为作出评价,不能够无限度地利用大数据,应当严格管控大数据合成侦查的应用范围,禁止侵犯犯罪嫌疑人及无关普通公民的合法隐私。[25]

4. 合成侦查的技术继续挖掘模式的创新

技术继续挖掘模式是持续不断地将新型技术转化成警务应用,提升合成侦查效果、减少合成成本、提升警务能力的应用模式。大数据时代无疑助推了犯罪的手段更新、成本降低、隐蔽度提升等趋势,但是大数据也同样给予了侦查部门更为有利的破案武器,如何利用好大数据技术发现犯罪成为新时期警务研究的重中之重,科技转化成警力是一个长期的工程但其效果往往能使警务工作的效果获得极大的提升。在新型技术日新月异的今天,如果不能及时搭上人工智能化的快车以持续不断地保持对犯罪分子的技术优势,打造人工智能化的合成侦查体系,那么警力不济等现象将影响社会的犯罪治理。

---

〔24〕 张家年、马费成:《我国国家安全情报体系构建及运作》,载《情报理论与实践》2015 年第 8 期。

〔25〕 金浩波:《无人机侦查之兴起与规制》,载《铁道警察学院学报》2017 年第 5 期。

第三节 侦查模式运用

一、侦查模式的多元化

（一）侦查模式的拓展背景

中国传统的侦查模式，是以“从案到人”的侦查模式为主导。这种侦查方式，对流动作案的作案人而言，侦查效果相对较差，特别是对于多发性侵财案件而言，破案率极低。现代社会犯罪数量持续高发，犯罪类型不断衍生，犯罪手段不断升级，犯罪活动方式方法不断变化，犯罪组织形式不断发展，给侦查工作带来了诸多新挑战。侦查工作如果仍然以从案到人的侦查模式为主导，必然带来侦查成本的成倍增加、破案率的大幅下跌，进而严重影响社会治安秩序。为了提高破案率，有效地控制社会治安秩序，我国公安机关侦查部门在强化“从案到人”侦查模式的同时，致力于全面开拓新的侦查模式，推进侦查模式的多元化。2001 年，从公安部刑事侦查局到侦查的基层单位，掀起了一场席卷全国的探讨拓宽侦查模式的理论热潮和实践活动。短短几年之后，整个侦查系统便步入了侦查模式多元化的发展轨道，实现由以从案到人为主导的侦查模式向多元侦查模式的转变。

（二）侦查模式的多元形态

多元化侦查模式一改传统的就案论案、“从案到人”的狭隘侦查方法，关联性侦查已经成为一种日常的侦查方法。串案分析、并案侦查、情报导侦、关联信息查询、依托基础建设整体经营等，已经成为侦查工作的一种发展趋势。侦查基础建设为多元化侦查模式奠定了坚实的基础，侦查信息系统为多元化侦查模式提供了操作平台。仅仅从人案关系的角度探讨，两者之间在侦查活动上的逻辑关系就由早期单一的“从案到人”，发展到“从案到人”“从人到案”“从案到案”“从人到人”多种模式，而且这些模式已经成为日常性的侦查方式。

二、侦查模式的创新

（一）侦查模式的信息化

侦查部门利用自主搭建的专业化侦查信息平台实施侦查，利用各种商业运作的信息网络开展侦查活动，使侦查工作打破了信息获取与信息传递的时空限制，打破了侦查活动与侦查协作的时空限制，使侦查时空观发生了历史性变革：通过网上信息可以消除时间的阻隔，使不同时间所发生的事件在一个时间点上汇集；通过网上信息可以打破空间的阻隔，使不同地点所发生的事件在一个空间点上聚拢；通过网上信息可以使侦查时间与空间实现多种形式的任意组合。而且，侦查活动中信息的传递、工作的开展与协作、侦查线索与证据的获取，不仅可以在现实空间中进行，也可以在虚拟空间中进行。

侦查信息化促进了侦查时空观的发展与变革。新的侦查时空观包括：时间观念上的三度，即过去、现在与未来；空间观念上的两域，即现实空间与虚拟空间；时空组合上的多维，即多样化和任意性。侦查时空观的发展与变革，是信息化社会侦查工作区别于传统社会侦查工作的一个显著特点。

各种形式的网上侦查活动，大大地提高了侦查的精确性，节约了侦查的人力成本、物力成本、财力成本、时间成本和社会成本，突破了以“从案到人”为主导的传统侦查模式，为多元化侦查模式的确立提供了操作平台，提高了破案效率和效益，同时提升了侦查的规范化、法治化水平及整体破案质量。实践证明，侦查信息化是中国侦查工作演进的一个主导方面。

在研究、总结和具体运用从案到人、从人到案、从案到案、从物到案等侦查方法的基础上，广大侦查指挥员和一线侦查民警在侦查破案的实践中，注重以各类信息资源为基础，以计算机网络为载体，以各种工具软件为依托，总结提炼并创建了一系列优秀的技战法。例如，高危人群研判法、旅馆业信息研判法、手机话单分析法、金融网点抓逃法、手机 QQ 信息碰撞法、卡类信息破案法、车辆 GPS 地理信息关联法、视频监控破案法、活动轨迹侦查法、网上查找尸源破案法、聋哑人犯罪侦控法、卡口车辆轨迹重合法、性犯罪前科人员管控法、搜索引擎定位法、网上摸排辨认法、时空轨迹侦查法、虚拟与现实信息碰撞法等。据不完全统计，全国侦查机关总结、创建的技战法有一百余种，并不时有新的技战术方法涌现出来，截至目前仍不可穷尽。这些技战法，极大地拓宽了侦查人员的视野，丰富了侦查手段和方法，提高了破案效率，节约了侦查成本，强化并严密了社会管控措施，有效地维护了社会治安秩序。在信息化条件下创建的这些新的侦破方法，尽管大多属于微观侦查法，但在侦查实践中确实管用、富有实效。公安机关及其侦查人员，要发扬传统、更新观念、立足本地、敢于探索，从具体案情和实战需要出发，积极探索、发现和创建适合侦查工作实际、满足侦查和打击犯罪需要的技战法。

（二）侦查模式的智慧化

侦查模式的智慧化是在大数据时代新的认识论的指导下，侦查机关及侦查人员依托大数据、物联网、区块链、云计算、人工智能等侦查工具，对犯罪活动开展的带有示范性、标准化的智能预警、智能拦截、智能识别以及智能分析等的一种认知模式和行为模式。这些侦查行为模式已经不再是从现实的现场犯罪现场出发所形成的由人到案或由案到人的侦查行为运行模式，而是以数据为逻辑起点或媒介，以智能获取线索、智能分析案情、智能判断决策、智能获取犯罪证据、智能寻找抓捕犯罪嫌疑人等为主要特征的智能型侦查行为模式。

1. 由人到案行为模式的实践。智慧侦查使案件侦查在一定程度上摆脱了案件现场的束缚，能够以立体化、全景化视角智能化地采集数据，通过视频图像侦查、手机基站信息碰撞、人像比对等方式手段，先行确定嫌疑对象，以该嫌疑对象为起点开展侦查，通过对人所涉及的事件、物品、车辆、时空轨迹等数据，根据相关性原理进行发散性关联比对、碰撞分析，由此确定嫌疑对象与犯罪活动之间的因果关系，实现由人到案的侦查目的。

2. 由案到案行为模式的实践。通过大数据排查，寻找到与现案有关的案件，从中发现侦查线索，确定侦查方向，从而实现由案到案的侦查目标。

3. 由线上到线下行为模式的实践。智慧侦查大多从网上大数据入手，但最终还是要落地到线下，完成侦查破案的目标和任务。在实践中，实现网上落地并非易事，必须通过大量的查证才有可能实现。如广州市花都区公安分局侦破的特大涉外网络诈骗案就是比较典型的一例。花都区王某的业务邮箱被网络黑客侵入，黑客利用该邮箱冒用王某名义向外国客户发邮件，通过更换收款账户诈骗外国客户 4.4 万余美元。经侦查，涉案账户属于湖南省邵阳市某工艺品有限公司的对公账户，公安机关立即对该账户采取了冻结措施。侦查人员通过前往邵阳市摸排，锁定了犯罪嫌疑人黄某及其外籍男友，通过大数据发现犯罪嫌疑人的藏匿地点并将其抓捕归案。该案从涉案账户入手，确定并抓捕犯罪嫌疑人，从线上到线下，实现了网上网下的有机结合。

4. 类案、串案侦查行为模式的实践。类案侦查在传统侦查中也经常使用，但在智慧侦查下的类案，不再局限于对人员、车辆、现场痕迹物等犯罪人员和犯罪物品的串并，而是通过大数据分析此类案件的基本特点，犯罪嫌疑人的行为方式、活动区域等，从而破获大量类案。2020 年 8 月，山西省临汾市尧都区警方运用大数据抄底，强化串并案侦查，集中收网，成功打掉一个流窜作案的盗窃团伙，抓获犯罪嫌疑人4名，破获案件百余起，起获被盗物品数百件。

5. 犯罪预测行为模式的实践。智慧侦查不仅能够通过大数据分析以往的犯罪活动情况，同时还能在一定程度上对未来犯罪活动趋势开展预测。通过对一定时期、一定地区犯罪活动涉及的人员、时间、频率，以及犯罪工具、犯罪动机等方面的概率统计、定量分析等预测方法，可以预测某段时间或某个空间区域内可能发生案件的发展趋势，为科学使用警力提供决策依据，从而实现违法犯罪的精准预防。如广州公安利用犯罪拼图系统、苏州公安利用PPS犯罪预测，比较准确地预测了本地犯罪的基本趋势，极大提升了预警分析的前瞻性和实效性。〔26〕

（三）侦查模式的现代化

侦查工作要适应犯罪的时代变化，必须自觉地进行侦查模式的革新。在紧紧依靠现代科技的同时，更新侦查理念，完善侦查体制机制，探索新的侦查模式，努力实现侦查治理体系和侦查治理能力的现代化。

1. 以快速破大案为目标的精准型侦查模式的建立和完善。精准型侦查模式以特定的刑事大案为工作对象，以专案侦查为主要形式，集中优势侦查资源，采用综合性侦查技术与措施，力争实现准确、快速破案的目标。这种侦查模式适用于命案、有组织犯罪案件、恐怖主义犯罪案件等重特大案件。经过长期的侦查实践，精准型侦查模式已经形成了特定的侦查工作机制，从早期的处置严重暴力性犯罪的预备方案到侦破命案的工作机制，既是侦查实践经验的总结，又是特定犯罪应对的实践指引。随着犯罪的变化和时代的变迁，精准型侦查模式需要在犯罪类别、侦查原则、侦查目标、侦查资源配置、侦查措施实施、侦查组织与指挥等方面不断作出调整，以适应精准打击和快速打击的侦查新要求。

2. 以全面破小案为目标的整体型侦查模式的建立和完善。以侵财类为主的小案，尤其是多发的电信网络诈骗犯罪大多是非接触式犯罪、跨区域犯罪、有组织犯罪和职业化犯罪，“条块结合、以块为主”的侦查体制已不适应多发小案的侦查需求。因此，要从更高层面、更大智慧、更广范围、更多警种上去谋划侦查工作，实现侦查工作的整体性。整体型侦查模式以联合侦查、并案侦查为主要形式，常常需组织多地侦查机关，涉及多个警种，甚至需要开展域外或国际警务合作。整体型侦查模式是在犯罪国际化、跨区域化的基础上逐渐形成的，是

---

〔26〕 蒋剑云：《智慧侦查模式论》，载《中国刑警学院学报》2022年第6期。

现代侦查协作和合作的基本形态，是以全面破小案为引领的侦查工作机制改革的必经之路。整体型侦查要求树立侦查“一盘棋”的整体化观念，强调统一指挥、分工合作和资源共享，形成侦查时空广泛、侦查人员众多、侦查谋划更严谨的格局。新时代整体型侦查模式要在侦查组织、侦查形式、侦查措施、侦查能力上进行广泛探索和实践，形成有针对性的、高效的全面破小案的工作机制。

3. 以智慧侦查为主要内容的智能型侦查模式的建立和完善。传统侦查大多是建立在广泛发动群众、在特定的侦查范围内摸底排队公布案情的基础上，往往依赖于大量的人力、物力、财力和实施人海战术、疲劳战术，侦查效率相对低下。这是发案率不高、侦查范围不大、侦查技术含量不高的侦查情势下的必然选择。而新时代的犯罪存在大量的跨区域的有组织犯罪，一个案件往往会涉及不同的省域、市域和县域，甚至跨越国境。尤其是传统犯罪加互联网，推动了新时代犯罪的变化，侦查工作需要以快制快、以网制网和以数据制数据，实现传统侦查向智慧侦查的转变。[27] 经过信息化侦查、数据化侦查时代，随着人、物、场所数据的海量化，尤其是涉案视频信息库、物证信息库和标准化信息采集系统、人机关联系统的广泛建立，为智能化分析和比对提供了广泛空间和无限可能。智能化侦查模式要求在深度挖掘数据资源的基础上，侦查机关与相关公司深度合作，建立合作平台，实现人机对话，在数据中寻找犯罪线索，收集犯罪证据，实现侦查破案目的。立足于信息化侦查、数据化侦查基础上的智能型侦查，在解决法律问题、伦理问题和技术问题的前提下，将是未来侦查主要的发展方向和工作模式。[28]

4. 以减少犯罪发生为目标的防控型侦查模式的建立和完善。防范控制犯罪既是侦查活动的重要功能，也是侦查工作的职责所在。在犯罪治理的大视野下，侦查打击防范是不可或缺的重要环节，因此，要把防范治理犯罪放在侦查工作的突出位置，侦查机关要与其他社会力量一起形成治理犯罪的合力，建立和完善防控型的侦查模式。特别是在应对电信网络诈骗犯罪等多发性犯罪，要实现攻防反制，侦查重心前移，强化预警预防，提高侦查工作的主动性。防控型侦查模式强调侦查打击与防范控制相结合，强化侦查力量与社会力量一体化。在侦查工作中体现防控犯罪，在防控犯罪中提升侦查能力。这种侦查模式包括主

---

〔27〕 胡建平：《大数据时代智慧侦查的前瞻性探索》，载《中国刑事警察》2019 年第 6 期。

〔28〕 翟海、江平：《大数据时代的智慧侦查：维度分析及实现路径》，载《中国刑警学院学报》2018 年第 3 期。

动进攻、先发制敌指导思想下的破预谋案件、阵地控制过程中的犯罪现场控制和犯罪嫌疑人的控制、侦查各个环节中的预警预防教育及相关的侦查技术预防工作等。

三、侦查模式的智能功能

(一)智能侦查模式的内涵

侦查模式中的智能侦查是以计算机人工智能尖端技术为依托,利用该技术的全新分析路径部分代替或辅助人类进行侦查分析研判,并搭载人工智能周边范畴的信息采集设备、无人机平台等众多智能设备应用于侦查活动中的一种侦查技术。随着弱人工智能逐渐向强人工智能甚至超人工智能跨越,将人工智能技术用于侦查活动是必然趋势。应用人工智能技术的侦查活动具备拟人化、周密化计算机工作的张力与强度,使侦查活动在紧凑程度上得到结构性提升,全面、合理地将侦查活动推向人工智能方向成为侦查学研究的新热点。

智能侦查模式是对新近的视频监控等静态信息化侦查与传统的人工动态侦查的一次综合与提升,是社会犯罪风险控制、预测性侦查、精确侦查三者的合成,最终引导侦查活动走向智慧侦查的侦查手段。人工智能侦查的优势在于能针对搜集到的优质数据资源,利用强大的计算能力以及机器深度学习技术处理及"信息流",并通过数据碰撞、数据挖掘、数据画像〔29〕等数据处理方法归纳、演绎、预测出犯罪活动发展的趋势及相关可能性,为侦查机关的侦查活动提供精确的、数据化的支撑依据,利用该依据辅佐侦查方向并减少因为人脑经验主义分析而产生的失误。与此同时,智能侦查不仅仅停留于分析层面,依靠科技手段推出的智能侦查设备应用也隶属于此范畴,诸如无人机侦查平台、人脸识别技术、虹膜识别技术等。智能侦查推动传统侦查方式的事后、被动、单线侦查向事前、主动、复线侦查转型,更从警力配置角度降低了侦查成本,拓宽了侦查的活动范围,整合了诸多高效平台及技术,实现对犯罪的有效打击。

(二)智能侦查模式的特征

智能侦查模式具有三个主要特征:

1. 渠道多元性。传统的信息化侦查将信息搜集停留在了静态层面,情报数据的丰富程度受到了固定信息接收终端的局限,情报的来源相较于人工智能侦

〔29〕 参见王燃:《大数据侦查》,清华大学出版社 2017 年版,第 152 页。

查动态“陆空一体、虚实交错”的获取渠道也略显单一。

2. 数据精确性。计算机深度学习技术的应用及优质数据的采集给予了人工智能侦查极强的情报分析整合能力，人工智能侦查以摆脱人类思维定式的宽阔视角解读模拟人类思维方式，对各种人类经验主义下忽略或遗漏的因素整合起来进行信息的深度加工与整理，能在侦查过程中弥补、解除侦查员思维的盲区，实现真正意义上的情报主导侦查。

3. 高度证明性。人工智能侦查对海量的数据进行采集分析后，产生的衍生数据及关联数据将对传统的侦查活动的自向证明格局产生新的突破，在传统的侦查证明体系中寻找证据验证主观认定是常用的套路，但是一旦遇到多个事实背后缺乏显性关联的情况，证明活动将难以继续进行，而衍生数据及关联数据的产生则能使传统侦查活动逾越这条事实局限性的鸿沟，将多个没有证据证明、看似毫无关联的事实结合在一起，为侦查策略的调整提供更丰富的想象力；同时人工智能侦查不仅包含机器智能的分析能力，更有智能化的侦查设备应用，相对于传统的侦查模式和早期的信息化侦查技术，人工智能侦查对犯罪的打击精度和强度都显著提升，案件证实、取证水平等能力都有显著提升。

（三）智能侦查模式的功能

1. 智能侦查模式进化和丰富了侦查方法。国家职能的扩展和科学技术的进步铺垫了侦查模式的转变，在人工智能侦查兴起的今天，与传统侦查模式并行的诸多侦查模式将高频地出现在侦查实务界当中。侦查模式的划分条件很多，类型更是繁杂，但人工智能侦查带来的侦查模式最显著的改变便是由其引领下的侦查模式由传统的回溯型侦查模式转向预测型侦查模式。侦查活动与犯罪活动总有时间差，侦查人员只能通过证据回溯模糊性事实，[30]其间可能存在各种各样的证明不能与事实认定失误，为避免这些误区，预测型侦查一直是人类努力的目标，人工智能侦查的出现使得预知犯罪活动成为可能，人工智能侦查将现象的规律转化为数据并针对犯罪区域、犯罪概率等因素作出预测，警方就可以提前采取措施扼杀正在萌芽的犯罪活动。在未来，侦查模式预测化转型甚至可以将全城市内多个部门单位、多种业务数据、多种居民动态信息等进行建模分析、智能监控，对增减明显等异常数据自动报警，实现发现社会中的不稳定因素甚至及时报警无人发现命案现场等案件的智能预测。美国建立的禁

---

〔30〕　何家弘：《短缺证据与模糊事实：证据学精要》，法律出版社 2012 年版，序言第 1 页。

飞系统(no fly system)能预测恐怖袭击的可能性,大数据系统每天都会传输犯罪预测数据到执勤警员的执勤电子设备中,预测型侦查已经广泛开展。

2. 智能侦查模式丰富了侦查技战法的内涵。随着应用技术、科学技术的不断探索和总结,人工智能侦查已经给侦查技战术层面带来了极大创新。人工智能侦查下的无人机平台侦查应用在信息发掘、证据固定、情报搜集、犯罪控制等领域都能令现有的技能提升到空中、地面配合立体化的战法阶段。除此之外,单纯由人力作出经验分析的侦查技战法也逐渐向人机互动方向转变,衍生出的大数据侦查、网络侦查、机器人侦查、智慧视频侦查[31]等技战法都将成为现实。位于合肥市公安局的情报指挥大厅的智慧指挥平台分为接警区、指挥调度区、警情监测区、视频巡查区、信息处理区、情报研判区、核心指挥区和领导决策区等9个板块,实战中各板块独立运行又协同配合,在遇到重大警情时,平台还会通过关键词自动识别,将正在记录的警情信息,同步推送至属地分局和派出所,迅速向出警单位下达预指令。

3. 智能侦查模式提高侦查效率、降低侦查成本。人工智能侦查带来的数字智能化革命极大地拓展了侦查情报的来源广度以及情报本身的质量水平,推动侦查朝着科学化的方向转型,促使证据搜集朝着更为周密的方向发展,避免涉及侦查中人类经验主义的盲区;在推动侦查效率提升的同时,也节省了警力资源,人工智能侦查可以减少合成侦查当中的联动盲目性问题,更可以从技术层面代替人类从事简单重复的分析计算,改善警力状况。

(四)智能侦查模式的领域

要使人工智能侦查真正智能起来就不能使人工智能侦查在实务中的运用局限于一隅,要利用人工智能的相关性思维、整体性思维作出预测性的精准侦查数据情报评价,将人工智能侦查方法分解成情报数据智能研判、情报智能搜集及布控、证据智能获取、罪犯智能追捕控制等部分,使人工智能的运用能够"以我为主,为我所用",使公安侦查活动插上科技的"翅膀"。

1. 智能侦查模式开启了情报数据智能研判。人工智能在机器视觉、数据挖掘等多个领域已经开展了真实应用并与各种现实运行模式相结合,在实践生活中表现出可以被普通人认可的性能和效率,[32]在侦查界也被接受,开始在侦查

---

〔31〕 孙展朋等:《视频图像侦查》,中国人民公安大学出版社2011年版,第119页。

〔32〕 李开复等:《人工智能》,文化发展出版社2017年版,第46页。

界发挥真正的价值。人工智能侦查的情报数据研判贯穿于案件始末,对不同类型的案件也能进行预测性侦查及回溯性侦查等不同的侦查模式的针对性分析,在具体的情报数据研判层面,主要有以下方法:第一,数据搜索,在人工智能侦查领域,数据搜索是最简单也是最基础的侦查方法之一,主要包括数据库搜索、互联网搜索、电子数据搜索等智能搜索渠道,通过对侦查机关已有的各种信息数据库及社会行业的数据库进行数据检索,将目标数据与关联数据进行实时关联比对,甚至可以通过采取恢复、提取等手段获取有关数据并进一步甄别,完成人工智能侦查的数据基础工作,以供侦查指挥中心使用。〔33〕第二,数据深度分析,此处的数据深度分析包含了数据碰撞、数据画像等数据深入分析技术,选取一定时空范围内的相关数据集合进行两两碰撞或多个数据同时碰撞,匹配出的交叉数据就是往往能够说明关联性或同一性的节点数据。〔34〕此外,依靠人工智能视角下的统计学、分布式计算、并行计算等多种技术进行的专门数据挖掘也进一步加深了数据的分析质量,对海量数据进行多次分析,透析现象背后隐藏的深层次规律,为侦查活动提供了关联性分析、聚类分析、时序分析、异常分析等实践可能。借鉴了"大数据用户画像"商业营销模式的侦查数据画像对犯罪嫌疑人进行画像,将嫌疑人特征转化为虚拟数据,增加信息交换环节,有助于侦查人员更详尽地了解其个人背景以更好地完成侦查任务。〔35〕第三,数据广度分析,是衍生性思维下的产物,由于侦查机关面对的是信息不对称的侦查环境,必须要最大限度开发所有可以利用的资源,侦查活动通过社会网络分析将复杂的犯罪嫌疑人人际关系变为形象的网络图形,〔36〕有助于侦查人员了解组织犯罪活动中的分工关系并能清晰地发现犯罪组织中的核心人物等人物设定。第四,数据时空地图,人工智能侦查的预测性思维要求将犯罪活动进行更为深入的剖析,犯罪时空分布分析将犯罪地理空间特征、时间特征、人群特征、犯罪类型等因素相结合,〔37〕得出犯罪的高发热点、高发时段的趋势和变化,为预测性侦查发

---

〔33〕 刘品新:《职务犯罪侦查信息化与电子取证》,载《国家检察官学院学报》2013 年第 6 期。

〔34〕 王燃:《大数据侦查》,清华大学出版社 2017 年版,第 117 页。

〔35〕 余孟杰:《产品研发中用户画像的数据模建——从具体到抽象》,载《设计艺术研究》2014 年第 6 期。

〔36〕 邵云飞、欧阳青燕、孙雷:《社会网络分析方法及其在创新研究中的运用》,载《管理学报》2009 年第 9 期。

〔37〕 陆娟等:《犯罪热点时空分布研究方法综述》,载《地理科学进展》2012 年第 4 期。

展起到了极大帮助。[38]

2. 智能侦查模式开启了刑事证据智能获取的路径。随着犯罪行为日益繁复,现场勘查的取证难度也与日俱增,传统侦查活动中的刑事照相技术难以适应当下多变的犯罪现场取证要求。传统刑事照相技术中的选择能反映全局的高处进行拍摄的技巧在许多不具备条件的场所无法施展,更有镜头的视域受地域所限拼接镜头无法反映全局等难题,[39]人工智能侦查成为解决上述问题的有效手段。除了刑事照相,人工智能侦查中的智能设备还可以代替人工进行具体物品的提取等实务性操作。在面临例如连环爆炸案件等大范围的勘查现场时,传统刑事照相技术通常采用逐个区域拍摄的方式进行证据固定,然而这种拍摄方式却不能很好地展示多个现场的分布情况及焦点证据的位置关系,[40]利用人工智能侦查中无人机飞行平台的高空拍摄技术便可解决取证技巧的硬性短板。无人机飞行平台还能够收集到遗落在某些不宜由勘查人员直接进入的有毒害场所内的证据,此举既能有效保障人身安全,又能采集到犯罪现场的一手资料。不光在有毒害场所内的勘查难以进行,在某些高层建筑的外围发生的火灾案件及爆炸案件的取证工作单凭依靠传统刑事照相手段也是难以为继,依靠无人机系统搭载的云台设备,提升摄像的稳定性和全方位性,多角度进行远中近程拍摄,反映完整的起火路径和火势情况,能更准确地对起火点取证并对辅助起火原因进行分析。[41]

3. 智能侦查模式中开启刑事情报智能搜集的方法。犯罪行为越发呈现智能化趋势,而犯罪的智能化则强烈呼唤侦查措施的科学化。[42]从侦查情报现代化的原动力上讲,侦查情报信息的搜集措施科技化是侦查工作由传统工业社会向现代化智能化环境嬗变的必然要求,侦查布控与情报搜集是与犯罪行为最密切相关的内容,犯罪分子在实施犯罪行为后一般会沿着一定的路径逃离,也有部分犯罪分子选择就近隐匿。虽然目前的“天网工程”等视频监控已经趋于完善,但在某些视线死角、设备损坏或者在某些没有布局过视频监控系统的荒郊野外则无法进行有效的情报搜集或证据固定;已有的监控设备仍旧停留在传统

---

〔38〕［英］Spencer Chainey、［美］Jerry Ratcliffe:《地理信息系统与犯罪制图》,陈鹏等译,中国人民公安大学出版社 2014 年版,第 27 – 56 页。

〔39〕付斌:《犯罪现场方位拍照的方法》,载《刑事技术》1997 年第 2 期。

〔40〕孙振文等:《无人机航拍技术在犯罪现场勘查中的应用探讨》,载《刑事技术》2016 年第 5 期。

〔41〕高春兴等主编:《犯罪现场勘查》,中国人民公安大学出版社 2013 年版,第 257 – 260 页。

〔42〕任惠华:《法治视野下的侦查效益问题研究》,群众出版社 2009 年版,第 247 页。

信息化侦查的区间，缺乏与人工智能结合的高科技侦查手段，例如，虹膜识别、人脸识别、语音识别等；在某些人口密集、地形复杂不能立即实施抓捕的地方，就需要利用人工智能侦查中的无人机平台，在制高点迅速完成地形的勘查，并通过遥感技术将主要的信息传回指挥中心由指挥团队进行分析研判，以图像信息为支撑提高决策的科学性，实施全面精确〔43〕的侦查布控。另外，侦查指挥员可以根据无人机系统实时传输回来的现场状况调整警力布置、实施精确抓捕，控制不必要的警力浪费。〔44〕

4. 智能侦查模式实现了犯罪嫌疑人智能缉捕。人工智能侦查带来的地图分析技术、侦查四维世界构建等功能模块将传统的平面侦查活动推向空中力量、陆基力量相互配合的立体化作战模式，同时也为侦查活动提供了更确切的时间回溯可能性。在西班牙已经出现利用无人机追捕嫌疑犯的侦查方式，刑事案件的侦查过程中存在诸多类似缉捕、扣押等需要应用控制手段的侦查活动，利用搭载制服设备的无人机平台可以更好地配合侦查人员控制犯罪分子。例如，遇到侦查人员无法进入既定区域进行封锁通信防止犯罪分子通风报信的情况时，利用数台搭载电磁干扰设备的无人机系统，快速到达现场进行电磁干扰，以达到预期目的；在未来的侦查活动中甚至可以为无人机配备相应的轻型攻击武器，以配合地面侦查人员更好地开展地面阵地控制活动或捕获敌对势力的无人机设备。

（五）智能侦查模式的构建

随着时代的推移，对于隐私权的解读也会有所变化，人工智能侦查过程中会有各种各样的侵权事件发生；同时，科技手段在运用于侦查领域时，也必然为犯罪分子所利用。人工智能技术提升了人类认识世界能力的同时，也对现有的社会体系造成了冲击，人工智能侦查开展仍有许多困境亟须解决。侦查要想翦除犯罪，则必然拥有极强的侵略性，如何对侵略性进行法律规制，使之成为“套上项圈的斗牛犬”，面对犯罪展示其强权性，面对人民收敛其侵略性，一直是各界热议的焦点。人工智能侦查仍旧存在技术设施水平欠高、数据壁垒隔阂等阻滞，没有相关制度进行规制难以“限制”与“发挥”人工智能侦查真正的作用。人

---

〔43〕 付达等：《无人机在铁路公安工作中的应用》，载《铁道警察学院学报》2016 年第 6 期。

〔44〕 段卓廷、马军伟：《“小型警用智能无人机”对未来公安实战装备的启示》，载《安徽警官职业学院学报》2015 年第 4 期。

工智能侦查应用的相关法律规范的草拟中应考虑超前立法,以适应未来的人工智能技术发展和安全保障需求、维权需求。

1. 人工智能侦查的权利保障制度的构建

人工智能侦查时代应当由措施使用者承担隐私权保护的责任和义务,但如此可能会限制人工智能侦查价值的发挥,如何平衡好二者的关键在于如何对知情权、查询权、修改权等权利的规制问题上,设置规制原则,严格控制审批制度,配套责任与救济制度,从人权视野出发构建权利保障制度。第一,人工智能侦查应当受比例原则限制,该原则可分为法益相称原则、必要性原则、妥当性原则。[45] 法益相称原则最为直接地反映了权衡实质,[46] 在人工智能侦查相关适用审查中要占据重要地位。在侦查活动中,侦查机关应当在所有能够实现侦查目标的侦查手段中选择对犯罪嫌疑人不利影响最小、危害最低的一种或几种。人工智能侦查应当遵守侦查权溢出防范原则,为了加强对尚无犯罪嫌疑的普通公民的权益保障确立侦查权溢出防范原则。人工智能技术的应用使侦查能力往前又极大地迈出了一步,与更强的信息搜集与监控能力的提升相伴随的必定有更多影响普通民众生活的行为,应当依法采取针对性侦查,不得过分影响尚无犯罪嫌疑公民的权益。第二,人工智能侦查应当受审查批准原则约束,人工智能侦查的实施不能全盘由侦查机关决定。固然,人工智能侦查中的诸多如追捕、证据获取、布控等措施需要瞬时作出反应,可以由指挥员当机立断并负相关责任,但是在可能严重侵犯公民隐私权并具备信息外泄风险的领域,应当设置第三方参与评估的审批程序,对涉及隐私数据的侦查活动启动程序予以规制,从数据使用权限、管理制度上进行审查,以求最大限度保障公民个人隐私。第三,设置责任及救济制度,在侦查过程中涉及违法披露个人信息等非法行为的应当受刑事诉讼法的规制;应当辅助设置隐私泄露之后的救济措施,如给予被侵权人修改、删除信息或查询相关信息的处理情况等权利。

2. 人工智能侦查的程序保障制度的构建

在人工智能侦查中的研判领域,人们只能了解到数据输入前的具象和研判产生后的结果,对大数据的运算过程一无所知,这种“黑箱效应”的存在,给侦查活动带来了极大的信任危机,人工智能侦查要从程序角度进行规制,规范人工智能技术在司法活动中的运用。

---

〔45〕 王书成:《比例原则之规范难题及其应对》,载《当代法学》2007 年第 6 期。

〔46〕 向燕:《刑事侦查中隐私权保护的审查机制》,载《中国刑事法杂志》2011 年第 1 期。

一方面，设立人工智能侦查的通知、解释程序。在人工智能侦查施行过程中的侦查边际如何处理一直是难以把控的问题，知情权作为公民的基本权利在司法程序中也当然享有，[47]侦查机关对当事人采取侵犯人身自由权利的相关措施时，在不涉及国家秘密、案件秘密、商业秘密等内容的情况下应当通知并向其解释说明人工智能研判分析的结果；同时也有必要赋予因此而遭受不利的当事人提出异议的权利。由于人工智能的"黑箱效应"，侦查机关并不能保证其经人工智能研判的结论是否精确无误，因此赋予当事人异议权用以保持对公权力的限制极为必要，甚至可以给予当事人借助相关领域具有专门知识人或专家帮助的权利，诸如此类的事实厘清、权利纠葛尽量控制在亟须完成的侦查活动实施之后，以保障侦查活动的顺利进行。具有侵犯性特征的人工智能侦查不仅应当体现程序正当性，还要实现人工智能侦查措施有效性与合法性的平衡。[48]

另一方面，设立数据情报追溯追责制度。针对情报等信息的泄露问题，应当设立相关机制，根据数据流转、运用的记录查找问题的关键所在。在实践过程中，许多人工智能应用系统的数据记录是缺失的，究其原因大致有两种，一是由于人工智能系统技术的缺位，二是侦查人员为了规避日后可能出现的追责、审查而故意隐瞒。数据追溯追责制度的设立便是为了解决这一问题，借助"数据溯源"(provenance of the data)技术将研判结论的产生、推演过程保存记录下来。在美国，也存在利用"审计追踪"(audit trail)技术对数据来源、收集、分析等环节以及设计的事实、法规进行记录保存，形成完整的记录闭环，[49]用以服务追责体系。信息情报的管理在侦查活动中显得尤为重要，人工智能侦查所获取的情报在终端和公安的指挥中心都有存储，对两头进行信息加密确保系统情报的安全。无论是由独立的第三方进行追责审查还是由侦查机关自身进行数据记录，都需要将数据使用、情报传输的渠道设置到位。

3. 智能侦查模式的数据共享机制的建立

人工智能侦查开展的基础是数据采集，但从数据数量而言，现有的数据数量已然可观，但是各数据库之间的割裂态势成为新的需要克服的困难，割裂的数据孤岛无法发挥出数据的全部价值，深度分析无从进行。数据共享机制的构建应当从侦查机关内部和外部入手，统一构建起各侦查机关下属数据库之间的

---

〔47〕 钱育之：《知情权：犯罪嫌疑人的基本权利》，载《求索》2007 年第 8 期。

〔48〕 张文琴：《法律规制下的技术侦查措施研究》，载《河北法学》2015 年第 3 期。

〔49〕 Danielle keats Citron, *Technological Due Process*, 6 Washington University Law Review 1249 (2008).

联系，纵向打破上下级侦查机关间的数据壁垒，横向上强化各地域间侦查机关的信息交流。在外部层面，设置侦查机关与企事业单位、社会组织、政府机关之间的数据共享联系，针对工商、税务、银行、通信等与侦查有关部门的数据库加强联系。同步推进共享制度的建设，针对与内部外部各单位进行数据共享时的共享程序、共享方式、共享开放度、数据标准等问题进行具体的操作规定。

4. 智能侦查模式的技术应用平台的建立

人工智能时代无疑助推了犯罪的手段更新、成本降低、隐蔽度提升等趋势，但是大数据也同样给予了侦查部门更为有利的破案武器，如何利用好大数据技术发现惩罚犯罪成为新时期警务研究的重中之重。建设人工智能技术应用平台更大程度上是为了强化人工智能侦查中的技术应用质量，人工智能技术应用平台统筹各项人工智能技术，强化各种技术之间的相互融合，持续不断地将新型技术转化成成熟的警务应用，提升人工智能侦查的效果，降低侦查成本。侦查机关所统筹的应用平台要强化情报挖掘功能、情报的智能研判、侦查活动的智慧化发展，而不是简单地作为一个数据、技术的集散地，囿于简单的技术单项应用。

5. 智能侦查模式的配套管理运行机制的构建

即使具备顶级的技术运行能力，如若没有匹配的制度进行规制必定会出现问题。人工智能配套管理制度包含权责分配制度、红利分配制度、情报安全管理制度、侦查权力审批制度、监督制度等一系列制度。以上制度的配套初衷便是打破情报等数据资源的独占与垄断，实现情报资源在合成侦查体系内既定范围中的流转共享，实现真正的“共享是原则，不共享是例外”；保护情报渠道，对信息泄密及情报垄断行为进行追责；同时也要防范侦查权力滥用以及对当事人的合法权益的侵害，定期开展检查实现对合成侦查中权力的运行及权力行使者的监督。

第七章　侦 查 原 则

“原则”一词来自拉丁语 *princiiPuln*，其语义为“开始、起源、基础”。在现代汉语中，原则的含义是指观察、处理问题的准绳。侦查原则是侦查的根本性规则和行为准则，贯穿于侦查活动全过程，承载侦查基本价值，反映侦查基本目的和任务，体现侦查活动基本特征，对侦查结果有重大影响，并在侦查实践活动中具有普遍指导意义，保证侦查机关及侦查人员顺利开展工作的行为准则。侦查主体实施侦查行为应遵循的基本准则，涉及侦查的法律原则、诉讼原则、科学原则等。侦查原则也是一个多层次的概念，包括侦查程序法治原则、侦查权力运行原则、侦查措施比例原则、侦查行为效益原则、侦查工作专门原则等。

侦查原则的特征具有高度概括性、普遍指导性、适度稳定性、内容多态性等特点。侦查原则与侦查规则有着十分密切的关系，侦查规则是法律规则的一种，其逻辑结构要素包括假定条件、行为模式和法律后果，侦查规则包括授权性规则（如授予特定的机关以侦查权）、义务性规则（如搜查妇女身体应当由女工作人员进行）和禁止性规则（如严禁刑讯逼供和以威胁、引诱、欺骗以及其他非法的方法收集证据）。而侦查原则是具有普遍性的、最基本的、作为侦查规律之基础的规律，或侦查理论体系中具有最普遍性的道理。侦查规则则详细地规定了侦查人员的行为方式和法律后果，体现出了极强的操作性。侦查的原则没有法律后果部分，它的强制效力的实现要通过侦查的程序规则进行转化才能落实。

侦查原则是制定侦查规则、制度和立法者科学设计侦查程序的生长基点和基本依据，不仅对侦查机关的行为具有指导意义，而且还会对侦查的结果产生重大影响。侦查原则反映了侦查活动的基本规律，是侦查机关实现打击犯罪、预防犯罪的切实保障。一方面，侦查原则有克服成文法局限性的功能，可以较好地弥补刑事诉讼法及相关行政法规作为成文法的局限性。另一方面，侦查原则具有立法准则的功能，是制定刑事诉讼法中侦查相关部分的立法准则，在制定有关侦查的基本法律时，侦查原则产生于具体侦查规范之前，并起着依据作用。此外，侦查原则具有行为准则的功能，会对侦查人员的行为产生一定的约束作用,防止其滥用侦查权。当相关规范对有些问题缺乏规定时,侦查人员即应自觉地以侦查原则作为自己的行为准则。

第一节　侦查群众原则

侦查中的群众路线,指的是侦查工作与群众工作的结合。它是党的群众路线在侦查中的具体体现,也是我国侦查工作的历史经验的总结和一直以来所坚持的优良传统。在刑事案件的侦查实践中,坚持专门工作和群众工作相结合,既是为了保证群众路线在侦查工作得到认真的遵守,也是侦查中的一种非常有效的侦查方法与手段。

一、侦查与党的领导

(一)党对侦查工作的绝对领导

必须明确的是,中国特色社会主义最本质的特征是中国共产党领导,中国特色社会主义制度的最大优势是中国共产党领导。从开展侦查工作的公安机关来看,必须牢记"公安姓党",确保绝对忠诚。侦查部门要深刻领悟"两个确立"的决定性意义,不断增强"四个意识",坚定"四个自信",做到"两个维护",不断提高政治判断力、政治领悟力、政治执行力。具体到刑事案件而言,由于其涉及社会生活的各个领域和各个方面,我们更要特别强调,应紧紧依靠各级党委,争取得到其支持。在具体的案件侦查中所开展的群众工作,也是党委领导下的群众工作。离开党委的领导,侦查工作将失去有力的保障和力量的源泉。

(二)党对侦查工作的宏观领导

需要注意的是,依靠党的领导,并不是指党委直接参与办案,而是指侦查机关在具体开展侦查的时候,应适时地将有关重要情况向党委汇报。通过这样的方式,各级党委可以对侦查机关所查办的案件,特别是大、要案件能够下定决心,从思想上、组织上、物质上给予大力的支持和指引,为侦查工作的开展营造一个良好的工作环境。

二、侦查与群众工作

群众路线是我们党和政府的根本路线,依靠群众是我国侦查工作一贯坚持的重要方针之一，是在长期的侦查斗争的实践中形成的：从第二次国内革命战争时期的中华苏维埃临时政府的政治保卫工作[1]到中华人民共和国成立后的镇压反革命运动，从 1963 年提出的侦查工作十六字方针到后来的新十六字方针，无不重视群众工作。无论是从历史经验还是从侦查实践来看，依靠群众，走群众路线，是我国侦查工作的行为准则和克敌制胜的法宝。《刑事诉讼法》第 6 条也明确规定，“人民法院、人民检察院和公安机关进行刑事诉讼，必须依靠群众，必须以事实为根据，以法律为准绳”。这是从法律层面对侦查工作依靠群众提出的明确要求。

刑事犯罪不仅严重干扰了国家经济管理秩序，也扰乱了国家机关、企事业单位的正常活动，而且直接损害国家、集体和公民个人的利益。我国是社会主义国家，人民是国家的主人，各方面的工作都必须坚持以人民为中心的发展思想。因此，从根本上讲，打击犯罪与保护人民群众的利益是一致的，刑事案件的侦查能够得到人民群众的支持与配合，具有广泛的、牢固的群众基础。

在刑事犯罪案件中必须依靠群众，这具有丰富的内涵。

（一）广大群众协助获取线索和证据

人民群众能够揭露犯罪、证实犯罪。从表面上看，犯罪并不直接侵害除被害人之外的人民群众的个人利益。但是，由于犯罪会间接影响到社会生活的各个领域，因此，犯罪的后果也会令人民群众的利益受到损害，人民群众必然会与之斗争；另外，任何犯罪分子都生活在人民群众当中，其个人的品行、经济状况的变化及犯罪前后的动态、行踪，无一不有意或无意地为群众所觉察或感知。在近年来发生较多的新型网络犯罪中，虽然只有一部分人因被诈骗而实际遭受财产损失，但是多数群众都已经对这类犯罪有或多或少的切身感受，有条件在个案中及时向公安机关提供所需的线索。从具体的侦查实践来看，人民群众可以通过检举、控告、揭发等各种形式，助力刑事案件侦查的顺利开展。此外，在立案前的调查核实和立案后的侦查中，及时、有效地开展群众工作，是我们获取揭露和证实犯罪的证据，防止犯罪嫌疑人隐匿赃物、携款外逃等的有效方法和途径。

---

[1] 1931 年 11 月 27 日，中华苏维埃共和国临时中央政府举行了第一次执委会，决定在国家行政机关即人民委员会的机构中，设立“国家政治保卫局”这一全新机构，开展铲除特务、搜集情报、肃清匪患、保卫首长等特殊工作。这是在中国共产党领导下的第一个类似有国家公安警察机关性质和职责的机构。

(二)专家学者解决侦查专门问题和疑难问题

近年来,许多案件的犯罪主体本身就具有较高的智能化水平,或具备某个专业领域的专业知识和技能,甚至还是某些专业性很强的领域的高级知识分子。许多犯罪的得逞,与犯罪人本身精通专业知识,具备良好的专业技能密切相关。从这个角度上讲,刑事案件的侦查主体可能面临的是一些全新的,甚至是根本不了解的社会生活领域的犯罪手段、犯罪方法。然而,侦查主体的专业技能和水平毕竟是有限的。这就从客观上,要求刑事案件的侦查必须紧紧依靠专家、学者的帮助,来解决案件中的各种专门问题。

侦查工作需要依靠专家、学者,这已经在法律层面得到了重视。《刑事诉讼法》第 128 条规定,“侦查人员对于与犯罪有关的场所、物品、人身、尸体应当进行勘验或者检查。在必要的时候,可以指派或者聘请具有专门知识的人,在侦查人员的主持下进行勘验、检查”。第 146 条规定,“为了查明案情,需要解决案件中某些专门性问题的时候,应当指派、聘请有专门知识的人进行鉴定”。

依靠专家、学者也是我们在侦查工作中贯彻群众路线的具体体现。在侦查实践中,这一点已越来越得到各级侦查机关的重视。例如,在经济案件侦查实践中,侦查机关就经常邀请熟悉财会业务、具有一定工作经验的会计师和经济师等协助侦查人员开展工作;在金融、证券案件侦查的实践中,侦查机关往往也会邀请这一领域的专家,协助侦查人员查明犯罪的手段、方法;在电信网络诈骗犯罪的侦查实践中,侦查机关近年来已经越来越多地与互联网公司的专业技术人员合作,从而令包括侦查工作在内的网络犯罪治理表现出鲜明的“公私合作模式”[2]。

(三)群众支持、配合和监督侦查各环节工作

从刑事侦查的具体实践来看,侦查机关受理的案件中有一部分就源于人民群众和有关团体、部门的举报。现行的举报制度,在打击刑事犯罪的斗争中,发挥了前哨作用。《刑事诉讼法》对举报给予了明确的肯定,其第 110 条规定,“任何单位和个人发现有犯罪事实或者犯罪嫌疑人,有权利也有义务向公安机关、人民检察院或者人民法院报案或者举报”。在此基础上,第 111 条对举报人等人员的保护给予了强调:“公安机关、人民检察院或者人民法院应当保障报案

---

〔2〕 江溯:《论网络犯罪治理的公私合作模式》,载《政治与法律》2020 年第 8 期。

人、控告人、举报人及其近亲属的安全。报案人、控告人、举报人如果不愿公开自己的姓名和报案、控告、举报的行为,应当为他保守秘密。"这样的规定为鼓励人民群众同犯罪作斗争提供了法律保障。

在案件侦查过程中,线索的获取需要人民群众的支持和配合。积极发动群众提供线索,有利于侦查机关明确侦查方向,避免浪费不必要的侦查资源。为了有效发动群众,侦查机关可以按规定进行相应的悬赏,从而调动群众提供线索的积极性。不过,侦查机关发动群众提供线索,需要注意将侦查工作的顺利开展与相关人员的隐私保护进行必要的平衡。例如,近年来有的侦查人员通过在网络上发布线索征集令的形式,引发群众展开所谓的"人肉搜索",一些与案件无关的人员的隐私遭到粗暴揭露,这是需要警惕的。为此,如果侦查机关在网上征集线索,至少要做到:第一,需要经过侦查机关内部严格的审批,尽可能将可能造成的风险降到最低;第二,根据侦查保密的原则而不能泄密,也即不能在网上披露可能妨碍侦查工作开展的信息;第三,要保证所提供的信息准确且恰当,注意保护被害人及其他人员的隐私和个人信息,以避免群众受到错误信息或不当信息的引导。

在案件侦查过程中,证据的收集固定需要人民群众的支持、配合,也需要受到其监督。人民群众参与某些侦查活动,不仅可以作为证人提供证据,而且还可以对侦查工作和侦查人员的取证行为进行有力的监督,从而有助于保证证据的证据能力和证明力得到检验。之所以要求在某些侦查措施的实施过程中,需要有见证人在场,这便是重要原因。具体而言,根据《刑事诉讼法》第 133、139、140、142 条的规定,在勘验、检查、搜查、查封、扣押等措施的实施过程中,都可见到见证人的身影,见证人的签名或者盖章实际上成为了证明侦查行为合法、正当化开展的重要依据。

三、侦查与专门工作

我国于 2018 年修订的《刑事诉讼法》规定,"'侦查'是指公安机关、人民检察院对于刑事案件,依照法律进行的收集证据、查明案情的工作和有关的强制性措施"。而未修订之前 2012 年版本的《刑事诉讼法》第 106 条则规定,"'侦查'是指公安机关、人民检察院在办理案件过程中,依照法律进行的专门调查工作和有关的强制性措施"。关于侦查概念的变化之一体现在,现行规定将"专门调查工作"修改成了"收集证据、查明案情的工作"。可以认为,法律将"专门调查工作"细分成了"收集证据、查明案情的工作",而不能认为法律不再认可侦查工作属于专门工作。因此,本书仍然从专门工作的角度对侦查进行解读,这可以从三个方面展开。

(一)侦查工作的专门性

侦查权的行使实质上是国家在社会治理过程中对犯罪进行治理的一种具体的方式。与社会治理的其他柔性方案不同,侦查权的行使反映的是国家公权力可以在法定范围内强制性地施展,因此必然需要掌握国家权力的国家机关以专属形式承担这一职责。因此,侦查权的专属性意味着,它不能被任意转移,也不能以任何形式让渡。于是,侦查权作为一项专门工作,只能由法律所规定的特定机关和人员来行使。

《刑事诉讼法》第 3 条规定,“对刑事案件的侦查、拘留、执行逮捕、预审,由公安机关负责”。除了公安机关,国家安全机关、人民检察院、军队保卫部门、中国海警局、监狱也对部分案件行使侦查权。除此之外,其他任何机关、团体和个人都无权行使侦查权。在国家监察体制改革之后,原本由检察机关承担的绝大多数职务犯罪案件的侦查工作,已经交由监察机关进行调查。不过,由于监察权从性质上并不能定性为侦查权,因此监察机关开展相关职务犯罪调查的权力也不能再定性为侦查权,而是称为调查权。

前已述及,在近年来的新型网络犯罪的侦查实践中,公安机关越来越多地采用“公私合作模式”,借助网络服务提供者的力量开展侦查。根据 2022 年施行的《反电信网络诈骗法》第 4 条的规定,反电信网络诈骗工作“坚持系统观念、法治思维,注重源头治理、综合治理;坚持齐抓共管、群防群治,全面落实打防管控各项措施”。据此,电信、金融、网络行业的部门和平台大量参与进电信网络诈骗的治理当中,侦查工作也不例外。但是,并不能认为这些部门和平台随之拥有了侦查权,在侦查中更多的是起到配合、协作的作用。

(二)侦查主体的专门性

收集证据、查明案情的工作和有关的强制性措施属于侦查中的专门性工作。这些工作的组织和实施只能由侦查机关和侦查人员来承担。这实质上是侦查权专属性的延伸和具体体现。任何侦查活动都是由特定的侦查机关中具体的侦查人员来开展的。这些侦查人员实施侦查行为,实质上是代表侦查机关行使侦查权。这种行为是基于一种法律上的、职务上的特定授权。其他任何单位和个人,由于没有法律所赋予的职务上的特定授权,就不能开展侦查活动,否则,将直接妨碍侦查权的专属行使。

不能笼统地认为,侦查机关的所有人员都在行使侦查权。具体到公安机关内部的职能行使而言,存在多个警种的划分。一方面,不是所有的部门都享有侦查权。例如,公安机关内部的办公室、户籍、人事、督察等部门的警察就不行使刑事案件的侦查权。另一方面,在拥有侦查权的公安机关的同一部门内部,也不是所有的警察都在常态性地行使侦查权。例如,公安机关的治安部门对赌博等特定类型的刑事案件拥有侦查权,其中只是承担相应工作的警察才行使侦查权,其他的常规治安工作则不能定性为侦查工作。

从具体着手收集证据、查明案情的工作和采取有关的强制性措施的主体而言,只能是侦查人员。需要注意的是,《刑事诉讼法》第52条规定,“必须保证一切与案件有关或者了解案情的公民,有客观地充分地提供证据的条件,除特殊情况外,可以吸收他们协助调查”。但法律规定的含义非常明确,包括协警、见证人、证人在内的人员只是协助调查,而非独立行使侦查权。即使相关人员通过个人的活动而获取了有关的线索和证据,也必须通过侦查人员核实或转化为法律认可的证据形式之后,才能在刑事诉讼中进行使用。而从刑事诉讼中强制性措施的适用来看,鉴于其本身具有天然的侵权性,因此绝对不可由侦查人员之外的其他人员自行适用。

(三)侦查基础的专门性

侦查中涉及的基础业务工作,主要包括刑事情报信息工作、刑嫌调控、阵地控制等。这些基础业务工作既可以为侦查工作的有效进行提供保障,也是侦查工作具体开展的重要辅助力量,是侦查工作中获取线索和证据的重要渠道和手段,它们服务于案件的侦查工作,是由侦查机关的专门机构、专门人员负责的一项专门工作。

之所以强调相关基础业务工作也是侦查的一项专门工作,既是长期以来侦查工作的经验总结,也是与侦查相关的法律法规的明确要求。这可以从两个方面加以理解:第一,相关工作具有较高的专业性和规范性,只能由侦查机关在严格遵循相关程序的情况下开展,这在通过刑事特情收集情报的工作中有具体的体现。第二,相关的许多工作需要秘密开展,如果交由其他部门和人员参与可能会导致难以保守秘密,这在刑嫌调控、阵地控制工作中体现得较为明显。

四、侦查专门工作与群众工作相结合

侦查中的专门工作和群众工作不是两个对立的方面。一方面,专门工作的

有效开展，需建立在群众工作的基础之上。广大人民群众同犯罪作斗争的积极性、创造性，是侦查工作能够顺利进行的基本保证。脱离群众，就极有可能导致侦查工作犯孤立主义和神秘主义的错误，不利于发挥专门机关的职能作用。另一方面，群众工作又是在专门机关的组织和指导下开展的，离开专门机关，人民群众也不能有效地配合专门机关，准确而有力地打击犯罪活动，并且有效地保护自己。因此，二者之间的关系是相互联系、相互作用的，统一于同犯罪作斗争的过程之中。为了有效践行侦查实践中必须坚持专门工作与群众工作相结合的工作方针，可以从以下三个方面进行理解和把握。

（一）侦查群众工作观念的确立

侦查人员需要用平等的态度，热情对待群众，尊重群众，深入群众开展调查研究，用实际行动调动和提高群众同犯罪作斗争的积极性。实践中，要充分发挥各方面的专家、学者的作用，与之密切联系和沟通。要坚决反对特权思想，避免侦查人员向群众发布强制指令。此外，也要坚决克服神秘主义、孤立主义的侦查工作倾向。在侦查工作中，很多情况下都特别强调侦查技术手段的作用，而且效用明显。但是，这并不意味着孤立办案可以成为可能。如果刑事案件的侦查工作一味强调用技术手段破案，而脱离于群众的协助，必然会陷入困境。

（二）群众参与协助侦查的法律法规的完善

《刑事诉讼法》第6条明确规定，公安机关进行刑事诉讼，必须依靠群众。此外，相关的法律法规还对群众参与侦查工作作了大量细致的规范。据此，侦查机关和侦查人员在实践中，必须坚决地执行这一规定。这既保证了侦查工作的合法性，又能为侦查工作营造良好的外部环境，更能从实质上在侦查的具体实践中贯彻党的群众路线。

（三）侦查机关开展专门工作水平的提升

强调依靠群众，绝不是说可以用群众工作代替专门工作，而是为了强调充分依靠群众，以便能更充分地发挥专门机关的职能作用。历史经验告诉我们，在紧紧依靠群众的基础上，必须大力加强侦查的专门工作，加强侦查体制的改革和完善，加强刑侦队伍的自身建设，强化各项基础业务，用各种高、精、尖的技术和装备武装侦查，才能更好地提高侦查的水平，从而更好地服务人民群众。

第二节　侦查求是原则

侦查中的求是原则，就是要求侦查人员在具体案件的侦查过程中，必须从每个具体的刑事案件的实际情况出发，以收集的证据为依据，研究特定的犯罪嫌疑人与犯罪事实之间的联系，以判定是否有罪和罪轻、罪重等情况。

一、侦查求是原则的依据

（一）侦查求是原则的内涵

毛泽东同志指出："实事"就是客观存在的一切事物，"是"就是客观事物的内部联系，即规律性，"求"就是我们去研究。在侦查工作中，坚持实事求是，以事实为根据，就是指对刑事案件作出认定结论时，只能以客观的事实作基础，不能以客观事实以外的其他事物作为依据。尊重客观事实，按照世界的本来面目认识世界，改造世界，是马克思主义最起码的态度。对于刑事案件的侦查人员来说，首要的任务是查明犯罪事实，确定客体的真实情况，只有在此基础上，才能正确适用法律，对案件作出正确的处理。如果案件事实认定错了，或者不全面，即使法律适用正确，也不可能对案件作出正确处理。正是从这个意义上讲，事实是处理案件的根据，查明案情是正确适用法律的基础。所以，在刑事案件的侦查中，必须坚决贯彻执行实事求是的原则。

（二）侦查求是原则的意义

就侦查本身而论，其过程和结果常常关系一个公民的人身自由，甚至生杀予夺。因此，刑事案件的侦查工作，只有坚持实事求是的原则，才能准确及时地揭露、证实犯罪并揭发犯罪人，保护无辜的人不受伤害，真正使国家和人民的利益得到保护。

刑事案件的侦查是一种认识活动，一般具有逆向性的特点，侦查人员所面对的案件，绝大多数都是既往的事实，不可能再现。侦查人员往往需要通过联想、假设、推理等方式，重建犯罪现场，重塑犯罪的原因和过程。但是，侦查人员也必须坚持实事求是的态度，以联想、假设、推理为基础，制订相应的侦查计划去发现和收集相关的线索和证据，最终完成揭发犯罪人、证实犯罪的目标。

二、侦查求是原则的要求

（一）重证据

证据是查明案件的事实的依据。刑事诉讼中的立案、侦查、起诉、审判等诉讼阶段，都是围绕着运用证据认定案件事实进行的。我国实行实事求是的证据制度，“重证据，重调查研究”是我国证据制度的核心要求。《刑事诉讼法》第 6 条规定，“人民法院、人民检察院和公安机关进行刑事诉讼，必须依靠群众，必须以事实为根据，以法律为准绳”。这是公安机关在侦查中实事求是开展工作的基本法律依据。

在此基础上，《刑事诉讼法》从两个层面强调在侦查中要坚持实事求是。首先，《刑事诉讼法》第 55 条规定，“对一切案件的判处都要重证据，重调查研究，不轻信口供。只有被告人供述，没有其他证据的，不能认定被告人有罪和处以刑罚；没有被告人供述，证据确实、充分的，可以认定被告人有罪和处以刑罚”。这虽然是对审判的要求，但是“重证据，重调查研究”以及“不轻信”口供，同时也是对侦查工作的具体要求。其次，《刑事诉讼法》第 115 条规定，“公安机关对已经立案的刑事案件，应当进行侦查，收集、调取犯罪嫌疑人有罪或者无罪、罪重或者罪轻的证据材料”。换言之，侦查机关除了要收集有罪、罪重的证据以打击犯罪，同时也担负着收集无罪、罪轻证据以保障嫌疑人合法权益的职责，后者也是侦查中坚持实事求是的具体体现。

所谓“重证据”，就是要尊重客观事实，并依据这些客观事实认定案情和处理案件。在具体的侦查工作中，这就要求侦查人员在收集和运用证据时，依据证据能够证明的事实是什么，就认定是什么，而不能主观臆断。此外，《刑事诉讼法》第 12 条规定，“未经人民法院依法判决，对任何人都不得确定有罪”。在刑事诉讼中，撤案和宣告无罪都是正常的情况。因证据不足而由侦查机关撤案或由人民法院宣告无罪，都不能确切地说明没有犯罪事实的存在。从严格意义上讲，这只能说明证据不足，抑或现有的证据不能充分证明犯罪。由此可见，重证据也是刑事程序在尊重客观事实的前提下有序运行的必然要求。

与重证据对立的，是轻信口供。在刑事案件的侦查中，口供是重要的证据形式之一，而且我国侦查实践中客观上也确实存在“口供中心主义”的现实。具体而言，受观念、传统、制度、体制等因素的影响，在刑事诉讼中，公安机关仍然带有浓厚的“口供情结”，侦查、审查起诉和审判多是围绕口供而展开，并将口供作为定案处理的主要依据，形成了口供中心主义的理念和办案方式。[3] 在此背景下，侦查机关收集其他证据的目的，演变成了对口供构成表象印证，极易导致错案的发生。[4] 对此，我国法律历来强调实事求是的原则，坚持证据必须经过查证，反对通过刑讯逼供等非法方法获取口供。这对于我们查明案情，对案件作出正确处理，准确适用法律和惩罚犯罪，都具有重大的意义。

对于重证据，不轻信口供，也不能理解为除犯罪嫌疑人口供外，诸如证人证言、物证等证据就是绝对可靠的，不经查对就可以作为定案的根据。实际上，任何一起刑事犯罪本身可能都是复杂的，每一种证据都难以单独证实全部的案情。因此，必须在对各种证据反复查对后，才能用其证实客观真实的案情，才能分清有罪或是无罪，罪轻或是罪重，从而令刑事案件的侦查及后续的处理决定等都能真正建立在客观事实的基础之上。

（二）重调查研究

所谓“重调查研究”，是强调在刑事案件的侦查中，收集的证据必须经过调查研究才能加以核实。侦查的过程是一个认识的过程，而任何认识都来源于实践，又都必须经过实践的检验。在刑事案件侦查中，调查研究的过程，本身就是一个实践的过程。要获取对案件真实情况的认识，必须经过“实践—认识—再实践—再认识”的多次反复的过程，这一过程就是一个对证据的发现、收集、运用的反复调查、研究的过程。只有通过扎实的调查研究，才能全面而又详尽地占有各类事实材料，才能澄清嫌疑，才能透过现象认识本质，最终作出符合实际的结论。

第三节　侦查及时原则

侦查行为及时原则的基本含义是要求侦查活动尽可能快地展开。我国《刑事诉讼法》第 2 条明确规定，“中华人民共和国刑事诉讼法的任务，是保证准确、及时查明犯罪事实，正确应用法律，惩罚犯罪分子，保障无罪的人不受刑事追

〔3〕 闫召华：《口供中心主义评析》，载《证据科学》2013 年第 4 期。

〔4〕 龙宗智：《印证与自由心证——我国刑事诉讼证明模式》，载《法学研究》2004 年第 2 期；左卫民：《“印证”证明模式反思与重塑：基于中国刑事错案的反思》，载《中国法学》2016 年第 1 期。

究……”及时查明犯罪事实是刑事诉讼法的基本任务,也是提高侦查效益的基本要求。

一、侦查及时原则的背景

(一)有效获取证据的需要

迅速及时,是我国侦查工作必须强调贯彻的基本原则之一。刑事侦查的实践告诉我们,证据是刑事案件的侦查工作的核心,是统揽侦查工作全局的主线。如果没有及时获取充分且过硬的证据,不仅不能很快查明事实,迫使犯罪嫌疑人认罪服法,便极有可能容易导致侦查工作陷入被动局面。然而,在一些案件的办理过程中,由于没有及时保护现场并开展勘验,一些原本可以收集提取的实物证据便可能灭失,抑或再次提取的条件不复存在。而在另一些案件中,如果没有及时对嫌疑人或证人进行讯问和询问,便可能导致嫌疑人被控制之前已经订立攻守同盟,抑或证人因时过境迁而无法准确地回忆并表述曾经感知的案件事实。

(二)及时缉捕犯罪嫌疑人和追缴赃物的需要

除了能够有效收集提取证据外,坚持迅速及时原则,对于迅速及时地开展查缉布控而言也具有十分重要的意义。在侦查实践中,查缉追捕嫌疑人是一个很重要的环节。如果不及时进行传讯,不能及时进行布控盯梢、实施追捕和开展控制下交付,就可能给嫌疑人提供喘息和逃跑的时机,给后续侦查工作造成极大被动。而且,在走私、盗卖文物等犯罪当中,如果没有及时开展布控,就可能导致包括文物在内的走私物品流向境外,从而给国家文化安全带来极大的隐患。

(三)侦查网络犯罪的现实需要

从近年来新型网络犯罪的侦查实践来看,在侦查中坚持迅速及时原则,更是具有特别显著的意义。以电信网络诈骗犯罪为例,如果侦查机关在被害人报案之后没有及时启动紧急止付程序,被骗钱款可能会在极短的时间内被转移到境外,从而令追赃挽损工作的难度显著增大。如果不及时冻结存在嫌疑的涉案金融账户和电信网络账号,嫌疑人可能就会继续利用其实施更多的诈骗,导致更大范围的人民群众的财产安全遭到严重威胁。

二、侦查中坚持及时原则的主要内容

(一)抓住战机

所谓抓住战机,就是要抓住犯罪嫌疑人尚未觉察,对证据尚未进行破坏,赃物、赃款等尚未进行转移等有利时机,在立案前的调查核实、正面突审和固定证据等方面抓住稍纵即逝的有效时机,狠下功夫,以快制快。

在刑事案件中,证据的发现、收集和固定,是一项政策性、业务性很强,非常细致而又复杂的工作。刑事犯罪活动往往与日常活动、购销活动、经营活动、业务书信往来、会计凭证、网络社交活动等联系紧密,其中有的属于正常的生产经营活动或社会交往,有的则属于违法犯罪活动。那些能够证明犯罪的证据,经常是零散的,湮没在许多其他事件之中,而且容易流失,有时还会被人为地加以销毁和掩盖。这导致本身证据价值很高的书证、物证,可能就会变成毫无意义的东西,丧失证明作用。对于一些关键性的证据,侦查机关如果能够及时地加以发现和固定,便往往能够掌握侦查的主动权,左右侦查全局的形势。

如果错过有利的时机,则很可能导致本来可以及时发现的证据无法被发现,犯罪损失进一步扩大。这一点在立案前的调查核实阶段显得尤为重要。在此阶段,从新型网络犯罪中的电诈案件的侦查实践来看,立案前的阶段已经被赋予了较之常规案件更多的功能。如果说其他的常规案件的立案前调查核实阶段的主要功能在于收集提取线索和证据,从而为立案提供基础的话,那么新型网络犯罪的立案前的工作则已经表现出更加丰富的样态。具体而言,侦查机关经过多年的实战,已经总结出了一个重要的经验,那就是必须在犯罪分子实施电诈且既遂之前,就需要强调主动出击、及时出击。例如,公安机关通过大数据研判之后,一旦锁定潜在的被害人,就需要立即启动劝阻程序,协调社会力量共同阻止相关人员转账汇款;一旦确定嫌疑对象的电信网络账号,就需要尽快启动拦截程序,以此避免相关账号继续联络潜在的被害人。这些工作虽然不是严格意义上的立案后的侦查,但是实际上已经赋予了侦查工作全新的内涵。

在立案前的调查核实取得相应证据并初步查明了犯罪事实的基础上,侦查机关应当迅速立案,果断决策。通过尽快传讯犯罪嫌疑人,传唤证人和知情人,迅即开展搜查和审讯工作,可以有效地防止串供、串证、转移赃款,有效收集提取实物证据,以达到以快制胜的良好效果。

(二)积极侦查

刑事犯罪所具有的严重危害性和隐蔽性,决定了侦查人员在开展工作时必须保持一种积极侦查、主动进攻的态势。从实践来看,举报或报案作为信息的来源本身较为分散,而且具有一定的不可预知性。有的举报人或报案人只能提供某人可能涉嫌犯罪的事实和结果方面的信息,有时甚至完全无法提供任何客观性的证据。因此,实践中呼唤侦查工作化消极为积极,以一种更为主动的态势开展。从具体的个案来看,积极侦查的开展也十分有必要。有研究者认为,"鉴于当今日趋复杂和多元的社会关系,经济和法律全球化状况,犯罪行为的严重社会危害性以及犯罪行为过程的复杂性,一些性质严重的刑事犯罪活动对社会稳定、国家安全、世界政治和经济秩序具有重大危险性,侦查程序启动在确立回应侦查模式基础性地位的同时,应当在一些特殊犯罪的侦查和防控方面正确认识主动侦查模式的必要性"〔5〕。这种观点采用了"主动侦查"的称谓,实质上也是在呼吁侦查机关针对特定的案件类型积极开展侦查。

从实践来看,侦查机关所开展的情报系统建设,能够有效回应积极侦查的现实需求,从而拓展侦查工作能动运行的空间。此外,随着近年来犯罪地理学研究的发展,研究人员逐步认识到,"犯罪在地理时空内并不是均匀分布的,而是表现出明显的时空聚集特性,这种聚集性常用'犯罪热点'表述"〔6〕。有研究者进一步发现,"标志性建筑对盗窃犯罪有较强吸引力,商业点密度等因素与犯罪呈线性正相关,公交站点密度等因素与犯罪呈非线性关系,且存在犯罪临界值"〔7〕。这些思路对大数据侦查的更高级别的发展阶段即智慧侦查的发展,产生了巨大的影响。"智慧侦查将从案后、案中的侦查,向案中、案前甚至是'未发生案件'的主动预警"转变。〔8〕许多国家也正在基于犯罪热点的数据建模和机器分析,有针对性地派遣警力开展巡逻或者加强社区警务工作,犯罪防控的质量大大提升。

在具体的案件侦查过程中,侦查人员开展积极侦查,需要根据对案情的科学分析,以积极主动的姿态制订切实可行的侦查计划,组织力量集中专案专办,迅速开展侦查活动。侦查机关也需要根据案情的发展变化,统一部署,统一指

---

〔5〕 韩德明:《回应抑或主动:侦查程序启动的模式选择》,载《山东警察学院学报》2006 年第 2 期。
〔6〕 陆娟等:《犯罪热点时空分布研究方法综述》,载《地理科学进展》2012 年第 4 期。
〔7〕 单勇:《犯罪热点成因:基于空间相关性的解释》,载《中国法学》2016 年第 2 期。
〔8〕 李双其等:《大数据侦查实践》,知识产权出版社 2019 年版,第 448 页。

挥,充分挖掘侦查工作的主动性和能动性。每一位侦查人员,都需要主动为侦查工作出谋划策,积极寻找和收集侦查线索、证据,直至完成侦查任务。在此基础上,随着大数据侦查思维和方法的广泛应用,侦查工作也借此不再受限于个案的侦破,而是利用各种大数据挖掘、碰撞和关联技术,令刑事案件的串并侦查效能得到极大的提升。

(三)及时破案

及时破案是侦查工作的基本要求。刑事犯罪不仅严重地扰乱了国家正常的社会秩序和经济秩序,直接损害国家和人民群众的利益,而且某些领域内的严重犯罪还直接对党风、社会风气构成负面影响,甚至还可能危及国家政权的安全和稳定。因此,迅速而准确地破案,意义重大。当然,强调及时破案的同时,也需要注意两个方面的问题。

一方面,需要尊重破案的规律。这就意味着,及时破案固然重要,但是必须建立在遵循破案规律的基础之上。侦查破案的规律是指侦查破案活动在运行的过程中所具有的本质的、必然的、普遍的、稳定的固有联系。侦查破案活动中有两个最为基本的规律:一是案件构成要素决定侦查方法的规律;二是犯罪暴露程度和侦查整体能力决定侦查效果的规律。侦查破案的这两个基本规律表明,侦查人员无论是想从整体上提高破案率,还是想成功地、尽快地、高质量地破获案件,都必须以尽可能快的速度,从案件构成要素方面获取数量尽可能多、质量尽可能高的侦查信息和证据。〔9〕

另一方面,需要强调证据的有效收集和固定。公安部于 1998 年发布的《公安机关办理刑事案件程序规定》(已失效)第 166 条规定,“破案”应当具备的下列条件包括三项,其中两项便是“犯罪事实已有证据证明”“有证据证明犯罪事实是犯罪嫌疑人实施的”。尽管 2012 年修订和 2020 年修正的《公安机关办理刑事案件程序规定》未再出现关于“破案”的表述,但是作为一种约定俗成的侦查术语,其在实践中仍然有很强的影响力。需要注意的是,这里强调及时破案,并不等于侦查工作在破案之后即告结束。实际上,及时破案的同时及随后的办案过程,十分有必要强调证据的有效收集和固定,以满足侦查终结的程序要求和证据要求。

---

〔9〕 郝宏奎:《侦查破案的基本规律》,载《山东警察学院学报》2008 年第 1 期。

三、侦查中坚持及时原则的具体要求

（一）强烈的侦查意识和机敏的反应能力

迅速及时地开展侦查工作，首先就要求侦查人员必须要具有高度的职业责任感和雷厉风行的工作作风，这具体体现在必须具备强烈的侦查意识和机敏的反应能力。

在由人到案的侦查模式中，当侦查人员接到举报，或通过其他渠道发现有关嫌疑人的犯罪线索时，应当有敏锐地启动并推进侦查的意识。侦查人员应在必要时及时传讯主要犯罪嫌疑人，并及时开展讯问。在犯罪嫌疑人尚处于惊慌失措、未能编织好逃脱罪责的谎言时，侦查人员如果能够及时出击，有利于迅速促使其如实交代犯罪事实，并敦促其提供人证、物证等证据，最大限度地收集到该案的犯罪证据。与此同时，应通过查询、调取、搜查等措施迅速、及时地收集物证、书证、视听资料和电子数据，并在此基础上快速进行鉴定和检验，以便印证其口供，从而固定好完整的证实犯罪、揭发犯罪人的证据链。

在由事到人的侦查模式中，侦查人员则需要及时采取现场勘验、查询、调取等措施，尽可能全面地收集相关证据材料。特别是在接到报警后需要开展现场勘验时，侦查机关必须立即配置人员赶赴现场，并及时对现场进行保护，以便现场遭到破坏。在此基础上，侦查人员还需要视案件具体情况，迅速启动侦查实验模拟犯罪现场，将收集的物证书证送交检验鉴定，对视听或电子设备进行数据恢复和挖掘。侦查人员应当将敏锐的侦查意识贯穿到整个侦查过程中，通过对所收集的实物证据进行及时的分析研判，然后达到准确锁定犯罪嫌疑人的目标。

（二）有力的机制保障和物质支持

本着科学、高效、精干的原则，侦查机关需要建立、健全各种内部运行机制，以便侦查工作的迅速及时开展。一是指挥机制。侦查机关需要以案件侦查的指挥中心或值班调度室为核心，使用先进的通信工具，建立、健全刑事案件侦查的指挥系统，实行统一、高效的指挥调度。二是协查机制。根据现有各职能机关的特长，整个侦查系统需要建立一个组织严密、信息通畅的协查网络，以此改变单兵作战、各自为战的局面，形成迅速开展侦查的整体优势。三是追逃机制。以及时开展通缉或征集案件线索为例，侦查机关可以充分利用电视、纸媒和互联网的传播体系，通过提供一定的奖励，发动群众布设一种快速、有效的追逃和线索征集机制。四是保障机制。这主要是指，侦查机关应从经费供给、交通工具、通信器材、侦查装备、羁押条件、网络建设等方面，做好日常的应急性物质准备。

（三）借助大数据技术向智慧侦查转型

近年来，在大数据和智慧公安建设快速推进的背景下，刑事犯罪侦查工作正迈向以数据为驱动力的更高级发展形态，强化智慧侦查是新时代推动公安事业跨越发展的必然选择。[10] 智慧侦查不仅助推侦查工作在理念、思维、战法等方面实现了巨大的转型，也为侦查中坚持迅速及时原则赋予了全新的时代内涵。

随着大数据技术与人工智能在侦查工作中的深度加持，侦查机关已经越发具备将数据资源和情报挖掘等融入侦查的能力。特别是在新型犯罪侦查的实践中，这对于主动发现案件线索、精准研判案情、预测案件走向等起到了积极作用，并且为合成作战、积极开展追逃等专项数据分析工作提供了必要的条件。智慧侦查深度改变了侦查工作样态，大大提升了侦查工作的效率。虽然智慧侦查起始于新型犯罪的侦查工作，但是展望未来，智慧侦查在所有类型的侦查工作中都可以有广泛的运用空间。侦查人员需要顺应大数据和人工智能的时代发展趋势，善于开展智慧侦查工作，从而在侦查工作中更好地贯彻迅速及时原则。

第四节 侦查协作原则

一、侦查中协同作战的必要性

（一）刑事犯罪的复杂特性

侦查协作作为一项原则，是由刑事犯罪案件的复杂性所决定的。案情复杂、牵涉面广，是许多刑事案件的重要特点。刑事案件既可能发生在生产领域，又可能发生在流通、分配、消费领域；刑事案件既可能发生在国内，也可能发生

---

〔10〕 翟海、江平：《大数据时代的智慧侦查：维度分析及实现路径》，载《中国刑警学院学报》2018 年第 3 期。

在境外,而且越来越多地涉及跨境犯罪的情况;刑事案件的关系人中,既有犯罪分子,又可能有本身犯有错误但不构成犯罪而和案件有牵连的人,还可能涉及受蒙蔽且被他人利用的好心人;犯罪行为人的构成也十分复杂,实施犯罪的动机也千差万别;许多刑事案件涉及多个部门、多个行业;在许多刑事案件中,共同犯罪的比重很大,而且在某些案件中涉及的犯罪人众多;无论是在跨区域犯罪,还是近年来出现较多的新型网络犯罪中,案件往往表现出作案时间长、牵涉面广、证据散布多地、多个侦查机关都有权管辖或可能配合侦查的特点。此外,部分地区发生的犯罪可能被不正之风所掩盖,在当地查处可能容易受关系网、保护层的干扰,侦查工作面临阻力大、困难多等情况。

(二)侦查管辖和跨境取证的现实需要

在许多刑事案件中,犯罪所涉及的人员、对象、领域等已远远超出了某一个市、区、县的管辖范围。而且,网络时代的到来导致以领土范围为标准的刑事管辖界限逐渐模糊,以证据的收集为例,近年来各国在刑事侦查中收集电子数据时跨越国家疆界的情况屡见不鲜,[11]这便导致刑事案件的管辖表现出越来越多的跨境管辖和交织管辖等难题。在此背景下,无论是从国内还是国际来看,实施跨管辖区的协同侦查就变得十分必要了。

从国内的侦查协作来看,如果没有上级侦查机关、各级党委的协调与支持,没有涉及其中的侦查机关的通力配合,单凭某一管辖区的侦查机关单兵作战,其在管辖区域以外的侦查活动就很难顺利而有效地开展。侦查机关在日益复杂的刑事案件面前,很可能是束手无策。而从国际上的侦查协作来看,如果没有双边抑或多边刑事司法协助框架下的共同协作,绝大多数涉及跨境因素的刑事案件都不可能单靠一国仅凭一己之力,便能顺利完成侦查工作。

此外,鉴于部分刑事案件存在案情复杂、办案阻力大等情况,这便使得侦查机关本身在人力、物力、财力、技术装备、管理体制等多个方面越发难以适应实践的需要。例如,某些地区的侦查机关在特定类型的刑事技术领域拥有较强的人力和装备,而另一些地区的侦查机关在打击特定类型的刑事案件办理方面经验丰富,还有一些地区的侦查机关在特定线索的经营和获取方面拥有较为强势稳定、可靠的渠道和资源。为了解决侦查资源等方面的发展不平衡、不充分的问题,一个切实有效的办法就是开展有效的侦查协作。在实践中,通过各种形

---

〔11〕 梁坤:《基于数据主权的国家刑事取证管辖模式》,载《法学研究》2019 年第 2 期。

式的协同作战,可以取人之长、补己之短,从而充分运用现有的人力、物力、财力等资源,有效地增强侦查工作的整体作战能力。

二、侦查协作的形式

为了有效地打击犯罪,在具体案件的侦查中,根据案件本身的不同情况,侦查机关所采用的协同作战的形式从内容到方式都是多种多样的。就协作主体而言,既可以是点对点的单线协作,也可以是由点到面的整体协作;就协作的内容而言,既可以针对某一线索、某一证据、某一事实,也可以是全方位的;就组织形式而言,既可以是临时的,也即只针对某一案件的侦查需要而组建,也可以是长期的,也即设立固定的机构以有组织的形态开展协作。从侦查协作的常见形式而言,主要有以下几种。

(一)联合侦查

联合侦查,是指不同辖区的侦查机关对已经发生的、涉及各辖区的刑事案件,联合组织力量,统一进行侦查的一种侦查协作形式。联合侦查的优势在于可以集中优势力量,综合、全面研判案情,可以同时控制众多的犯罪嫌疑人并避免打草惊蛇,有利于统揽全局、排除阻力,有利于防止串供、毁证、逃跑,有利于避免重复劳动、缩短侦查时间、提高办案效率。

联合侦查一般有两种具体的表现形式,一是联合并案侦查,即对在不同辖区内发生的两起或两起以上的刑事案件,根据举报、报案的事实或立案前调查核实过程中查证的事实,判定其为同一个或同一伙犯罪分子抑或某个犯罪集团所为时,这些辖区内的侦查机关将这些案件加以合并,共同分析案情,联合组织力量开展侦查。二是对于那些危害严重、影响恶劣、案情复杂,同时涉及不同辖区或不同行业的案件,由上级侦查机关或主要犯罪地侦查机关组织有关侦查机关联合侦查。

我国公安机关在大、要案件的侦查中,一直比较重视联合侦查形式的运用。针对犯罪分子跨区域作案的特点,需要强调上级公安机关对大、要案件侦查的统一指挥,强化各公安机关之间的协作,发挥整体优势,共同对付犯罪分子,有力地推动案件侦查的有效开展。近年来,随着电信网络诈骗案件的兴起,犯罪的跨区域特征十分显著。不仅犯罪分子、犯罪工具等呈现跨区域的特点,而且受害人在多数案件中也呈现跨区域广泛分布的特点。犯罪形势的发展对侦查机关开展联合侦查提出了更为广泛的要求,公安部和各地公安机关的反诈中心也正是在此背景下组建起来。反诈中心的功能之一就是整合涉案的多个地域的公安机关的工作,强调统一接警、集中研判、联合侦查,对电信网络诈骗犯罪的打击和治理给予了有力的应击。

跨国或跨境联合侦查也早已不是一个新事物。对跨国犯罪案件进行联合侦查,是国家间共同采取司法行动打击犯罪的有效手段。不过,相对于国内侦查机关的联合侦查,主权国家之间的联合侦查比较特殊。各国应本着维护国际社会的和平与安宁的精神,互相合作,开展联合侦查跨国犯罪行动。在合作过程中应遵守国家主权原则、平等原则、不干涉内政原则、互惠原则。各有关合作方都要在法律许可的范围内,积极选择各种有效的途径、方式和方法,密切合作,共同开展侦查行动,完成侦查任务。[12] 多年来,跨境联合侦查在全球范围内打击犯罪的过程中发挥了积极作用,各种双边和多边形式的联合侦查所取得的成绩令人瞩目。例如,随着 2011 年的"10 · 5"湄公河惨案成功侦破,案件首犯糯康等落网并伏法,中国、老挝、缅甸、泰国在情报交流、联合办案、调查取证、联合审讯、交换证据等方面实现了重大突破,开创了国际执法合作与司法合作的先河,四国在湄公河流域的执法安全合作机制也随之不断完善、内容不断丰富。

(二)互通犯罪情报

互通犯罪情报,是指各地侦查机关以电话、电传、网络等形式,相互间通报交流犯罪信息,常用于对犯罪嫌疑人的通缉,对赃物、赃款的控制以及对犯罪线索的查证等。公安机关特别强调情报系统建设,通过运用各种先进的通信工具,致力于加强情报的汇集与共享,强化系统内部的指挥协作,以此提高协同作战和快速反应的能力。

近年来,公安信息化建设为公安情报工作的开展提供了更为有利的条件,为各地公安机关互通犯罪情报搭建了便捷的平台。在公安信息化建设的背景下,公安情报工作由人力情报模式、情报资料整理模式,向信息资源开发利用模式转变。[13] 随着大数据和人工智能深度赋能公安工作,侦查中的互通犯罪情报工作正在向更为智能化的方向迈进。

---

〔12〕 赵永琛:《论跨国犯罪的联合侦查》,载《公安大学学报》1997 年第 2 期。

〔13〕 彭知辉:《公安信息化建设对当前公安情报工作的影响》,载《中国人民公安大学学报(社会科学版)》2012 年第 2 期。

（三）协查

协查，是指侦查机关以设立协查机构的方式，积极配合外地侦查机关在本地开展有关的侦查活动。以公安机关为例，其在异地执行传唤、拘传、拘留、逮捕，开展勘验、检查、搜查、查封、扣押、冻结、讯问等侦查活动，应当向当地公安机关提出办案协作请求，并在当地公安机关协助下进行，或者委托当地公安机关代为执行。公安机关在协查工作方面已经积累了丰富的经验，并形成了比较完善的程序性规则。对此，《公安机关办理刑事案件程序规定》第十一章"办案协作"，对协查工作进行了系统性的规范。

近年来，公安机关的信息化系统的组建和完善，为协查工作的开展提供了更为便利的条件，同时也令协作工作表现出全新的时代内涵。例如，最高人民法院、最高人民检察院、公安部于 2022 年发布的《关于办理信息网络犯罪案件适用刑事诉讼程序若干问题的意见》第 15 条规定，协查工作所涉及的询（讯）问可以方便地通过远程方式开展。具体而言，询（讯）问异地证人、被害人以及与案件有关联的犯罪嫌疑人的，可以由办案地公安机关通过远程网络视频等方式进行并制作笔录。远程询（讯）问的，应当由协作地公安机关事先核实被询（讯）问人的身份。办案地公安机关应当将询（讯）问笔录传输至协作地公安机关。询（讯）问笔录经被询（讯）问人确认并逐页签名、捺指印后，由协作地公安机关协作人员签名或者盖章，并将原件提供给办案地公安机关。询（讯）问人员收到笔录后，应当在首页右上方写明"于某年某月某日收到"，并签名或者盖章。综上，通过远程信息化系统，办案地公安机关并不需要实际派员前往协作地公安机关开展询（讯）问工作，也无需将相应工作委托当地公安机关代为执行。换言之，询（讯）问工作仍然是由办案地公安机关在其办公场所实际开展的，从而表现出了不同于以往的协查工作的全新面貌。

（四）侦查"会诊"

侦查中的"会诊"，乃是遇有案情复杂、形成疑难，或侦查工作陷入僵局、停滞不前时，由负责组织实施侦查的机关邀请外地具备丰富侦查工作经验的侦查人员共同研究问题，在对案情和侦查工作进行深度研判后，找出"症结"，以此采取有针对性的措施，把案件的侦查推向深入。也有研究者认为，侦查中参与"会诊"的人员并不限于来自外地侦查机关的侦查人员，而且也包括各领域的专家、学者和其他具有专门知识、技能的人。[14]

“会诊”工作的开展，弥补了办案地侦查机关在某些个案中知识、能力的不足，是优质侦查资源整合运用的重要实践方式。不过，外部侦查人员参与“会诊”，其意义不仅在于为办案人员的侦查工作提供知识、思维和方法方面的支持，而且也表现在信心、意志等方面的支持。通过“会诊”，可以在一定程度上排解办案地侦查机关在个案中面临的破案压力，从而实现更好的侦查效果。

三、侦查协作要求

我国实行的是“条块结合，以块为主”的侦查体制，即上级侦查机关负责协调、指导下级侦查机关的侦查工作，基层侦查机关主要负责同本辖区的犯罪斗争。从历史上看，这一体制曾在同刑事犯罪作斗争的过程中，发挥了重要作用。但是，这一体制的弊端是容易产生地方主义的倾向，不适应当今刑事犯罪案件侦查的斗争需要，不符合协同作战原则的要求，因此需要在一定程度上加以改革。强化侦查协作，便有利于避免“以块为主”侦查体制的弊端。为了有效开展侦查协作，应做好以下几方面的工作。

（一）树立全局观念

侦查机关在开展侦查协作的具体工作中要特别强调大局意识，识大体，顾大局。为此，所有侦查机关都应当秉持打击犯罪的全局观念，树立全国“一盘棋”的思想，克服“地方主义”倾向。具体到协查工作的实践来看，这就是要强调所有的侦查机关都应当强化协作意识，积极交流共享情报资源，尽力开展协作。在打击刑事犯罪的重大行动中做到相互策应、相互配合、相互支援，做好并案和联合侦查工作。在一般性的协查活动中，协作地办案机关也要积极配合外地侦查机关开展侦查工作，并将协查结果及时通知对方。只有这样，才能发挥侦查机关的整体作战效能，对犯罪分子形成强大的威慑，从而在侦查过程中令其无处可逃。

（二）遵守协查和协办的程序

虽然《刑事诉讼法》没有对侦查协作进行规范，但是公安部制定的《公安机关办理刑事案件程序规定》对此进行了细致的程序规范。在第一章“任务和基

---

〔14〕 吴良培：《侦查“会诊”探析》，载《政法学刊》2005 年第 5 期。

本原则”部分，第 12 条明确要求：“公安机关办理刑事案件，各地区、各部门之间应当加强协作和配合，依法履行协查、协办职责。上级公安机关应当加强监督、协调和指导。”换言之，侦查协作并不仅仅是理论上所强调的侦查原则，而且也是规范层面明确确立的侦查原则。

在此基础上，第十一章“办案协作”部分集中对侦查协作的程序要求进行了细致而严格的规定。首先，办案协作的程序规则非常具体地对协作的流程、执行方式、手续、材料、文书、归口部门、办理时限等提出了要求，以便各地公安机关有章可循。其次，办案协作的程序规则对协作地公安机关设定了明确的执行义务。也即，异地公安机关提出协作请求的，只要法律手续完备，协作地公安机关就应当及时无条件予以配合，不得收取任何形式的费用或者设置其他条件。最后，办案协作的程序规则还针对协作不力抑或不予履行的情况，明确了法律责任。也即，对不履行办案协作程序或者协作职责造成严重后果的，对直接负责的主管人员和其他直接责任人员，应当给予处分；构成犯罪的，依法追究刑事责任。

综上，侦查中有关协作的办案程序总体上已经较为明确。侦查机关必须严格执行协查程序，从而在全局观念的引领下为打击犯罪作出应有的贡献。

第五节　保守秘密原则

从整体来看，侦查工作本身是一项需要高度保密的工作。“谋成于密而败于泄”，任何泄密，都会给犯罪分子逃避打击、对抗侦查提供可乘之机，而且还有可能使党和国家的利益蒙受损害，使商业主体遭受经济损失，使个人名誉受到破坏。侦查中必须坚持保守秘密的原则，这是侦查工作取得胜利的基础和保证。如果侦查人员或其他相关人员违反保守秘密的原则，应视其情节轻重，依据有关规定进行严肃处理。

一、侦查中保守秘密的主要事项

（一）在立案前调查核实阶段不宜暴露的涉案情况

例如，对举报人的相关情况，需要严格保密。为了避免打草惊蛇，此阶段的调查工作一般不直接接触被调查对象。采取询问、查询、勘验、鉴定和调取证据材料等不限制被调查对象人身、财产权利的措施时，一般也需要在保密情况下进行。

（二）侦查中涉及的党和国家的机密、商业秘密

某些案件涉及党和国家的机密，侦查人员作为政法干警的重要组成部分，必须高度讲政治，无论是在案件侦办前、侦查过程中抑或侦查结束后，都必须严守机密，做党和人民的忠诚卫士。而在侦办一些经济犯罪案件的过程中，侦查机关必然会掌握一些企业的商业秘密。侦查人员应当具备高度的职业责任感，在严厉打击侵犯商业秘密等犯罪的同时，必须同时做好商业秘密的保护，全力护航经济发展。

（三）侦查活动的组织实施和秘密力量的布置等情况

侦查活动的组织实施必须在保密的情况下进行，这是同犯罪作斗争的侦查活动本身的特性所决定的。在具体的侦查组织实施的过程中，有很多环节更是特别强调要以保密的方式开展，其中典型的便是布设特情。最高人民法院于2000年印发的《全国法院审理毒品犯罪案件工作座谈会纪要》（已失效）明确承认，“运用特情侦破案件是有效打击毒品犯罪的手段”。为了对特情人员进行有效保护，令案件侦查顺利开展并获得效果，布设特情这样的特殊工作必须在超越常规侦查活动的层面上，以高度秘密的方式开展。

（四）在案件侦查中所使用的侦查措施和手段

侦查措施和手段中既有一部分是公开实施的，也有另一部分是需要秘密运用的。在秘密实施的侦查措施中，比较典型的包括技术侦查、控制下交付。以技术侦查为例，在实施过程中必须严格保密。而且，尽管采取这种措施收集的材料在刑事诉讼中可以作为证据使用，但是如果使用该证据可能危及有关人员的人身安全，或者可能产生其他严重后果的，即使在后续的审判环节也都应当进行相应的保密处理。

（五）侦查涉及的证人及其他有关人员的隐私和个人信息

在刑事案件中，必须强化证人等人员的隐私和个人信息保护，以免其受到干扰，甚至受到打击报复。特别是在危害国家安全犯罪、恐怖活动犯罪、黑社会性质的组织犯罪、毒品犯罪等案件中，证人、鉴定人、被害人因在包括侦查在内的诉讼程序中作证，本人或者其近亲属的人身安全面临危险的，人民法院、人民

检察院和公安机关应当不公开真实姓名、住址和工作单位等个人信息等方式进行保护。

二、侦查中保守秘密的例外情况

尽管侦查中的许多事项都需要保密，甚至某些事项需要严格保密，但这并不等于说侦查中所有的事项都要保密。从规范和实践层面来看，这主要涉及以下几种情况。

（一）侦查机关应当将强制措施的某些程序性事项通知被调查人家属或单位

这具体表现在《刑事诉讼法》第75、79、85、93条的规定：侦查机关指定居所监视居住的，除无法通知的以外，应当在执行监视居住后24小时以内，通知被监视居住人的家属；解除取保候审、监视居住，应当及时通知被取保候审、监视居住人和有关单位；有碍侦查的情形消失以后，应当立即通知被拘留人的家属；除无法通知的以外，应当在逮捕后24小时以内，通知被逮捕人的家属。之所以进行这些规定，主要的目的是保障被调查人员的权益，以及其家属、单位基本的知情权益。此外，将这些规定作为侦查中保守秘密的例外，也是考虑将相关程序性事项通知家属及单位，一般不会发生妨碍侦查的情况，而且也便于被调查人恢复正常的工作和生活。[15]

（二）侦查机关在特定的情况下需要向社会公布部分案情

当侦查过程中缺乏某些线索、案件查办陷入僵局的时候，侦查机关有时会发动群众提供帮助，而且在必要的时候还会通过悬赏的方式开展相应的工作。为了便于群众有针对性地提供线索，侦查机关便会将部分案情公之于众。当侦查机关决定通缉犯罪嫌疑人时，也有必要在通缉令中对简要案情进行公布。此外，在某些社会广为关注的热点刑事案件的办理过程中，为了回应社会关切，引导舆论向正确的方向发展，以此避免群众产生无端猜忌，侦查机关也会通过各种媒体以发布“警情通报”的形式，对案情进行一定程度的公布。不过，有两方面的问题需要注意：一方面，侦查机关公布部分案情，需要采取客观立场并注重

---

〔15〕 王爱立主编：《中华人民共和国刑事诉讼法释义》，法律出版社2018年版，第166、175、194、208页。

对嫌疑人的基本权利保护，例如，一般不宜发布嫌疑人认罪的画面等情况，以此切实避免其可能被传媒和社会不当地提前贴上“犯罪标签”。另一方面，侦查机关公布部分案情，需要关照被害人及其家属的隐私等相关权益，避免其受到二次伤害。

（三）侦查机关在邀请或委托相关人员参与侦查的时候也会使其知晓部分案情

例如，侦查机关在开展勘验、检查、搜查、查封、扣押等工作的时候，原则上均需要有邻居等见证人在场。设计侦查见证制度的目的之一，在于确保侦查行为的公信力和规范性，相关制度在具体执行的时候必然会令见证人在一定程度上了解案情。又如，为了查明案情，需要解决案件中某些专门性问题的时候，侦查机关应当指派、聘请有专门知识的人进行检验、鉴定，抑或由具有行政职能的主体作出行政性的专业认定，[16]这便涉及社会鉴定机构、行政主体及其他行业的鉴定人或专业人士参与侦查、了解部分案情的情况。再如，在近年来的新型犯罪治理过程中，侦查机关越来越多地将包括互联网公司在内的第三方平台纳入侦查程序，后者在参与电信网络诈骗犯罪侦查的过程中甚至会深度掌握有关案件的具体案情。总之，侦查机关在邀请或委托相关人员参与侦查时，不可避免地会令后者知晓部分案情。在工作开展的过程中，侦查机关需要从制度层面防止后者私自发布、散布、泄露有关案件的情况，从而令侦查中的保守秘密原则得到切实遵循。

---

〔16〕 关于行政认定在包括侦查在内的刑事司法中的证据审查及运用，参见李薇薇：《行政认定的证据类型及审查判断规则初探——以内幕交易案件为视角的分析》，载何家弘主编：《证据学论坛》（第17卷），中国检察出版社2012年版；时延安、黄烜璇：《行政认定的刑事司法审查》，载《人民检察》2017年第17期。

第八章 侦查基础

在《现代汉语词典》的解释中,“基础”一词被赋予事物发展的起点或根本的含义。侦查基础,是侦查机关为了适应防控犯罪的宏观需要和侦查工作的持续性发展长期进行的具有支持性、支撑性、保障性的侦查业务建设工作。侦查基础具有多方面的特点:一是全局性,侦查基础不是针对具体个案的侦查而采取的战术性微观措施,而是针对整个刑事犯罪或某几类刑事犯罪的规律、特点和发展趋势而采取的战略性宏观措施,是为侦查和预防犯罪的战略目标服务的。二是长期性,刑事犯罪的长期性决定了侦查工作的长期性,同时侦查基础工作涉及面广、工作量大,这些决定了公安侦查基础工作不是一朝一夕的工作,也不能一劳永逸,而是公安机关必须常抓不懈、持之以恒的经常性业务工作,需要长期努力、长期积累,不断强化、不断建设,建立健全抓好基础工作的长效机制。三是预防性,“主动出击,先发制敌”的指导思想是针对刑事犯罪的长期性和我国改革开放以后刑事犯罪出现的新情况、新问题而提出的,其精神实质,是要求把侦查业务建设的基点放在加强侦查、主动进攻、先发制敌上面来,增强侦查能力,做到敌动我知、耳聪目明、反应迅速,把许多犯罪消灭在预谋阶段以及快速侦破现行犯罪。四是系统性,侦查基础工作是一项系统工程,涉及侦查工作的方方面面,包括的内容很多,在加强侦查基础工作建设的过程中,目光要远,起点要高,整体规划。从内容和对象看,凡是能服务于侦查破案和预防犯罪的基础业务,都要建设,防止遗漏和偏废。

侦查基础工作可以为侦查破案和预防犯罪提供大量的基础与支撑。一是侦查基础工作具有情报指引功能。侦查基础工作可以为侦查破案提供坚实的刑侦基础情报,在犯罪发生后且公安机关发现犯罪行为前,侦查基础工作所收集的情报信息具有预警功能,有助于侦查发现犯罪;在犯罪发生后,侦查机关采取具体侦查行为前,侦查基础工作具有为侦查工作提供案件线索的功能;在实施具体侦查行为后,侦查基础工作具有明确案件侦查方向和划定侦查范围的作用。二是侦查基础工作具有前端预防功能。侦查基础工作的运行是预防犯罪的需要,在犯罪发生前,侦查基础工作收集大量可能与犯罪有关的情报信息,对于公安机关加强对重点区域、重点人员的管控提供了充分的情报资源,能够节省大量人力、物力去应对特殊群体、特殊区域的犯罪现象。[1] 三是侦查基础工作具有特殊诉讼功能。在刑事执法领域,侦查基础工作对于案件侦查取证也凸显出特殊的诉讼价值。在现代技术迅猛发展的今天,犯罪行为人利用现代科技手段实施犯罪,其应对侦查打击的意识和能力不断增强,给侦查部门的侦查取证工作增加障碍。而侦查基础工作的人力情报业务,不仅能够帮助刑侦部门弥补技术情报的缺陷,使搜集和分析的信息更加真实和准确,[2] 而且有利于引导建立主动型侦查模式,在固定罪证和还原犯罪过程方面发挥难以替代的作用。

侦查基础有不同的类别,如不同侦查机关侦查基础、不同历史时期侦查基础、人力资源型侦查基础和现代科技型侦查基础等。历史上神明裁判、保甲制度、讯问、特情调查、刑事技术等都曾是侦查工作的基础性方法,现代侦查基础工作的内容不断丰富,方法不断创新,朝着侦查基础信息化、数据化、智能化方向不断迈进。

第一节 刑 事 技 术

一、刑事技术的概述

(一)刑事技术的概念

刑事技术是指侦查活动中用于同刑事犯罪作斗争的各种专门技术手段和方法的总称。刑事技术的范围广泛,其包括的内容有发现、提取、固定、记录事实和证据的技术手段;检验、鉴定证据的技术手段;搜集、储存、检索情报的技术手段;监视、控制犯罪活动的技术手段;防范、防伪技术手段;通信联络技术手段。

(二)刑事技术的分类

刑事技术按照专业划分,可划分为痕迹检验技术、笔迹检验技术、人体外貌

---

[1] 余其鸿:《以高危人群为视角的主动型侦查分析》,载《犯罪研究》2018 年第 1 期。

[2] 绵珊珊:《国外人工智能技术在情报领域的应用研究》,载《中国电子科学研究院学报》2022 年第 2 期。

识别技术、理化检验技术、法医检验技术、生物检验技术、声纹检验技术、警犬鉴别技术、犯罪心理测定技术、照相和录像技术、刑事档案技术、电子侦查技术等。这些技术手段在打击和预防刑事犯罪中都起到十分重要的作用。

从刑事技术所涉及的范围看，刑事技术既包括了物证技术方面的内容，同时也包括了侦查技术、法医学检验技术和预防犯罪技术等内容。其中物证技术在刑事技术中占有重要的地位。

物证技术是指为了发现、记录、提取、检验和鉴定案件中的物证而采取的各种科学技术方法的总称。物证技术包括寻找、发现、辨识物证技术；记录、提取物证技术；显现、保管物证技术；检验、鉴定物证技术。根据物证技术检验的对象，可将其分为：(1)形象痕迹的检验技术，如手印、脚印、工具痕迹、车辆痕迹等检验，均属于形象痕迹检验技术的范围。(2)枪弹痕迹的检验技术。枪弹痕迹的检验分为弹头和弹壳上的痕迹检验，其主要是通过对有关的枪弹痕迹的检验，对发射枪支进行同一认定。(3)笔迹检验技术。通过对与犯罪有关的字迹进行鉴定，确定字迹是何人书写的，是在何种条件下书写的，以及书写人的年龄、文化程度等情况。(4)伪造文书检验技术。主要是针对伪造的字迹、伪造的票证、伪造的印章进行检验。除了上述内容外，物证技术还包括指纹登记技术、外貌识别技术和照片鉴定技术等。

物证检验、鉴定所依据的是刑事技术研究领域的基本理论及科学的检验、鉴定方法，但是，那些基于科学检测所得出的鉴定意见，还必须满足合法性、关联性和客观性的要求，才具备证据能力，才能被法庭所采纳。

(三)刑事技术在侦查中的地位和作用

刑事技术、侦查情报、刑事特情是侦查中不可缺少的侦查手段，它们共同构成了侦查的三大支柱。其中刑事技术又是三大支柱的基础。刑事技术贯穿于侦查工作的始终，它在侦查活动中的作用主要表现在：

第一，运用刑事技术手段记录、固定刑事犯罪现场和犯罪事实，客观、准确地为侦查工作提供第一手资料。第二，通过勘验、检查、搜查等活动，广泛搜集与犯罪有关的资料，为查明事件性质和分析判断案情，确定侦查方向和侦查范围，部署侦查计划和实施侦查活动提供科学依据。第三，利用刑事技术手段和方法，发现与审查犯罪嫌疑人，缩小侦查范围，提高侦查工作效率。第四，发现、固定、收取、保全、鉴定与犯罪有关的痕迹物证，确定犯罪事实，证实犯罪人，为揭露和打击刑事犯罪活动提供有力的证据。第五，通过鉴定和侦查破案活动，搜集、储存犯罪情报资料，建立刑事技术档案，为侦查破案，查找犯罪嫌疑人以及通缉、辨认在逃罪犯提供线索和依据。第六，针对刑事犯罪活动的规律和特点，研究制定技术防范措施和防伪设施，以遏止或减少犯罪。

二、刑事技术主要领域

依据不同研究对象的属性，刑事技术划分出不同的研究领域。

（一）影像检验技术

影像检验技术是运用专门的摄影录像方法，记录、固定犯罪现场及相关物证，并对与案件相关客体的影像信息进行处理、检验的专门技术。刑事影像技术主要包括现场摄影技术、物证摄影技术、录像技术以及图像处理技术等。影像技术涉及刑事科学技术领域的各个方面，是刑事科学技术中最基本的内容。影像技术不仅能够记录物证，而且可以用于显现和检验物证，由于影像技术在检验物证中通常不会破坏物证的特性（无损检验），因此在各种物证检验中，影像技术通常是检验物证的第一步。随着社会生活中视频监控设备的普遍使用，图像处理技术面临更多的挑战，应用也更为广泛。

（二）痕迹检验技术

犯罪现场常见痕迹主要包括手印、足迹、工具痕迹、枪弹痕迹、车辆痕迹、牙齿痕迹、整体分离痕迹、开破锁痕迹以及牲畜蹄迹等。这里所说的痕迹是一种狭义的痕迹，特指在造型客体、承受客体以及作用力三要素共同作用下所形成的形象痕迹。痕迹检验技术是运用物证检验的理论与方法，对犯罪现场遗留的痕迹进行发现、识别、提取、显现、分析、鉴定，判明痕迹的形成、痕迹与特定人或物的关系的专门技术。痕迹检验技术主要由手印检验、足迹检验、工具痕迹检验、枪弹痕迹检验以及特殊痕迹检验组成。其中，特殊痕迹主要由玻璃破碎痕迹、开破锁痕迹、车辆痕迹、牙齿痕迹以及整体分离痕迹等组成。

（三）文件检验技术

文件检验技术是运用物证检验的理论与方法，对可疑文件进行检验、分析，确定文件与案件事实关系的专门技术。文件检验技术主要包括：笔迹检验、印刷文件检验、污损文件检验、文件材料检验、言语识别等。文件检验技术通过判断文件上的字迹是否为某人所书写，或是判明文件的真伪，或是判断文件的制作时间等,为查明案件真实情况提供依据。

(四)微量物证检验技术

微量物证检验技术是运用物证检验的理论与方法,尤其是化学、物理学以及现代仪器分析方法,对案件中形小量微的物质进行外形、性质和成分检验的专门技术。微量物证检验技术主要包括对涂料、油类、纤维、染料、塑料、橡胶、泥土、炸药、火药以及射击残留物、爆炸残留物等物质的检验。

(五)毒物毒品检验技术

毒物毒品检验技术是运用物证检验的理论与方法,尤其是化学、物理学、毒理学以及现代仪器分析方法,对案件中的各种毒物、毒品进行外形、性质和成分检验的专门技术。毒物毒品检验技术主要研究各类毒物、毒品的特性以及对其进行分离、提取、净化、检验与鉴定的技术。

(六)电子物证检验技术

电子物证是一种新型证据形式。电子物证就是借助电子技术或者电子设备而形成的一切证据,既包括以电子形式存在的材料,也包括其派生物。电子物证检验技术是运用电子技术、信息技术等专门知识,对计算机设备、商品设备、网络设备、数据设备、视听设备等各种存储介质及所存储的数据进行检验的专门技术。

(七)法医检验技术

法医检验技术是指运用法医学的理论与方法,对人身伤亡案件中涉及的尸体、活体以及相关的物品材料进行检验鉴定的专门技术。法医检验技术主类包括法医病理学检验、法医临床学检验以及法医精神病学检验。

(八)生物物证检验技术

生物物证检验技术是运用生物学、遗传学、免疫学、分子生物学以及医学等科学的理论与方法,对案件中的各种生物物质予以检验鉴定的专门技术。[3]

---

〔3〕 马忠红主编:《刑事侦查学》,中国人民公安大学出版社 2014 年版,第 228 页。

三、我国刑事技术工作的机构设置

我国刑事技术的体制,是在同刑事犯罪活动作斗争的实践中不断发展和完善的。目前,我国刑事技术业务工作和科学研究工作主要由以下几方面力量构成。

(一)侦查机关的技术机构

各级侦查部门的技术机构是刑事技术的业务指导和实战单位,是刑事技术的基础力量。它的主要任务是承担刑事技术建设的规划与业务指导、检验与鉴定工作,为侦查破案服务。同时,结合实际工作中的问题,开展科学研究,采用新的检验鉴定技术和方法,扩大检验鉴定的领域和范围。目前,公安机关犯罪现场勘验信息系统已在全国推广使用。每年录入该系统百万起案件的现场信息,所有信息进行分类储存,如案件报案信息、现场提取物证信息、现场照片、视频截图、声音文件等各种原始资料。该系统不仅能存储原始资料,而且具有及时串并案件、统计分析数据等多项功能,提高了物证使用效能,为侦查破案提供了更多信息。

(二)刑事技术的研究机构

刑事技术研究机构是开展刑事技术研究的骨干力量。它的主要任务是承担系统的、亟需的、技术难度较大的专门课题的研究任务。同时,它也承担一部分刑事技术的检验鉴定任务。随着智慧警务和网络信息化进程的不断深入,刑事科学技术领域在信息应用方面展开大量的研究,开发了核心信息应用技术;建立了指纹、DNA、枪弹痕迹等物证数据库,研发、建立并广泛使用了犯罪现场勘验信息系统、物证保管系统、实验室管理系统等。这些物证数据库、信息系统的建立,为快速、有效地侦破刑事案件发挥了重要作用。[4]

(三)从事刑事技术教育的高等院校

从事刑事技术教育的高等院校主要的任务是培养不同层次的刑事技术人才,并结合教学和科研开展刑事技术科研工作,协助侦查业务部门解决有关的刑事技术难题。

---

〔4〕 马忠红主编:《刑事侦查学》,中国人民公安大学出版社 2014 年版,第 240 页。

从目前我国刑事技术的范围看,公安部刑事侦查局技术处和最高人民检察院技术局是本系统刑事技术工作的最高行政管理部门,负责刑事技术工作的管理与发展制定规划,拟定有关的规章制度,指导本系统的刑事技术工作。其中,公安部、最高人民检察院和司法部所属的研究所是全国刑事技术科研和检验鉴定的中心。公安部、司法部和有关部、委所属高等院校的刑事技术教学部门,除承担培养刑事技术专门人才,也承担了部分刑事技术的科研任务和刑事技术的检验鉴定任务。省(直辖市)、市、县各级刑事技术部门,承担着辖区内各自管理的指导任务、取证任务、鉴定任务和部分科研任务。

为了加强刑事技术的现代化、科学化建设,从 20 世纪 80 年代初开始,公安部和最高人民检察院就在全国范围内开展了组建两级技术中心和三级技术点的建设工作。公安部和最高人民检察院的研究所是一级技术中心。一级技术中心除了装备常规的刑事技术检验设备外,重点装备了先进的仪器设备。一级技术中心主要负责全国疑难物证的鉴定和复核工作,负责刑事技术鉴定中新技术和新方法的研究、引进和推广工作以及对刑事技术人员的培训工作。各省、自治区、直辖市的刑事技术机构是二级技术中心。各地根据刑事技术工作的需要,配置有较为先进、全面的常规检验鉴定设备。二级技术中心主要负责其辖区内刑事技术检验鉴定的复核任务,并且结合本地区的实际情况,组织相关刑事技术项目的研究,利用和引进新的科研成果,提高刑事技术的检验鉴定水平;对辖区内的刑事技术工作进行指导。刑事技术的一级点设在省会城市或 200 万人口以上大城市的公、检侦查部门。它们承担管辖地区重大、特大案件的现场勘查以及疑难物证的检验鉴定和复核工作,指导市、县级的刑事技术工作。刑事技术二级点设在地区或省辖市的公、检侦查部门,它们主要承担刑事技术检验鉴定的初级复核工作,参与重大、特大刑事案件的现场勘查,对辖区内的三级技术点进行业务指导。刑事技术三级技术点设在市(县)或市辖区的侦查部门,它的主要任务是运用刑事技术手段勘查现场,开展刑事技术的检验鉴定,为侦查破案提供线索和证据。

第二节　侦查情报

一、侦查情报概述

(一)侦查情报的概念及种类

1. 侦查情报的概念

“情报”既是一个随历史的发展而不断变化的概念,同时,不同的学术流派也有不同的表述。情报的概念可以表述为情报是被人们感受并可传递交流对象的、有序的、具有特定使用价值并且可以作为决策依据的信息。侦查情报是指通过各种合法及有效的手段和方法获取的,供侦查部门及其他有关部门打击犯罪、预防犯罪使用,具有侦查价值的线索和情况。

2. 侦查情报的种类

侦查情报根据不同的物质表现形式分为:文字情报、声像情报和实物情报。文字情报是指用文字形式记录下来的侦查情报资料,如各种文字情报档案、卡片、资料登记、书信、票据、便条、合同等。声像情报是指以声音或图像形式表现出来的侦查情报,其特点是以画面、图像或声音这些媒介来传递和表现的,如通过电影、电视、录像、幻灯、绘画、广播、录音、电话等方式进行传递和表现的情报。实物情报是指以实物为表现形式,通过实物传递出来的侦查情报。在刑事侦查活动中,实物情报的范围很广,如现场提取的人体痕迹、器械痕迹、文书物证、人体分离物、服饰、工具与凶器、包装物品等。

侦查情报根据使用频率的不同分为一次过程情报和复用情报。一次过程情报又称为短效情报,它是指某些侦查情报只经过输入—处理—输出这样一个过程便完成了其使命,以后不再重复使用。复用情报又称为长效情报,它是指某些侦查情报经过输入—处理—输出的同时,又转入储存以备再次输出。复用情报多为档案情报。

侦查情报根据功能不同分为证据式情报和线索式情报。证据式情报是指在侦查过程中获得的,既能在侦查过程中作为线索或依据查明犯罪人和犯罪事实,又能在刑事诉讼中对犯罪人和犯罪事实起到证明意义的情报。如犯罪的痕迹物品;知情人的证言;赃物赃款;犯罪嫌疑人的供述和检举等。线索式情报是指只能在侦查中作为线索使用,而不能在刑事诉讼中作为证据使用的情报资料。如侦查情报工作中,凡是通过秘密手段和方法获取的侦查情报,都只能作为线索,而不能直接作为证据使用。

侦查情报根据作用的不同分为战略性情报和战术性情报。战略性情报是指包含有犯罪的规律、特点及其发展、变化趋势,能为侦查工作和预防犯罪工作制定总体规划,预测犯罪活动的动向,实施带有全局性和总体性的侦查活动提供依据的侦查情报。战术性情报是指包含与犯罪有关的某一具体事件或情节或现象的信息,为实施侦查工作的某一项具体活动或措施而服务的侦查情报。

侦查情报根据适用的范围不同分为个案性情报、类案性情报和防范性情报。个案性情报是指在个案侦查中使用的侦查情报。个案性情报的特点是:其情报的内容往往与某一具体的刑事案件有关;另外,个案性情报主要是为侦查破案服务。类案性情报是指与类案有关并在类案侦查中使用的侦查情报。防范性情报是指用于犯罪工作的侦查情报。其适用的范围主要包括预防犯罪的工作,如制定预防犯罪的规划、分析犯罪活动的动向、实施预防犯罪的具体措施及其依据。

(二)侦查情报工作的特点

情报信息对人类社会各项活动影响日益广泛、深刻,治安工作概莫能外。侦查情报对于公安工作的重要性日益增强,在侦查工作中,对于改进和完善警务工作机制,增强队伍整体素质和战斗力,提升综合驾驭社会治安的能力,实现侦查工作可持续发展具有十分重要的现实意义。

侦查情报工作有如下特点:

1. 时效性。由于刑事犯罪一般具有发案快、逃逸快、销赃快的特点,刑事犯罪情报信息因此具有很强的时效性。这就决定了刑事犯罪情报信息工作在情报信息的收集、整理、评估、分析、传递以及应用等各个环节都有很强的时效性要求。

2. 广泛性。刑事犯罪活动广泛地存在于社会的各个领域,记录犯罪行为的刑事犯罪情报信息也涉及社会的方方面面,由此决定了刑事犯罪情报信息工作涉及面非常广泛。刑事犯罪情报信息工作需要及时把与犯罪活动有关的、广泛而分散的信息收集起来,进行评估和分析,形成对刑事侦查工作指导作用的情报。

3. 技术性。由于刑事犯罪情报信息涉及范围广,在收集和分析等环节往往需要多个行业的专业知识,很多时候还需要最新的专业技术支持。因此,技术性强是刑事犯罪情报信息工作的一个显著特点。在情报信息的收集、整理和评估环节,会广泛运用文字、图像、声像、痕迹、计算机技术;在情报信息分析环节,会运用犯罪学、心理学、统计学、数学、系统论、信息论及现代通信、计算机技术等。进行刑事犯罪情报信息工作必须有足够的知识储备,并灵活运用相关学科的知识和技术,才能科学有效地开展工作。[5]

(三)侦查情报的作用和任务

1. 侦查情报工作的作用

侦查的过程就是搜集和运用侦查情报的过程。侦查实践证明,加强侦查情报工作的建设,不仅可以多方面收集犯罪信息,提供侦查线索和诉讼证据,提高侦查破案工作的效率,还能够及时发现预谋犯罪活动,制止重大预谋犯罪案件的发生,达到主动进攻,先发制人的效果。侦查情报在侦查中的作用具体表现在:

第一,侦查情报能为侦查破案工作提供大量的侦查线索和证据,加快刑事案件的侦破进程,提高侦查工作效率。刑事案件的侦查需要大量可供分析、决策的线索、证据和依据,而侦查情报工作正是通过搜集大量的与犯罪有关的情报资料,经过分析、鉴别后提供给侦查破案工作作为线索和依据的。因此,侦查情报工作的好坏常常直接影响到侦查工作的进程和效率。

第二,侦查情报有利于加强侦查机关的协调联系,是打击流窜犯罪和有组织犯罪的有力手段。当前,刑事犯罪活动出现了许多新的情况和新的变化,流窜犯罪、有组织犯罪日益突出。因此,侦查工作必须打破划定的行政区划界限,在侦查机关各部门之间、地区之间建立起侦查情报网络和协同作战体系,依据侦查情报发现与缉捕犯罪人。

第三,侦查情报是争取侦查工作主动权,实行先发制人的一项根本性措施。侦查破案和预防犯罪是侦查工作不可分割的两个部分。侦查机关要掌握同刑事犯罪作斗争的主动权,常常需要通过侦查情报工作来搜集大量的与犯罪有关的情报资料,并根据掌握的情报资料制定出防范控制的规划、措施和具体的行动方案,将刑事犯罪消灭和制止在预谋阶段。

侦查情报工作能够为侦查工作科学决策,掌握同刑事犯罪做斗争的主动权提供依据。侦查情报可以揭示刑事犯罪活动的规律特点,反映刑事犯罪活动的

---

[5] 马忠红主编:《刑事侦查学》,中国人民公安大学出版社 2014 年版,第 210 页。

动向、趋势，从而使侦查机关能够作出科学的决策，有针对性地采取侦查措施、侦查手段和侦查方法，真正掌握侦查工作的主动权。

2. 侦查情报工作的任务

为侦查破案和预防犯罪服务的宗旨决定了侦查情报工作的任务：一是广辟侦查情报信息资料来源，搜集侦查情报，及时发现刑事犯罪活动和预谋犯罪的线索。二是对侦查情报进行整理、分析，为侦查破案和预防犯罪提供依据。三是加强侦查情报工作的自身建设，努力提高侦查情报的服务效率。

二、侦查情报工作的主要内容

（一）侦查情报的搜集

侦查情报的搜集是指侦查部门和侦查人员运用各种侦查措施和侦查手段以及其他合法有效的方法去获取各种与犯罪有关的情报资料的过程。侦查情报的搜集是侦查情报部门获取和积累情报资料的一种手段，也是做好情报管理工作的前提和基础。

1. 侦查情报搜集的范围

侦查情报搜集的内容和范围十分广泛，只要是侦查破案和预防犯罪所需要的信息以及与刑事犯罪活动有关的一切事实、现象和其他信息都属于侦查情报搜集的范围。其具体的范围包括：

（1）人员情报资料。人员情报资料包括：已经查获或查明的刑事犯罪分子的情况资料；逃跑的劳改犯、未决犯以及在少管中脱逃的人员情报资料；通缉的案犯以及逃跑后的犯罪分子的情报资料；刑事嫌疑分子情报资料；流窜犯罪分子情报资料；犯罪团伙、犯罪集团情报资料；国外、境外犯罪分子情报资料；失踪人情报资料；不知名尸体情报资料；盲流人员情报资料；城市流动人口情报资料。

（2）案件情报资料。案件情报资料包括：各类刑事案件的情报资料；预谋犯罪案件的情报资料；流窜犯罪案件的情报资料；团伙犯罪、集团犯罪案件情报资料；系列犯罪案件情报资料；各类未破犯罪案件情报资料等。

（3）物品情报资料。物品情报资料包括：刑事犯罪案件中的各种痕迹物品资料；可能与刑事案件有关的物品资料；各类可疑物品资料；刑事案件中损失的物品资料；样品、样本资料等。

（4）犯罪线索情报资料。犯罪线索情报资料包括：各种与已经发生的犯罪活动有联系的人、事、物的线索资料；通缉、通报的刑事犯罪线索资料；在阵地控制、侦查破案、预审工作中发现的犯罪线索资料；侦查部门上下级之间、相邻地区侦查部门之间以及友邻单位之间交流的各种犯罪线索情报资料；一定地区和范围的社情、敌情等情报资料；其他与侦查破案和预防犯罪有关的情况、线索等情报资料。

2. 侦查情报搜集的方法

由于侦查情报的种类、特性不同，侦查情报对其搜集方法的要求也有所不同。侦查情报搜集的基本方法可采取侦查情报部门的专业人员搜集和依靠广大侦查人员搜集相结合，侦查部门搜集与其他部门提供相结合，集中搜集与平时工作积累相结合的方法进行。侦查情报的搜集主要有两种途径，一是通过公开途径搜集；二是通过秘密途径搜集。

具体的搜集方法是：第一，通过各种侦查措施和侦查手段进行搜集，如在刑事案件侦查中，通过调查访问、搜查、辨认、通缉通报、阵地控制等侦查措施和侦查手段搜集侦查情报资料。第二，通过运用刑事技术手段搜集侦查情报资料。第三，利用侦查隐蔽力量和治安耳目搜集侦查情报资料。第四，通过侦查破案工作搜集侦查情报资料。第五，通过查对刑事档案搜集侦查情报资料。第六，通过其他方法搜集侦查情报资料。如通过与工商、税务、海关、纪检等部门进行情况交流，搜集有关侦查情报资料；通过预防犯罪中的刑嫌调控搜集与案件有关的线索；通过有关的报刊、杂志以及其他媒体的信息，搜集有关的社情、敌情等情报资料。

（二）侦查情报的鉴别

1. 侦查情报的鉴别及任务

侦查情报的鉴别是指对搜集到的侦查情报，根据其来源、搜集的方法和途径及其他加工方法的不同，进行分析、评断，以确定其效用大小和可靠与否的一项专门工作。

侦查情报鉴别的任务包括：（1）确定情报对侦查工作是否有效以及情报效用的大小。首先，对侦查活动中搜集到的情报，要通过鉴别确定其是否是有效情报。在侦查实践中，难免也会有对侦查工作无作用或对侦查工作具有反作用的情报存在。因此，对侦查情报的鉴别，就是要将情报中的虚假情报、无用情报和过时情报剔除，避免其误导侦查工作。其次，对于有效情报，应通过鉴别确定其效用的大小。由于侦查情报的来源、内容和形式不同，就使得情报的作用各不相同。因此，通过侦查情报的鉴别工作，以确定每一个情报的价值，为下一步情报的利用创造条件。(2)确定情报的可靠程度。侦查情报可靠性程度的高低,直接影响到侦查工作的成败。因此,侦查工作中对情报的利用前提是对侦查情报的可靠程度进行分析、判断,通过对侦查情报的鉴别,从情报的来源、搜集和其他加工方法入手进行考察评断,以确定侦查情报的可靠性。(3)侦查情报鉴别工作中,在条件允许和侦查工作需要的前提下,应对某一侦查情报被利用以后的效果作出预测。在鉴别侦查情报的有效性和可靠性的基础上,可结合具体案件的实际情况,预测某一情报使用后,可能会出现什么样的结果,以及在情报的利用中是否需要注意某些问题等。

2. 侦查情报的鉴别方法

(1)复查法。复查法是指对于某些有条件进行重新审查的情报,对其从来源、搜集及其他加工方法等方面进行复查,以鉴别、查明情报是否在这些环节上出了差错从而影响到其有效性和可靠性。

(2)逻辑分析法。逻辑分析法是指对某些条件不允许进行重新审查的情报,通过逻辑推理、分析去发现和寻找影响情报有效性和可靠性的因素,从而消除、解决这种因素的一种鉴别方法。

(3)比较法。比较法是指将需要鉴别的情报和其他不同类情报及同类情报进行比较,以确定其有效性和可靠性的一种鉴别方法。

3. 侦查情报鉴别的途径

侦查实践中,侦查情报的鉴别途径主要有以下几种:

(1)从侦查情报运动的各个环节入手进行鉴别。侦查情报的运动过程包括情报的来源、搜集、储存、检索等工作环节,而在这些环节中,影响侦查情报有效性和可靠性的因素众多。因此,通过对侦查情报的鉴别,确定侦查情报的可靠性和有效性。具体鉴别的内容包括:从情报的来源入手进行鉴别;从情报的搜集过程入手进行鉴别;从情报的储存、检索过程入手进行鉴别。

(2)从侦查情报的类型和特征入手进行鉴别。通过不同类型的情报所反映出来的特征进行鉴别分析,找出影响侦查情报有效性和可靠性的因素。侦查实践中常见的侦查情报鉴别有:物品型情报的鉴别;档案型情报的鉴别;证人证言型情报的鉴别;鉴定检验型情报的鉴别。

(3)从侦查情报和其他情报之间,侦查情报与案情之间的关系入手进行鉴别。通过考察侦查情报与侦查情报之间,侦查情报与案情之间的吻合程度,情报在案件侦查中的地位和作用来判明侦查情报的有效性和可靠性。

(4)通过使用侦查情报进行鉴别。这是一种特殊的鉴别途径。一般而言,只有那些在鉴别阶段无法确定其有效性和可靠性,但它又与侦查工作具有一定关联的侦查情报,才有必要将其放在侦查破案的过程中,边使用边鉴别其有效性和可靠性。

(三)侦查情报的储存

侦查情报的储存是指将搜集到的侦查情报按照一定的方法和规则进行分类、整理,形成有序的档案,以备应用的一项专门工作。

侦查情报储存的内容包括:犯罪分子基本情况储存;指纹储存;犯罪分子外貌特征储存;犯罪手段与方法储存;案件痕迹物品储存;有关人员提供的线索、情况储存;样品、样本资料储存。

侦查情报储存的方式有文字储存、图像储存、音像储存、实物储存、痕迹的复制品储存。

侦查情报资料储存的方法主要有手工储存和计算机储存,其中以计算机储存为主。(1)手工储存是指对搜集的侦查情报资料进行分析整理,检查核实有无查差错,分析判断用途,确定分类项目和内容,分门别类地按照规范要求填写索引卡、册,然后采用不同的方法分类编排、存放,以备需要时检索。手工储存的方法主要有:归类分档储存法;索引查字储存法。(2)计算机储存是针对侦查情报工作量大、专业技术性强的要求而采取的有效的储存方法。利用计算机储存侦查情报资料具有储存容量大,信息处理功能强,检索速度快,便于信息管理以及实现信息资源共享等优越性。运用计算机储存侦查情报资料的方法一般是:第一,由计算机程序员根据情报资料的规范要求,确定所储存信息的数据结构、软件功能,使用一定的系统编制软件进行应用程序设计;第二,由计算机操作人员在终端设备上根据程序运行要求,输入信息;第三,对已存入计算机系统内的情报资料,通过计算机服务子程序实现对情报资料准确性的校验,并通过建立相应的索引文件,提高检索速度。

(四)侦查情报的检索

侦查情报的检索是指根据侦查工作的需要,通过检索语言和检索指令,在大量的储存情报中,查找出符合提问特征的侦查情报资料的过程。侦查情报检索是一项专业性极强的工作。不同种类的情报的检索差别很大。侦查情报的检索一般都需要专业技术人员进行。侦查情报检索的方法可以分为两大类,一类是人工检索的方法,另一类是计算机检索的方法。

1. 侦查情报的人工检索

侦查情报的人工检索是指运用手工的方法检索侦查情报资料。人工检索具体是通过分类索引查找和主题词索引查找的方法对侦查情报资料进行检索的。分类索引查找法,是以储存时情报资料卡片按照储存的分类顺序安放到相应的档格或抽屉之中为前提而采取的一种检索方法。主题词索引查找法是以用主题词法储存情报为前提的,检索时先确定与条件相一致的检索用词,然后根据字顺排列寻找到属于同一主题的卡片。

2. 侦查情报的计算机检索

侦查情报的计算机检索是将计算机技术运用于侦查情报资料领域所产生的一种检索方法,计算机在侦查情报检索中的运用过程是:当用户要求查询某一情报时,由情报人员(操作人员)根据用户所提供的条件,借助分类表、主题词表等工具,编写出检索式,然后将其输入计算机,计算机则按照检索式,在储存的情报资料库中进行自动搜寻和比对,找出符合检索式的全部情报资料,最后通过打字机或屏幕显示出来。

(五)侦查情报的利用

侦查情报的利用是指在侦查破案和预防犯罪过程中,以侦查情报作为线索和依据,再分析、判断案情,制订侦查计划,确定侦查方向和侦查范围,发现嫌疑线索,获取有关痕迹物证,查明犯罪事实和犯罪人以及制定预防犯罪的规划,组织预防犯罪的网络,实施预防犯罪的具体工作的实践过程。

在侦查实践中,对侦查情报的利用因其对象、范围的不同,可以分为个案侦查中的情报利用、类案侦查中的情报利用、有组织犯罪侦查中的情报利用、预防犯罪中的情报利用。

三、侦查情报工作现代化

我国侦查情报工作现代化体现在侦查情报的信息化建设中,主要体现在“金盾工程”和侦查信息化工作平台。

(一)“金盾工程”

为适应信息化的时代潮流,我国公安机关充分发挥情报信息在警务活动中的主导作用,大力推进“金盾工程”建设,创新警务理念和工作发展模式。“金盾工程”是以公安信息网络为先导,以各项公安工作信息化为主要内容,建立统一指挥、快速反应、协调作战机制，在全国范围内开展公安信息化的下沉。

自 1984 年公安系统计算机网络建设正式启动后，我国公安系统分期启动了“中国犯罪信息中心”（CCIC），并于 1994 年年底正式运行。为适应我国现代经济和社会条件下实现动态管理和打击犯罪的需要，实现“科技强警”，增强公安系统统一指挥、快速、协调作战、打击犯罪的能力，提高公安工作效率和侦查破案水平，公安部于 1998 年提出建设“金盾工程”，并进行了调研、立项等基础准备工作。

“金盾工程”一期（1999 ~ 2005 年）的重点是建设好一、二、三级信息通信网络以及大部分应用数据库和共享平台等工程。“金盾工程”二期（2005 ~ 2007 年）的主要任务是完善三级网及延伸终端建设，全面完成基础研究部门所需要的应用系统，全面实现公安工作通信多媒体化，业务信息共享。“金盾工程”建设主要包括：公安基础通信设施和网络平台建设；公安计算机应用系统建设；公安工作信息化标准和规范体系建设；公安网络和信息安全保障系统建设；公安工作信息化运行管理体系建设；全国公共信息网络安全监控中心建设；等等。

“金盾工程”实质上就是公安通信网络与计算机信息系统建设工程，它是利用现代化信息通信技术，增强公安机关快速反应、协调作战的能力，提高公安机关的工作效率和侦查破案水平，适应新形势下社会治安的动态管理，目的是实现以全国犯罪信息中心为核心，以各项公安业务应用为基础的信息共享和综合利用，为各项公安工作提供强有力的信息支持。

（二）侦查信息化工作平台

侦查信息化工作平台是侦查信息化工作的前提和基础，侦查信息化的功效取决于平台的层次和功能，高层次的侦查信息化必须有现代化的网络平台作为保障。所谓平台的高层次与现代化，是指搭建平台的材料设备的先进性、平台网络互联的广泛性、在网络中传播的情报信息的丰富性和有价性、情报信息传播的快速性、情报信息获取的便捷性。

侦查信息化工作平台含有丰富的内涵，是一个集计算机技术、网络通信技术、数据库管理技术为一体的大型网络系统。为了搭建一个高层次的现代化平台，一方面要充分利用现有的各种网络资源，特别是要依托现有的“金盾网”等各种现成的公安专用网络；另一方面，要开发建设各种子系统、数据库，并使这些子系统、数据库与网络平台相联，向网络平台注入庞大的各种各样有价值的情报信息。

首先,侦查信息化工作平台是一个依托“金盾工程”,同时在“金盾工程”基础上继续开发的以违法犯罪信息系统为核心的网络化环境。这一网络化环境由各级信息通信网络构成,主要包括基础通信设施和网络平台等。建成的网络平台遍布全国各地,与处于各种空间的侦查部门相联,在这一网络环境里容纳与传递的信息是各种各样的犯罪情报信息及其他信息。

其次,这一网络环境还包含有大小不等,或者相容,或者并列的各种应用子系统和数据库。在这一环境里,除了核心系统——犯罪情报信息系统外,还捆绑有指纹自动识别系统、足迹查询图形比对系统、追逃工作系统、案件受理系统、现场绘图系统、串并案查询系统、人像组合系统、专家分析系统、数字图像处理分析系统、物证图像处理系统、监控录像模糊图像分析系统,等等。同时,还有 DNA 数据库、违法人员数据库、通信资料数据库、身份证数据库、车辆数据库、枪支数据库、贵重物品数据库、金属数据库、鞋类数据库、油漆数据库、植物数据库、布料数据库、纤维数据库、塑料数据库、土壤数据库、工具数据库等与其相联。这些子系统和数据库将随着技术的进步而不断增加,各种数据库的内容也将不断丰富。

四、侦查情报工作的基本要求

(一)主动服务

侦查机关要在同刑事犯罪的斗争中争取主动,重要的一点就是必须获得可靠的犯罪情报资料,获得的情报资料越多、越可靠,检索、传递得越及时,打击和防范犯罪活动就越有力。因此,刑事犯罪情报资料建设必须主动为侦查破案和预防犯罪工作服务。刑事犯罪情报资料工作人员要有强烈的事业心、责任感和侦查意识,想侦查破案之所想,急侦查破案之所急,不断地对犯罪情报资料进行分析研究,发现新情况、新问题、新线索,主动向有关部门提供。侦查机关要强化全面收集信息的意识,抓好公安业务信息的采集维护和公安内部信息资源的整合,逐步建立一定数量的动态情报信息库,从根本上提高侦查情报资料数量和质量。

(二)依靠群众

刑事犯罪情报资料建设必须广开资料来源,而犯罪情报资料量多、面广,侦查机关仅依靠自己的力量是做不好的,必须充分依靠群众,包括依靠治安、监所管理、基层公安保卫组织的共同工作,才能获取各种犯罪资料。侦查机关必须进一步拓展情报信息的来源和渠道，充分利用社会各行业的信息，努力实现社会管理信息资源的共享。

（三）统一管理

我国幅员辽阔，人口众多，行政区划数、级较多，对犯罪情报资料建设如不实行统一工作规范、统一管理模式，势必形成情报资料分散、规格各异，各地区、各部门各自为战的局面，既不能适应同不受地域限制的犯罪活动斗争的需要，也不利于实现全国计算机网络化的要求。因此，犯罪情报资料建设要统一制定各工作环节的工作规范，包括情报资料收集的范围、对象，整理的规格，检索语言的规范等。同时要统一管理模式，特别是设备规格、要求，进一步统一信息采集标准，从信息录入环节抓起，既保证基础信息的真实性和有效性，又保证情报分析阶段跨库检索、信息比对和数据分析的便利，为下一步的情报分析工作打下基础。

（四）坚持"准、快、全"

"准"是准确、客观和实事求是，只有准，才能保证犯罪情报资料的客观性和应用性；"快"是高效率，即快速收集、快速传递、快速检索服务；"全"是全面性，即要广开犯罪情报资料来源，提供的资料要反映事物全貌。"准、快、全"是保证最大限度地发挥犯罪情报资料的效益和价值的关键。坚持"准、快、全"，应防止犯罪情报资料收集过程中的虚构、添加、拼凑、夸张，利用过程中的孤证、回避、捕风捉影，传递过程中的拖拉等现象的发生。

（五）依法办事

刑事犯罪情报资料建设必须遵守法律、严格依法办事。犯罪情报资料的内容涉及面广，利用得当，可以成为同刑事犯罪作斗争的有效手段；使用得不当，也容易侵犯公民的合法权利。因此，为保证这项工作健康发展，犯罪情报资料的收集、检索利用，一定要按照有关法律规定进行。

（六）保守秘密

刑事犯罪情报资料之所以是同刑事犯罪作斗争的有力武器，就在于它记录了大量的犯罪信息，一旦泄露，就可能造成一定的损失。因此，犯罪情报资料建设一定要建立、健全各项规章制度，确保犯罪情报资料的安全。一旦发生泄密，要采取有效措施,把损失控制在最低限度。同时,对泄密者要给予必要的法律或纪律处分。

五、侦查情报机构的设置和管辖职责

侦查情报管理是一项专业性、技术性很强的工作,各级侦查部门必须设置专门的机构和人员进行管理。为了充分发挥侦查情报在侦查工作中的作用,使侦查情报的搜集、储存、检索和利用更趋向规范化,提高侦查情报的利用率,规定了各级侦查部门对侦查情报资料的管辖职责。在侦查实践中,侦查情报工作的管辖职责如下。

(一)部级侦查情报机关的管辖范围

在我国,公安部是最高的侦查情报工作的管理机构,它的管辖职责范围是:负责全国的侦查情报工作的指挥和管理;制定和提出宏观上的侦查情报工作规划和方针,确定侦查情报工作的总目标;协调处理下级情报机关的各种问题;亲自搜集和管理某些侦查情报资料。

公安部搜集和管理的侦查情报包括:全国性大要案件的情报资料;某些特定的刑事犯罪人员情报资料;枪弹痕迹情报资料;重、特大预谋案件情报资料;省、自治区、直辖市的刑事案件统计资料和报表,以及各种重大线索和情况报告。

(二)省级侦查情报机关的管辖范围

省级侦查情报机关主要是指省、自治区、直辖市一级的侦查机关,它对情报的管辖范围是:负责制定本辖区的侦查情报工作的规划,在部级侦查机关制定的方针、政策的指导下,制定出符合本辖区情报工作状况的地区性的方针和政策;对辖区内的情报工作实行指导、指挥和统一管理,对重大的情报事务作出决策;协调下级各情报部门的关系;从事和管理某些具体的情报事务。

省级侦查情报机关管理的情报范围包括:搜集和管理本辖区内发生的特大刑事案件,严重暴力犯罪案件,跨地、市流窜案件,严重的犯罪集团案件,境外、国外来华在本辖区实施犯罪活动的案件的情报资料;搜集和管理本辖区发生重、特大刑事犯罪案件中的犯罪分子,跨地、市流窜作案的流窜犯罪分子,境外、国外来华在本辖区实施犯罪的分子,具有黑社会性质的犯罪团伙、犯罪集团和恐怖组织分子的人员情报资料;搜集和管理本辖区内发生的涉枪案件中的枪弹情报资料,包括现场枪弹痕迹情报资料、被抢劫和被盗窃枪弹情报资料等;各地市有关刑事案件的统计报表和各种情报资料。

(三)地、市侦查情报机关的管辖范围

地、市侦查情报机关是指地区、省辖市一级的侦查情报机关。地、市侦查情报机关管辖的范围包括:根据本地区情报工作的实际情况,在上级侦查情报机关的方针、政策的指导下,制订出本地区总的情报工作的计划和安排;对辖区内的情报工作实行指挥和指导,协调县、市各情报部门的工作关系,处理有关的问题;直接搜集、管理某些情报资料。

地、市侦查情报机关管理的情报范围包括:本辖区内的重、特大刑事案件情报资料,跨县、市作案的流窜犯罪案件情报资料,具有黑社会性质的团伙和犯罪集团所作的刑事案件情报资料;本辖区内的重、特大刑事犯罪分子情报资料,跨县、市作案的流窜犯罪分子的情报资料,黑社会团伙和犯罪集团成员的情报资料;本辖区由本级公安机关管理的验枪情报资料,案件现场上的枪弹痕迹资料,被盗、被抢枪支的情报资料;下级侦查情报机关的各种情况报表和各种线索资料;某些样品情报资料。

(四)县级侦查情报机关的管辖范围

县级侦查情报机关是基层的侦查情报部门,它管辖的范围主要有:管理本辖区内刑事犯罪案件情报资料的搜集、整理、鉴别和利用,搜集和管理各种样品、样本情报资料和线索资料,处理本辖区的各种情报事务和有关问题。

第三节　侦 查 特 情

一、侦查特情的概述

(一)侦查特情的概念和分类

侦查特情,又称“线人”“线民”,是指侦查机关物色、培养、指挥的,用于刑事案件侦查,搜集犯罪情报,发现和控制犯罪活动的隐蔽力量。

侦查特情根据不同的分类标准,其划分的种类各不相同。根据刑事特情所承担的任务不同,刑事特情可分为专案特情、情报特情和控制特情。根据刑事特情的身份不同,刑事特情可分为基础群众中物建的刑事特情、在有过违法行为的人和受过打击处理的犯罪人中物建的刑事特情、在现行犯罪分子中物建的刑事特情。根据刑事特情的活动区域不同,刑事特情可分为境外特情和境内特情、城镇特情和农村特情。

(二)侦查特情的作用

特情在侦查实务中的作用是:(1)预防和阻止犯罪,当犯罪处于谋划阶段时,可利用特情提供的情报阻止犯罪实施;(2)举报犯罪,特情可以发现那些尚未被侦查机关所知晓的犯罪事件,并举报之;(3)指认犯罪人,特情可能目睹犯罪事件,了解犯罪人的特征,因此可以指认犯罪人;(4)帮助捕获犯罪人或者找到赃物、证据;(5)为无罪者消除嫌疑;等等。

物色、培养特情时,准确判断特情的动机很重要,否则可能会带来灾难性后果。一般来说,特情具有这样一些动机:害怕惩罚,如已经参与犯罪,但是担心受到刑罚惩罚;自保,如为了避免与自己关系密切的人已经犯罪而牵连自己;为了金钱,通过提供情报换取金钱;悔罪动机,因为犯罪,但是事后自责、悔恨,从而为侦查机关提供情报;利他情绪,如有较强的社会责任感和义务感,因而觉得提供情报打击犯罪也是自己应尽的义务;权力崇拜,通过与警方密切合作,得到一种拥有权力的感觉等。侦查人员在物色特情之初,一定要通过侧面调查和正面接触,将特情的身份、职业、教育水平、爱好、行为习惯、犯罪史等方面加以充分调查,准确判断其合作动机,以便有效利用。[6]

二、刑事特情工作的基本原则

刑事特情工作的原则是由特情工作的特点所决定的,它是刑事特情工作必须遵守的基本准则。刑事特情工作的基本原则如下。

(一)需要与可能

需要与可能的原则是指刑事特情建设必须从同犯罪作斗争的客观需要出发,结合侦查机关所具备的条件,全面而又综合地考虑。刑事特情建设中,需要与可能是一对矛盾统一体。一方面,无论是从犯罪作斗争的大局出发,还是从具体案件侦查的实际出发,刑事特情都必不可少。从这个意义而言,要大力发展刑事特情。另一方面,刑事特情的建设要全面顾及侦查机关所具备的主客观

---

〔6〕 任惠华、马方主编:《侦查学教程》,法律出版社 2014 年版,第 99 页。

条件。主观条件是指侦查机关是否有一定数量和素质的侦查人员,能够领导、指挥特情,熟悉刑事特情建设的策略方法;客观条件是指是否有符合刑事特情条件的人员可供侦查机关选择,以及侦查机关的物力、财力。侦查机关应该从实际出发,摆正主客观位置,平衡和协调好二者的关系,既不能不顾需要,又不能盲目发展。

(二)积极慎重、隐蔽精干

积极慎重是指在刑事特情工作中,既要提高对刑事特情工作重要性的认识,解除观念上的束缚,大胆放手地建立和使用刑事特情。同时,侦查机关在刑事特情的建设上又要严格遵守法律和政策,谨慎认真的进行调查研究,注意掌握刑事特情的质量,提高刑事特情工作的实际效率。

隐蔽精干的原则是指对已被发展为刑事特情的人员,一方面,要求他们有合适的掩护身份或掩护方式,以免暴露身份;另一方面,要求刑事特情应当精明强干,遇事沉着冷静、机敏果敢,具有极强的随机应变能力和适应复杂情况的能力。

(三)绝对保密

绝对保密原则是保障刑事特情工作顺利开展的前提和基础。对侦查人员而言,这一原则要求侦查人员对于特情的选择、吸收、领导、教育、使用、保护以及特情工作的部署、规划、经验总结、情况报告和刑事特情的据点建立、档案资料管理等都要注意绝对地保密。另外,保密原则要求刑事特情人员在汇报、通信联络工作中严格遵守有关的保密规定。

(四)统一规划、合理布建

统一规划是指侦查机关在刑事特情的发展上要根据刑事犯罪活动的规律、特点,结合本地区、本部门的实际情况,有计划、有目的地开展刑事特情工作。统一规划要求刑事特情的领导部门和领导者在深入调查研究的基础上,进行统筹安排,制定出一定时期内刑事特情工作的发展规划和目标,并采取切实可行的有效措施具体进行落实。

合理布建是指侦查机关以刑事犯罪活动的特点为依据,有效地调动各类刑事特情的作用,使其形成发现和控制刑事犯罪活动的网络。合理布建原则要求侦查机关对刑事特情网络的建设要达到发现犯罪线索和证据、搜集犯罪情报、控制犯罪阵地的目的,并根据本地区犯罪活动的规律、特点,分析研究侦查控制工作的薄弱环节,及时发现漏洞和失控的地区、场所,调整刑事特情的布建网络。

第四节　侦查控制

一、侦查控制概述

(一)侦查控制的概念

侦查控制又称侦查阵地控制,是指侦查部门在同刑事犯罪作斗争中,为了打击和防范刑事犯罪活动而掌握和控制刑事犯罪分子经常活动的地区、场所和行业。刑事阵地控制是侦查部门侦破刑事案件,防范和打击刑事犯罪活动的一项重要的侦查手段,它可以促使侦查工作由被动侦查变为主动进攻。

(二)侦查控制的作用

1. 发现和制止预谋犯罪,减少和挽回犯罪损失。有些犯罪的预谋活动是在侦查阵地上进行的,如在市场购买犯罪工具,通过网络学习犯罪方法和技能,在各类市场上为销赃进行踩点及了解市场行情,在宾馆、饭店、度假村等组建犯罪团伙并密谋实施犯罪等。通过对侦查阵地进行严密、有效的控制,及时发现犯罪苗头,发现可能实施犯罪行为的对象的异常行为举动,掌握行为人预谋实施犯罪的计划和方案,采取秘密跟踪、预伏蹲守等形式,主动出击,先发制人,抓获现行,可以防范可能发生的重大刑事案件。同时,侦查人员不仅应关注案件的侦破、犯罪嫌疑人的抓获,还必须在预防和侦查犯罪的过程中树立追赃减损的意识,提高追赃减损的能力,不断提升群众的安全感和满意度。

2. 发现犯罪活动,查缉犯罪人。刑事阵地控制的出发点和最终目的就是要在犯罪分子经常活动的地区、场所和行业形成控制网络,只要犯罪分子进入侦查阵地,就落入了侦查视线的控制之中,侦查部门可以通过阵地控制,及时地发现犯罪线索和犯罪嫌疑人,掌握侦查工作的主动权,查缉在逃犯罪人。

3. 发现侦查线索,提高案件的破案率。刑事阵地控制所涉及的地区、场所和行业,不仅可能是刑事犯罪分子实施犯罪后逃匿藏身的地方,也可能是刑事犯罪分子销赃和挥霍享乐的场所。因此,根据侦查破案的需要,对刑事犯罪分子可能涉及的这些地区、场所和行业的阵地控制,实际上就是控制了刑事犯罪分子实施犯罪后活动的若干关键环节,侦查机关可以根据刑事犯罪分子的体貌特征、赃物特征和犯罪的活动规律特点,从被控制的阵地中及时发现侦查线索,查缉犯罪人,及时地破获刑事案件。

4. 获取侦查情报,为侦查决策提供依据。侦查的阵地控制范围,一般都是犯罪活动较为突出的地区,它能够反映出刑事犯罪活动的动态和发展趋势。侦查机关通过刑事阵地控制,可以搜集到各种与刑事犯罪活动有关的情报资料,及时地获取犯罪线索,为侦查机关研究刑事犯罪活动的动向和变化规律,制定防范和打击犯罪活动的对策提供依据。

二、侦查阵地控制的基本原则

(一)依法实施控制

在阵地控制过程中常常需采取相应的侦查措施。以公共交通工具为例,公共交通工具是扒窃案件的高发地,便衣侦查在阵地控制的过程中需要对现行犯实施抓捕,对被害人及相关证人进行询问,用照相或录像设备记录犯罪实施过程及执法过程等,这就要求便衣侦查应严格按照刑事诉讼法及《公安机关办理刑事案件程序规定》的具体内容采取相应的侦查措施。此外,在阵地控制过程中需要采取技术侦查措施的,侦查员必须经过严格的批准程序;对隐匿身份实施侦查的,不得诱使他人犯罪,不得采用可能危害公共安全或者发生重大人身危险的方法开展阵地控制。

(二)协同配合控制

阵地控制的主体是侦查部门,侦查部门对传统的阵地控制发挥着应有的专业优势,并已同治安等部门形成了长期有效的协同配合关系。在对网络阵地进行控制时,应当由网络安全部门的工作人员具体实施,充分发挥他们在计算机网络方面的专业优势,因此侦查机关同样要同网络安全部门建立完备的协同配合机制。除了公安机关内部各部门之间的协同配合,公安机关还要积极主动地与工商、城管等其他部门机关之间加强沟通交流,取得他们的协助、支持、理解和帮助,发挥社会控制的整体优势。

(三)公秘结合控制

阵地控制一般涉及社会生活中人群密集复杂的场所,其本身又是为秘密侦查工作服务的,并多是通过组织行业经营人员、职工和其他社会力量开展的侦查基础业务工作,因此应该实行公开和秘密相结合的原则。公开管理和秘密控制相结合原则在执行过程中，要注意两个方面的结合：一是刑事侦查部门本身在实施某项阵地控制措施时，其工作方式要实行公开与秘密相结合；二是刑事侦查部门在阵地控制中与治安管理部门以及其他有关国家行政管理部门要实行公开与秘密相结合。

（四）严格保守秘密

阵地控制工作有公开管理的一面，但在其借以实现工作目标的过程中，有些又是秘密的。严格保守侦查人员及物建力量的秘密，是为了保证其本身及其家属等人的人身安全；严格保守阵地控制的秘密，是为了避免作案人采取反侦查措施，在阵地控制中做到人赃俱获，提高侦查办案效率，同时保守阵地控制的秘密是为了保证那些被控制的侦查阵地能够正常开展业务活动，保障侦查阵地经济建设的良性运转。

（五）信息化管理

在传统管理的模式下，业主即使发现可疑人员或可疑物品，也会因报警困难或报警不及时而贻误战机。如果在信息化管理模式下进行阵地控制，业主只要在计算机上按规定点击预设的键位即可轻松报警。后台侦查人员可以实时接收报警，并清楚地知道举报店名、店址、联系电话，视情处置，有效解决了以往业主只能通过电话报警的缺陷。

（六）网络化控制

阵地控制要实现侦查工作覆盖社会面的效能，力争大多数犯罪活动的信息都能在阵地控制网络中有所发现，因此阵地控制网络必须严密，注重质量、看重效果。阵地控制网络化的基本内容包括城市联防控制、区域联防控制、条块联防控制、全国性联防控制。[7]

三、侦查阵地控制范围和方式

（一）侦查阵地控制范围

1. 侦查阵地控制范围的因素

侦查阵地控制范围的确定，要考虑以下几方面的因素：第一，需要控制的地

---

〔7〕 马忠红主编：《刑事侦查学》，中国人民公安大学出版社2014年版，第219页。

区、场所和行业必须是情况较为复杂,容易被犯罪分子利用的区域;第二,需要控制的地区、场所和行业要适应社会经济文化生活的发展;第三,刑事阵地的确定,要充分考虑控制的力量和方法,优先考虑控制重点地区和场所,并创造条件,逐步扩大控制的范围。

2. 侦查阵地控制的具体范围

侦查实践中,侦查阵地控制的范围通常包括以下几方面:一是车站、码头、机场,包括火车站、汽车站、客运和货运码头、航空港等。二是公共交通工具,包括公共电汽车、出租汽车以及其他的交通工具。三是特种行业,包括旅店业、印铸刻字业、废旧物品收购业、修理业。旅店业主要是指宾馆、酒楼、招待所、茶楼等;印铸刻字业是指印刷、复印、晒图、翻拍复制等;废旧物品收购业是指旧物市场、古玩店、寄卖典当行、废旧收购点等;修理业是指机动车、非机动车的修理点,钟表、照相机、家用电器、钥匙的修理点等。四是复杂地区和场所,包括城镇繁华的商业区、游览区、公共娱乐场所、大型商场、集贸市场等。五是其他需要控制的行业和场所。其他行业和场所,是指同一地区或不同地区在同一时期、不同时期,因经济活动方式、经济发展水平以及犯罪活动的不同,可能会出现的一些新兴的行业、场所,这些行业和场所往往又与犯罪活动有着密切的联系。这些需要控制的阵地既可以是现实世界,也可以是虚拟世界。

(二)侦查阵地控制的方式

侦查阵地控制主要采取公开管理和秘密控制两种形式:

一是公开管理。就是依据法律、法规以及有关的规章、制度,采取法律和行政手段进行管理。侦查阵地大部分属于公安机关规定的特种行业范畴,为了进行有效的管理,制定了相应的规章、制度。只要依据法律、法规和各项规章、制度,实行公开管理,就能有效地控制侦查阵地,预防和打击刑事犯罪活动。

二是秘密控制。是指侦查部门或治安管理部门,在那些治安问题较多的地区、易发案的行业和部位,布建刑事特情或治安耳目进行监控,以发现犯罪分子、犯罪嫌疑人和其他犯罪迹象,发现、查核和获取赃物、罪证。

这两种控制形式,在实际工作中是相互结合使用的。一般情况下,公开管理是阵地控制的基本和主要的形式。在运用各种公开行政管理措施的同时,对犯罪分子经常出没的地方、行业、场所,根据需要和条件,布建刑事特情或治安耳目进行监控,这种秘密控制能够起到公开管理不能起到的作用。只有坚持公开管理和秘密控制相结合的形式,才能及时、准确地获取犯罪情报,有效地制止和预防犯罪活动。

四、侦查阵地控制的基本方法

侦查的阵地控制,因控制的地区、场所和行业的特点不同,控制的方法也是多种多样的。侦查实践中,侦查的阵地控制主要从以下方面进行。

(一)依靠专门的侦查力量

侦查部门的专门力量是进行刑事阵地控制的主导力量,侦查机关要组建专门的队伍来部署、落实、协调侦查阵地控制手段的实施。侦查实践中,在对车站、码头、机场等场所的控制大多是由地方、铁路、交通等公安机关与车站、码头、机场的派出所,建立地方和行业的联防协作机制,做好控制工作;对公共电汽车等交通工具的控制,侦查部门应建立专门的反扒队伍,组织侦查人员跟车进行控制,抓获现行犯。对于犯罪信息较多的场所、档次较高、其他人员难以控制的服务行业,或者有特殊任务时,可以选派侦查人员直接进行控制,也可以秘密选派民警进入相关行业兼任公开职务,秘密进行控制。

(二)依靠专门隐蔽力量

侦查机关通过隐蔽力量对刑事阵地进行控制主要是通过对刑事特情的控制来实现的。在侦查实践中,侦查机关将其物建的刑事特情部署在有关的刑事阵地上,利用刑事特情具有发现和接近犯罪分子的条件和能力优势,对车站、码头、机场、交通工具特种行业和复杂地区和场所等刑事阵地进行控制,发现、收集犯罪线索和犯罪证据,获取犯罪情报。

(三)依靠相关部门和行业

侦查部门在刑事阵地控制中,应依靠与侦查阵地控制有密切联系的部门和行业(如工商、税务、城管等部门)进行协作,在其日常的行政管理工作中加强对相关环节的控制,注意在日常的工作中发现犯罪线索,积极配合侦查部门打击刑事犯罪活动。同时,侦查部门应经常对相关部门和行业的职工进行法治教育和安全防范教育,传授其识别真假证件、赃物和犯罪嫌疑人的有关知识以及应付和滞留犯罪嫌疑人的方法,以提高识别和发现犯罪线索的能力,更好地在刑事阵地控制中发挥作用。主要包括:通过加强与电信、工商、税务、海关、邮政等部门或单位的联系,请求线管部门在日常业务工作中协助公安机关对侦查阵地实施控制。通过与公安机关治安、边防部门密切配合，在对场所和行业实施治安管理或对人员实施出入境管理中，落实侦查阵地控制。这是公开管理对侦查阵地进行控制的主要方式。个别阵地经当地公安机关负责人批准，由刑事侦查部门全面负责治安管理和刑事侦查阵地控制工作。

（四）利用技术防范

技术防范是指应用光学、声学、电子学等科学技术对刑事阵地进行控制的方法。运用技术设备对侦查阵地进行控制主要是针对一些重要的地区、场所和重点的部位，如车站、码头、机场等场所的出入口；陈列重要历史文物的博物馆、展览馆；大型的商场以及其他需要和可能安装技术防范设施的场所和部位等。对与侦查阵地控制相关的场所和地区可采取安装自动报警装置、探测器、电子监控设备等进行控制。随着社会的不断发展和进步，刑事犯罪活动的手段和方法也在不断地发生变化，这就给刑事阵地控制提出了新的要求。为了适应同刑事犯罪作斗争的需要，加强运用技术装置对刑事阵地进行控制，已成为防范控制工作的重要内容。技术防范可以弥补人们感觉器官直接感知能力的不足，并且技术防范的信息传递较快，能够保证刑事阵地控制工作的有效性。

实践中，侦查机关对虚拟空间进行阵地控制的方法主要包括：(1)管理电子市场虚拟空间。作案人在实施犯罪之前需要进行一定的犯罪预备，如利用虚拟空间实施互联网赌博、制造传播计算机病毒、短信诈骗、网上组织邪教犯罪之前，必然会购买与犯罪相关的计算机及网络设备、手机及手机卡、电视插播器等，要获得这些设备和装置必然要通过电子市场。因此，虚拟空间阵地控制首先要加强电子市场的管理和控制。(2)网络巡逻。网络巡逻是指网监部门对犯罪嫌疑人经常涉足的虚拟空间进行监视，发现线索、查缉犯罪嫌疑人的防控措施。公安机关应当在对计算机网络控制的基础上，加强对电信通信、有线电视网络的控制，以便能够及时发现犯罪，查缉犯罪嫌疑人。(3)物建网络秘密力量。网络秘密力量主要是在虚拟空间阵地控制工作中，用于控制易受犯罪嫌疑人侵害、利用以及犯罪嫌疑人经常涉足的虚拟空间，主要是以某种职业身份为掩护，对犯罪嫌疑人进行秘密控制。根据这一特点，网络秘密力量可以从网吧管理人员和网站管理人员、论坛版主中物建。[8]

---

〔8〕 马忠红主编：《刑事侦查学》，中国人民公安大学出版社 2014 年版，第 222 页。

第五节　侦 查 统 计

一、侦查统计的概述

（一）侦查统计的概念及其任务

侦查统计是指运用统计学的原理，通过对掌握的刑事犯罪及有关情况进行登记、整理和研究，从而对犯罪和侦查工作情况作出综合性的定量描述、总结和评价的一项基础业务工作。

侦查统计的任务是：通过对刑事犯罪这一社会现象中各种数量关系的研究，认识刑事犯罪的内在联系及其特点和基本规律，评价侦查机关采取的侦防对策及其效果情况，为国家制定刑事法律和刑事政策提供依据，为侦查机关进行科学决策提供依据。

侦查统计工作是侦查机关认识和掌握刑事犯罪活动的特点、规律的基本方法之一，是评价侦查机关的战斗力和自身状况的重要手段，也是侦查决策机关科学决策的重要参考依据。

（二）侦查统计的基本原则

1. 准确性原则

准确性原则就是要求侦查统计所提供的各项指标和统计数据必须是真实可靠的。统计数据的准确性是完成侦查统计工作任务的前提条件，也是侦查统计工作最基本的要求。统计数据的真实与否会直接影响到侦查统计的准确性。如果统计数据不真实，就会失去客观性，造成决策的错误。因此，侦查统计人员要本着对刑侦工作高度负责的精神，实事求是地进行搜集、整理和统计有关资料，绝不弄虚作假。

2. 科学性原则

科学性原则包括两方面的内容：一方面，侦查统计必须采取科学的方法，全面、准确及时地搜集统计资料，确定科学的统计指标，采取科学的分组法进行统计、汇总；另一方面，侦查统计要遵循统计工作和侦查活动的规律，在质量和数量的辩证统一中进行科学的分析和研究，揭示事物的现象和本质的内在联系，阐明现象的性质、特点和发展变化规律，进而对大量普遍存在的现象作出科学的概括,得出符合侦查工作实际的结论。

3. 统一性原则

统一性原则是指由公安部制定统一的统计报表,规定统一的统计指标,分组和计算口径、计算方法,并要求各级侦查部门的统计人员认真遵守,保证及时搜集汇总、整理统计资料,提出统计分析报告,按照规定的统计制度和程序逐级汇总上报。

二、侦查统计工作的内容

侦查统计工作的内容主要包括侦查统计调查、侦查统计整理和侦查统计分析三个部分,而每一个部分都具有相对的独立性,都有其具体的研究内容、要求和方法。

(一)侦查统计调查

1. 侦查统计调查的概念

侦查统计调查是指根据事先确定的调查目的、任务和对象,按照一定的项目(或指标),采取科学的调查方法,在实际工作中搜集有关的原始资料,登记说明犯罪现象总体数据的工作过程。刑事调查主要是针对刑事犯罪和侦查有关的因素进行的调查,它是侦查统计工作的基础环节。只有调查、搜集的资料丰富而又符合实际情况,才能从中获取正确的研究结果。

2. 侦查统计调查的内容

侦查统计调查的内容是由其调查的对象决定的。侦查统计调查在组织形式上有定期统计报表和组织专门调查两种。定期统计报表是由侦查主管部门统一制定的报表格式、统计方法和管理制度,定期由各地刑侦部门填报;组织专门的调查是出于特定的目的,组织专门人员对某一个或是某一些具体问题进行调查,这两种形式具体包括的内容是:

(1)刑事犯罪活动的基本情况。如对产生犯罪的根源和制约犯罪因素的调查;对某一时期犯罪的具体形态和变化规律的调查;对刑事犯罪分子结构因素的调查;对刑事犯罪社会危害程度的调查等。

(2)侦查基础工作情况。如对某一地区的政治、经济、文化、人口等基础情况的整体调查;对刑事犯罪嫌疑分子的调查;对特种行业和公共复杂场所的调查;对侦查情报建设工作的调查等。

(3)刑事技术鉴定样本或样品搜集的情况,主要是指有关刑事犯罪案件可能涉及的痕迹、物品等。具体包括：手印、足迹、枪弹痕迹、工具痕迹、字迹、齿痕、车辆痕迹等痕迹样本的收集情况；纸张、墨水、黏合物等的收集情况；信封、信纸、邮票、邮戳的收集情况；毛发、纤维、纺织品等的收集情况；其他样本的收集情况等。

(4)侦查主体的建设情况。包括侦查主体的数量结构、知识结构、身体状况、分布的情况、后勤供应情况以及工作环境情况等。

(5)侦查措施和手段的实施情况。如对现场的勘查率、采证率以及痕迹物品的利用率的调查等。

3. 侦查统计调查的基本程序

(1)侦查统计调查的准备。侦查统计调查的准备工作是否充分，直接影响到侦查统计调查工作的实施和成效，因此要予以高度的重视。侦查统计调查的准备工作包括：首先，选择和确定侦查统计调查的课题。课题的确定要充分考虑到其必要性和可行性。其次，确定侦查统计调查的范围，包括侦查统计调查的对象和方法以及组织调查的力量等。再次，制订侦查统计调查的计划。侦查统计调查的计划内容具体包括侦查统计调查的课题、目的和任务；刑事调查的对象、范围和方法；侦查统计调查的组织领导和工作制度；侦查统计调查的时间等。最后，进行必要的物质准备，如绘制调查的表格，研究有关的资料，准备有关的工具、器材等。

(2)侦查统计调查的实施。侦查统计调查的实施过程实际上就是调查统计人员深入实际，深入群众，调查了解实际情况的过程。因此，侦查统计调查工作要求调查统计人员既要坚持侦查统计工作的基本原则和科学的方法，又要有细致、求实的工作作风。在侦查统计调查工作中，要尽最大的努力，全面、细致地搜集有关情况，广泛地占有第一手资料。只有这样，侦查统计调查工作才不会流于形式。

(3)侦查统计调查总结。侦查统计调查总结包括两项工作：一是写出侦查统计调查的报告或综合材料；二是对侦查统计调查工作本身进行总结。前者是侦查统计调查成果的物化反映，是侦查部门的决策机关了解情况的基本途径和制定政策的基本依据。后者是侦查统计调查工作的继续和深化，它对于改进和加强侦查统计调查工作具有重要的意义。

4. 侦查统计调查的基本方法

(1)经常性登记

经常性登记是侦查部门根据自己的业务活动范围，分别将随时发生和破获的刑事案件，以及刑事犯罪分子的情况等基本统计项目及时进行记录、登记或填写资料卡片，以便定期汇总统计报表或作为某种专题调查的原始资料。在经常性登记中，一般都采取资料卡片登记的方法。资料卡片的内容设置丰富，不仅具有基本统计所要求的项目，而且包括了某种专项调查可能需要的内容。从资料搜集的各项实践来看，各类资料卡片提供的信息都是基本情况统计所必需的。

(2)定期统计报表

定期统计报表是指由侦查主管机关统一制发的统计报表格式。从统计报表的报送时间上分：有月报表，季报表和年报表；从统计报表的内容上分，有刑事犯罪案件统计表和刑事犯罪成员情况统计表等。定期统计报表既是侦查统计调查的主要方法，也是搜集统计资料的主要手段。

侦查统计报表要求侦查部门自下而上定期向上级侦查机关报送。因此，对侦查统计报表必须强调时间性和准确性。做好定期统计报表的工作，应当注意以下几方面的工作：第一，严格遵守侦查统计报表制度统一规定的统计范围、统计指标、报送期限等基本要求。第二，保证准确、及时地报送定期侦查统计报表。第三，定期侦查统计报表制度要与典型调查相结合，把报表编制建立在实际调查的基础之上，做到既有调查的数字，又有情况的分析。第四，要严格保守国家机密，侦查统计调查资料的公布，必须按照规定执行。

(3)专题调查

专题调查是指由于某种特定的任务需要而专门进行的资料的搜集活动。专题调查的形式主要有：普查、典型调查、重点调查和抽样调查。

普查是指为了某种特定的目的，针对研究对象而专门组织的全面调查。普查主要用于调查研究某一时期内刑事犯罪活动的情况特点，为侦查机关全面掌握刑事犯罪活动规律，制定相应的对策，编制长远计划提供依据。普查的特点是调查的项目较多，涉及面广泛，获取的资料信息比较全面。

重点调查是根据工作目标的需要，从被研究对象的范围内，选择一部分重点单位、重点地区、重点问题进行调查。如对某一类或某几类刑事案件的调查；对某一地区或某一城市刑事犯罪情况的调查等。

典型调查是指有意识地选取若干具有典型意义或有代表性的地区、案例等，进行深入的解剖和研究，它具有灵活机动、收效迅速、节省人力物力和时间等优点。典型调查既可以单独使用，又可以与全面调查配合使用。

抽样调查是指按随机原则在总体中抽出部分问题进行观察和研究，并根据观察研究的结果对总体进行分析推断的一种非全面调查。抽样调查可以排除人们主观因素的影响，节省人力、物力、财力，是侦查统计调查经常采用的一种方法。

（二）侦查统计整理

1. 侦查统计整理的概念

侦查统计整理是指将侦查统计调查收集到的大量的、零碎的资料，按照原定的统计调查研究的目的和要求，进行科学的分类整理，使之系统化的过程。侦查统计的整理，是侦查统计工作的中间环节和侦查统计分析的前提。只有通过对统计资料的整理，才能将孤立的、零散的、性质各不相同的单个案件联系起来，从而把握刑事案件的共性特征。

2. 侦查统计整理的内容

侦查统计整理包括三个方面的内容，即统计分组、资料汇总、绘制综合统计表。

（1）统计分组，是按照某种标准将总体分成若干部分的一种统计方法。如按照刑事犯罪与数量统计，可以按案件类型分为杀人案件、抢劫案件、盗窃案件、强奸案件、走私案件、贩毒案件等。统计分组的目的在于更加深入地研究事物的内部结构和基本特征。统计分组的标准受多种因素的制约，分组形式也多种多样。

（2）资料汇总，有逐级汇总和集中汇总两种形式，其中逐级汇总是刑事案件资料汇总的主要形式。逐级汇总是根据统一表格的要求由基层侦查部门进行第一次汇总，再上报到上级侦查部门进行第二次整理，直到公安部或最高人民检察院。集中汇总是将基层单位的统计资料，集中在一个主管部门进行汇总。侦查实践中，资料汇总的方法有手工汇总和计算机汇总，其中计算机汇总是资料汇总的主要方法。

（3）绘制综合统计表。综合统计表是统计资料的表现形式之一，其目的在于使侦查统计资料系统化。统计表的构成要素主要有：统计的名称（标题）、栏目（总体名称或分类名称）、栏目及表中数字、填表说明及附注。

3. 侦查统计整理的指标

侦查统计部门为了更好地认识、剖析和预测刑事犯罪，就必须对侦查统计的一系列标准进行设计，并在侦查统计工作中进行运用。侦查统计整理的指标主要包括以下内容：

（1）基础指标，主要包括：刑事案件；破案；重大案件、特大案件；刑事预谋案件；受害人；被害人；犯罪人；发案时间；发案地点；作案手段；初犯；处理结果；积案。

（2）比较指标，主要包括：发案率；破案率；犯罪率；青少年犯罪率；比例；比重；增减数；升降率；递增（减）率；指数。

（三）侦查统计分析

侦查统计分析是在侦查统计调查、汇总资料的基础上，对已经获得的各种统计材料，进行深入的研究和探讨的过程。侦查统计分析具体包括三个方面的内容。

1. 宏观综合分析

宏观综合分析一般是定期从客观上对刑事案件的发生、破获情况及其犯罪成员的变化情况进行研究，其目的在于通过对一定时期刑事犯罪状况作出整体估计，给侦查决策机构提供决策依据，为基层侦查部门提供反馈信息。常见的宏观综合分析有：从对每月（季、年）刑事案件发案数升降的分析中，进行整体犯罪形势的预测；从对各类案件总数的增减中，掌握刑事犯罪的变化规律；从对各地区案件的动态分析中，把握犯罪动向；从对查获的犯罪成员中，分析犯罪成员的结构变化；从对社会各种因素的变化中，分析其对刑事案件变化的影响。

2. 微观专题分析

微观专题分析是对某一具体问题进行的专门调查研究，它是对宏观分析的重要补充。微观专题分析的主要内容有：从对某类犯罪案件的剖析，寻找案件的规律特点；从对犯罪分子实施犯罪的手段方法的变化考察，分析犯罪活动的新特点；对犯罪人犯罪动机的分析；对犯罪时空的分析。

3. 侦查工作情况分析

对侦查情况的分析旨在对侦查主体的状况和工作成效作出客观评价，为提高侦查队伍的建设，强化侦查破案的措施和手段服务。通过对已破案件侦查过程、侦查方法的分析，总结侦查工作的经验和教训，提出改进的建议；通过对现场勘查“三率”（勘查率、采集率、利用率）的分析，研究刑事技术工作的现状；通过跨区域重大、特大案件侦查工作的统计分析，客观地评价侦查部门的协同作战能力。

第九章　侦查法治

为了防止侦查权力滥用，保障公民的基本权利不受侦查机关和侦查人员的肆意侵犯，就必须保证侦查活动在法治化的轨道上妥善地运行。众多学者对于侦查法治的内涵虽然有着各种各样的解读，但都是基于法治理论研究的基本框架和思路，在本国国情的基础上结合侦查活动的具体特点而展开。从侦查法治的整体发展来看，侦查权的制约方式表现出由静态走向动态，制约主体由内部走向外部的趋势。各国司法机关在侦查程序中的参与度虽然有明显的差异，而且表现出了各不相同的面貌，但是都对侦查活动施加了不同程度的事前、事中和事后的监督制约。此外，侦查法治也表现出对公民基本权利保障的越发重视。从整体来看，公民基本权利的保障表现出从审判阶段向侦查阶段推移的态势，公民的应有权利、法定权利也在一步步向实有权利转化。侦查法治作为中国特色社会主义法治建设的必然要求和重要组成部分，还需要在未来得到进一步发展，需要从宪法适用的角度定位侦查权的施展框架，落实宪法适用，进一步推动侦查活动的开展都有法律的明文规定，而侦查人员也需要做到严格执法、有法必依，必须追求侦查中的程序正义，做到实体正义和程序正义并重，并在审判中心主义的刑事诉讼理念之下，着力优化侦查构造，强化外部制约。

第一节　侦查法治概说

一、侦查法治的内涵

2014 年召开的党的十八届四中全会作出了《中共中央关于全面推进依法治国若干重大问题的决定》，其中指出：“我们党高度重视法治建设。长期以来，特别是党的十一届三中全会以来，我们党深刻总结我国社会主义法治建设的成功经验和深刻教训，提出为了保障人民民主，必须加强法治，必须使民主制度化、法律化，把依法治国确定为党领导人民治理国家的基本方略，把依法执政确定为党治国理政的基本方式,积极建设社会主义法治,取得历史性成就。目前,中国特色社会主义法律体系已经形成,法治政府建设稳步推进,司法体制不断完善,全社会法治观念明显增强。”

自党的十八大以来,党中央把全面依法治国纳入“四个全面”战略布局予以有力推进,对全面依法治国作出一系列重大决策部署,组建中央全面依法治国委员会,完善党领导立法、保证执法、支持司法、带头守法制度,基本形成全面依法治国总体格局。党的十八届四中全会明确提出全面推进依法治国的总目标是建设中国特色社会主义法治体系、建设社会主义法治国家。我们抓住法治体系建设这个总抓手,坚持党的领导、人民当家作主、依法治国有机统一,坚持依法治国、依法执政、依法行政共同推进,坚持法治国家、法治政府、法治社会一体建设,全面深化法治领域改革,统筹推进法律规范体系、法治实施体系、法治监督体系、法治保障体系和党内法规体系建设,推动中国特色社会主义法治体系建设取得历史性成就。[1] 要深刻理解全面依法治国以及中国特色社会主义法治的内涵,就必要首先考察法治的内涵及其所强调的基本问题。实际上,这也是学界研究侦查法治在逻辑上的起点和立足点。

(一)法治的基本内涵

古希腊哲学家亚里士多德认为:“法治应包含两重含义:已成立的法律获得普遍的服从,而大家所服从的法律又应该是良好的法律。”[2]法治的核心是强调对法律的“普遍服从”,就是强调法律至高的权威性。在法治社会里,权力虽然是一种重要的支配力量,但它必须受到法律的控制。“法治把权力与法律的关系置于一种新的格局,法律不但得到权力的有效支持,而且它作为一种非人格化的力量对权力发挥着制约的作用。在此基础上,法律具有最高效力,无论是制定法律的统治阶级还是作为守法的普通国民都是必须遵守的。”[3]一般而言,学界基本都认同法治意味着对法律的“普遍服从”,而从根本上则更为强调权力受到法律的控制或制约,也即从更为通俗的解读来看便是“治官限权”。在此基础上,有研究者将现代法治理论分解为以下三个方面的内容:[4]

---

〔1〕 习近平:《坚持走中国特色社会主义法治道路　更好推进中国特色社会主义法治体系建设》,载《求是》2022 年第 4 期。

〔2〕 [古希腊]亚里士多德:《政治学》,吴寿彭译,商务印书馆 1965 年版,第 199 页。

〔3〕 王人博、程燎原:《法治论》,山东人民出版社 1998 版,第 97、101 页。

〔4〕 刘小和:《侦查主体论》,中国人民公安大学出版社 2008 年版,第 76－78 页。

1. 法律至上的观念。所谓法律至上，是指法律具有最高的地位与权威，任何个人或组织都无权凌驾于法律之上。法律至上旨在强调法律在整个社会规范体系中具有至高无上的地位，其他任何社会规范都不能否定法律的效力或者与法律相冲突。法律是否拥有至高无上的权威，是检验真假法治的一个基本尺度，也是法治与人治的基本区别。在现代法治国家，这一观念已经获得了普遍接受。法治理论之所以包含法律至上的内容，不仅在于法律具有公正合理的品质，而且在于它体现了"人民主权"的法治思想，法律是通过民主程序由代表人民的立法机关所制定的，因而法律凝聚了公众的意志和智慧，反映了社会发展的客观规律，体现了人民的意志。因此，法律至上的观念就是人民意志至上的观念，也是法治的本质要求。

2. 系统完备的法制。系统完备的法制，是指建立一个部门齐全、结构和谐、体例科学的法律制度体系。这是一国实行法治的外部象征，也是实行法治的前提条件。一个国家法制的系统完备程度也是衡量该国法治水平高低的重要尺度。法制系统完备的标志表现为法律的法典化，法典是成文法的最完美形式。

3. 严格控制国家权力。即法治以控制国家权力，防止其滥用为核心。博登海默认为，"法律的进步作用之一乃是约束和限制权力，而不论这种权力是私人权力还是政府权力。在法律统治的地方，权力的自由行使受到了规则的约束，这些规则迫使掌权者按一定的行为方式行事"[5]。也就是说，法治的根本问题，就是对国家权力进行限制或者控制，即运用法律限制国家权力，防止其滥用，这也成为法治理论中最为重要的内容。

（二）中国特色社会主义法治的内涵

法治这一概念本身既有普遍性，也有特殊性。中国特色社会主义法治既需要建立在法治的普遍观念上，也需要立足中国实际，从全面推进依法治国这个总目标来加以建构。这个总目标便是建设中国特色社会主义法治体系，建设社会主义法治国家。具体而言就是，在中国共产党领导下，坚持中国特色社会主义制度，贯彻中国特色社会主义法治理论，形成完备的法律规范体系、高效的法治实施体系、严密的法治监督体系、有力的法治保障体系，形成完善的党内法规体系，坚持依法治国、依法执政、依法行政共同推进，坚持法治国家、法治政府、

---

〔5〕［美］E. 博登海默：《法理学——法律哲学与法律方法》，邓正来译，中国政法大学出版社 1999 年版，第 358 页。

法治社会一体建设，实现科学立法、严格执法、公正司法、全民守法，促进国家治理体系和治理能力现代化。要实现这个总目标，必须坚持以下原则：[6]

1. 坚持中国共产党的领导。党的领导是中国特色社会主义最本质的特征，是社会主义法治最根本的保证。把党的领导贯彻到依法治国全过程和各方面，是我国社会主义法治建设的一条基本经验。我国宪法确立了中国共产党的领导地位。坚持党的领导，是社会主义法治的根本要求，是党和国家的根本所在、命脉所在，是全国各族人民的利益所系、幸福所系，是全面推进依法治国的题中应有之义。只有在党的领导下依法治国、厉行法治，人民当家作主才能充分实现，国家和社会生活法治化才能有序推进。依法执政，既要求党依据宪法法律治国理政，也要求党依据党内法规管党治党。必须坚持党领导立法、保证执法、支持司法、带头守法，把依法治国基本方略同依法执政基本方式统一起来，把党总揽全局、协调各方同人大、政府、政协、审判机关、检察机关依法依章程履行职能、开展工作统一起来，把党领导人民制定和实施宪法法律同党坚持在宪法法律范围内活动统一起来，善于使党的主张通过法定程序成为国家意志，善于使党组织推荐的人选通过法定程序成为国家政权机关的领导人员，善于通过国家政权机关实施党对国家和社会的领导，善于运用民主集中制原则维护中央权威、维护全党全国团结统一。

2. 坚持人民主体地位。人民是依法治国的主体和力量源泉，人民代表大会制度是保证人民当家作主的根本政治制度。必须坚持法治建设为了人民、依靠人民、造福人民、保护人民，以保障人民根本权益为出发点和落脚点，保证人民依法享有广泛的权利和自由、承担应尽的义务，维护社会公平正义，促进共同富裕。必须保证人民在党的领导下，依照法律规定，通过各种途径和形式管理国家事务，管理经济文化事业，管理社会事务。必须使人民认识到法律既是保障自身权利的有力武器，也是必须遵守的行为规范，增强全社会学法尊法守法用法意识，使法律为人民所掌握、所遵守、所运用。

3. 坚持法律面前人人平等。平等是社会主义法律的基本属性。任何组织和个人都必须尊重宪法法律权威，都必须在宪法法律范围内活动，都必须依照宪法法律行使权力或权利、履行职责或义务，都不得有超越宪法法律的特权。必须维护国家法制统一、尊严、权威，切实保证宪法法律有效实施，绝不允许任何人以任何借口任何形式以言代法、以权压法、徇私枉法。必须以规范和约束公

---

[6] 以下内容摘编自《中共中央关于全面推进依法治国若干重大问题的决定》。

权力为重点,加大监督力度,做到有权必有责、用权受监督、违法必追究,坚决纠正有法不依、执法不严、违法不究行为。

4. 坚持依法治国和以德治国相结合。国家和社会治理需要法律与道德共同发挥作用。必须坚持一手抓法治、一手抓德治,大力弘扬社会主义核心价值观,弘扬中华传统美德,培育社会公德、职业道德、家庭美德、个人品德,既重视发挥法律的规范作用,又重视发挥道德的教化作用,以法治体现道德理念、强化法律对道德建设的促进作用,以道德滋养法治精神、强化道德对法治文化的支撑作用,实现法律和道德相辅相成、法治和德治相得益彰。

5. 坚持从中国实际出发。中国特色社会主义道路、理论体系、制度是全面推进依法治国的根本遵循。必须从我国基本国情出发,同改革开放不断深化相适应,总结和运用党领导人民实行法治的成功经验,围绕社会主义法治建设重大理论和实践问题,推进法治理论创新,发展符合中国实际、具有中国特色、体现社会发展规律的社会主义法治理论,为依法治国提供理论指导和学理支撑。汲取中华法律文化精华,借鉴国外法治有益经验,但决不照搬外国法治理念和模式。

(三)侦查法治的概念

1. 侦查法治的学理观点

学界对侦查法治的研究基本上沿袭了法治理论研究的思路和框架,在此基础上结合侦查活动的具体特点展开相应的论述。有学者据此认为,所谓侦查法治,就是要以良好的法律体系规范与管理侦查活动的各个方面,从全局上规划、部署、建设侦查事业,使侦查活动各个方面都要有法,都要依法,都要严格司法、执法,要按法律指导侦查、实施侦查、管理侦查。[7] 这种观点一方面强调了侦查法律制度体系的规范和管理,另一方面也强调了严格执法,而后者恰恰是侦查法治更为强调的内容。根据上文所言,侦查法治的核心在于“法律控制侦查”,即侦查权来源于法律,受控于法律,以彻底摆脱人治模式下的专制、武断和恣意,有效保障公民权利。[8] 还有学者认为,侦查法治的核心就是限制国家公权力,保障人权,同时,要求对侦查权进行正确定位,以保证其符合法治国家的权

---

〔7〕 邹明理:《关于侦查法治几个问题的探讨》,载《山东公安专科学校学报》2003 年第 6 期。

〔8〕 毛立新:《侦查法治化的实现规律及其借鉴》,载《山东警察学院学报》2008 年第 3 期。

力构造。[9] 还有学者也认为,“侦查法治化”应当包括三个方面的内容:其一,完善有关的法律规定是侦查活动法治化的基础;其二,严格“依法办案”是侦查活动法治化的关键;其三,健全监督机制是侦查活动法治化的保障。[10] 总之,侦查法治不仅要做到有法可依、有法必依,更为重要的则是要强调侦查权受制约,特别是受法律的制约。

虽然从法治的基本概念出发,学界对侦查法治的内涵认识整体上可以趋于一致,但在具体论证侦查法治的外延或者其表现形态、构成要素等问题上,却有不同的观点。例如,张玉镶教授将侦查法治划分为理念、制度和运作三个层次。[11] 也有观点认为,侦查法治可以从侦查权的宪法化、法律保留原则、比例原则这几个方面展开。[12] 另有观点则将侦查法治分为三个层次,一是适用于侦查程序的基础性法治原则,具体包括国家权力的合法和有限原则、正当法律程序原则、发现真实与保障人权并重原则、职权原则、控诉原则、无罪推定原则;二是侦查程序的特定法治原则,包括侦查适度公开原则、侦查法定原则与权宜原则、侦查效益原则、被动型为主的侦查启动原则;三是侦查手段运作的具体法治原则,如任意侦查原则、强制侦查令状原则、比例原则、禁止先行传讯原则等。[13] 还有观点则从一些具体的侦查手段切入,以此探讨侦查法治的具体适用。例如,有学者就从理论和实践中极富争议的侦查圈套出发,认为诚信原则是侦查法治的必然要求。[14] 从这些学理观点可以看出,尽管理论上基本都能够认同侦查法治的内涵,但却往往从不同的视角、层次去分析侦查法治的构成,从而在具体展开的时候理论观点却莫衷一是,甚至表现出难以令人把握的复杂样态。

我们认为,要厘清侦查法治的构成要素,还是需要回归到侦查法治的内涵本身。从上述关于法治的内涵出发,我们可以得出这样的结论,即侦查法治的核心是将国家权力控制在合理的限度之内,充分实现国家权力管理社会的功能,同时切实实现和保障个人权利。在制度层面上,法治主要指遵循特定理念而构建的法律制度、程序和规范,侦查的法治制度在宏观上要求一个国家建成法治制度,在微观上要求与侦查相关的司法制度法治化,它是侦查法治运作的

---

〔9〕 宫万路:《侦查法治论》,群众出版社2009年版,第17页。
〔10〕 何家弘:《从相似到同一——犯罪侦查研究》,中国法制出版社2008年版,第476-479页。
〔11〕 张玉镶:《论侦查法治的精义》,载《侦查论坛》(第2卷),中国人民大学出版社2003年版。
〔12〕 田益友、顾伟:《论侦查权的法治化》,载《社科纵横》2008年第12期。
〔13〕 宫万路:《侦查法治论》,群众出版社2009年版,第44-79页。
〔14〕 何家弘、刘为军:《圈套、诚信与侦查法治》,载《山东公安专科学校学报》2003年第6期。

前提。侦查的法治运作，要求侦查程序主体遵守侦查诉讼程序，在侦查法治理念的指引下实施具体的侦查行为。这种运作，反过来能够验证侦查制度的法治化程序。[15] 总之，侦查法治的理念和制度设计，必须同时实现侦查的权力管制和个人的权利保障，从而在具体的侦查实践中有效保证人民群众在每一个侦查决定、每一宗案件侦查中都能感受到公平正义。

2. 中国特色社会主义法治视野下的侦查法治

如同法治那样，侦查法治的内涵既具有普遍性，也需要立足中国特色社会主义法治的宏伟图景来加以认识。对中国特色社会主义法治视野下的侦查法治的理解，需要结合《中共中央关于全面推进依法治国若干重大问题的决定》的战略部署，同时在保证刑事司法公正、提高刑事司法公信力的整体框架下，从以下几个方面加以认识：

第一，优化侦查及司法职权配置。健全公安机关、检察机关、审判机关、司法行政机关各司其职，侦查权、检察权、审判权、执行权相互配合、相互制约的体制机制。

第二，严格开展侦查活动。坚持以事实为根据、以法律为准绳，健全事实认定符合客观真相、办案结果符合实体公正、办案过程符合程序公正的法律制度。推进以审判为中心的诉讼制度改革，确保侦查的案件事实证据经得起法律的检验。明确包括侦查人员在内的各类司法人员工作职责、工作流程、工作标准，实行办案质量终身负责制和错案责任倒查问责制，确保案件处理经得起法律和历史检验。

第三，保障人民群众参与包括侦查在内的司法活动。在刑事和解或附带民事诉讼调解、涉诉信访等侦查程序活动中保障人民群众参与。构建开放、动态、透明、便民的阳光司法机制，根据侦查程序的实际情况推进警务公开，杜绝暗箱操作。

第四，加强人权保障。强化侦查过程中当事人和其他诉讼参与人的知情权、陈述权、辩护辩论权、申请权、申诉权的制度保障。健全落实罪刑法定、疑罪从无、非法证据排除等法律原则的法律制度。完善对限制人身自由的司法措施和侦查手段的司法监督，加强对刑讯逼供和非法取证的源头预防，健全冤假错案有效防范、及时纠正机制。

第五，加强对侦查活动的监督。完善检察机关行使监督权的法律制度，加

〔15〕 宫万路：《侦查法治论》，群众出版社 2009 年版，第 79 页。

强对刑事侦查的法律监督。侦查机关要及时回应社会关切。规范媒体对案件的报道,防止舆论影响司法公正。依法规范侦查人员与当事人、律师、特殊关系人、中介组织的接触、交往行为。严禁侦查人员私下接触当事人及律师、泄露或者为其打探案情、接受吃请或者收受其财物、为律师介绍代理和辩护业务等违法违纪行为,坚决惩治司法掮客行为,防止利益输送。坚决破除各种潜规则,绝不允许法外开恩,绝不允许办关系案、人情案、金钱案。坚决反对和克服特权思想、衙门作风、霸道作风,坚决反对和惩治粗暴执法、野蛮执法行为。对侦查领域的腐败零容忍,坚决清除害群之马。

二、侦查法治与侦查法制的关系

(一)侦查法治与侦查法制的联系

侦查法治首先必须要做到有侦查法制或侦查法定加以保障,这是第一步而且也是最基本的要求。侦查法治与侦查法制有其联系,两者的基本关联在于,侦查法制是侦查法治的前提条件,侦查法治则是侦查法制的立足点和归宿。

(二)侦查法治与侦查法制的区别

侦查法治与侦查法制也存在明显的区别,这主要表现在以下四个方面:

第一,侦查法制是侦查法律制度的简称,属于制度的范畴,是一种实际存在的东西;而侦查法治是侦查的法律统治的简称,是一种规制侦查的原则和方法,是相对于恣意侦查而言的,是对侦查法制这种实际存在的事物的完善和治理。

第二,侦查法制的产生和发展与所有国家直接相联系,在任何国家都存在侦查法制;而侦查法治的产生和发展却不与所有国家直接相联系,只有较为发达的民主制国家才会真正存在侦查法治。

第三,侦查法制的基本要求是各项侦查工作都法律化、制度化,并做到有法可依、有法必依、执法必严、违法必究;而侦查法治的基本要求是严格依法办事,法律在各种侦查活动中具有至上性、权威性和强制性,不是当权者的任性。

第四,实行侦查法制的主要标志,是侦查法律从立法、执法、司法、守法到法律监督等方面,都有比较完备的法律和制度;而实行侦查法治的主要标志,是任何侦查机关和个人,都严格遵守法律和依法办事。

第二节　侦查法治要素

一、侦查法定

（一）侦查要遵守法律规定

程序法定是法治原则在侦查程序上的要求和体现，其实质是法治之形式合理化要求在侦查程序上的落实。对于侦查法定，理论上有两个层面的含义。首先，侦查法定，是指侦查主体根据刑事诉讼的职权原则与控诉原则的精神，对于犯罪案件必须及时展开侦查工作。各国刑事诉讼法对这一原则都有一般性的规定。根据此原则，侦查主体对于所有可追诉的刑事案件，负有侦查的义务。这样才能避免侦查主体的任意擅断，保证侦查的公平与平等。其次，对于每一起犯罪事件，不论其不法内涵及行为后果，而且不论其行为人是什么人，侦查主体均应开始侦查，发动追诉，进而使其被提起公诉和审判，以建立一般社会成员对于刑事司法的信任感。依据法定原则，侦查主体对于所有发生的犯罪行为均负有侦查义务，需要及时开始侦查工作，其目的在于保证国家机关在行使刑罚权时的一致性的法律适用，并进而确保法律面前人人平等。当然，从刑事政策上考虑，侦查法定原则的执行在某些具体的情况下也应采取较为宽和的态度，允许侦查人员结合案件实际情况进行自由裁量。当然，从总体而言，基于程序安定和程序可预测性的基本要求，侦查活动中应当以侦查法定原则作为基本原则，并以侦查裁量原则作为例外。

（二）侦查要遵循宪法和法律精神

侦查法定的另一个层面的含义则强调，侦查立法和侦查活动的开展必须更为宽泛地遵循宪法和法律的精神，而不仅仅限于侦查的启动。这是因为，相对于其他社会规范及个人权威而言，宪法和法律具有至高无上的地位，是司法活动、政府行动和公民行为的基本规范和最终导向。这一方面意味着，侦查立法必须符合宪法，不得与宪法相抵触。而且在形式上，侦查活动通过立法的规制而步入法律预先设定的轨道，从而避免国家强制性侦查权力的无限度张力，表现出一种国家强制性权力运行的理性和慎重的状态。[16] 另一方面,侦查活动的开展必须遵循宪法和法律,并严格受到宪法和法律的约束。也有学者将侦查法定的这一层面的含义称为"法律保留原则"。这主要是指,侦查机关行使侦查权与实施强制处分并进而干预公民基本权利时,必须以法律的授权为依据,同时应当遵守法律预先设定的要件限制,否则即属违法侵害公民基本权利的行为。[17] 还有观点在其基础上进一步提出,侦查法定原则是指在不同侦查行为能达到侦查目的的情况下,应当优先考虑对象自愿或不侵犯犯罪嫌疑人实质权益的方式,避免对他人造成不必要的侵害;在对他人造成或可能造成侵害的情况下,要有法律的授权,其实质精神是"尽可能减少和抵制侦查程序中强制力的行使,以避免过多或不当地实施强制性处分而导致侵犯人权"[18]。

二、正当程序

正当法律程序有两个基本功能:一是防止公权力滥用,遏制腐败;二是保障人权,保护公民、法人和其他组织的合法权益不受公权力主体滥权、恣意行为侵犯。这两方面的功能实际上都是法治的应有之义。因此,正当程序是体现了公平、正义等法治理念的程序,它强调国家权力行使的公开性、公正性,及程序参与者之间的平等对话和理性说服,排斥不必要的自由裁量权,因而具有限制权力恣意、专断的重要功能。在各国刑事侦查程序中,相应的各种规则日趋精密化、细致化,并力求据此做到侦查工作的开展公开、公平和公正。据此,侦查程序的正当化,即按照程序公正的要求,侦查程序日趋独立、公开,并不断建立和完善保障诉讼各方平等参与诉讼、第三方居于客观中立、侦查公开透明的诉讼程序和诉讼制度。当然,随着时代的发展,特别是在大数据深度融入刑事司法的背景下,刑事侦查的正当程序也受到了一系列严峻的挑战。从整个刑事司法程序来看,这种挑战主要体现在三个方面:一是犯罪治理提前启动与无罪推定原则的冲突;二是数据赋能与控辩平等原则的冲突;三是第三方介入与权力专属原则的冲突。[19] 这样的分析虽然面向整体刑事司法程序,但是对侦查程序而言同样适用。尽管如此,从整体来看,侦查程序中的各项诉讼程序和具体制度

---

〔16〕 薛炳尧编著:《侦查学基础理论》,中共中央党校出版社 2009 年版,第 241 页。
〔17〕 田益友、顾伟:《论侦查权的法治化》,载《社科纵横》2008 年第 12 期。
〔18〕 王义真主编:《外国刑事诉讼法学》,北京大学出版社 2001 年版,第 441 页。
〔19〕 裴炜:《数字正当程序——网络时代的刑事诉讼》,中国法制出版社 2021 年版,第 86 页。

在经过多年的治理之后，已经不断完善并日趋公正、合理。[20] 具体而言，结合侦查工作的具体内容，其正当程序至少可以分解为以下几个方面。

（一）程序适度公开

一般认为，法律程序的公开是制约公权力的重要举措，从而令其有条件得到外界的有效约束。1966 年通过的《公民权利与政治权利国际公约》第 9 条第 2 项规定，任何被逮捕的人，在被逮捕后应被告知逮捕的理由，并应被迅速告知对他提出的任何指控。从国际经验来看，各国的侦查公开主要表现在两个方面：一是律师在侦查阶段有会见权、讯问时的在场权、阅卷权等。二是侦控机关的权利告知义务。例如，告知嫌疑人包括沉默在内的诉讼权利；所作陈述可能被用作对其不利的证据、委托律师、获得免费的法律帮助、获得预审等；在对嫌疑人采取强制性处分时，告知其处分的性质和理由以及救济的途径。[21]

不过，侦查程序的公开并不是绝对的公开，而且也不能与其他法律程序的公开完全等同，而是因这种法律程序的特殊性而只能做到适度公开。侦查适度公开原则的精义并非侦查神秘化或绝对不公开，而是侦查应符合法治精神，适度公开的同时又能够有效地保守秘密，以维护犯罪嫌疑人及其关系人、被害人及其关系人的权益，并且保障案件侦查工作的顺利进行。具体而言，侦查主体非经其所属机关授权，不得对外发表言论；侦查主体及因职务上知悉案件的人员，对于具体案情、侦查方向均应严格遵守秘密；对于被害人、检举人的姓名、年龄、籍贯、住址，均应予以保密。检举人要求保密时，对其检举书、笔录或其他资料，除必须用作证据的以外，应另外妥善保存，不附于侦查案件中；与案情有关的文书、图书、消息或物品，均不得泄露或交给他人；侦查中提解在押的犯罪嫌疑人外出查证，应严防其与第三人接触；对于大众传播媒体的采访，应综合考虑具体情形，在不违反侦查适度公开原则下进行适当的说明。

侦查适度公开所涉及的一个前沿问题在于算法的透明和公开问题。在大数据侦查的背景下，适当的算法模型可以提升侦查活动的信息抓取效率和问题分析能力，但算法偏见也会导致侦查决策发生偏误，因而有研究者提出，亟须针对大数据算法的侦查应用设计控制体系。[22] 对算法偏见的忧虑绝非危言耸听。

---

〔20〕 邓思清：《侦查程序诉讼化研究》，中国人民公安大学出版社 2010 年版，第 22 页。
〔21〕 陆冬英：《论我国的侦查构造》，载《广州市公安管理干部学院学报》2004 年第 1 期。
〔22〕 漆晨航、陈刚：《大数据侦查算法的规制：以检察监督为思路》，载《中国人民公安大学学报（社会科学版）》2022 年第 6 期。

譬如，所谓基于大数据分析的犯罪高风险人群标记技术，其实是通过海量犯罪人群相关数据搜集，基于特定算法，对某些犯罪概率较高的主体及其行为贴上标签并划分风险等级，而划分的标记特征通常是人种、社会阶层、年龄阶段或性别，极易滋生针对部分群体的算法偏见。[23] 为此，特别是在第三方公司越来越多介入侦查算法设计的情况下，采取某些方式适度公开侦查算法的呼声已经出现。

（二）比例原则

比例原则首先是从行政法理论发源而来的。按照最为传统的观点，来源于德国法理论的比例原则乃是适当性原则、必要性原则与均衡性原则三个子原则的集合。[24] 时至今日，比例原则已经发展到了法学领域中的很多分支，并且对我国的侦查法治建设便具有很强的借鉴意义。这里便从侦查措施的角度，梳理比例原则的三个子原则在侦查法治中的体现。

适当性原则又称妥当性原则，它是指公权力行为的手段或措施必须具有适当性，能够促进所追求的法的目的的实现。从这一原则出发，至少从规范层面来看，现有的侦查措施无论是从规范层面还是实践运用而言，对实现侦查目的都应当是有益的。适当性原则对侦查措施的科学化、体系化构建具有极其重要的指引作用。

必要性原则又称最小损害原则，它要求公权力施展的手段或措施是必要的，且相应手段或措施对利害关系人造成的损害应当最小。根据该原则，侦查措施的适用不仅应当符合办案的需要，而且应当体现谦抑理念。具体而言，侦查机关在干预公民基本权利时，应当全面考虑各种因素，对各种利益进行权衡，尽量使对公民基本权利的干预保持在最小范围内和最低程度上，这样才能切实有效地保障公民基本权利不受非法侵犯。

均衡性原则又称平衡性原则或狭义比例原则，它要求公权力施展的手段或措施所增进、谋求的公共利益与其所造成的损害成比例。根据该原则，侦查工作中有必要对采取相应措施所带来的法益与成本进行衡量。换言之，虽然采取

---

〔23〕 刘崇亮：《罪犯风险等级评估量表的构建》，载《刑法论丛》2020 年第 3 期。

〔24〕 关于比例原则之三项子原则的界定，参见刘权：《目的正当性与比例原则的重构》，载《中国法学》2014 年第 4 期；杨登峰：《从合理原则走向统一的比例原则》，载《中国法学》2016 年第 3 期。也有学者将比例原则的子原则称为适合性原则、必要性原则与狭义比例原则。参见林钰雄：《刑事诉讼法》（下册），中国人民大学出版社 2005 年版，第 233 页。

某种强有力的措施能够实现侦查的目的,但是其法益成本却是被调查人的基本权利可能遭到严重侵犯,则有必要慎重考虑这种措施的适用到底是否具备正当性。

(三)程序参与

程序参与,即自身权益有可能受到诉讼程序影响的诉讼主体,能够有充分的机会并富有意义地参与诉讼程序和诉讼结果的制作过程,并对诉讼结果的形成发挥有效的影响和作用。程序参与作为正当程序的价值在于,"因为各方一旦能够参与到程序过程中来,就更易于接受裁判结果;尽管他们有可能不赞成判决的内容,但他们更有可能服从它们"[25]。

在侦查程序中,作为诉讼主体的犯罪嫌疑人和被害人要能够有充分的机会参与到程序当中,提出自己的主张和有利于自己的证据和意见,并反驳侦查机关的证据和主张,从而促使侦查机关作出尽可能有利于自己的决定。同时,程序参与主体在参与过程中要享有人的尊严,并且应受到人道的对待,有权免受身体、精神上的非法强制或胁迫。侦查制度只有充分保障嫌疑人和被害人行使程序参与权,侦查程序的展开本身才能为侦查结果带来正当性。

对于侦查机关而言,在涉及嫌疑人和被害人利益、地位、责任或者权利义务的侦查程序当中,应当切实保障其具有参与该程序以影响侦查及后续诉讼结果形成的程序权利;在结果作出之前,应当保障嫌疑人和被害人有充分参与程序的机会,并保证其能够及时提出诉讼资料、陈述意见或者主张;在侦查程序中确保每一方都有充分的时间进行攻击或者防御准备,同时保证参与能力不足的当事人获得必要的法律帮助;未被赋予这种机会的情况下所收集的证据,不能直接作为认定案件事实的依据。

(四)侦查效率

高效率的侦查是程序及时原则(或快速原则)的要求,也是现代司法公正的体现。美国著名的经济分析法学家波斯纳就曾指出:"正义的第二种含义——也许是最普通的含义——是效率。"[26]因此,提高侦查活动的诉讼效率对实现刑

---

〔25〕 Michael D. Bayles, *Principles of Law*, Reidel Publishing Company, 1987, p. 32.

〔26〕 [美]理查德·A. 波斯纳:《法律的经济分析》(上),蒋兆康译,中国大百科全书出版社 1997 年版,第 31-32 页。

事诉讼目的具有重要意义，具体体现在以下几个方面：

首先，有利于及时实现国家的刑罚权。侦查机关及时地进行侦查，既可以保证收集到充分的证据，也可以保证收集到确实的证据，从而可以发现案件的事实真相，有效地实现国家的刑罚权。

其次，有利于保护当事人的合法权利。从司法实践来看，提高侦查效率，一方面，有利于加快侦查程序乃至整个刑事诉讼活动的速度，从而可以避免当事人的权益长期处于不确定的状态。另一方面，也有利于减轻无辜者可能在刑事侦查活动中受到的不应有的伤害。

再次，有利于节约侦查资源，避免造成人力、物力和财力等司法资源浪费的增加。无论是从侦查机关还是侦查人员角度而言，资源都是有限的。每个国家都是基于打击犯罪的现实需要而投入侦查资源，而不可能无限度地耗费侦查资源。因此，切实提高侦查效率，实际上就是对侦查资源的有效节约。

最后，有利于发挥刑事司法的教育感化和引导作用。及时地开展刑事侦查工作，不仅可以及时地对犯罪进行处理，达到教育民众的目的，而且更为重要的是，还可以有效避免可能出现的“私力救济”现象。原因在于，诉讼当事人尤其是被害人往往急切希望案件能够得到及时的处理。如果诉讼活动久拖不决，当事人就容易会使其对法律程序失去信心，甚至缺乏耐心，从而就会促使他们把问题“私了”，〔27〕进而导致难以预测的结果的出现。

（五）程序保障

程序保障是保证诉讼程序正常进行的需要，也是实现法律正当程序的要求，因而成为法律正当程序理论的重要内容和体现。对于刑事诉讼中的侦查程序来说，要体现侦查程序的正当性，保证侦查程序的正常进行，就必须按照法律正当程序的要求，在侦查程序中建立保障该程序正常进行的有关制度。这一方面，有利于树立程序的权威性，促进程序法治的实现，而且也有利于体现程序的正当性，有效保护当事人的合法权利。从现代各国确立的正当程序来看，几乎无一例外地都建立了程序保障制度，可见这种制度已被各国看作正当程序不可或缺的有机组成部分，已成为衡量各国诉讼程序是否具有正当性的重要标准。另一方面，程序保障还可以通过防止执法机关或者侦查人员实施违反诉讼程序

---

〔27〕［美］M. D. 贝勒斯：《法律的原则：一个规范的分析》，张文显等译，中国大百科全书出版社 1996 年版，第 36 页。

的行为,特别是通过给予当事人以程序救济的方式,有效保护当事人的合法权益。

第三节　侦查法治趋势

侦查法治的实现不可能一蹴而就,其更多的是一个循序渐进的过程,受到诸多主客观因素的制约。如上文所言,侦查法治的核心在于侦查权受制约,而具体方式则是通过外部权力制衡和权利保障来加以实现。在历史的长河中,无论是侦查权的外部权力制约还是公民的权利保障,基本上都在法治发展的漫长进程当中经历了如下发展趋势。

一、侦查权制约趋势

(一)制约方式由静态走向动态

所谓侦查权的静态制约,是指通过对侦查结果的事后审查来控制侦查权。根据英美国家的刑事诉讼制度,侦查活动往往被视为审判前的准备活动,立法上对侦查程序很少作出非常细致的规定。所谓侦查权的动态制约,是指通过对侦查过程的全程监控来控制侦查权。它与上述法官通过审查侦查结果来实施事后监督有所不同,而把监督的重点由结果转向过程、由事后转向事中。侦查权的动态制约主要的方式有三:一是制定完善的侦查程序规则;二是扩大律师对侦查程序的参与,也即打破侦查程序的封闭性,允许律师以“在场”的形式进行监督,这已经是很多国家的普遍做法;三是实行包括讯问在内的多种措施的全程录音、录像。

在我国,对侦查权的外部监督,从历史传统来看主要是事后的、静态的监督。由于检察机关并无侦查指挥权,法官根本不介入侦查程序,这使得检察机关、法院对侦查活动的监督,基本上都只能通过事后的审查来进行。虽然非法证据排除、决定不起诉、宣告被告人无罪等事后监督形式,亦能对侦查违法行为有所矫正,但毕竟是滞后的、间接的和有限的监督,效果并不明显。

例外的情况在于,侦查机关不能自行逮捕犯罪嫌疑人,而需要经检察机关批准,也即检察机关可以就逮捕强制措施施加实时的动态制约。此外,《刑事诉讼法》第95条规定:“犯罪嫌疑人、被告人被逮捕后,人民检察院仍应当对羁押的必要性进行审查。对不需要继续羁押的,应当建议予以释放或者变更强制措施。有关机关应当在十日内将处理情况通知人民检察院。”也即,检察机关还可以在侦查中对羁押进行实时的法律监督。然而总体来看,侦查机关采取多数强制措施和所有的侦查措施,都可以进行内部自行授权,自行审批。

为强化对侦查活动的动态监督,我国近年来已经强化了侦查权的动态制约。例如,有关侦查程序规则得到了很大程度上的细化,整体上能够覆盖侦查活动各个方面,为实施侦查行为提供了详细的规范和指引。又如,讯问同步录音录像制度得到了推广。在这方面,全国检察机关在办理职务犯罪案件中率先实现了讯问同步录音录像的全覆盖。2014 年,公安部发布《公安机关讯问犯罪嫌疑人录音录像工作规定》,细化了《刑事诉讼法》所规定的讯问录音录像的适用范围。近年来,各地还试点了同步录音录像环境下的“单警讯问”,在案多人少、警力不足的情况下保障了侦查讯问的动态监督。〔28〕 2018 年,公安部发布《关于建立健全公安机关执法全流程记录机制的意见》,部署开展执法全流程记录工作。各地结合实际,通过文字、图片、视音频记录和信息系统记载等多种方式,对接报案、现场执法、办案区使用管理、讯问、涉案财物管理等执法办案全流程、各环节进行全面记录,着力打造全面覆盖、有机衔接、闭环管理的执法记录链条,实现执法活动全过程留痕、可回溯管理。这些工作的开展,有力地回应了侦查活动动态监督的现实需求,令侦查法治在中国的发展表现出了全新的面貌。

(二)制约主体由内部走向外部

对侦查权的制约,根据制约主体与制约对象之间的关系,可分为内部制约和外部制约。内部制约,又称同体制约,是指制约主体与制约对象同属一个系统,有密切联系。外部制约,又称异体制约,是指制约主体与制约对象来源于不同的系统,没有利害关系。同体制约与异体制约的区分,有形式和实质两个标准:形式标准是看二者是否属于同一组织机构,实质标准是看二者是否有共同利益。由于在同体制约中,制约者与被制约者之间具有利益纽带,犹如“左手制约右手”,因而其效果通常不如异体制约。但同体制约也有其优越性,制约者与被制约者的亲密关系,使其拥有充分的信息优势,制约更易于及时、深入进行。从趋势看,各国对侦查权的制约,整体上是由同体制约为主走向异体制约为主,由内部制约为主走向外部制约为主。从刑事司法程序内部来看,主要表现在司

---

〔28〕 李玉华:《同步录音录像下单警讯问的突破》,载《法学》2019 年第 4 期。

法审查和检察监督两个方面。

1. 强化法官对强制侦查行为的司法审查

纵观大多数国家的情况，其宪法条文中几乎都申明了强制侦查行为的司法令状原则。具体而言，各国宪法对于拘捕、羁押措施和住宅搜查以及邮政通信秘密的侦查行为均强调司法令状审查原则。尽管具体的表述不尽相同，但各国发达的违宪审查机制使宪法中的司法令状原则成为刚性条款。[29]

与我国的司法机关既包括法院又包括检察院不同，许多国家的司法机关只有法院一家。从当今世界各国的主流观点来看，法官更多地定位为国家与公民之间的中立裁决者，因而，由通过签发司法令状来对强制侦查实施控制已成为许多国家所采取的制度方案。例如，在英国，凡是按正式起诉程序由巡回刑事法院审判的案件，都要由治安法官进行预审（法律另有明确规定者除外）。法官所开展的预审并不是对被告人的讯问，其任务也不是确认被告人有罪无罪或收集证据，预审的主要功能是审查证据是否符合起诉的要求，并保障被告人的合法权利不受警方滥用职权的侵犯。从某种意义上讲，预审是法官对警方侦查活动和起诉活动的审查和制约。[30] 之所以强调以司法审查的方式对强制侦查施加控制，主要是因为这类侦查行为容易对当事人的人身、财产、隐私等基本权利构成直接限制或侵犯，所以来自外部的权力控制可以有效制约侦查权的肆意施展。因此，对于不容易或不可能限制当事人基本权利的侦查措施，当然也就无需通过司法审查的方式对侦查权进行制约。从这个意义上讲，以签发司法令状的方式对侦查权施以司法审查，具有明显的适用范围限制。

在我国，并不存在上述由法官所实行的对于强制侦查行为的司法审查。从法官对侦查人员所开展的侦查行为的外部制约来看，主体表现为事后的权力控制。例如，法官可以在刑事裁判文书中宣告，侦查人员所收集的某种证据不得作为定案的根据。不过，随着涉外刑事诉讼程序的发展，我国的侦查程序中也出现了法官介入的身影。2018 年施行的《中华人民共和国国际刑事司法协助法》第 39 条规定："办案机关需要外国协助查封、扣押、冻结涉案财物的，应当制作刑事司法协助请求书并附相关材料，经所属主管机关审核同意后，由对外联系机关及时向外国提出请求。外国对于协助执行中华人民共和国查封、扣押、

[29] 高峰：《刑事侦查中的令状制度研究》，中国法制出版社 2008 年版，第 258－259 页。

[30] 侯铮：《中英侦查制度比较研究——从侦查组织制度、程序制度、人事制度角度浅析》，载《河南警察学院学报》2013 年第 6 期。

冻结涉案财物的请求有特殊要求的,在不违反中华人民共和国法律的基本原则的情况下,可以同意。需要由司法机关作出决定的,由人民法院作出。”由于在某些案件的侦查程序中有可能开展对涉案财物的“查扣冻”,我国的刑事司法程序中令人瞩目地第一次出现了人民法院与侦查程序的直接关联,这与常规刑事程序中人民法院只能在审判阶段对相关侦查措施进行事后审查形成了鲜明的对照。〔31〕

2. 以多种形式强化检察监督

由于各国的刑事司法制度存在很大的差异,因此检察机关对侦查权的监督也表现出多种多样的形式。“检警一体化”就以德国为代表的一些国家所实行的刑事司法体制。在这种体制下,检察官是侦查的实际实施者和主导者,警察有义务遵循检察官的命令开展侦查活动。检察官有权决定侦查的启动、侦查的范围以及大多数侦查措施的实施。〔32〕从德国的法律条文来看,检察机关似乎承担着全部刑事案件的侦查职能,警察部门只是在少数案件中进行独立侦查。不过,司法实践与法律规定的情况正好相反。由于警察部门存在着人员和技术上的优势,绝大多数的刑事案件都是由他们侦办的。检察机关自行侦查的案件很少,只限于一些数据有限的疑难、复杂案件,检察机关在侦查程序中的主要作用体现在控制侦查活动和结束侦查阶段。〔33〕换言之,尽管德国的检察机关并没有实际参与每一起刑事案件的侦查,但是并不能据此否定其在侦查程序中的核心地位和主导地位,警察部门的侦查其实是在其主导、指挥和控制下开展的。

在我国,侦查程序中尚未建立典型意义上的司法审查制度,侦查机关和检察机关的关系也不属于“检警一体化”。尽管如此,我国的检察机关作为法律监督机关和司法机关,对侦查程序的运行也起到十分重要的制约作用。随着刑事司法制度的发展,除了侦查机关开展逮捕需要由检察机关审批之外,检察机关对侦查权的检察监督近年来也有了全新的发展,并且表现出丰富的形式。

2021 年,最高人民检察院和公安部联合出台《关于健全完善侦查监督与协作配合机制的意见》,从制度层面完善分工负责、互相配合、互相制约的工作机制,有利于推动提升公安机关刑事侦查和检察监督规范化水平,提升刑事案件办理质效,实现惩罚犯罪与保障人权并重的目标,最根本的目的是让人民群众

---

〔31〕 梁坤:《国际刑事司法协助法第三十九条中人民法院的角色定位》,载《人民法院报》2019 年 1 月 3 日。

〔32〕 施鹏鹏:《德国:检警一体下的检察官主导作用》,载《检察日报》2020 年 8 月 27 日。

〔33〕 何家弘主编:《检察制度比较研究》,中国检察出版社 2008 年版,第 169 页。

在每一个执法司法案件中都能感受到公平正义。在此背景下，新时代的检警关系也展现出全新的内涵，可以定位为是有理有节的监督制约关系，更是有来有往的协作配合关系。对于检察机关来说，如何与公安机关遵循侦查规律，共同构建“在协作中监督、在监督中协作”的侦查监督与协作配合新模式，在打击犯罪与保障人权的“大控方”理念下提升办案质效，是在推动侦查监督与协作配合机制全面展开中不断努力的方向。[34]

此外，检察机关对侦查活动的监督还反映在某些案件侦查过程的“监督型控制”中。这是指检察机关通过参与、观察、指导或督促等方式，对公安机关的侦查过程进行监督。这种方式侧重对违法侦查行为进行事中控制，突出控制一方行使权力的能动性。在我国，这种控制的具体表现形式包括检察机关直接参与公安机关重大案件的讨论和其他侦查活动、指导重大案件的证据收集、要求公安机关对证据的合法性作出说明等。[35] 鉴于侦查活动是一种对效率要求较高的专业活动，过度的外部干涉会妨碍侦查进程、延误侦查时机，因此，在侦查过程中，监督型控制应保持适度的谦抑性，其重心在于给侦查活动提供专业的法律意见而非技术性侦查方法。除非有实质性的必要，检察机关应尽量不介入一般案件，不干预侦查策略的制定，以保证侦查活动的适度自主。基于此，“监督型控制”多在重大、疑难案件的侦查过程中发挥指导和监督作用，其适用面较窄。[36]

在违法侦查行为发生后，检察机关也有权开展法律监督。《人民检察院刑事诉讼规则》对此设计了相应的制度来处理违法侦查行为。根据其中第552条的规定，人民检察院发现刑事诉讼活动中的违法行为，可以视情节轻重而进行不同的处理，“对于情节较轻的，由检察人员以口头方式提出纠正意见；对于情节较重的，经检察长决定，发出纠正违法通知书。对于带有普遍性的违法情形，经检察长决定，向相关机关提出检察建议。构成犯罪的，移送有关机关、部门依法追究刑事责任”。在这种情况下，由于违法侦查行为已经发生，检察机关对侦查权的制约效果显然具有滞后性，对侦查程序运行过程中的实时权力监督构成了补充。通过对违法侦查行为有效的事后监督，检察监督权对侦查权能够施加

---

〔34〕 史兆琨：《检警共建“大控方”格局——侦查监督与协作配合机制建立与推行纪实》，载《检察日报》2023年2月25日。

〔35〕 例如，《刑事诉讼法》第87条规定，“必要的时候，人民检察院可以派人参加公安机关对于重大案件的讨论”。

〔36〕 詹建红、张威：《我国侦查权的程序性控制》，载《法学研究》2015年第3期。

强有力的威慑，不仅能切实纠正侦查机关在当前案件中的违法行为，而且还能够引导侦查机关在后续案件的侦办中不再出现同样或类似的违法行为。从这个意义上讲，检察监督对违法侦查行为的纠正具有重要的教育和引导意义，对于侦查法治环境的塑造能够起到潜移默化的关键性作用。

二、权利保障趋势

（一）从审判阶段向侦查阶段推移

法庭审判一向是刑事诉讼的中心和重心，是决定被告人有罪与否及其刑事责任轻重的最后和关键阶段。通常来说，在该阶段，被告人、诉讼参与人的各项权利最能得到充分的保障。因而，刑事诉讼中的权利实现，通常都是从审判阶段开始，而后逐渐向起诉、侦查阶段推移。比如沉默权、辩护权的实现，就鲜明地体现了这一特征。沉默权最初仅在审判阶段享有，后来才逐渐推移到起诉、侦查阶段。辩护权最早也仅在审判中享有，后来逐渐推广到侦查讯问程序中。

（二）从应有权利和法定权利向实有权利转化

权利的存在状态，包括应有权利、法定权利和实有权利。应有权利，是指根据社会正义、道德习俗应当具有的权利。一般是经社会共同体确认、默认的人权、道德权利。这个意义上的权利，就是通常所说的“人权”，即人之为人所普遍享有和应当享有的权利。法定权利，是指为一国法律所确认和保障的权利。它是对自然人或公民应有权利的确认，并非法律凭空创造的权利。但法定权利不等于实有权利，纸上的权利变成实有权利，还有赖于物质和精神资源的供给，有赖于执法和司法的有效保障，〔37〕并归根到底受到时代的物质文化条件的制约。刑事诉讼中的各项权利，最初往往是一种道德权利、应有权利，而后逐渐得到法律确认和保障，最终才转化为实有权利。由应有权利转化为法定权利，再转化为实有权利，需要一定的时间、空间条件，并与一国的文化传统、意识形态、政治制度、社会经济发展水平等因素密切相关。即便是立法上已确认的权利，其最终实现也依赖于社会物质生活水平的提高和配套法律保障机制的完善。

法定权利能否转化为现实权利，首先依赖于国家和政府是否能够给予保障。任何权利的实现，都是需要成本的，都依赖于国家执法、司法机制的有效运作。即便是消极权利，如果缺乏相应法律救济机制，这种权利也不可能得到尊

---

〔37〕　郭道晖：《法理学精义》，湖南人民出版社 2005 年版，第 94、101 页。

重和实现。

权利实现的程度,还与公民自身的经济能力、收入水平密切相关。侦查法治化的推进和公民权利的实现,必然是一个渐进发展的长期过程。在推进我国侦查法治建设时,要采取一种既积极又稳妥的态度,根据我国社会、政治、经济的形势发展推进各项改革,不能过于超前。

三、法律规定趋势

(一)落实宪法的侦查适用

侦查作为一种由宪法规制的国家公共权力,其宪法性主要通过宪法对侦查权进行原则性的规制与限定来体现。是否能够平衡国家权力与公民个人权利的冲突,充分保障公民的基本人权不受非法侵犯,是衡量一国侦查权宪法化高低的标准之一。我国《宪法》虽然对可能遭受侦查权干预的公民基本权利如人身自由、人格尊严、住宅秘密、通信自由和秘密等权利和自由进行了一些"禁止"性规范,但较为笼统和抽象,可操作性不强,不能有效实现对公民基本权利的充分保障。不仅如此,我国《宪法》第140条规定的公、检、法三机关"分工负责,互相配合,互相制约"的关系,使得我国刑事诉讼权力的运作一定程度上呈现出"流水作业"式的操作程序,这种线形结构的权力设置强调的是国家公权力的互动,而公民个人权利保障则相对受到忽视,这导致侦查权在实际运作中缺乏有效的制约与制衡,削弱了其宪法化程度。

有学者据此提出,我国侦查法治的第一个发展趋向便是提高侦查权的宪法化程度,增强宪法在侦查程序中的可适用性。具体措施便是,在现行宪法中加入有关规制侦查权特别是强制侦查权的条款,运用缜密、科学的程序性规定防止其滥用,以提高其可操作性。[38] 也有观点明确提出,在我国现行宪法并未体现针对强制侦查行为的令状原则的情况下,令状制度需要在宪法中得以确认,这有利于推动我国刑事诉讼法的现代化进程。至于如何在宪法中设定令状原则,应当注意两个方面的问题。

一是宪法条文应当在一定程度上明确规定令状原则,而不是将整个令状制度完整地表述在宪法条文之中。具体而言,首先,应当将刑事诉讼中最基本的权利宪法化,因此需要司法令状约束的强制性措施指向逮捕、住宅搜查和监听行为等,其他的侦查措施是否需要司法令状授权可以在刑事诉讼法中予以规

---

〔38〕 田益友、顾伟:《论侦查权的法治化》,载《社科纵横》2008年第12期。

定。其次,对于司法令状的实体要件和形式要件可以不在宪法中具体规定。最后,结合我国的司法体制背景,可以将司法令状的签发主体做扩大解释,即规定为包括检察院和法院在内的司法机关,将检察机关纳入特定令状的签发主体范围。

二是建立违宪司法救济机制。已经在宪法上得到确认的权利,如人权尊严、住宅隐私和人身自由等,一旦被警察、检察官以刑事侦控的名义加以任意侵犯,可以考虑给予有效的司法救济,使得那些程序性违法行为被宣告无效,为犯罪嫌疑人提供"宪法性救济"。[39]

(二)完善侦查程序的规范

所有的侦查活动都应当纳入侦查程序当中,即为了收集有关证据或者查获犯罪嫌疑人,侦查机关或者侦查人员所进行的所有侦查活动都必须有明确的法律规定。侦查程序作为刑事诉讼程序的重要组成部分,要体现依法治国的精神和要求,就必须走侦查法定的道路。从侦查活动的内容上讲,虽然各国对侦查活动的规定不尽相同,但是一般来说,侦查活动基本上都包括专门的调查活动和有关的强制措施这两部分内容。对于这些调查活动和强制措施的适用主体、范围、条件、期限、具体程序等,各国基本上都根据本国的实际情况,在法律中作了不同程度的规定。因此,按照侦查法治的要求,侦查机关和侦查人员在侦查过程中,只有在本国法律有规定的情况下,才能采取某种侦查措施或强制措施。换言之,要实现侦查法治,一国侦查机关或侦查人员的所有侦查活动,都必须纳入国家法律规定的范围。我国在历次修订刑事诉讼法及相关配套规定的过程中,一直在努力实现侦查法定。

一是将特定的侦查策略和措施明确入法或以指导性案例的方式加以有效规制。一方面,实践中许多侦查策略的运用仍然游离于程序规范之外,相关策略的合法性评价仍然比较模糊。例如,讯问嫌疑人时,法律层面原则上反对以欺骗、引诱方式取证。然而,讯问策略的运用在实践中是一个非常复杂的问题,如何有效区分取证策略的运用和欺骗、引诱方式取证,如果能够通过权威的指导性案例加以指引和调整,便会对侦查实践的合法性判断提供更为明确的依据。另一方面,某些侦查措施仍然只是停留在侦查机关出台的办案规范中,还没有列入《刑事诉讼法》的规范体系加以调整。例如,以 2016 年的《公安机关执

---

〔39〕　高峰:《刑事侦查中的令状制度研究》,中国法制出版社 2008 年版,第 261 页。

法细则》为例，其规定的现场搜索、追踪、堵截，控制销赃，采集犯罪信息，查询、检索、比对数据，网上追逃等措施，并没有在法律层面得到明确反映。此外，甚至还有一些办案规范是以未公开的形式，隐性指导着侦查实践的开展。对于这些侦查措施而言，特别是有可能对当事人的基本权利构成实质侵害的措施，应当尽可能通过法律加以调整，以此提高侦查法治化的水平。当然，如果某些措施从性质上讲属于干预性较轻微的侦查措施，则可以《刑事诉讼法》所规定的"侦查概括条款"作为适用依据，[40]而无须在法律层面作详细的列举式规定。

二是继续完善侦查程序的相关规定。虽然《刑事诉讼法》及配套规定经历了多次修订和补缺，但是与侦查机关的程序规范仍然难以称得上已经尽善尽美。近年来，随着犯罪形势的发展变化，各种各样的新型犯罪层出不穷，与此相关且具有针对性的侦查程序也需要进一步与时俱进。例如，公安部与最高人民法院、最高人民检察院近年联合出台了许多涉及网络犯罪的办案程序规范，不仅对实体空间的搜查、扣押等工作程序进行了细化，而且还在很大程度上新增并完善了适用于虚拟空间的办案程序规范。但是从整体来看，适用于网络犯罪的办案程序在实践中存在的问题仍然比比皆是，还需要下大力气加以规范。

三是结合国际经验和国内实际引入新的侦查规则。随着越来越多国际经验的引介，国际社会普遍接受的一些侦查理念和规则，将来在适当的时候可能会更多地为我国所接受和推行。此外，在犯罪的跨域化、全球化趋势越发明显的背景下，我国需要更多地在侦查领域开展双边和多边合作。在此过程中，侦查程序必然会因国际合作的需要而在一定程度上进行革新。涉外侦查程序的完善相应地需要一些新的侦查规则加以建构，从而令侦查法定表现出全新的面貌。

不过需要注意的是，侦查法定只是做到了有法可依，而有法必依则在实践中更为重要。这就要求侦查人员必须学法、懂法，在侦查过程中严格执法、秉公执法、公正不阿、不徇私情，而且对违反法律规定的行为必须严格追究。与此同时，法律没有规定的侦查措施，按照对于公权力"法无明文规定不可为"的基本法理，一律不可采用，否则均属于无效的侦查措施，通过这类措施收集的证据也因不具备合法性而不能作为定案根据来加以采用。

---

[40] 艾明：《刑事诉讼法中的侦查概括条款》，载《法学研究》2017 年第 4 期。

第十章 侦查源流

马克思主义历史唯物论认为,任何一种社会现象或活动都必然有其独特的发展形态和运动轨迹。按照阶级分析的观点,侦查职能应该是在远古时代随着私有制、阶级和国家的产生以及犯罪的出现而形成的。中国作为古代文明的发源地,无疑也是侦查制度和方法的孕育地,那么,神秘而又神圣的侦查在中国社会历史的长河中的发展究竟呈现出的是一幅什么样的图景呢?令人遗憾的是,我们的前人,限于他们各自历史时期的种种局限,未能对此作出专门而系统的论述;现代侦查的实际工作者和理论工作者,或许是因为疲于应付日益复杂和猖獗的犯罪,或许是由于侦查理论更多的是以现实的侦查实践为研究和服务对象,因而他们都无暇顾及对其所从事的职能活动的历史进行系统考察。虽然现代侦查的规模和复杂程度与古代、近代不可同日而语,但是,应当充分认识到,前人在侦查技术上取得的一个又一个辉煌成就,在侦查理论上所形成的许多策略方法和原则,对于现实的侦查实践活动依然有着直接的指导作用和借鉴意义。中国侦查的历史源远流长,古代的辉煌、近代的衰落、现代的复兴,留给人们许许多多的不解与思索。侦查历史研究可给现代侦查启示和借鉴,不仅让我们了解侦查发展的规律和特点,把握现代侦查发展的方向,而且有助于掌握侦查演绎形态,为侦查变革寻找依据。[1]

侦查历史研究可以有不同的视角,可以考察不同国家和地区的侦查演绎,也可以审视不同历史时期侦查的形态,还可以考察侦查活动不同方面的发展。历史研究还必须遵循马克思主义辩证唯物主义和历史唯物主义的基本原理,用联系研究方法、发展研究方法、比较研究方法全面科学地解析历史史料,取其精华,去其糟粕,给出科学的结论。

---

〔1〕 李兆成:《浅析侦查历史研究的基本问题》,载王国民主编:《侦查学论丛》(第11卷),中国人民公安大学出版社2010年版,第3页。

第一节　侦查古代源起

马克思主义认为,犯罪直接产生了刑罚、警察和监狱,并促成了侦查职能的出现。犯罪及其侦查是随着私有制、阶级和国家的产生而形成的。尽管无从确定最早的侦查职能始于何时何地,但自从人类社会产生了犯罪与法、规定了某些行为是犯罪行为、依法应受惩罚以来,侦查作为一项诉讼活动,即以某种非常原始的形式存在。

中国是东方古老文明的发源地,其侦查职能活动的产生可以追溯到原始共产主义制度崩溃的最后岁月。据史料记载,部落联盟时期的长老议事会中设有九种官,其中一种官叫“士”,《尚书·尧典》载,“帝曰:‘皋陶,蛮夷猾夏,寇贼奸宄,汝作士。’”,意即皋陶作为士官,负责对外防御和对内维持社会治安,揭露犯罪,运用刑罚。这是我国有关侦查活动的最早记录。根据这一记载,舜帝时期的士官皋陶是中国历史上最早具有侦查职能的官员。皋陶曾是黄淮地区一些部落联盟的首领,由于他还负有对付“蛮夷猾夏”的职责,因而,皋陶还不是专司刑事司法的官员。

一、中国古代侦查职能机构的演变

总体而言,中国古代侦查被包含于司法、行政、军事体系中,未能有独立形态的侦查职权机构出现。

(一)中国奴隶社会侦查职能机构

奴隶社会的夏代,兵刑同制,掌管军事和司法的官吏称“士”“士师”“司寇”“廷尉”。商朝和西周,兼负有侦查“司寇”“正史”“士”“蒙士”等。到了春秋战国,具有侦查职能的官吏更多,如“司稽”“禁暴士”“禁杀戮”“司隶”等,他们分别有不同的职责分工。

(二)中国封建社会侦查职能机构

封建社会,侦查活动得到了进一步的发展。秦汉时期,侦查职权机构开始形成纵向体系,京师由“中尉”负责巡查禁备盗贼,在郡县分别设有郡尉和县尉管理治安,县以下的治安机构是“亭”,亭的设置和某些职能类似于现代的公安派出所,亭的最高长官是“亭长”,亭长以下的“亭父”专事追捕盗贼。基层行政机构的乡有“游缴”一官负责治安。

唐宋时期,随着封建经济的繁荣,侦查机构形成了多重并列体系和分工合作的格局。唐朝时,左右金吾卫是中央机构中专门掌管京师治安的两大机构。宋代在全国设有两套具有侦查职能的机构,一套是朝廷委派官吏到地方捕捉盗贼的机构——巡检司,其职责是维护农村、城市、河上、海上、驿道及边境地区的社会治安,其主要任务是巡逻、捕盗、缉私和消防;另一套是县尉司,由县尉主管,负责在辖区内捕捉盗贼。宋代基层禁备盗贼的任务与其保甲制度密切相关,由当地的居民和驻地的乡兵共同负责。

明清时期,负有侦查职能的治安机构更为庞杂。明朝仅负责京师治安的就有锦衣卫、五城兵马司和皇帝随时委派的军队。在地方机构中,各地方官吏都有捕盗之责,府州、郡县设有专职捕盗官,府州称捕盗通判、捕盗同知,县称判官、捕盗主簿。清朝时,京师的治安机构是步兵统领衙门和五城兵马司,其中,京师的五城兵马司又划作十坊,各坊设有“司坊”负责本坊的捕盗和治安,司坊下设有捕役,在所辖地段负责捕盗、巡逻。由此可见,明清时期的侦查机构开始出现了专门化的趋势。

(三)中国古代职务犯罪调查职能机构

中国古代对于官吏利用职权进行职务犯罪的侦查和揭露的任务主要由御史履行。御史在战国时期是负责图书秘籍和记录帝王言行的官员,自秦汉建立统一的封建帝国之后,为了维护专制主义的中央集权制度,御史被改为负责纠察弹劾官吏的御史大夫,从而建立起了延续两千多年的同封建君主政权相适应的御史制度。御史大夫执行行政监察和司法弹劾的双重职责以维护封建的法制。唐朝的御史制度进一步扩大和完善,在御史台下设台院、殿院和察院,掌管从中央到地方的官吏的弹劾,参与大理寺的审判活动,审理皇帝交办的案件(所谓的“诏狱”)。宋代御史台的司法职能又有所扩张,凡违法失职的官吏,御史台有权先行侦讯;大理寺左右推事审理的案件如有翻异,交由御史台推究,这就加强了御史台的司法监督的权力。明代改御史台为都察院,享有广泛的职权,专职弹劾百司,辨明冤枉,提督各道,对重大刑事案件,可以会同刑部、大理寺审理。清代都察院的权力更大,与刑部、大理寺组成“三法司”,为国家最高司法机关。都察院左右御史,是“九卿会审”的法定成员。刑部判决大理寺的复核,均受都察院的监督。对错误判决,有权弹劾,并可接受诉讼,审理有关案件。历代王朝御史制度的隶属关系和官署名称虽有变更,但“纠察百官”“辨明冤枉”的监察、监督的职责,则是始终一贯的,前者类似于现代检察机关的渎职犯罪侦查工作,后者相当于当代的审判监督。所不同的是,御史还享有审判权。由此可见,御史是中国古代兼有侦查揭露职务犯罪职能的主要官职。

二、侦查策略方法的源流

(一)讯问策略方法

与纠问式诉讼制度相适应,中国古代侦查领域中的讯问策略尤为发达,最为悠远。最初的讯问沿属一种原始古朴的司法行为,带有浓厚的宗教色彩和民主议事痕迹。皋陶治狱时,“其罪疑者,令羊触之,有罪则触,无罪则不触”。西周时期,当事人的“盟诅”还被视为定案的证据。这便是神裁法和神誓法等神明裁判方法在中国古代侦查领域的表现。

随着人们认识能力的提高和司法办案经验的积累,西周形成了“五听”的讯问方法。“五听”即辞听(观其出言,不直则烦)、色听(观其颜色,不进则赧)、气听(观其气息,不进则喘)、耳听(观其听聆,不进则惑)、目听(观其眸子,不进则然)。“五听”的实质就是主张用察言观色的方法来评判被讯问人口供的真伪,是心理学知识在侦查领域的首次运用。

秦代,法律已明确规定了讯问成败的标准,《封诊式》的治狱篇道:“治狱,能以书从迹其言,毋笞掠而人情为上;笞掠为下;有恐为败。”根据这一标准,《封诊式》中形成了以下的讯问程序方法:讯问人员在审理案件时,必须先让犯罪嫌疑人充分陈述,听完其供词并作好记录,虽然明知犯罪嫌疑人的供词中有矛盾,但调问人员也不要立即对矛盾之处诘问,待犯罪嫌疑人供述完后,方能对供词中需要诘问的地方发问,作好记录后,对其不能自圆其说的地方再提问。这实际上是现代讯问中广泛运用的反复讯问、利用矛盾的策略方法。

汉朝时,人们又总结出了辗转讯问、侧面迂回的“钩距”讯问法。“钩距者,设欲知马贾,则先问狗,已问羊,又问牛,然后及马,参伍其贾,以类相准,则知马之贵贱不失实矣。”

宋代,《折狱龟鉴》的作者郑克在西周“五声听狱”的基础上提出了讯问时“情迹结合”的理论,强调讯问时要采取各种策略方法,反对严刑拷打,逼人招供,并论证了口供现物证相互关联、相互印证的原则。唐宋及其以后,逻辑学、心理学知识广泛引入讯问实践,讯问中重分析矛盾,重利用矛盾,并以此成功地创造了许多揭露被讯问人谎言进而破案的案例。

中国古代讯问领域的另一个显著特点就是刑讯逼供的泛滥。早在西周，就有了“仲春三月……毋笞掠，止狱讼”的规定。秦汉以后，刑讯逼供作为一种重要的侦讯方法渐渐法律化、制度化。如唐代，“诸应讯囚者，必先以情审查辞理，反复参验犹未解决，事须讯问者，立案同判，然后拷讯”。刑讯逼供的产生和发展与原始同态复仇、血亲复仇紧密相关，也与奴隶社会、封建社会的严酷刑罚相适应，更主要的还是受制于统治阶级的阶级本质和审讯人员的认识局限。其最直接的危害就是导致了大量冤假错案的形成，阻碍了中国古代审讯策略方法朝向更深更广的领域发展。

（二）秘密侦查策略方法

早在春秋战国时期，在侦查领域就有了要求和鼓励犯罪知情者向官府“告奸”的做法。商鞅变法时，曾“令民为士伍，而相牧司连坐，不告奸者腰斩，告奸者与斩敌者同赏，匿奸者与降敌者同罚”。在《秦简》中也有要求知情者“告奸”和鼓励士伍协助官府抓捕犯罪人的记录。

汉代，秘密侦查方法得到了迅速发展，汉宣帝末年，小黄县县令焦廷寿“以候司先知奸邪，盗贼不得发”。此处的“候”即为秘密侦查员。同一时期，颍川郡太守赵广汉为了打击富豪强霸的犯罪活动，专门设置了瓦质告密箱——“缿筒”，奖赏告密。

唐宋以后，跟踪盯梢和狱内侦查被普遍运用于侦查实践。到了特务式统治的明朝，更是出现了一种“打事件”的侦查方法，即由负责侦缉刑狱的特务机关“东厂”派人到各地收取情报，然后通过宦官上报皇帝。此外，东厂还雇用了大批流氓无赖作为耳目，四处打探情报，秘密报告给在社会上进行侦缉活动的“档头”，而“档头”则视其情报有价值会给报酬，即所谓“卖起数”。于是，明代民间告密之风大盛。明朝以后，由执法官员派人担任耳目，或者在民间建立耳目，一直是侦查方法体系中的一个重要组成部分。

（三）勘验查访策略方法

虽然中国古代实行的是纠问式的诉讼制度和侦审合一的诉讼体制，但是刑事犯罪的隐蔽性、犯罪分子犯罪后的逃匿现象，客观上促成了侦查活动和审判活动在一定程度上的分离。在很多情况下，刑事案件发生后的相当长一段时间内，犯罪人处于未知状态，审讯工作无法进行，但侦查实际上已经开始，而且侦查活动集中体现在勘验和查访两个方面。

我国的勘验活动至少可以追溯到两千年前的周朝。据《礼记·月令》载：孟秋三月，“命理瞻伤、察创、视折、审断，决狱讼必端平”。这是中国有关勘验的最早记录。到了秦代，勘验制度已相当完备。根据法律规定，勘验工作已由专人负责，勘验记录规范化，而且在办案中遇到的一些专门问题，已由具有专门知识的人检验和鉴定，如麻风病要由医生鉴定，流产要由“隶妾”检验等。

唐朝时，法律首次明确规定了勘验鉴定的责任问题，“诸诈病及死、伤使受检不失者，各依所欺减一等；若实病死伤不以实验者，以故入人罪论”。宋代是我国古代历史上勘给鉴定制度最为完备的时期。宋朝的法律明确规定了对于杀伤和非正常死亡的案件要进行初检和复检，并明确了初检和复检的情况以及违制惩罚的情形，规定了免检情况的报检事项。宋代第一次明确规定了勘验鉴定的官吏是县尉、州司理参军及仟作、巫婆等。宋律还规定，应当验尸的案件必须验尸，受差验尸的官员不得借故推诿，验尸官接到验尸文后，必须在两个时辰内出发，检验官必须带领件作躬亲检验，如实确定每案致死原因，并将检验结果于验尸当日向上司汇报。这些法律规定都体现了勘验鉴定的策略要求。

查访也是查明案情、收集证据的主要方法。早在秦代，现场访问就是司法办案中的一项基本工作，如《秦简·封诊式·贼死》一案中，主持现场勘查的令史就曾询问当地的治安人员和现场附近的居民是否知道被害人死亡的时间，是否听到呼救的声音。在《秦简·封诊式·经死》一案中，办案人员查问了与死者民居的人是否知道死者自缢的原因。

宋代著名法医学家宋慈也认为，办案人员到达现场后，应当先询问了解事件发生的粗细经过，然后再行勘验。他说：“凡到检所，未要自向前且于上风处坐定，略唤死者骨属。或地主、竞主，审问事因了……始同人吏向前看验。必须先唤集邻保，反复审问。”这种体究人员的设置，已经类似于现代侦查工作中现场勘验人员和现场访问人员的分工了。

唐宋及其明清各代，司法官员们经查访而公断狱讼的案例屡见不鲜，而且随着办经验的积累，查访的方式也日益多样化、策略化，既有派员走访，又有亲自调查；既有明查，又有暗访。

三、外国古代侦查概况

（一）外国奴隶社会侦查

早在公元前3000年左右，巴比伦王国便开始进入了奴隶社会。当时，刑事案件的审理一般都在神庙进行，而神职官员——祭司负责查明案情并作出裁判。到公元前18世纪的汉谟拉比时代,行政官员开始介入司法审判,从而结束了神职人员对审案职能的垄断。古代埃及和古印度也实行过以专门的神职人员或行政官员负责审理案件的制度。而且与古代中国一样,这些国家的国王或法老也都有是全国的最高司法官和审判官。

无论是在古代中国,还是在巴比伦、埃及或印度,无论问案者是司法官还是神职人员或行政官员,他们在审理案件时都有实行个人负责制。虽然他们的官职高低不同,但他们在自己的管辖范围内都具有相对独立的查明案情和裁决狱讼的权力。

大约在公元前2000年时,埃及的一些法官和行政官属下就设置了专门负责治安的官员,后来便发展成了不同于军队的警察部队,这些警察的地位很低,因为他们是从努比亚黑人战俘中挑选的。其职责主要是监督奴隶干活、追捕逃亡奴隶和担任刽子手。大约在公元前15世纪,埃及形成了以治安和警卫为主要职责的警察系统,包括首都警察、河防边界警察、守卫金库警察、守卫神庙警察和守卫陵墓警察等。

雅典国家大约在公元前5世纪开始有了专门的警察部队。当时在由9人组成的执政院中有一名负责社会治安的执政官,由其领导警察部队。当时警察的职责包括缉捕犯罪嫌疑人、调查政治集会、监视娱乐场所、调查公民不端行为和监督市政卫生等。

罗马共和国成立以后也建立了警察部队。警察受市政官管辖,负责维持社会治安和市场秩序。罗马帝国时期,皇帝为加强统治而扩大了警察机构。他在中央建立了一支强大的警察部队——禁军,负责保卫皇帝的安全和镇压人民的反抗。此外,他还建立秘密的警察机构,专门调查各种政治性案件。在地方,各行省和城市都有建立有警察部队,行省总督和城市长官即警察首脑。警察负责维持治安、征收捐税和缉捕犯罪嫌疑人。就侦查而言,调查政治阴谋和防范人民起义是当时的主要任务,因此,警察手下多有耳目,并鼓励民众告密。

从总体上而言,奴隶社会的侦查主体是审案的法官。虽然古代奴隶社会的军队已经具有维持社会治安的警察职能,而且在一定程度上参与了缉捕犯罪嫌疑人的行动,但是,侦查还依然是法官审案断狱的一部分,警察仅在必要时根据法官的要求或在法官的领导下收集证据和缉捕犯罪嫌疑人。

(二)外国封建社会侦查

西方国家进入封建社会后,逐渐形成了多元主体的侦查主体制度。其中,以法国为代表的大陆法系国家的侦查主体是以法官为主的多元主体,而以英国为代表的普通法系国家的侦查主体则是以大陪审团为主的多元主体。

公元前5世纪末,灭亡西罗马帝国的日耳曼人的一支——法兰克人建立了日耳曼诸王国中最为强大的法兰克王国。法兰克王国的社会制度是正在瓦解过程中的日耳曼氏族制度与罗马境内日益成长的封建制度相结合的产物。不过,这种传统并没有保持多久,法官便成为司法制度中的核心人物。起初,法官仅是刑事案件的"主持人",后来,纠问式诉讼代替了控告式诉讼,法官不仅主持审判,而且主动调查案情、收集证据。这时,侦查已经成为诉讼程序的重要组成部分,因而也是法官的重要职能之一。

在法兰克等日耳曼部落灭亡罗马帝国的同时,盎格鲁和撒克逊等日耳曼部落也占领了不列颠群岛,并相继建立了七个分立的王国,由于共同承袭着日耳曼人的传统,所以这七国的司法制度与法兰克王国大同小异。但是,日耳曼人于1066年征服了不列颠群岛之后,特别是12世纪后半期亨利二世的司法解革后,英国逐渐形成了不同于欧洲大陆国家的司法制度。其中对侦查制度最具意义的是按诺曼人习惯建立的大陪审团制度。大陪审团由当地居民组成,其职责是查明案情和向法院提出指控。这实际上已肯定了侦查职能与审判职能的分离,因此大陪审团是英国历史上最早出现的侦查组织。

第二节　侦查近代形态

一、近代中国侦查概况

近代中国半殖封建半殖民地性质,决定了中国近代侦查的基本特点。

(一)侦查具有十分浓厚的军事色彩

连绵的战火使近代中国侦查犹如其他社会职能一样,附有浓厚的军事色彩,侦查依然处于被包容的附属的地位。

在清朝原有的国家机关中,步兵统领衙门是侦查军事化的显著代表,而且步兵统领衙门直到北洋政府时期仍然保留着。清朝许多地方官员集行政、司法、军事权力于一身,以致这三者的职能都无法独立。

中国进入近代社会以后,对外同外国列强进行了三次鸦片战争,在内部,太平天国运动、义和团运动等革命浪潮此起彼伏,一浪高过一浪,晚清政府的主要精力都放在与外国媾和和对付国内革命,因而,国家所有的政治活动、行政活动都附上了浓厚的军事和涉外色彩。地方官吏除了掌管行政、兼理司法外,另一重要任务就是领兵作战。辛亥革命虽然建立了南京临时政府,但包括司法在内的一切事务均服从军事需要,实际上实行的是军事管制。袁世凯窃得辛亥革命成果后,虽然强化了警察政治,但其警政建设的军事色彩相当浓厚。正是由于中国近代这种侦查的军事化色彩,使得产生独立侦查无所必要。因而,虽然中国近代历史上形成了独立的警察制度,但一直未能出现独立行使侦查职能的侦查主体。

(二)侦查和审判权的国家司法独立丧失

帝国列强依据不平等条约,在中国领土上行使"领事裁判权",于是,在中国近代史上出现了在中国领土上可以由外国人行使侦查审判权的极不正常的现象,这也是中国近代史上丧失司法独立主权的重要标志。

领事裁判权的基本内容是凡在中国享有领事裁判权的国家,其在中国的侨民如果成为民事、刑事诉讼的被告人时,中国法庭无权调查审理,只能由该国的领事按其本国的法律裁判,完全不受中国司法机关和中国法律的管辖。相继取得这项特权的有英、美、法、俄、德、日等国,他们不仅在中国设立了侦查、审判的机构,而且设有监狱。

鸦片战争以后,帝国主义列强先后在中国口岸建立起租界。租界地作为帝国主义对中国进行政治、经济、文化侵略的门户,在加剧中国社会半殖民地化的过程中起了极为恶劣的作用。根据1851年第二次《上海租地章程》,英国在租界内设置了具有政权性质的机构,初名为"行政委员会",1869年正式定名为"市议会",中文名字为"工部局"。工部局下设有"会捕房""巡捕房"等专门行使侦查和维持治安的机构。在租界地内发生的一切刑事案件,工部局都有权派巡捕房侦查并自行审判。

八国联军侵占北京期间,侵占各国就曾经在各自占领区内,设立所谓安民公所,用以镇压中国人民,维持侵略秩序。安民公所的所长、事务长和宪兵均由外国人担任,雇用中国人当巡捕,行使一定的侦查调查权。

帝国列强在中国设立的殖民地式的警察机构,一方面标志着中国司法主权的丧失,另一方面却也启发了中国的学者和当政者,成为中国近代警察制度建立的模型。

(三)侦查制度独立化的萌芽

随着涉外因素的介入和影响以及中国近代政治、经济和社会形势的变化，中国近代警察职能在国家职能机构中逐步独立化。警察职能从军队、行政、司法中独立出来而且相互间有明确的分工和制约条件的趋势日趋明显。在中国近代建警过程中，侦查出现了独立化的萌芽，并朝着近代化缓慢发展。

在湖南保卫局下辖的分局中，均设有巡查长、巡查吏、巡查，专司侦查业务，缉捕犯罪嫌疑人。湖南保卫局的主要职责就是预防犯罪，缉捕盗贼，维护公益。八国联军侵占北京后的产物——工巡局，其主要职责也是维护治安，缉拿盗贼。清朝民政部成立后，建立起了民政部稽查督捕司，后为稽查督捕局，以后为缉探总局，专司侦探、缉捕事宜。民政部所辖内外城巡警总厅里也分别设有侦缉队，隶属两厅司法处管辖，并制定了《侦缉队章程》。北洋政府时期隶属于北洋政府内政部的京师警察厅下设的司法处是专司刑事、侦查和违警处罚的机构，其中的第二科就掌管搜集赃证主缉捕案犯。

近代中国侦查独立化的进程虽然缓慢，但到了北洋政府时期已经基本形成，对中国侦查的发展起到了重大的推动作用。

(四)侦查的政治镇压职能

近代中国侦查职能作为警察职能的一部分，同军队、法庭、监狱一样，是统治阶级镇压机器的组成部分，其主要职能是通过镇压，以求当权者所谓的“安宁”和“秩序”。同时，近代中国的警察不仅是中国近代统治者镇压人民的工具，也是帝国主义奴役中国人的工具之一。

由于清末极端腐朽的专制主义统治造成了空前的民族危机，在鸦片战争后的70年间，爆发了一次又一次革命浪潮。针对这种严峻的形势，清王朝统治者不得不加强其统治机器。清朝国家机器改革和清末警政建设都是在此背景下进行的。1840年到1911年，全国共发生教案385件，帝国主义授意清廷对“不逞之徒”，弹压逞办。清政府总结多年来统治的经验教训，深感旧有的保安制度已不足以保护帝国列强的在华利益，才决定学习西洋新法，创办警政。

作为中国近代警察制度萌芽的湖南保卫局，其创办宗旨就是为了保护官绅利益。八国联军撤退之后北京的战后协巡营和工巡局，也主要是为了填补帝国列强撤离后形成的权力真空，维护清王朝的反动统治。以倡导和推行警政著称的袁世凯窃得辛亥革命的果实后，在全国建立了强大的警察网，并顽固地保留了步兵统领衙门,把警察职能直接服务于军事独裁统治,镇压人民。警察职能作为国家机器的镇压职能不是偶然的,但在中国历史上有所表现。

二、近代中国侦查停滞不前的原因

综观中国近代侦查发展和警政建设的历史,虽然湖南保卫局和清末京师的警察机关中建立有侦缉队,侦查出现了独立化的萌芽,但中国古代侦查蓬勃发展的势头到近代日渐减弱,侦查技术停滞不前,侦查理论和方法的研究几乎处于空白状态。中国侦查在世界范围内逐渐处于落后地位,现代侦查科学终究未能从侦查职能的发源地即中国的土壤中滋生出来。这种状况的形成有着深刻的社会历史背景,是多种因素共同作用的结果。

(一)封建专制制度的长期影响

封建专制的社会制度决定的闭关锁国的政策极大地限制了中国近代侦查的发展。在这一制度下,整个中国古代的国外侦查交流基本上是中国侦查技术和方法的单向输出。中国未能及时地吸收同时期其他国家和民族先进的侦查思想和理论。

(二)封建诉讼制度的影响

自古以来,中国实行的就是纠问式的诉讼制度,司法办案由行政长官统包统揽,到近代这种格局依然没有得到根本改变。而且由于连绵不断的战乱,近代的侦查乃至其他刑事司法活动都深深地附上了军事化的色彩。在纠问式的诉讼制度下,审讯的策略方法得到了一定程度的发展,但同时也必然地引发了刑讯逼供的可能,口供至上的证据制度使得科学的理论和方法既无产生的必要,也无产生的可能,同时,军事化色彩与侦查使得军事策略和侦查密切结合,由此带来了中国古代和近代秘密侦查方法的繁荣和发展,这一方法到明朝的特务式侦查时发展到了高峰。秘密侦查方法虽然是侦查的重要方面,但侦查方法的滥用也会在很大程度上限制其他侦查策略方法的正常发展,侦查的合法性也因此得不到保障。可以说,在封建的纠问式诉讼制度下,侦查的法律性稍显薄弱。显然,这种状况下的侦查还可能得到真正科学意义上的发展。

(三)近代自然科学和社会科学的落后

在封建社会礼教的束缚下,中国近代自然科学和技术科学发展缓慢,侦查科学没有其形成所必需的科学基础。例如,直到1903年(光绪二十九年)颁布的《大学堂章程》中还有如此规定:"在外国尚有解剖学、组织学,中国风尚礼教不同,不能相强,但以模型解剖之可也。"这种只维系尸体外表检验而不准解剖检验的制度对法医学发展起到了极大的阻碍作用。

考察中国古代和近代的侦查学著述,这一时期中国在侦查理论和方法领域的主要成就是编纂案例集,并在此过程中对侦查的实践经验进行简单的总结和升华,因此,侦查的理论和方法基本上是经验性的,侦查并没有建立在真正科学的基础之上。缺少了科学理论和方法指导的侦查,其发展的裹足不前也就不足为怪。

(四)外来因素的干扰

外国殖民者在中国的租界内建立起了殖民地式的外国警察机构——巡捕房,这一举措虽然启发了中国的当政者,成了近代中国警察制度的模型,但巡捕房等警察机构的建立,使帝国列强在中国领土的一定范围内,获得了行使侦查、审判的权力。这使得中国的侦查不仅在国家职能活动体系中没有独立的地位,而且在国家主权的高度而言,这种活动也没有获得完全的独立。

外来因素的干扰使得中国近代侦查权的国家统一性遭到了严重的破坏,侦查权被侵犯和分割,这是一种极不正常的现象,它对侦查发展的消极影响是极大的。一方面,侦查权的国家主权性遭到了粗暴的践踏,涉外侦查、涉及租界内的侦查成为一句空话,中国的侦查成为了不完整的侦查;另一方面,近代中国由过去的闭关锁国变成了国门大开,国外的科学政府和方法对中国传统的制度和方法带来了猛烈的冲击。中国统治者在仿效帝国列强建立警察制度的同时,并没有对中国的侦查制度的方法进行理性的思考,侦查工作的专门化进程依然非常艰难。

三、外国近代侦查的独立

在中国近代侦查裹足不前的同时,西方资产阶级国家在资产阶级革命和工业化的进程中,在重建资产阶级的法律制度,尤其是刑事诉讼制度的过程中,迅速地完成了资产阶级侦查制度的独立,从而确立了资本主义国家在世界范围内在侦查领域的领先地位并对侦查科学的形成和发展产生了深刻的影响。资产阶级近代侦查制度的独立有三个显著的标志,这就是英国苏格兰场的建立、法国维多克侦查模式的确立和美国平克顿侦探公司的组建。

（一）英国苏格兰场的建立

13世纪以前，英国揭露犯罪的工作基本上是由私人负责，法律规定每个成年公民均有维持社会治安的责任。到了18世纪中后期，由于资本主义生产力的不断发展，大型企业相继出现，伦敦出现了两个半专业性的警察机构，即由著名小说家亨利·费尔丁与其兄约翰·费尔丁共同组建的“鲍街警察”，以及被誉为“英国首都警察之父”的帕特里克·科尔克霍恩创办的“泰晤士河水上警察”，它们构成了英国独立警察制度形成的基础。

19世纪初期，英国国内阶级矛盾日益突出，工人阶级的斗争蓬勃发展，人口的迅速增长并大规模地向城市集中，引起了社会治安与传统的保安制度的尖锐对立，整个英国骚乱频繁，偷盗、抢劫及谋杀现象十分严重。面对日益严峻的治安形势，内政大臣罗伯特·皮耳（后两任英国首相）建议组建一支由内政部领导的统一的伦敦警察队伍，负责维持首都地区的社会治安。1829年年初，皮耳向议会提出的《关于改进首都地区保安工作的法案》获上、下两院的一致通过，同年6月16日经御核批准，英国历史上第一个现代警察组织——“伦敦警察”正式组建。

伦敦警察建址苏格兰场，故以“苏格兰场”代称，初由军人查尔·罗恩上校和律师理查德·梅恩领导，人数约为3000人，宗旨是防范控制犯罪，队中设有专职侦查人员，后于1842年发展成为专门的便衣警察侦缉队，专门警察机构中第一次出现了独立的侦查机构。伦敦警察的创建不仅带动了英国基层警察组织的建设，在19世纪中后期，也影响到了美国、加拿大、澳大利亚及英国在海外的许多殖民地的统一的职业警察的建立。

（二）法国维多克侦查模式的确立

18世纪末、19世纪初，巴黎的刑事犯罪十分猖獗，治安形势异常严峻，此时，巴黎警察厅刑事警察局的开山祖师埃森·弗朗索瓦·维多克登上了侦查的历史舞台。此前的维多克身世飘零，经历惊险离奇。他曾作为罪犯多次入狱。1799年，他第三次越狱成功后，正准备洗心革面、重新做人之际，遇到了昔日囚友们不断的威胁和敲诈。万般无奈，他投靠了巴黎警察厅，并建议巴黎警察厅利用他对犯罪界的了解同猖獗的犯罪现象作斗争。他如愿以偿地得到了宽恕，并担负起了负责巴黎治安、揭露打击犯罪的工作。

维多克遵循“只有罪犯才能对付犯罪”的原则，挑选了一批蹲过监狱的人做其助手，组成刑事警察队伍。他们巧用策略，混迹于犯罪分子频繁活动的地区，在监狱内安插秘密力量。维多克本人由于是罪犯出身，了解犯罪分子的习性，同时又极有耐心，善于表演，具有罕见的视觉记忆能力，因此，他在同犯罪作斗争中一直得心应手。这种“以罪犯对付犯罪”的侦查模式获得了极大的成功，使西方警察界惊叹不已，被维多克以后的巴黎警察厅沿袭多年，西方各国也纷纷效仿，视其为对付犯罪的灵丹妙药。

（三）美国平克顿私人侦探公司的建立

阿伦·平克顿，1819 年出生于苏格兰，1842 年移居美国。一次偶然的机会，他成功地协助警察查获了一个伪造货币的团伙，从此便与揭露犯罪工作结下了不解之缘。1850 年，他成了芝加哥市警察局的一名侦查员。由于成绩出色，平克顿很快被任命为辖芝加哥市的库克县的副保安官。同年，勇于冒险的平克顿辞去了芝加哥市警察局中的职务，创建了美国也是世界第一家私人侦探组织——平克顿私人侦探公司。该公司的最初业务是侦破铁路上的盗窃案。由于平克顿侦探公司的侦探们善于化装成各种不同社会地位的人去收集情报，破案效能极高，所以，深受当时企业家和商人们的欢迎。

1861 年，美国南北战争爆发，平克顿化名为 E. J. 阿伦，为北方联邦领导了一个专门收集南方军事情报的组织，该组织即为美军情报局的前身。内战结束后，平克顿又恢复了他的私人侦探业务。平克顿侦探公司在对付猖獗一时的西部犯罪浪潮中以其高效能和具有传奇色彩破案而饮誉美国，其影响和业务迅速波及海外。

19 世纪中期以后，侦查活动的不断独立化、专门化和私人化是侦查发展史上的深刻革命，这不仅使侦查在国家职能活动中的地位更加突出，而且为侦查的理论研究提出了更高的要求并开辟了广阔前景。

第三节　侦查现代发展

一、现代中国侦查

（一）国民党统治时期侦查

1. 国民党统治时期侦查的特点

国民党统治时期侦查的特点取决于国民党政权的性质。国民党统治时期的侦查只能是维护国民党专制统治、镇压人民革命的一个工具。因此，国民党的侦查从本质上说是反动的、违背科学原则的，不可能得到广大公众的支持。主要特点表现在：

第一，国民党统治时期的侦查机构庞杂，拥有侦查权的机构和人员众多。根据国民党《刑事诉讼法》的规定，除检察机关的检察官行使侦查权外，县长、市长、警察所长、警务处长、公安局长、宪兵队长及依法令行使司法警察权的警察长官、宪兵长官、军士和依法行使司法警察职权的警察、宪兵均拥有侦查权。另外，军队或检察官认为应该协助其侦查的人都是侦查机构侦查人员。这样，国民党统率的党、政、军、宪、特等机构和人员都行使侦查权，构成的是一个庞大的侦查网络，把其触角伸向了社会生活的各个领域和各个方面，严密监视着社会的动态。庞大的侦查机构和众多的侦查人员固然可以严密社会面的控制，能有效地防范和打击犯罪，但又使得侦查的管理和管辖十分混乱。各个侦查机构、各类侦查人员为了避重就轻，争名夺利，往往各行其是，甚至互相倾轧、互为抵消，而且滥用侦查权的现象十分严重，往往超过了本来就十分宽松的法律规定。

侦查机构的庞杂一方面是出于国民党镇压和压制革命运动的需要；另一方面，违背了侦查权发展的国际潮流和历史潮流。侦查的主要价值就在于在打击犯罪的同时保障人权，而在国民党统治时期的侦查体制之下，法外侦查、滥用侦查权不可避免地成为普遍现象，任意拘捕、随意关押、出入人罪是国民党统治时期侦查的重要特色。

第二，拥有法定侦查权的检察官职权扩大。国民党统治时期的《刑事诉讼法》和《法院组织法》规定，检察官不仅有实施侦查、提起、实行、协助公诉和担当自诉的权力，而且有指挥刑事裁判执行及其他权力。这样，法律明确赋予了检察官以三大权力，即实施侦查、负责公诉和自诉、指挥刑事裁判的执行。

对于检察官行使侦查权，法律还有一些特别的授权。如国民党的刑事诉讼法规定，检察官可以指挥司法警察，调动司法警察协助侦查，或者命令在场的或附近的人担当辅助侦查。另外，遇有紧急情况时，检察官还有权指挥军警协助侦查，特殊情况还可请求派遣军队辅助侦查，或者武力解决。另外，1935 年 8 月 30 日，南京国民政府司法部颁行的《办理刑事诉讼案件应注意事项》中明确规定，检察官不仅有可以在法定辖内侦查之权，而且“可以在管辖区外，行使其职务”。

检察官如此众多的职权，尤其是在侦查犯罪中的至高无上的地位往往使检察官的侦查工作失去必要的监督程序，案件的侦查过程和侦查结果在很大程度上受制于检察官的个人意志。因此,国民党统治时期的侦查不可避免地会造成大量冤假错案。

第三,特务直接参与侦查活动是国民党统治时期侦查的重要特点。特务参与侦查审讯活动在我国历史上的其他时期曾经出现过。但到了国民党统治时期,国民党政府为了维护其封建买办独裁统治,除了军事镇压和法律强制之外,也借鉴古代特务式统治的做法,仿效法西斯国家建立了庞大的特务组织。这些特务组织主要承担所谓的"政治案件"的调查和侦查,肆意践踏法律,疯狂地推行法外制裁。

以"中统"和"军统"为代表的国民党特务组织,从城市到乡村,遍布于政治、军事、经济、文化等众多部门,它搜罗了社会上一些堕落、凶残、无耻的流氓地痞分子,如汉奸、敌特、无赖、痞子及其他社会渣滓,构成了一个庞大的特务网络。这些特务组织根据需要,撇开司法机关和检察机关,不要任何法律手续,随意进行监视、搜查、殴打、扣押、绑架、逮捕和暗杀活动。另外,特务机关设立自己的法庭和监狱,不经正常的法律程序,实行惨无人道的刑讯和刑罚,任意关押革命者和无辜者。特务参加侦查审讯从一个重要的侧面说明了国民党统治时期侦查的反暴动性。一方面,特务组织侦查和调查的目标具有专一性,即所谓的"政治案件""政治人物"。很显然,特务式的侦查是维护国民党独裁统治的重要工具。另一方面,特务组织的侦查审讯实践活动使得国民党政府制定的有关侦查的程序和方法的法律规定成了一纸空文,无序侦查和侦查的不受约束状态成为侦查活动的普遍和必然现象,侦查工作从本质意义上而言,没有科学性。

第四,国民党的侦查在法西斯侦查理论的指导下,以镇压人民的革命斗争为主要的和根本的任务,秘密侦查在侦查方法体系中占据着重要的地位。

在法西斯侦查理论的指导下,国民党政权把侦查的主要目标指向了以中国共产党为代表的革命势力。国民党统治时期制定的大量的特别法规都是以镇压革命运动和人民的反抗斗争为目的的。在侦查机构,尤其是警察机构的建立上更能说明这一点,如国民党统治时期特务机构的组建、武装警察机构的组建、长江各省水警总局的组建。

与国民党法西斯侦查理论和特务式侦查方式相适应,国民党的刑事诉讼法和一些特别法规中都规定了秘密侦查方法。1945 年的《修正刑事诉讼法》第 240 条明确规定:侦查之形式,采密行为主义,不公开之。国民党刑事诉讼法学家陈朴生认为,之所以要采用密行主义侦查,"盖侦查之目的,在侦查犯人及收集证据。其手段方法如泄露在外,有致犯人逃匿及湮灭罪证之虞;且侦查中犯罪嫌疑人是否犯罪,尚未决定,一使外人知悉或散布报端,于受侦查人之名誉地位蒙其影响”。司法行政部 1935 年颁布的《办理刑事诉讼案件应注意的事项》中也规定,“检察官侦查案件,除依刑事诉讼法第一编第八章至第十四章执行强制处分外”,“应以一切方法为必要之调查,即如私查暗访等”。秘密侦查方法写进了法律法规,足见其在侦查中突出的地位。

2. 国民党统治时期侦查评析

科学而辩证地分析国民党统治时期的侦查,不难发现,国民党统治时期的侦查的局限性是其主要的方面。这种局限性表现在多个方面,尤其是本质的反动性上。同时,20 世纪以来社会的进步和发展也不可避免地影响到国民党统治时期的侦查工作。因此,国民党统治时期的侦查又显现出了一些文明化的态势。

如前所述,国民党统治时期侦查的局限性主要表现在以下方面:第一,国民党统治时期侦查的反动性决定了其不可能得到民众的支持和拥护,侦查缺乏赖以有效实施的群众基础。国民党时期侦查在国民党政权的职能活动中,只是国民党政治统治和军事斗争的一个辅助性工具,其矛盾始终是指向以中国共产党为代表的革命力量。这不仅体现在其活动中,而且还体现在侦查机构的设置上。第二,国民党统治时期,具有侦查权的机构涉及了党、政、军、警、宪、特的众多部门,各侦查部门之间缺乏有效的监督和制约关系,因此,侦查权的滥用不可避免。其第一个表现是侦查的管理和管辖十分混乱。由于侦查机构众多,法律又没有明确规定各侦查机构的管辖职能。因而,各侦查机关之间为了争功劳利,往往各行其是,甚至互相抵消,互为倾轧,有时又避重就轻,逃避责任。其第二个表现是法外侦查的盛行。国民党统治时期,除了其刑事诉讼法在侦查的程序和方法上对侦查进行了规范外,还颁行了大量的特别法规,在这些法规中规定了大量超出法律规定的一些非常措施,更有一些凌驾于法律之上的侦查机构。

国民党的侦查从本质上来说是反动的、违背科学规律的,因而得不到广大民众的支持和拥护。但是,处在 20 世纪人类文明进步发展环境中的国民党侦查仍然表现出了一些文明化、现代化的趋势:其表现之一是专职侦查队伍的建立和纵横交错的侦查体系的形成。国民党的侦查体制是以法院检察院为主,同时,在警察机构中设有专职的侦缉队,组建了专门的刑事警察,体现了侦查工作专门化的特色。其表现之二是开始注意吸收国外先进的侦查理论和侦查技术。国民党统治时期编译的《警察学》《侦探学》就是学习西方国家的产物。同时,也开始聘请美国、英国等国的特工人员、警察人员来中国进行交流、讲学，并从国外引进了大量的诸如测谎、监听、照相等先进的侦查技术设备。这些可谓是历史性的进步。其表现之三是注重警政人员和侦查人员的培训。国民党统治时期的警政教育自上而下形成了较为严密的体系，课程设置门类众多，教育制度也较为完善，警察和侦查教育均体现了现代特点。

（二）新中国侦查

新中国的侦查制度是随着人民民主专政政权的建立而萌芽，在 20 世纪 50 年代初创立和发展起来的。其前进的道路充满了艰难和曲折。在新的历史时期，随着我国法律制度的不断完善，侦查工作也走上了健康发展的道路，并在保护社会主义政治、经济制度和维护社会安定团结方面发挥越来越重要的作用。

1. 新中国侦查的萌芽

新中国成立以前，侦查机关及其侦查历史是随着革命政权的建立不断发展和壮大的。在第一次国内革命战争时期，中国共产党为了反对帝国主义和封建主义，一方面积极开展革命统一战线的北伐战争，另一方面大力领导工农革命运动。在工农革命运动中，相继建立了许多革命组织，其中包括人民司法机关，如“省港罢工委员会”就设有武装纠察队、军法处、会审处、特别法庭和监狱等。这些司法机关在处理案件时分别担负不同的任务和行使不同的职权，其中武装纠察队的主要任务是对一切不利于罢工的事件进行调查和侦查，尔后送军法处处理。

1927 年蒋介石发动“4・12”反革命政变后，中国共产党转入秘密状态，为了在白色恐怖中保卫党的组织，1927 年 12 月党中央决定成立特别委员会，下设中央特科，负责党的保卫工作。这是我党成立的最早的专门性的侦查保卫机构。在周恩来的领导下，中央特科在保卫工作、情报工作等方面出色地完成了任务，积累了宝贵的经验。后由于叛徒的出卖，中央特科遭到了破坏。

第二次国内革命战争时期，中央工农民主政府颁布了许多法律、法令、条例、决议、训令和指示等。1932 年 1 月 27 日公布的《中华苏维埃共和国国家政治保卫局组织纲要》明文规定，在苏维埃境内，依照中华苏维埃宪法之规定，在临时中央政府人民委员会管辖之内进行侦察，压倒和消灭政治上、经济上的一切反革命活动、侦探盗匪等任务。按此规定，国家政治保卫局是专门镇压反革命任务的公安机关，对一切反革命案件均有侦查、逮捕和预审之权。1934 年 4 月中华苏维埃共和国中央执行委员会公布的《中华苏维埃共和国司法程序》中规定，区保卫局特派员、区裁判部、民警局、劳动法庭均有捉拿反革命及其他应捉拿的犯人的权力。

抗日战争时期，为了适应抗日民主政权斗争的需要，司法机关的组织体系和名称作了相应的改变，但各级司法机关的组织设置仍然按照侦查、起诉、审判的不同职责设置，侦查要由公安机关行使。当时，从边区政府至区一级均设有公安机关。在边区政府下，设总公安局或保卫处，行政公署下设行署公安局，专属设公安局或保卫科，县设公安局或公安科，区设公安员。公安机关是抗日民主政权维持治安的机关，主管对汉奸、敌特的侦查、缉捕工作。在基层，普遍设有锄奸小组，协助政府管理社会治安工作，但锄奸小组只能以访问、盘查、揭发和检举等方式进行工作，而无权进行侦查、逮捕、审讯人犯。这就使侦查权高度集中统一，避免了侵犯人权和随意抓人现象的发生。

第三次国内革命战争时期，军事斗争和隐蔽战线斗争空前激烈，国民党派遣了大批特务潜入新老解放区搜集情报，从事各种破坏活动，组织武装土匪进行了反革命暴乱，大搞暗杀等恐怖活动。解放区公安机关同暗藏的敌人进行了惊心动魄的斗争，在人民群众的支持下，结合土地改革、清匪反霸等活动，挖出了潜伏的敌特组织，缴获了大批秘密电台，肃清了国民党的地下军和土匪武装，取缔了反动会道门，摧毁了国民党的反动社会基础。与此同时，各解放区颁布了许多法律、法令，不断改进和完善人民公安机关的侦查工作。

2. 新中国侦查体制的变迁

新中国成立初期，公安机关的首要任务是同妄图颠覆人民政权的反革命分子作斗争，除了政治侦查部门外，各地均未建立独立的侦查机构。1953 年，随着刑事犯罪数量的增多，各地城市公安机关组建了刑警队，其工作基本上隶属于各级行政管理部门。20 世纪 50 年代后期到 60 年代初期，治安管理的指导思想是打击与防范相结合。为了工作上的协调，公安部和省公安厅的侦查工作仍归属治安部门，有少数省曾一度建立了刑事侦查处，但不久又与治安处合并。这一时期，多数县公安局在治安股内建立了侦破小组，社会状况比较复杂的县开始建立刑警队或刑侦股。20 世纪 60 年代后期到 70 年代中期，侦查专业工作遭到破坏，大批侦查领导骨干和专家被排挤出公安队伍，大量的侦查装备器材被抛弃和毁坏，大批的刑事犯罪档案和情报资料被销毁。20 世纪 70 年代后期以后，公安机关侦查工作得到了全面的恢复。刑事侦查工作正式脱离治安管理部门，开始了向独立化、现代化发展的新时期。目前，各级公安机关都设立了独立的侦查机构，包括刑事侦查、经济犯罪侦查、禁毒、国内安全保卫等部门在内的侦查机构在同犯罪的斗争中发挥了越来越大的作用。

1949 年 12 月，中央人民政府制定公布了《最高人民检察署试行组织条例》。1951 年 9 月 3 日，中央人民政府通过并颁布了《中央人民政府最高人民检察署暂行组织条例》和《地方各级人民检察署组织通则》。当时法律规定了人民检察机关对刑事案件具有侦查权，但未将检察机关的侦查与侦查监督加以区分。1954 年 9 月 21 日，中华人民共和国第一届全国人民代表大会制定并颁布了《中华人民共和国人民检察院组织法》，该法规定人民检察院发现并确认有犯罪事实时，应当立案进行侦查或交由公安机关侦查。根据法律规定，各级检察机关设置了专门机构，开展侦查工作。当时法律虽然没有划分各有关机关对刑事案件的侦查范围，但实际上由检察机关侦查的主要是国家机关、企事业单位工作人员利用职权进行犯罪的案件。1962 年 11 月，最高人民法院、最高人民检察院、公安部在调查研究和总结经验的基础上，作出了《关于公、检、法三机关受理普通刑事案件的职责范围的试行规定》，明确规定国家机关工作人员、基层干部和企业职工的贪污、侵吞公共财产和侵犯人身权利等严重行为已构成犯罪需要依法处理的，由检察机关受理，提起诉讼。“文化大革命”中，检察机关名存实亡。1975 年 1 月 17 日，第四届全国人民代表大会修改通过的《中华人民共和国宪法》第 25 条第 2 款规定：“检察机关的职权由各级公安机关行使。”

20 世纪 70 年代末，我国的法制建设步入正轨。1978 年 3 月，第五届全国人民代表大会决定重建检察机关。1978 年 6 月 1 日，最高人民检察院正式行使职权。根据《检察院组织法》和《刑事诉讼法》的规定，我国人民检察院除了有提起公诉和执行法律监督的职权外，对贪污罪、侵犯公民民主权利罪、渎职罪和人民检察院认为应该由其侦查的其他刑事犯罪具有侦查权。目前，全国各级检察机关和专门检察机关设立的反贪和渎职犯罪侦查机构并入纪检监察机关，检察机关只负责司法机关工作人员职务犯罪的侦查工作。

根据对敌斗争的形势需要和历史经验，1983 年 6 月，第六届全国人大第一次会议对公安机关的侦查体制进行改革，设立了国家安全部。与此相适应，省、自治区、直辖市相继建立了安全厅、国家安全机关，其是国家公安机关的性质，承担原由公安机关主管的间谍、特务案件的侦查工作。国家安全机关在刑事诉讼中可以行使宪法和法律规定的属于公安机关的侦查、拘留、预审和执行逮捕的权力。

3. 新时代侦查治理模式的革新

(1)新时代犯罪形势的变化

2000 年以来,我国侦查工作面临新形势与挑战,集中表现为刑事犯罪的变化为侦查工作带来的新挑战。新型犯罪、非接触犯罪、诈骗犯罪成为主要类型,未来犯罪的主战场逐渐转向网络空间,互联网成为侦查打击犯罪的主战场。[2]

其中,以电信网络诈骗犯罪为代表的非接触式新型犯罪高发频发,从 2010 年开始以每年 40% ~50% 的速度呈指数级增长,目前已经占到各省(自治区、直辖市)传统案件发案数量的 60% 左右,其还将在相当长一段时间内持续存在。2016 年 4 月,习近平总书记在“网络安全和信息化工作座谈会”上多次强调,“网络空间乌烟瘴气、生态恶化,不符合人民利益”,要让人民群众在信息化发展中有更多获得感、幸福感、安全感。电信网络诈骗犯罪的发生,致使一些被害人倾家荡产,因骗致贫、因骗返贫,被骗后自杀、破产,群众反映极为强烈。党中央、国务院高度重视,侦查打击电信网络诈骗工作已经成为当前社会治理的重要环节之一。[3]

(2)新时代侦查工作面临新挑战

第一,新时代犯罪对传统侦查治理模式的挑战。传统侦查模式通常是在案件发生后,基于现场勘查所获得的相关证据材料,分析刻画犯罪嫌疑人特征,寻找重点嫌疑对象。而新时代的新型犯罪大多发生在互联网时空场景中,嫌疑人利用现代通信工具和网络手段作案,突破了传统犯罪现场的构成要素和结构特征,案件可能发生于境内外任意一地。例如,以甲地为窝点、乙地行骗、丙地洗钱,整个作案过程在网络上进行,难以追踪。由于这一类非接触案件不存在传统意义上的案件现场,传统侦查模式中的现场勘查、侦查范围、阵地控制、抓获现行等措施基本上失去了实施的条件和意义。

第二,新时代犯罪对侦查功能发挥的挑战。新时代侦查工作对影响大的案件的揭露和防控功能发挥得较为出色,尤其是命案的破案率连年达到 98% 以上,命案的发案率也保持持续下降。但面对新型网络犯罪,尤其是电信网络诈骗犯罪,犯罪手法演变极快,作案手段花样翻新,技术含量越来越高,侦查打击的反应机制滞后于犯罪变异速度,这表明侦查功能的发挥仍然还有很大的提升

---

〔2〕 郭帅:《建设社会治理共同体　打防管控新型犯罪——中国行为法学会侦查学分会第十二次全国学术研讨会综述》,载《中国刑事警察》2021 年 4 月。

〔3〕 谢玲:《电信网络诈骗犯罪研究》,中国人民公安大学出版社 2020 年版,第 1 页。

空间。[4]

第三,新时代犯罪对侦查人员取证能力的挑战。新时代新型犯罪不断出现,网络虚拟空间的取证、远程电子数据取证、无接触式取证成为新的取证途径,尤其是电信网络诈骗活动呈现多链条、多环节的组织架构,针对各个环节的技术窝点、业务窝点、设备窝点开展现场勘查,这对侦查人员的电子数据取证能力以及全链打击线索的发现能力提出了更高的要求。

(3)新时代侦查治理模式的转变

面对犯罪变迁显现出复杂的发展态势,与之相适应的,侦查打击模式逐步向侦查治理模式不断演进,通过加强系统治理、综合治理、依法治理、源头治理,建设社会治理共同体,打防管控新型犯罪。2021 年 4 月,习近平总书记对打击治理电信网络诈骗犯罪工作作出重要指示,要求注重源头治理,加强法律制度建设,为打击治理工作指明了前进方向、提供了根本遵循。2022 年 12 月 1 日,《中华人民共和国反电信网络诈骗法》正式施行。法律的出台明确了新型犯罪侦查治理的具体路径,落实全社会的共同治理责任成为侦查治理非接触性犯罪的根本性、纲领性举措。

二、现代外国侦查

(一)美国现代侦查

1838 年,美国国会作出决定,在大城市里按照英国警察模式建立正规的警察队伍。1838 年,波士顿在全美最先建立了由 9 名警察组成的警察机构。1858 年,美国仿效英国在首都华盛顿建立了便衣警察侦缉队。

随着社会的变革,原有的治安体制的规模逐渐不能适应同犯罪作斗争的需要,华盛顿便成立了专门的侦缉处,该处在首都警察厅下设七处中序列为第二处。第二处成立初期,共有侦查人员 97 人,占华盛顿警察人数的 6.8%。负责侦查 12 个警区、91 个派出所辖区内的刑事案件。美国最大城市纽约于 1935 年在警察厅下设侦探局,局内设鉴定、出动、窃车、谋杀、失踪、街巡、当铺、重犯管理、侦探记录 9 个股。另外,该市警察厅还设有侦缉大队,名为纽约市警察厅第 18 大队,负责侦破特别重大的刑事案件。

美国的侦查机构分为四级,即联邦、州、城市和县。在联邦一级,联邦政府 3

---

〔4〕 任惠华:《新时代侦查治理模式革新——以新中国犯罪演进规律为起点》,载《中国刑警学院学报》2021 年第 5 期。

个部门所属的8个单位都有侦查权，它们是司法部所属的联邦调查局、麻醉品管理局和移民规划局，财政部所属的海关总署、烟酒火器管理局和国内收入署，邮政部所属的邮检处。它们的最高协调单位是联邦调查局。

为了训练侦查专门人才，在首都华盛顿设立了刑事警察大学。该校开设有犯罪心理学、法医学、病理学、指纹鉴别、笔迹鉴别、射击等40多门课程。另外，在纽约等地的警察学院还设置侦探专业，开设课程有警察技术、勘查和保护现场、检验尸体、侦缉犯罪嫌疑人等。

美国侦查的科技化、现代化举世闻名。早在1924年联邦调查局建立的刑事档案处现已存有两亿多套指纹档案和打字机档案、水印图案档案、纸币档案和国内伪币档案。1932年建立的科学实验室也成为“世界上最了不起的实验室”，对书写字迹、打字机、子弹制造、爆炸物成分、头发、纤维、血迹、油漆、油料、破碎玻璃等方面的分析鉴定卓有成效。另外，1967年联邦调查局设立的犯罪情报中心，通过电子计算机已使美国的警察单位及加拿大等国的警察组织形成了一个完整的联机系统。

（二）德国现代侦查

1937年，德国首都柏林警察厅下设有两个刑事侦查机构：一个是刑事警察处，处内分为人事、组织、训练、侦缉、谋杀、风化6个科，主要任务是侦查国际和国内流窜犯罪；另一个侦查机构是司法处，下设总务科、提解科和拘留所，其中，总务科内设女犯、谋杀、盗窃、欺诈、人事、组织、庶务、会计等股，主要任务是侦查柏林市内的刑事案件。在每一个警察分驻所内派有刑警若干人。

德国刑事警察在破案程序上有别于其他国家。刑事案件发生后，先由保安处的治安警察进行初步侦查，再由刑事警察进一步侦查。

在柏林警察厅设有犯罪陈列馆。馆内已经破获的重大刑事案件证据集中陈列，作为各地警察机关侦查刑事案件的参考资料。陈列品包括犯罪分子的指纹、足迹、头发、牙齿、犯罪工具、破案工具、破案过程以及利用电子、光学原理装在仓库、门窗、保险箱上的警铃，还有十多万种不同式样的锁。

德国设有专门的刑事警察学校，分初级、中级、高级。初级班学员必须是高中文化程度以上，曾服过兵役或当过普通警察4年，经考试合格，结业后担任便衣刑事警察；中级班学员挑选已服务两年、成绩优秀的便衣刑警参加训练，毕业后担任警长；高级班学员一是从刑警中挑选的优秀者，二是大学毕业后学习刑警已满两年者，训练结束后担任刑事警察的警官。

(三)法国现代侦查

法国的菲利普六世创设了现代刑警制度。早在1827年,他在巴黎任命了不属于司法系统,而在实施公共条例时进行初步调查的皇家官员。1810年,面对潮水般的犯罪,法国内政部领导的保安局应运而生,以维多克为首的一帮囚徒开创了有组织的"以罪犯对付犯罪"的侦查方法的先河,维多克的组织成了法国刑事警察部门的胚芽。后保安局改名为巴黎警察厅,并按英国模式,在警察厅下设刑事警察局,设局长、副局长2~3名,领导总视察长、总探险长、巡长、视察长、探长、探员若干人。

法国对刑事警察的条件要求较高,刑事警察必须天资聪颖而忠实,有一定的工作经验和特殊才能,并能随机应变,品行道德高尚。

巴黎警察厅刑事警察局按专业分为若干队组,如特别组、公共道路组、赌博游艺娼妓组、金融组、技术组、旅游管理组、逮捕组、调查组、机动组等。

(四)日本现代侦查

日本素有"警察之国"之称。日本现代警察制度开始于1847年,最高属国务省管辖,代表内务大臣行使职权。1947年,日本警察制度发生了根本的变革,制定了《战后警察法》,改集权体制为国家乡村警察和自治警察。1954年,日本又进一步改革警察制度,废除双重警察制度,改为一元化的县警察体制。

目前,日本警察机关分为中央和县(道、府)两级,中央警察机构集中行使指挥、协调各县警察机构的职能,一般侦查工作由县以下警察机关处理。

日本中央警察机构包括国家公安委员会和国家警察厅。国家公安委员会受内阁总理大臣管辖,作为总理府外部局的一个行政机构负责管理警察厅的工作,掌管国家公安的警察活动,统辖警察教育、警察通信、鉴别犯罪、统计犯罪、警察装备及调整有关警察行政。

国家警察厅在国家公安委员会的管辖下处理各项警察事务,负责调查和规划警察制度,制作警察预算,管理和维护警察教育设施、通信设施、鉴别犯罪设施,进行犯罪统计,筹划警察装备,任免警员,规划警察勤务和活动准则。国家警察厅内设长官官房(相当于办公厅),警务局、刑事局、交通局、通信局。另外,国家警察厅还设有附属机构,如警察大学、警察科学研究所、皇家警察本部。

国家警察厅刑事局内设审议官、保安部、侦查计划、侦查第一、侦查第二、国际侦查、鉴定五科,分别掌管不同的事务。

日本地方警察机构各都道府公安委员会和警视厅、警察本部和机构设置情况,基本上与中央警察机构的设置相同。

第十一章　侦查学对象

任何一门学科都有自己的研究对象。这种研究对象的特殊性，是一门学科区别于其他学科的依据。毛泽东曾经指出："科学研究的区分，就是根据科学对象所具有的特殊的矛盾性。因此，对于某一现象的领域所特有的某一矛盾的研究，就构成某一门科学的对象。"[1]侦查学的研究对象就是侦查学所研究的特殊的矛盾，是侦查学区别于其他科学的依据。这一问题是侦查学首要的根本问题，它控制着侦查学的内外结构关系，决定着侦查学的学科位置和发展方向，同时，对侦查学的应用研究有着十分重要的作用。侦查学特定的研究对象还决定着它的结构体系，制约着侦查学研究内容间的逻辑关系。

第一节　侦查学研究对象

一、侦查学名称的变迁

（一）侦查学名称的创制和传入

1. 侦查学名称的创制

侦查学一词的创制应追溯至19世纪末期的1898年，侦查学的创始人奥地利的汉斯·格罗斯所撰写的标志侦查学诞生的著作《司法检验官手册》（Handbuch Fŭr unterscuchug scrichter）在印行第3版时，格罗斯为其增设了一个副标题"system für kriminalistiks"（"侦查学体系"）。这个副标题中的"kriminalistiks"就是人们一般意义上的"侦查学"。这一新的词汇出现后，很快在世界范围内流行，其英文对应词是"criminalistics"，法文对应词为"criminalistique"，俄文对应词为"KPиMиHалист ике"。这一词汇的最初含义是研究侦查的技术方法和措施方

---

〔1〕《毛主席选集》（第1卷），人民出版社1991年版，第309页。

法的科学，但后来其含义有所变异，以苏联为代表的一些国家把“kriminalistiks”的内涵进行了扩伸，既包括了传统意义上的侦查技术方法和侦查策略方法，又新增了各类犯罪侦查方法的内容。而在以美国为代表的欧美国家，“kriminalistiks”被演绎成了“物证技术学”，研究内容仅局限于物证技术方法领域。

2. 侦查学名称的传入

在中国漫长的封建社会进程中，“侦查”一词始终未曾出现在中国的历史上，更遑论侦查学的诞生，直到清末刑事司法制度改革，迫于内乱外扰的压力，清政府在1902年设立修订法律馆，在沈家本的主持下，修订法律馆翻译了大量的外国刑事诉讼法典和有关著作，国内外的出版界也翻译出版了众多外国刑事诉讼法的著作，从而将国外——尤其是日本——的刑事诉讼术语以及制度知识引入中国，其中就包括了刑事侦查制度。虽然开始引入侦查的相关制度，但是或许因为翻译的问题，“侦查”一词仍然没有在法律中体现，而无论是学者还是在实务中则更多地使用“侦探”“侦缉”“搜查”等来指称“侦查”。直到宣统二年（1910年）的《大清刑事诉讼律草案》制定，“侦查”才首次出现在中国的法律制度中，该草案中多次使用“侦查”一词，虽然随后的辛亥革命迅速灭亡了清王朝而致《大清刑事诉讼律草案》没有得到施行，但却为后来的民国时期各政府所援用，“侦查”一词得以传承，侦查制度遂走上了程序法治的近代化道路。

侦查制度的引进并不意味着侦查学学科的创立，在中国真正意义上的侦查学引入甚至比侦查学诞生晚了半个世纪。直到1946年，俞叔平撰写的《刑事警察与犯罪侦查》，才把侦查学创始者的经典著作的体例和内容引入中国。民国时期，有一大批有关侦查的学术书籍和教科书问世。主要的著作有：林占元的《侦探指南》，会文堂新记书局1928年版；赵志嘉的《侦探学研究》，世界书局1929年版；张澄志的《侦探学要旨》，商务印书馆1933年版；宪兵司令部杂志社编著的《侦探秘笈必读》，1933年10月印行；夏全印、董翰良、来大雄、许允治、缪文忠、李塔希、盛建雄编著的《侦探丛书》，京华印书馆1935年版；国民政府军事委员会委员长南昌行营编著的《侦探学》，中华书局1935年版；戴笠的《政治侦探》，中央陆军军官学校1938年印行；吕诉上的《侦探化妆术》，艺术家出版社1947年版。抗战时期，吴贵长编写了《犯罪侦查》；远东图书股份有限公司在1946年11月、1947年4月、1948年6月三次出版发行了俞叔平撰写的《刑事警察与犯罪侦查》，对司法警察所主导的侦查程序进行论述；1947年6月商务印书馆也推出余秀豪编撰的《现代犯罪侦查》一书。其中，1935年出版的《侦探学》更被称为中国最早的“侦查学”，其内容尚无严密的逻辑体系，大多是侦查工作中实用的技术方法和策略方法，诸如盯梢、坐探、抓捕、摄影、指纹、信检、犯罪隐语等知识的介绍。

可以看出，在俞叔平的《刑事警察与犯罪侦查》引入"侦查学"概念之前，我国有关侦查的著作仍然基本使用"侦探"一词来指称侦查。早期的侦查著作体例较简单，理论方面较为欠缺，如张澄志的《侦探学要旨》，该书介绍了侦查主体、侦查措施和侦查方法，然而都只涉及部分且论述并不全面。全书包括：绪论、第一章侦探应具之德义、第二章侦探应备之学识、第三章侦探应习之本领、第四章侦探应知之方法、第五章各国侦探队之组织法、第六章侦探命案之研究。逐渐地，这种情况发生了改变，如余秀豪的《现代犯罪侦查》一书，其体例完整、论述详尽，是这一时期侦查学术著作中的体系最为成熟者，可以视为是中国侦查学成熟时期的代表作。《现代犯罪侦查》全书使用现代意义上的"侦查"概念，该书对侦查主体、程序步骤、侦查措施和侦查技术都有论述，体例上把全书分为：第一章绪论，论及犯罪问题、侦查的意义和步骤；第二章犯罪动机与方式；第三章个人识别法，介绍人身测量法、刑事照相法、指纹法等；第四章现场搜查；第五章讯问的技术；第六章科学的利用，对各种刑事科学技术进行讲解；第七章侦查人员的选训；第八章侦查机关的组织；第九章犯罪侦查与报纸；第十章各国犯罪侦查的特色；第十一章密探，对秘密侦查做了论述。无论是在"侦查"这一称谓概念的使用上，还是在学科体例上的设置方面，侦查都符合作为一个独立学科的要求。在国民党统治时期，由于政治斗争和社会环境的需要，国民党政府十分重视侦查工作，侦查权广泛赋予了法院、行政、警察、宪兵、特务等国家机关；在国民政府的警察教育中，也普及侦查教育；大批学者和司法实务人员致力于侦查理论和技术研究，撰写了数量可观的论文。种种因素的共同作用使侦查学科内涵得到了进一步的丰富和扩充。这一时期所取得的成就后来也被新中国吸收和借鉴，与侦查学在新中国确立之前的时期一起，成为我国侦查学发展史上的前侦查学时代。

（二）侦查学名称在我国的变迁和确立

1. 早期侦查学名称的变迁

"kriminalistiks"系统地传入中国是在 20 世纪 40 年代的国民党统治时期。这一时期国民党侦查机构为了适应其侦查工作的需要，参照日本、英国、德国等资本主义国家的侦查学著述，1935 年编译了名为《侦探学》的著作被称为中国最早的侦查学。

新中国成立初期,有关的侦查教材和参考资料中曾沿袭了国民党统治时期“侦探学”的称谓,如当时铁道部公安局编写的《侦察工作大纲》中开篇就写道:“侦探学是一种有阶级性的专门学科。”但侦探学一词使用时间甚短。到了20世纪50年代中后期,我国开始全面引进苏联的“侦查学”,当时人们简单地将苏联的“侦查学”翻译为“犯罪对策学”〔2〕,“犯罪对策学”一词被一直使用至20世纪60年代初。20世纪60年代前期,苏联的“犯罪对策学”一度被改称为“司法鉴定”。也正是在这个时候,国内第一次出现了以“刑事侦察学”命名的教科书,1963年3月,西南政法学院刑侦教研室集体编写一本名为《刑事侦察学教学提纲》的法律专业教学用教材。该教材共5篇27章,近20万字,〔3〕这是国内迄今为止人们发现我国最早使用“刑事侦察学”名称的侦查学教材。

2. 新时期侦查学名称之争

20世纪70年代末80年代初,我国侦查学进入了蓬勃发展的新时期,侦查学教材和专著如雨后春笋般地出现,有关对侦查学的称谓也五花八门,概括起来,大致有以下几种:其一,将侦查学称为“犯罪侦查学”或“刑事侦查学”,这多是司法部统编教材和政法院校及综合大学法律系所采用的名称;其二,将侦查学称为“刑事侦察学”或“刑事犯罪侦察学”,这是公安部统编教材和公安警察院校自编教材所采用的名称;其三,在侦查学名称前加上部门管辖的案件名称,如“检察机关自侦案件侦查学”“狱内侦查学”;其四,不要限定词,直接使用“侦查学”〔4〕,教育部(原国家教委)、司法部统编教材〔5〕和部分政法院系在20世纪90年代后开始使用该名称。

综观上述不同的称谓,问题的关键在于侦查学前是否冠以限定词,若用,是用“刑事”还是用“犯罪”,抑或“刑事犯罪”;侦查学的“侦cha”是用“侦查”还是用“侦察”。主张“刑事”作为限定词的主要依据是《中华人民共和国刑法》和《中华人民共和国刑事诉讼法》中的对有关刑事犯罪、刑事案件侦查的规定,而且使用“刑事”一词能使侦查学与刑法学和刑事诉讼法学等刑事法律科学相对应。主张“犯罪”作为限定词的则认为“犯罪”较“刑事”明确;主张“刑事犯罪”作为限定词的则认为使用“犯罪”外延太大,因为犯罪指包括危害国家安全罪在内的一切犯罪,而侦查学科只研究其中一部分犯罪的侦查,并不研究所有犯罪

---

〔2〕 徐为霞、赵向斌主编:《侦查学总论》,中国检察出版社2010年版,第53页。

〔3〕 参见西南政法学院刑侦教研室:《刑事侦察学教学提纲》,1963年版。

〔4〕 徐立根主编:《侦查学》,中国人民大学出版社1991年版。

〔5〕 邹明理主编:《侦查学》,法律出版社1996年版。

的侦查,至于“刑事”一词,则是一个被人们简化了的习惯叫法,“刑事”后面需有一关键词才符合语法,因而应使用“刑事犯罪”作限定词,这样既避免了“犯罪”的外延太大,也避免了“刑事”的语法毛病。主张不用限定词的则认为,在我国侦查特指对犯罪的侦查,不用限定词也意思明确,不会引发歧义,且更为简练。

关于“侦查”与“侦察”之争,有代表性的观点有以下几种:一是认为“侦查”是法律术语,侦察是军事术语,所以应根据我国刑事诉讼法的统一规定使用“侦查”;二是认为侦查机关公开的侦查活动是“侦查”,而秘密的则称之为“侦察”;三是认为“侦查”是指我国刑事诉讼法规定的几种专门调查工作和强制措施,而“侦察”则不仅包括这些内容,也包括侦查机构自行制定的各种侦查法规中所规定的各种特殊调查工作或秘密手段;四是认为“侦察”仅指从事与秘密手段有关的侦查业务,而“侦查”则适用于所有情况;五是认为“侦察”与“侦查”两者之间法律依据、行为性质、活动领域、所获材料的意义、行使主体、法律监督的方式等方面均不同,因而在决定使用“侦察”还是“侦查”时,应从上述诸方面加以具体分析;六是认为“侦察”与“侦查”在犯罪侦查的理论和实践中并无区别,其含义相同,可以通用,但最好是统一地弃一留一。

3. 侦查学名称的确立

确定侦查学的学科名称必须有科学的态度,尊重学理和法理。实际上“侦查学”作为该学科的名称是科学的、客观的,能够揭示出该门学科的内涵和外延。之所以不在侦查前加上“刑事”“犯罪”“刑事犯罪”之类的限制词,是因为根据我国刑法和刑事诉讼法的有关规定,侦查只能是对犯罪的侦查,其对象是特定的、唯一的。“侦查”在这一方面不像“检察”“审判”等有刑事、民事、行政之分,其英文对应词是 criminal investigation,而不是 investigation(调查)。也就是说,凡是我国刑法规定的各类犯罪,只要有侦查的必要,都应纳入侦查的范畴。因此,“侦查”一词本身就蕴含了其属于“刑事诉讼”程序的特点,其指向的对象是刑法规定的各类犯罪。在我国,侦查、刑事侦查、犯罪侦查三者之间并无实质意义的区别。遵从我国刑事诉讼法在使用“侦查”时未加修辞的做法,加上使用“侦查”含义明确,且更为简洁,因此,在确立“侦查学”学科名称时使用“侦查”更为合适。

至于“侦查”与“侦察”之争在很大程度上不是一种学术争鸣,而是一种部门之争、权力之争。目前,多数人经过反思,认为区分“侦查”和“侦察”这两个概念无论是在法理上还是在学理上,是不恰当的、不必要的。因为“侦查”都是国家立法机关赋予刑事调查权的机关在办理刑事案件的过程中依法所采用的各种调查措施和强制措施，侦查的内容在法律上有着十分明确的规定。在刑事诉讼法有关侦查的界定中，既没有把侦查划分为公开的侦查和秘密的侦查两种截然不同的范畴，也没有强调不同的侦查机关的侦查权有不同的含义，更没有使用“依照本法”的字眼将侦查局限于刑事诉讼中列举的一些调查措施和强制措施。因此，把“侦查”与“侦察”对立，或者把“侦查”人为地划分为“公开的侦查”和“秘密的侦察”是没有法律依据的。而且，根据立法原意，“侦查”除了我国刑事诉讼法所规定的那些调查措施和强制措施，还应包括侦查职能机关制定的各种侦查法规中规定的其他调查措施和强制措施。法律赋予侦查机关的侦查权是同等的，凡法定的侦查机关都享有同样的侦查权，这一点在 2018 年修正的《中华人民共和国刑事诉讼法》第 308 条得到了映证，该条规定：“军队保卫部门、中国海警局、监狱办理刑事案件，适用本法的有关规定。”基于以上的认识，在确定“侦查学”的学科名称时，应规范使用刑事诉讼法所使用的“侦查”。

二、侦查学的研究对象

任何一门科学都有自己的研究对象。这种研究对象的特殊性，是一门科学区别于其他科学的依据。毛泽东曾经指出：“科学研究的区分，就是根据科学对象所具有的特殊的矛盾性。因此，对于某一现象的领域所特有的某一矛盾的研究，就构成某一门科学的对象。”[6] 侦查学的研究对象就是侦查学所研究的特殊的矛盾，是侦查学区别于其他科学的依据。这一问题是侦查学首要的根本问题，它控制着侦查学的内外结构关系，决定着侦查学的学科位置和发展方向，同时，对侦查学的应用研究有着十分重要的作用。侦查学研究的特殊矛盾是侦查活动及其规律，这是侦查学区别于其学科的根本所在。

（一）“侦查活动及其规律”特定性

侦查活动是法律授权的侦查机关依照有关法律为揭露、证实犯罪，揭发犯罪从而进行的专门工作，因而，侦查活动的主体、对象、方法和后果都具有特定性，这种特定性决定着侦查活动的性质和特点。

1. 侦查活动主体的特殊性

侦查是具有特定主体资格的机构和人员的活动，这种特定的主体资格得由法律来规定和认可。从世界范围内来看，侦查权能是一项国家权力，需由法律

〔6〕《毛泽东选集》（第 2 版，第 1 卷），人民出版社 1991 年版，第 309 页。

的特别授权才能获取,大多数国家都把该项权力给予了国家法律象征的检察机关和警察机关。除了法律特别授权的主体外,其他任何机关、团体和个人都不得行使侦查权,开展侦查活动。由此,侦查活动不是一项人人都可从事的活动,有关其主体资格都有特别的规定和严格的限制。

2. 侦查活动性质的特殊性

侦查活动是一项刑事司法活动,其对象主要是揭露刑事犯罪或刑事案件。侦查活动的法律意义非常明显,能够产生特定的法律后果。犯罪是整个刑事诉讼要解决的问题,侦查活动在其中又起着十分重要的作用,它是起诉和审判活动的前提和基础。

3. 侦查活动内容的特殊性

侦查活动是一项专门性很强的法律活动,有其特定的规律。侦查活动的"规律"并不是刑事诉讼法和有关的侦查法规中规定的禁止性、限制性或建议性的法律内容,这些法律内容是刑事诉讼法学或其他学科研究的内容。侦查活动的规律是指侦查权主体在特定的侦查情势下由一定的科学原理为指导而采取的灵活有效的方法,这种灵活有效的方法虽然要遵循有关的法律法规,但并不具备法律规定的强制性,而只是法律规定的具体化、策略化。如我国刑事诉讼法规定的搜查是一项重要的侦查活动,刑事诉讼法对这项侦查活动作了许多程序性规定,如应当出示搜查证,应当有被搜查人或者他的家属、邻居或者其他见证人在场,应当写成笔录等,这些规定大多是限定性的。侦查学无疑也要研究搜查活动,但它不从刑事诉讼法规定的角度研究,更多的只是关注搜查的策略性规律,即在遵循刑事诉讼法有关搜查规定的前提下,采用什么样的策略方法才会使搜查更为有效。

概括地说,侦查学是研究侦查主体实施的具有刑事司法活动属性的侦查活动及其规律的科学。这样界定侦查学的对象既可以把侦查学与研究侦查活动法律程序规定的刑事诉讼法学相区别,又可以把侦查学与研究侦查活动中所采取的技术方法的物证技术学相区分,因而能够充分地体现侦查学研究对象的特定性。

(二)"侦查活动及其规律"的内涵

"侦查活动及其规律"体现了侦查学研究对象的特定性,因而也就具有特定的内涵。

1. 侦查活动的一般原理

侦查活动的一般原理不同于侦查活动的一般法律规定,它探寻的内容更为广泛,包括侦查活动的一般概念、侦查活动的理论依据、侦查活动的历史渊源、侦查活动的基本原则、侦查活动的基本形式等。因此,侦查活动的一般原理是从理论上或是从宏观上研究侦查活动的一般规律,属对侦查活动进行理论研究的范畴,对侦查活动的实践研究或应用研究具有指导意义。

2. 案件侦查的程序和方法

侦查活动的对象是具体的刑事案件,刑事案件侦查的规律主要体现在侦查的程序和方法中。这里的"侦查活动及其规律"是把对刑事案件的侦查作为一个整体来研究的,但是尽管如此,刑事案件的侦查规律仍然是有层次的,包括刑事案件侦查的一般规律和各类刑事案件侦查的规律等。

3. 具体侦查行为的实施策略和方法

侦查活动总是由具体的侦查主体和具体的侦查行为构成的,因此,具体侦查行为的成败在一定意义上决定着整个案件侦查活动的成败。可以说,具体侦查行为的规律是研究整个侦查活动规律的基础,对具体侦查行为规律的研究也是整个侦查学研究的基础。

侦查活动的一般原理、刑事案件侦查的程序方法、具体侦查行为的策略方法构成了侦查活动规律的主要内容,三者是一个多层次的有机联合的整体。

第二节　侦查学结构体系

侦查学作为研究侦查活动及其规律的法律学科,其特定的研究对象决定着它的结构体系。侦查学的结构体系只能是其研究内容间逻辑关系的客观反映,而不是人们根据主观意志的简单排列和随意取舍。另外,侦查学的结构体系制约着侦查学的内外关系,影响着侦查学的发展方向,因此,它不可避免地也是侦查学基本理论问题中带有根本性质的问题。

一、侦查学体系发展的早期形态

1893 年,对于侦查科学而言,是一个具有划时代意义的年份。这一年,奥地利人汉斯·格罗斯(1849 ~ 1915 年)出版了一部名为《司法检验官手册》(Handbuch Fŭr unterscuchug scrichter)的著作,这部著作后来被中外学者视为侦查学诞生的标志物。1898 年,该书在印行第 3 版时,汉斯·格罗斯为书名加设了一个副标题“侦查学体系”(System Für Kriminalistiks)。此处,汉斯·格罗斯创制了一个的词汇“Kriminalistiks”。在中国,这一词先后被译为“侦探学”“犯罪对策学”“犯罪(刑事)侦查学”“侦查学”“物证技术学”。但无论是“侦查学”还是“物证技术学”,都把汉斯·格罗斯作为其学科的创始人,而把“Kriminalistiks”作为其学科的词源。

(一)早期侦查学的结构体系

1. 早期侦查学的内容来源

侦查学历史性地诞生在 19 世纪末期的欧洲并非偶然。汉斯·格罗斯所处的年代正是科学兴起而犯罪泛滥的年代,在大学钻研法律的他毕业后在从事法院侦查员这一职业时深深地认识到,要对付日益严酷的犯罪态势,侦查工作必须依赖于科学技术。他曾经自修了物理学基本原理、化学基本原理、摄影技术、显微镜检验技术、植物学、动物学等知识,系统地研究了当时的犯罪现象和同一时期其他人在侦查领域所取得的成就,终于在 1892 年出版了名为《一个侦查员的经验》的著作,并于次年在使其内容更加系统化的基础上将该书更名为《司法检验官手册》。

2. 早期侦查学的基本结构

作为侦查学诞生的标志物,《司法检验手册》的出现,一方面是汉斯·格罗斯实践经验的总结;另一方面,也得益于萌芽时期侦查科学的先驱性人物在摄影技术、文书检验、指纹鉴定、枪弹检验、毒物检验、血痕检验等领域内已经取得的丰硕成果。该书在结构体系上共分两部分。第一部分是犯罪现象,主要论述犯罪及其规律特点;第二部分是侦查的科学方法,包括侦查策略方法(Modus Operandi)和物证技术方法(Kriminalistiks)。在司法检验官手册中,汉斯·格罗斯集当时侦查科学研究成就和实践经验之大成,把侦查对策方法与法医学、毒物学、显微学、人体测量学、笔迹学、枪弹检验、司法化学等技术方法合为一体,并将之归结为“侦查学”,《司法检验官手册》后来也因此更名为《侦查学手册》。

(二)早期侦查学体系的特点

在《司法检验官手册》中,汉斯·格罗斯虽然提出了一些侦查工作的理论原则和实践规则,但他在侦查方法和物证方法上并无太多的特别创造,他的贡献仅仅在于将前人和本人同犯罪作斗争的实践中所运用的策略、手段和方法加以系统化和综合化，提出了侦查的对策方法体系，并把这些对策方法的内容融入了他首创的“侦查学”概念中。

由于侦查学形成于19世纪末这一特定历史时期，更是因为早期侦查学的始创性质，这一时期的侦查学及其学科体系具有三个基本特点。

1. 技术性的学科性质

早期的侦查学基本上是一门技术性的应用学科，具有很强的技术科学属性。由于早期的侦查学先驱们偏重对侦查的自然科学和技术科学方法的研究，因此，以此为渊源的早期的侦查学不可避免地带有这种倾向性，其内容较多地集中在指纹、笔迹、外貌识别、毒物检验、法医检验、枪弹检验等领域。虽然勘验和讯问被格罗斯写进了侦查学的经典著作中，但与其技术性方法相比，内容仍居少数。早期的侦查学汇集的是一些能应用于侦查工作中的自然科学、技术科学资料，是一门“把自然科学用于法律科学，指导物证的辨认、鉴定、区别和解释的专门科学”〔7〕。与此相适应，早期的侦查学的学科地位也不甚明确，它最初并不是以刑事法律科学的面目出现，而更多的是一门综合性的技术性应用学科。

2. 大一统的学科体系

早期侦查学中，侦查策略方法、物证技术方法与法医学、法毒物学共为一体，构成的是一个大侦查学体系。侦查策略方法作为侦查学的研究内容理所当然，但物证技术是否归属于侦查学则争论不休。我国传统侦查学认为，刑事技术是侦查学体系不可分割的一部分，侦查学所研究的技术领域的内容，就其本质而言，解决的是同一认定的问题。侦查学中刑事技术主要是以外表结构形象痕迹为检验对象，以同一认定为鉴定的理论基础，以比对客体的外表特征为主要方法，因而，无论是在检验对象和检验任务上，还是在检验方法上均与以某一特定的科学技术为基础、以定性定量分析客体的物理、化学特征为方法来解决法律实践问题的法医学、法毒物学等有明显的区别。汉斯·格罗斯的侦查学著述，不仅技术科学属性较强，而且所涉及的技术领域相当宽广，现代物证技术的主要门类在该书中都有所论及，因此，有学者也把《司法检验官手册》视为现代物证技术学的发端。人身同一认定、文书检验、毒物检验、法医检验等内容被融为一体，构成的是一个大侦查学体系。这个体系不仅包括了大量的物证技术内容，而且也涵括了已经成为独立学科但与侦查密切相关的法医学、犯罪学等方面的内容，这与早期侦查学更多的是资料汇编的特征相符。

---

〔7〕 蔡晋主编：《刑事侦查与司法鉴定》，知识出版社1982年版，第21页。

3. 非完善的学科内容

早期的大侦查学体系中还夹杂着大量的不科学的内容。这主要受制于当时自然科学和技术科学的发展,是当时人们的认识水平所限。如人体测量法作为一种烦琐的、不尽科学的方法曾被誉为19世纪西方警察部门“最伟大、最独特”的发明,从法国推广到世界各国使用。人体测量法与指纹鉴定法争夺成为国际性鉴定方法的纷争过程客观上反映了科学与非科学在侦查领域的尖锐斗争。汉斯·格罗斯的经典性著作中,片面的、非科学的内容更是屡见不鲜,诸如强调“侦查员要寻找妇女罪恶的手”,主张讯问时要“根据被讯问人的面部表情来确定犯罪倾向”。在《司法检验官手册》中,汉斯·格罗斯虽然嘲笑了意大利犯罪学家龙勃罗梭天生犯罪的观点,但也支持其笔相学理论,如此等等。

总之,早期侦查学作为运用于侦查领域的自然科学、技术科学资料的汇集,体系不完善、内容不严谨的特点是显而易见的,也是正常的。这一时期构筑的大侦查学体系构成了侦查学向前发展的基石。

二、侦查学体系的历史发展

1898年,“Krimianlistiks”一词出现后,便为各国学者所接受,侦查科学也从此在世界范围内进入了蓬勃发展的历史时期。由于世界各国政治、经济、文化背景的不同,侦查学发展的侧重点也出现了差异。

(一)苏联和中国等国侦查学体系的全方位推进

1. 苏联侦查学体系的发展

20世纪20年代中晚期,由苏联总检察长安·扬·维辛斯基主编的第一部苏联高等院校通用的侦查学教材出版时,侦查学的定义是“为了揭露各种犯罪行为,查明犯罪人并寻求预防犯罪的方法而采用的关于发现、收集、固定和检验诉讼证据的技术上和策略上的手段和工具的科学”〔8〕。很显然,该定义除了有“技术上的手段和工具”外,也包含有“策略上的手段和工具”。在这里,“犯罪现象”已不再单独作为侦查学体系的一部分,而把“技术上的手段和工具”和“策略上的手段上的工具”确立为侦查学体系的“要素”。侦查策略内容的独立化和地位的提高反映了刑事犯罪的复杂化和侦查学体系发展的必然趋势。

侦查策略方法在侦查学体系中独立地位的进一步确立使得侦查学社会科

〔8〕《犯罪对策学专题报告选编》,司法科学鉴定研究所1958年版,第16页。

学属性得到了强化,尤其是在心理科学、逻辑科学、管理科学、军事科学、法律科学的理论和方法的影响下,侦查科学中的策略方法逐渐找到了其存在的理论基础。其后,侦查科学发展更为迅速,在不断吸收同一时期其他科学成果的基础上,苏联侦查领域内出现了大量的专著,极大地丰富了侦查学的科学内容。随着各类新型犯罪的不断出现,每一类犯罪案件的特点及其侦查的差异越来越明显,侦查策略方法和技术方法在具体侦查情势下的组合问题便自然而然地成为侦查学第三个方面的内容。苏联高等法律院校1935年和1936年出版的第一部上、下册的通用教科书,上册书名为《侦查的技术和策略》,下册即为《各类犯罪侦查方法》,“侦破方法”在侦查学体系中取得了独立地位。20世纪50年代以后,苏联侦查学已发展成为一门“关于如何利用在专门科学和总结实践基础上研究制定的设备、手段和方法,对犯罪有组织、有计划地侦查,按照诉讼法规有效地收集、检验物证以及预防犯罪的科学”[9]。至此,侦查学的“三块体系”——“设备”“手段”“方法”,也就是侦查技术、侦查策略、侦破方法正式形成。

2. 苏联侦查学体系发展对中国等国家的侦查学体系的影响

中国、东欧等国在20世纪中叶前后,在特定的历史环境下遵从着苏联侦查学的体系和内容。侦查学由侦查技术→侦查技术、侦查策略→侦查技术、侦查策略、侦破方法的发展脉络反映了侦查学体系发展的历史必然。这一必然性一方面受制于20世纪以来社会科学的迅猛发展,另一方面,也由刑事犯罪方式的复杂变化所决定。全方位的拓展研究内容使侦查学的发展充满了勃勃生机。

(二)欧美侦查学体系中技术方法和策略方法的分合

1. 欧美侦查学研究重点的转向

欧美侦查学主要是指以美国为代表的资本主义国家的侦查学。虽然现代科学的侦查学的主要发源地是在西欧的法国、英国、德国和奥地利,而且毒物学、指纹学、法医学和其他有关学科都是由欧洲人创立的。但是,整个欧洲大陆在侦查学领域的进步和发展由于受到两次世界大战的严重破坏,其领先的地位自20世纪以来逐渐削弱。而在美国,由于工业革命和科技发展的不断刺激,侦查科学得到了飞速发展,在资本主义国家异军突起,成为侦查学前进的领路人。

欧美侦查学的发展与苏联有所不同。苏联在以“KРиМиHалист ике”命名的

---

〔9〕《犯罪对策学专题报告选编》,司法科学鉴定研究所1958年版,第18页。

教材中，都包含了侦查技术、侦查策略、侦破方法三个方面的内容。而美国和一些西欧国家以“Criminalistics”命名的著述论述的都是刑事技术或物证技术方面的内容，“Criminalistics”已非原汉斯·格罗斯时代的大侦查学，而演化成为专门研究物证技术方法的学科，并被定义为“运用于侦查领域的各门科学知识的总称”（the sum of these science insofar as they are applied to crimnal detective）。[10]它虽然是法学体系的组成部分，且被归属到“法庭科学”（Forensic Scienses）的范畴，但更多地具有技术性学科的属性。

2. 欧美侦查学（物证技术学）的“三 I”体系

欧美侦查学原有的技术内容虽然经过重新组合聚合成了一门新的法庭科学——物证技术学，且研究的领域不断拓宽，采用的方法也向高、精、尖的方向发展，但一些侦查著述中依然要论及侦查的技术方法、策略方法和侦破方法。美国侦查学家卡尔斯·奥哈里和格列高里·奥哈里所著的《刑事侦查学基础》（*Fundamentals of Crimnal Investigation*）一书中虽然认为侦查只是一门“艺术”（Art）而非“科学”（Science），但在具体阐述这门“艺术”时，却包含了 Information（信息、情报）、Interrogation（询问、讯问）、Instrumentation（技术方法、仪器操作）的所谓“三 I”内容，[11]其中有侦查措施、各类案件侦查方法、侦查员出庭作证、侦查报告等，而且在具体阐述时，策略方法技术化、技术方法策略化的特点尤为明显，全书的社会科学属性占据了主导地位。也就是说，欧美侦查学的发展在一定程度上也依循着技术科学和社会科学相融合的发展趋势。

（三）中国侦查学体系的纷乱

1. 中国早期侦查学体系的状态

中国最早的侦查学应推 20 世纪的 30 年代末国民党统治时期编译的《侦探学》。此时侦查学的内容尚无严密的逻辑体系，大多是侦查工作中实用的技术方法和策略措施的简单排列，诸如盯梢、坐探、抓捕、摄影、指纹、信检、犯罪隐语等知识的介绍。新中国成立后的相当长一段时期内，我国没有独立的自成体系的侦查工作专业教材。一些政法院校的大学法律系开设了名为“犯罪对策学”的课程，其内容和体系上都照搬当时苏联的侦查学。

自 20 世纪 70 年代末以来，我国的侦查学进入了重新确立和发展的历史时

---

〔10〕［美］查尔斯·奥哈拉：《刑事侦查学基础》，谭瑔彝等译，群众出版社 1990 年版，第 11 页。
〔11〕［美］查尔斯·奥哈拉：《刑事侦查学基础》，谭瑔彝等译，群众出版社 1990 年版，第 1 页。

期。在改革开放的大好形势下,侦查学的发展出现了繁荣景象。同时,在对历史进行总结和反思的过程中,刚刚起步的中国侦查学的研究不可避免地出现了百花齐放的历史局面,侦查学的体系发展也呈现出五花八门的态势。

20 世纪 70 年代末 80 年代初,我国重新确立阶段的侦查学体系基本上沿袭苏联的侦查学体系,内容多为侦查技术、侦查措施、侦破方法的组合,但在具体内容的阐述上却各有侧重。如司法部法学教材编辑部编审的高等学校法学试用教材《犯罪侦查学》所采纳的体系就由“发现、收取和检验痕迹物证的技术手段,查明案情、收集证据的侦查措施和各类刑事案件的侦破方法”〔12〕三部分组成。当时,司法部系统除了有其统编的法学教材《犯罪侦查学》外,其所属政法院校也自编《犯罪侦查学》或《刑事侦查学》教材,这些教材基本上按照“三块”结构体系组织内容,但涉及的侦查技术方法只限于同一认定领域(包括刑事照相、痕迹技术、枪弹检验、文书检验、刑事登记、外貌识别),〔13〕侦查措施也多是刑事诉讼法所规定的若干类措施,侦破方法则集中在公安机关刑事侦查部门分管的若干类案件的侦查和检察机关分管的贪污、贿赂案件的侦查。用现在的眼光审视,这一时期的侦查学内容的单薄和不完整的特点是显而易见的,但基本能够反映这一时期我国侦查学的发展水平和适应侦查实践的需要。同一时期,公安部系统也组织编写了统编教材《刑事侦察学》,与司法部统编教材显著不同之处是,这些教材在侦破方法上只论及了公安机关管辖的几类案件的侦查,而在侦查措施部分增加了秘密侦查措施的内容(如跟踪、守候、目耳等),并且对刑事犯罪的防范控制问题进行了专门的论述。〔14〕

进入 20 世纪 80 年代,尤其是 80 年代中后期以来,侦查学的发展更加迅猛,除了一些新兴的侦查学的边缘学科,如侦查心理学、侦查情报学、侦查语言学、侦查管理学等雨后春笋般地兴起外,“反革命犯罪侦查学”(又称政治侦查学)、“检察机关自侦案件侦查学”、“经济犯罪侦查学”、“狱内犯罪侦查学”等以侦查学命名的教材也纷纷出笼,与侦查学相关的专著也大量出现,侦查学的发展呈现的是一派欣欣向荣的景象。与此相适,有关侦查学体系的观点也不断翻新,许多人对侦查学的三块结构体系提出异议,并且提出了一些新的模式构想,如有人认为侦查学的体系是由刑事犯罪活动规律特点和侦查对策方法两方面的

---

〔12〕 周应德主编:《犯罪侦查学》,法律出版社 1982 年版,第 2 页。

〔13〕 周应德主编:《犯罪侦查学》,法律出版社 1982 年版,第 2 页。

〔14〕 公安部三局编:《刑事侦察学》,群众出版社 1979 年版,目录 1 - 3 页。

内容构成。还有人认为侦查学体系除了侦查技术、侦查措施和侦破方法外，还应包括“侦查谋略”。

2. 物证技术学从侦查学体系中的分离

20世纪80年代后期，随着现代科学技术的迅猛发展，刑事技术领域也不断拓展。为了把刑事技术的研究推向深入，国内有些学者参照欧美国家的学科分类方法，建议将侦查学内的刑事技术内容从侦查学中分离，而与诉讼中运用的其他物证技术方法合并，成为一门新的科学门类——物证技术学。此建议已为教育部（原国家教委）采纳，相关的物证技术（学）和侦查学教材已出版。至此，我国侦查学中的刑事技术内容已完成了向物证技术学分离的过程。

尽管教育部、司法部、公安部、最高人民检察院均有其统编的刑事（犯罪）侦查（察）学教材，其他的不同层次、不同部门、不同侧重的侦查学教材和专著也不断出现，但它们大都带有部门和行业特征，有些甚至存在着偏见，以致我国侦查学界出现了“侦查”与“侦察”、“侦查权”与“侦察权”、“检察机关侦查”与“公安机关侦察”之争的不正常现象。目前的现状是，我国侦查学的教材和专著种类繁多，虽然这些教材和专著在大的体系上基本一致，但在具体内容的组织上均从各自不同的需求出发进行取舍，各类统编教材也因此缺乏应有的统一性和权威性。

三、中国侦查学结构体系的构筑

侦查学研究要克服封闭的各自为政、互为排斥的现象，使侦查学理论推向更高的科学高度，这要求侦查学的理论研究者必须有宽广的胸怀和科学求是的态度，遵从学科建设和发展的客观规律，构筑一个科学的、统一的、权威的、具有中国特色的侦查学结构体系。

（一）构筑侦查学体系应遵循的原则

侦查学的结构体系只能是其研究内容间逻辑关系的客观反映，而不能根据人们的主观意志进行简单排列和随意取舍。为了使我国侦查学的体系更加科学和完善，构筑侦查学体系时应当遵循下列基本原则。

1. 依循法理的原则

侦查学作为一门法律学科，在体系建设上必须注重其法律属性。在我国，侦查是对犯罪的侦查，因此，凡是我国刑法分则中规定的各种需要侦查的犯罪都应纳入侦查学研究的视野。但是，目前主要的侦查学教材和著述中基本上没有涉及危害国家安全、危害国防利益、军人违反职责的案件的侦查，对破坏社会主义市场经济秩序的犯罪也论及甚少，这不得不说是侦查学实用性研究中不应留下的空白。同时，侦查作为一种诉讼程序，应该严格遵守我国刑事诉讼法的有关规定，侦查学中有关诉讼性措施的研究应该贯彻诉讼法规定的原则和精神。再者，我国具有侦查权的有关职能部门还制定了许多侦查法规，并在这些法规中规定了一些刑事诉讼法中尚未规定的调查性措施和强制性措施，这些措施同样具有法律属性，侦查学同样应予以研究和关注。

2. 崇尚学理的原则

体系是否严密、概念是否科学是一门学科成熟与否的重要标志。侦查学体系若还停留在汉斯·格罗斯时代的对侦查的措施和技术简单排列，或者是根据不同的需求而任意取舍，那么，就不可能构筑出现代意义上科学的侦查学体系。科学的侦查学体系，一方面要求严密，即侦查学的体系必须能够反映侦查学各部分内容之间的逻辑关系；另一方面应该完善，也就是说，侦查学体系中要尽量能够涵盖侦查学所有理论研究和应用研究的内容，尽量不要留下研究的空白。在具体内容的论述上，除了依从法律外，还应以其他科学的原理和方法为指导，以侦查实践经验为依据，这样，侦查学体系内的理论和方法就能够牢固地建立在科学和实践的基础上。

3. 注重实践的原则

侦查学已跨越了一个世纪的历程，犯罪态势和侦查条件与过去相比已不可同日而语。尤其是在社会主义市场经济条件下，如何使侦查学更好地为侦查实践服务，已成为每一个侦查理论工作者和实践工作者不得不面对的现实问题。为了充分体现侦查学的实用价值，侦查学除了对过去较少涉及的危害国家安全、军人违反职责等犯罪的侦查论以外，对社会主义市场经济条件下的一些新型犯罪，如金融诈骗、侵犯知识产权、破坏环境资源等犯罪的侦查问题也应引起足够的重视。侦查学研究还应充分考虑到我国侦查体制和侦查权配置的现状，不应只把公安机关刑事侦查部门和检察机关反贪污贿赂部门分管的刑事案件的侦查作为其唯一考察的内容，也应把公安机关内的经济犯罪侦查、国内安全保卫等部门和行业公安机关以及国家安全机关、军队保卫部门、监狱等分管的刑事案件的侦查纳入侦查学研究的范畴。另外，侦查学对侦查措施的研究也不能只局限于刑事诉讼中所规定的诉讼性侦查措施或公开的侦查措施，而对于有关侦查法规中规定的、侦查实践中广泛运用的一些秘密性的侦查措施，侦查学中也应理所当然地有其位置。

需要强调的是，尽管侦查学是一门应用性学科，侦查学研究应注重实践，但这绝不意味着可以忽视侦查学理论研究。恰恰相反，如果否定侦查学理论研究的价值，忽视用侦查学理论研究的成果去指导其应用研究，侦查学就势必会成为侦查实用经验的汇集，而被人们认为只是一门“艺术”而非“科学”。

（二）中国特色的侦查学体系

侦查学研究各自为政、侦查学体系五八门的局面不仅会使侦查学研究工作出现重复劳动的现象，而且往往把简单问题引向复杂，引起不必要的纷争，其弊端是显而易见的。为了把侦查学推向更高的科学高度，有必要在对我国侦查学体系发展进行总结、反思的基础上，重构出具有中国特色、具有普遍意义的侦查学结构体系。

任何一门学科从其萌芽和产生之日起，其内容和体系绝不可能是一成不变的，否则，这门学科就失去了生存的价值。侦查学体系发展的历史进程亦表明，随着该学科由技术性学科向法律学科的演变，其本身的内容体系亦在不断地变更和扩伸之中。发展的观点是辩证唯物主义的基本观点，具有丰富的哲学内涵。就侦查学产生而言，由于是一门服务性的应用学科，其内容不可避免地要随着不断变化着的实践而变化，变化的结果势必引起学科体系的发展。但是，学科体系的发展并不仅仅是指不断增生新的体系组成部分，相反，学科体系虽然是开放的，然而，学科体系也应该是相对稳定的，学科体系的发展更重要的是学科体系内部内容的不断变更和重组。

应当尊重和赞同侦查技术从侦查学中分离的客观现实，并受到法学学科体系建设的启示，建议我国侦查学体系由总论和分论两大部分组成。其中，总论主要解决侦查学和侦查的一般性问题，分则主要论及刑法分则规定的各类犯罪的侦查方法问题。前一部分内容对后一部分内容具有普遍的指导意义，后一部分内容则是前一部分内容在各种犯罪侦查情势下的有机运用，二者逻辑关系清晰。

1. 侦查学总论

侦查学总论主要论及两个方面的问题。

第一，侦查学学科建设的一些基本问题，主要包括：侦查学的研究对象；侦查学的结构体系；侦查学的学科性质；侦查学的基本理论；侦查学的学科历史；侦查学的研究方法。上述问题的研究属侦查学理论研究范畴，对这些问题的解决属侦查学理论的基础。遗憾的是，对这些侦查学学科建设带有根本性问题的研究并未引起人们的足够重视，而且在已有的研究成果中也观点分歧，难以统一,这在相当程度上阻碍了侦查学的正常发展。

第二,侦查的基本问题,这些问题对侦查工作具有普遍指导意义。大致可以由以下三部分组成:其一,侦查的基本原理,如侦查的概念、性质、任务、历史、原则、功能、价值、构造等。对侦查基本原理的探究是对侦查方法进行深入研究的前提和基础。其二,侦查的基本措施。尽管人们对侦查措施的称呼和含义理解不同,但笔者认为应遵从我国1996年《刑事诉讼法》第82条第1项之规定,把侦查定位在依照法律进行的专门调查工作和有关强制性措施。而且笔者认为,侦查学研究的侦查措施应该包括两个方面的内容,一是刑事诉讼法规定的侦查措施,诸如讯问犯罪嫌疑人,询问证人,询问被害人,勘验、检查,侦查实验,搜查,扣押物证、书证,鉴定,通缉等;二是刑事诉讼法未作规定的一些侦查措施,这些侦查措施在有关侦查职能机构的侦查法规中有所规定,它们往往是刑事诉讼法所规定的一些侦查措施实施的基础,如追缉堵截、控制赃物、跟踪守候、秘密逮捕、秘密搜查、刑事隐蔽力量建设和运用、侦查情报建设、技术侦查手段等。刑事诉讼法未规定的侦查措施之所以是侦查学研究的重要内容,是因为这类侦查措施在有关的侦查法规中都有所体现,同样具有法律性。同时,它们在侦查中的地位和作用是技术方法和其他侦查措施不可替代的,其对侦查的影响也是多方面的,缺少这类措施的侦查是不完整的,也不会是有效的。其三,侦查的基本程序和方法,以往的侦查学教材和专著多将这部分内容称为刑事案件侦查的一般步骤和方法,而且关于侦查工作究竟分几个步骤,在论述时随意性较大。根据我国《刑事诉讼法》对刑事诉讼程序和侦查的有关规定,我们认为我国的侦查工作的基本程序应是三个方面,即侦查的提起、侦查的实施和侦查的终结。之所以不把立案作为侦查的一个程序,是因为从法学理论以及法律规定的角度而言,立案是与侦查并列的一个诉讼程序。同样,分析判断案情和制订侦查计划也不是特定的、独立的侦查程序,因为这两项工作都贯穿于侦查工作的始终。

侦查学总论的上述内容既是相互独立的,又有紧密的联系。言其独立,是因为侦查学的基本的问题和侦查的基本问题都可自成体系,解决的分别是学科本身和学科研究对象的根本。但是,二者又有密不可分的关系,因为离开了侦查去探究侦查学,侦查学只能是纸上谈兵,空中楼阁;同样,没有侦查学的基本理论和认识方法为指导,对侦查的考察便会失去方向。

2. 侦查学分论

侦查学分论的研究重点是各类犯罪的侦查方法,内容上由各类犯罪的特点和侦查要点构成。

为了避免在犯罪类别取舍上的随意性，这部分的内容应以现行刑法分则的规定为依据，分为以下几个方面：危害国家安全犯罪的侦查；危害公共安全犯罪的侦查；破坏社会主义市场经济秩序犯罪的侦查；侵犯公民人身权利、民主权利犯罪的侦查；侵犯财产犯罪的侦查；妨害社会管理秩序犯罪的侦查；危害国防利益犯罪的侦查；贪污贿赂犯罪的侦查；渎职犯罪的侦查；军人违反职责犯罪的侦查。

除了单一型犯罪的侦查问题外，侦查学分论还应关注的另一个问题是复合型犯罪的侦查方法。所谓复合型犯罪，是指一个人或一伙人在一定时间内实施的多种类型的犯罪。传统的侦查学教材对复合型犯罪基本未触及，但是这种犯罪是当前和今后相当长时间内侦查不得不面临的问题，而其侦查方法又与单一型犯罪的侦查方法有较大的差异。因此，作为以侦查活动为研究对象的侦查学理所当然地要对这种犯罪的侦查方法予以关注和重视，诸如流窜犯罪的侦查、有组织犯罪的侦查、计算机犯罪的侦查、暴力犯罪的侦查等。

综上所述，由侦查学总论和侦查学分论组成的侦查学的体系构造如图 3 所示：

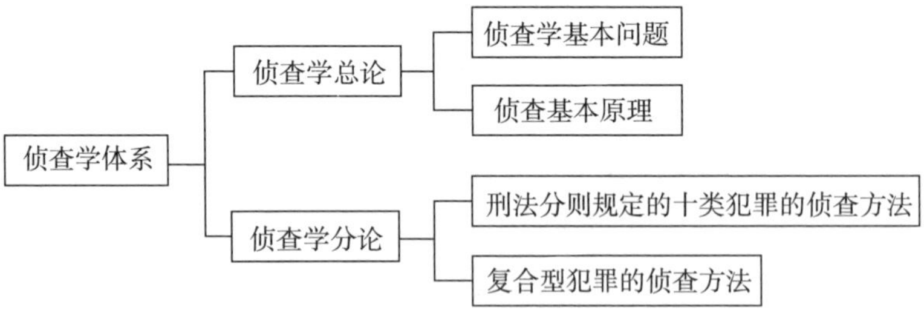

图 3　侦查学体系构造

上述考察的主要是侦查学内部结构体系。此外，侦查学与有关学科形成了一些侦查学的边缘学科。这些边缘学科，如侦查情报学、侦查心理学、侦查语言学、侦查管理学、侦查逻辑学等，是侦查学研究的侦查实用方法的重要来源，它们的发展和繁荣是侦查学前进的重要推动力。

需要指明的是，侦查学的结构体系与侦查学专业的课程结构体系是两个不同的范畴，不可等同。侦查学专业的课程可以根据专业的侧重有选择地开设，侦查学体系的某一部分内容可以作为一门课程或者分解成为几门课程，不同部分的内容也可以组合成某一课程，课程的设置可以有一定的随意性，但作为侦查学的体系，因其有严密的逻辑性，切不可随意肢解。

第十二章　侦查学性质

任何一门学科都有其学科属性。学科属性是能反映其对象的基本规律，并贯穿于该门学科所属的各个科学分类领域的基本特性。侦查学性质主要解决侦查学的学科归属问题。由于侦查学本身有着与其他学科不同的学科特点，因而关于其学科性质也有许多分歧性意见，这些意见纷纭复杂、莫衷一是。学科性质科学准确的定位，不仅是学科拓展其生存发展空间所需，也是学科掌握其发展方向的必然要求。任何一门独立的学科都有其学科属性，这集中体现于学科的发展规律与发展趋势中。然而长期以来，理论界对侦查学的学科性质都存在着不少争议，这些争议主要体现为两种典型的分歧性意见，一种意见认为侦查学属于法学，另一种意见则认为侦查学属于公安学。不同的意见影响了对侦查学学科进行科学的认识和把握，而只有以准确定位学科性质为前提，方能不断拓展侦查学的生存发展空间，科学把握侦查学的未来发展方向。

侦查学的研究对象决定了它的法学学科性质，侦查学是法学体系的有机组成部分。虽然侦查学并不主要研究法律规范，但作为其研究对象的侦查活动无疑属于一种法律现象，要受法律规范的制约，这决定了侦查学的法学分支学科属性；但是侦查学与法学既存在区别，也具有密切联系。侦查学与刑法学、刑事诉讼法学、法医学、犯罪学、犯罪心理学、司法精神病学等有着密切的关系，对其间关系的分析有助于在比较视野下科学认识和把握侦查学的学科属性。

第一节　侦查学学科性质

一、侦查学的学科性质之争

“侦查学”一词的创制可追溯至 19 世纪末期。国际公认的侦查学创始人奥地利的司法检验官汉斯 · 格罗斯于 1893 年出版著作《司法检验官手册》，该书在 1899 年第 3 版时，作者增列了一个副标题——system für kriminalistiks，其中

“kriminalistiks”就是人们一般意义上认为的“侦查学”，从而标志着现代侦查学的诞生。20世纪初期，汉斯·格罗斯时代大一统的侦查学出现了裂变，原先一体的侦查学被裂变为侦查与技术两个独立的部分，其中，技术部分组合成了物证技术学，专门研究物证的发现、保存、鉴别的科学方法，并且远远地突破了同一认定领域。虽然各国物证技术学的内容有所差异，但都将其定位在用于解决物证问题的所有科学原理和方法的总称，并将物证技术学归属到法庭科学（Forensic Science）的范畴。而西方学者的观念中，侦查（criminal investigation）只是一门技艺（Art），而不是一门科学（Science），只是为了把侦查作为一种应用技艺而加以研究，才把侦查“设想”为一门科学〔1〕。因此，在西方国家，由于侦查不被视为一门专门、独立的科学，其科学性质也就无从谈起。

20世纪50年代，侦查学传入我国后，我国法学界承袭了苏联侦查学属于法学的基本观点，但在不同的历史时期，学者们依然对这一侦查学中的根本性问题进行了苦苦探索，形成了两种主要的意见。

（一）侦查学属于法学

持该观点的学者认为，侦查学的研究对象决定了它的法学性质，因为研究对象是科学划分的基础和标志，也是一门学科区分另一门学科的依据。法学是研究法律、法律现象及其规律的学科的总称。侦查学虽不研究法律规范，但它的研究对象——侦查活动属于法律现象，受法律规范的制约，这就决定了侦查学的性质属于法学的分支学科。〔2〕在认为侦查学属于法学的观点中，就侦查学所属的具体部门又形成了两种代表性的意见。

1. 侦查学属于刑事法学

我国法学界通说认为，侦查学属于法学，而且是刑事法学的三大支柱。这一观点实际上与苏联法学界的见解是一脉相承的。在苏联，侦查学曾被称为“犯罪侦查学”或“犯罪对策学”，被视作法学的一个部门，更准确地说是“大刑法学中的一个分支学科”。苏联法学博士A. H. 瓦西里耶夫教授在其主编的《犯罪侦查学》一书中写道：“犯罪侦查学和犯罪学一样，可以根据它们处于法律科学与社会科学、自然科学、技术科学相结合的地位这个特征，列为专门一类法律科

---

〔1〕［美］查尔斯·奥哈拉：《刑事侦查学基础》，谭璟彝等译，群众出版社1990年版，第1页。

〔2〕陈祥印：《论刑事侦查学的性质》，载邹明理主编：《侦查理论与实践研究》，警察教育出版社1999年版。

学。”[3]该观点的立论依据包括两个方面：一方面，从诉讼角度看，侦查活动是一项刑事诉讼活动，是诉讼过程中一个相对独立的阶段，侦查活动的基本形式和各项侦查活动的展开，均由刑事诉讼法予以规范；另一方面，从司法角度看，侦查的直接目的在于揭露和证实已发生的触犯刑法的行为——犯罪，并将犯罪人缉拿归案，以助刑法惩罚犯罪、保护人民任务之完成。这样，以侦查活动作为研究对象的侦查学，其研究的侦查方法必须受制于刑事诉讼规范，其研究职能也在于实现刑法的任务。由此，将侦查学归属于刑事法学就是顺理成章的事。

2. 侦查学属于边缘法学

边缘学科是指由于其研究对象和方法介于两门或两门以上学科之间，从而从它们中间分离出来的一门独立学科。边缘学科也有自己独特的研究对象、方法和任务，但它的理论基础是建构在两门或两门以上学科的内容。如在心理学基础上发展而成的犯罪心理学，以伦理学为基础发展而来的司法伦理学，以语言学为基础演变而成的法律语言学等。而将侦查学视为边缘性学科，是指“侦查学是法学与自然科学和其他社会科学相互交叉、渗透而形成的一门法学边缘学科，属于边缘法学”[4]。侦查学为了完成自己的研究任务，不仅与社会科学，而且与自然科学发生着广泛的联系，尤其是作为传统侦查学研究对象之一的侦查技术更是直接借助于化学、物理学、生理学等自然科学的原理和方法发展而成的一组专门技术，因此，侦查学属于边缘学科。

（二）侦查学属于公安学

1. 侦查学属于公安学的背景

“公安学”这一名词在我国出现的时间不长，理论体系建设尚未完善，因此有关其概念和性质依然存有争议。有学者认为，公安学是关于我国人民公安工作理论和知识的体系，是以马克思主义的国家学说为指导，研究公安机关在党和政府领导下，保障国家安全，维护社会治安秩序的工作规律、对策、历史及现状的科学。也有学者认为，公安学就是警察学，“它是以如何预防、制止、打击违法犯罪分子的破坏活动，维护国家安全和社会治安以及如何进行公安建设为主要研究对象，全面地研究和揭示公安工作规律的科学”。关于警察学或公安学的学科性质，有两种截然相反的观点。一种观点认为，警察学是社会科学门类

---

〔3〕［苏］瓦西里耶夫主编：《犯罪侦查学》，原因译，群众出版社1985年版，第11页。
〔4〕杨殿升等编著：《刑事侦查学》，北京大学出版社1993年版，第6页。

之下的一门独立的学科,与法学是并列关系。持该观点的学者认为,“不能因为警察行为必须依法行事而将警察学列为法学,这也正像教育、经济、政治、军事等都必须依法行事,却都依自身的社会行为规律形成教育学、经济学、军事学和政治学等独立于法学外的学科一样”[5]。而且,“对警察行为来说,光靠法律规范是不能解决治安问题的。警察工作还需要运用政策、策略、计谋、韬略,还要运用武装实力、运用科学技术、运用侦察手段、行政管理手段、军事斗争手段等,这是一种斗争艺术,是一门专门学科,有专门的规律与对策,需要进行独立的研究,这些研究大大地超出了法学研究对象,是法学研究所代替不了的”。另一种观点认为,公安学属于法学,因为公安机关是执法机关,公安工作是法律工作或法律现象,要受到法律规范的调整和制约。教育部在我国高等教育专业设置目录下将公安学置于法学下即是此观点的反映。但尽管存在上述分歧,公安学学者都将侦查列为公安学的一个重要分支学科,并将其归于公安学的应用学科之中。

将侦查学列入公安学体系,为我国所独创。这种观点的立足点在于,侦查学是研究公安机关如何运用侦查策略手段和刑事科学技术,发现、控制犯罪和揭露证实犯罪的一门综合性应用学科。持这种观点的学者认为,由国务院学位委员会、教育部发布的《学位授予和人才培养学科目录(2011 年)》(学位〔2011〕11 号)中,公安学(代码:0306)首次被增列为一级学科,由此终结了公安学附庸于法学的地位。[6]

2. 公安学属于侦查学的争议点

在我国,根据《人民警察法》第 2 条、《海关法》第 4 条规定,人民警察包括公安机关、国家安全机关、监狱的人民警察和人民法院、人民检察院的司法警察及海关走私犯罪侦查机关的缉私警察。根据我国法律规定,公安机关、国家安全机关、人民检察院、监狱、海关走私犯罪侦查机关都拥有法定的侦查权。因此,有学者对此观点提出了两点质疑:第一,将侦查学视为公安学的一个分支,由此得出的逻辑结论便是侦查学乃部门性知识,并且只为公安或警察机关所独有。但依据我国宪法及有关法律的规定,除公安机关之外,人民检察院也享有侦查权。[7] 检察机关作为国家的法律监督机关,代表国家行使检察权。侦查权对检

---

〔5〕 但重新、杜军:《警察学》,西南财经大学出版社 1994 年版,第 19 页。

〔6〕 任克勤:《论侦查学学科的属性、地位及建设路径》,载《铁道警察学院学报》2015 年第 3 期。

〔7〕 根据 2018 年修改的《刑事诉讼法》,重新配置后的检察机关侦查权分为三类,即自行侦查权、补充侦查权和机动侦查权。

察机关而言是依附于检察权而存在的，是检察权的一种具体实现形式。这样，确认侦查学是公安学的组成部分，无疑是确认检察机关的侦查活动不需要运用侦查学知识和接受侦查学的理论指导。这显然与客观事实不相符合。第二，公安学作为一类学科，其划分并非以某类研究客体（事物或现象）的特殊性为依据，而是以部门或机关的职能活动特征为依据。这与以研究对象的特殊性为标准划分学科界限的真理性认识也是直接相违背的。〔8〕

二、对侦查学学科性质的定位

侦查学的研究对象决定了它的法学性质。研究对象既是科学划分的基础和标志，也是一门学科区分另一门学科的依据。法学是研究法律、法律现象及其规律的总称。侦查学虽不研究法律规范，但它的研究对象——侦查活动属于法律现象，受法律规范的制约，这就决定了其性质属于法学的分支学科。侦查学与法学既有区别，又有联系。

1. 侦查学与部门法学的区别

侦查学不仅是法学的分支学科，而且在刑事法学体系中具有不可替代的重要地位，正如侦查学又可被称作“刑事侦查学”“犯罪侦查学”。从形式上看，侦查学研究犯罪，刑法学等学科也研究犯罪；侦查学研究犯罪的侦查，刑事诉讼法学也研究犯罪的侦查。但从实质内容上看，侦查学研究的犯罪和对犯罪的侦查，与刑法学、刑事诉讼法学研究的犯罪和对犯罪的侦查是有区别的。侦查学研究的犯罪和对犯罪的侦查，其重心和角度不同于刑法学、刑事诉讼法学。刑法学研究犯罪的罪名、犯罪的构成、犯罪的量刑、犯罪的原因等，以确定罪与非罪的界限、如何定罪量刑为核心内容；而侦查学研究的犯罪，则是着眼于犯罪人如何进行犯罪以及犯罪的规律特点等，以便为制定侦查对策提供适宜的依据。刑事诉讼法学研究犯罪的侦查，其重点是侦查犯罪的诉讼程序和原则规定；而侦查学研究犯罪的侦查，则是以刑事诉讼法规定的程序为前提，研究如何运用技术手段、策略措施和侦破方法来揭露犯罪和揭发犯罪人。这种研究重心的不同和研究角度的差异使它们互相区别开来。

2. 侦查学与部门法学的联系

侦查学与刑法学和刑事诉讼法学的联系是十分密切的。侦查学是以刑法

---

〔8〕 张远煌：《刑事侦查学学科性质新探》，载邹明理主编：《侦查理论与实践研究》，警官教育出版社1999年版。

学和刑事诉讼法学所研究的一些概念和原理为依据的。没有刑法学研究的如何确定罪与非罪的界限以及如何定罪量刑等依据,研究如何正确揭露犯罪和揭发犯罪人就成了无源之水、无本之木,侦查学也就无从谈起;同样,没有刑事诉讼法学对侦查程序、证据原则的研究成果,侦查学也就没有了必要的规范和依据,使侦查成为一种法律意义的随意活动,从而最终不能成立。如侦查学研究立案侦查、分析判断案情,必须以刑法中的犯罪概念、犯罪构成理论、具体罪名的定义为依据;侦查学研究侦查取证、策略措施、侦破方法,也必须以刑事诉讼法学对侦查的一般程序和原则的具体要求来规范。

侦查活动是刑法和刑事诉讼法正确实施的前提和保证,是为实现刑法和刑事诉讼法所规定的任务服务的。刑法和刑事诉讼法是侦查活动的法律依据。刑法规定了对犯罪人惩罚的原则,刑事诉讼法规定了追究犯罪人罪责的程序和原则。这两部法律的任务就是通过正确的法律程序而准确对犯罪人定罪量刑,借以维护社会的安定和保证人民群众生命、财产的安全。

但是,仅仅依靠这两部法律并不能实现对犯罪人的惩罚(自诉案件除外),没有侦查活动就不能查明犯罪事实,不能获得证明犯罪人实施犯罪的证据,不能最终捕获犯罪人,则刑法、刑事诉讼法的规定就失去了其实际存在的价值,实现刑法和刑事诉讼的任务也就成了空话。从诉讼程序上讲侦查活动作为刑事诉讼的一个重要阶段,其直接目的就是依法收集、审查各种犯罪的证据材料,准确、及时地查明犯罪事实和查获犯罪人。侦查机关正是通过这些活动为起诉、审判提供条件,使打击敌人、惩罚犯罪、保护人民的任务得以完成。因此,对于以侦查活动为研究对象的侦查学而论,它所研究的内容不仅仅在于本学科体系内容的自我完善,而是通过侦查策略和侦破方法的研究,为完善刑事法学的理论体系服务,并最终为刑法和刑事诉讼法学的有效实施服务。但是,这种服务并不意味着侦查学处于刑法学或刑事诉讼法学的从属地位,因为其研究对象的特殊性,使它成为法学中的一门独立学科。它与研究刑法和刑事诉讼法的刑法学和刑事诉讼法学之间,是一种互为借鉴、互为利用、互为促进的关系,共同构成刑事法学的三大支柱,从不同的角度保证刑事诉讼活动的顺利进行。

第二节　侦查学学科关系

侦查学作为法学体系中的一个组成部分,它既与同邻近学科有着密切联系，同时又有一定的区别。

一、侦查学与刑法学、刑事诉讼法学的关系

（一）侦查学与刑法学的关系

侦查学与刑法学之间的联系极为密切。一般而言，刑法学所研究的基本内容是关于犯罪构成要件与刑罚的种类及适用的方法的问题。我国刑法学的任务，简言之，就是研究如何运用刑罚的方法同犯罪作斗争的问题。侦查学并不直接研究犯罪的构成与刑罚，而是专门研究如何运用侦查措施和侦查方法进行侦查活动，如何及时、准确地揭露犯罪和查获犯罪人的问题。

侦查学和刑法学二者之间的关系可以从两方面加以说明：一方面，侦查学在研究和制定侦查犯罪的措施和具体方法时，必须是以刑法所规定的某种行为构成犯罪为前提。如果某种行为按刑法规定根本不构成犯罪，那就谈不上立案侦查。另一方面，刑法所规定的目的和任务，需要通过一系列的侦查活动才能实现。因为没有强有力的侦查活动，除极少数自诉案外，犯罪分子的犯罪事实就不可能查清，犯罪分子就不可能被查获，当然刑法就没有具体的适用对象，刑法所规定的对犯罪人的定罪量刑也就无从谈起。

由此可见，侦查学所制定的侦查犯罪的措施和方法，是实现刑法规范的工具，而刑法学所研究的犯罪构成与刑罚的问题，则是制定侦查措施及侦查方法的法律依据。因此，侦查人员必须认真学习刑法，搞清罪与非罪、此罪与彼罪的界限，明确各种犯罪的构成要件，以及刑罚的种类和适用方法。只有这样，才能对各种犯罪正确地开展侦查活动，及时准确地揭露犯罪和认定犯罪人，也才能保证无罪的人不受刑事追究。

（二）侦查学与刑事诉讼法学的关系

侦查学与刑事诉讼法学也有着密切的联系。我国刑事诉讼法是国家为了保证刑法的贯彻实施而规定的人民法院、人民检察院和公安机关办理刑事案件应当遵守的原则、制度和程序的法律。刑事诉讼法学这门科学主要是研究如何从诉讼程序上保证及时准确地查明犯罪事实，正确地运用刑法。侦查机关为了准确地查明犯罪事实和查获犯罪人，在侦查过程中，必须严格依照刑事诉讼法规定的程序进行活动。但是，侦查工作所包括的内容是极其丰富的，刑事诉讼法作为一门程序法，它只规定进行侦查活动的程序、规则、制度，并不具体规定进行侦查活动应采取的方法，而这些具体的方法，则是靠侦查学来完成的。例

如，我国《刑事诉讼法》第 135 条规定，“为了查明案情，在必要的时候，经公安机关负责人批准，可以进行侦查实验”，“侦查实验，禁止一切足以造成危险、侮辱人格或者有伤风化的行为”。这里，法律只规定了进行侦查实验必须遵循的程序和原则，并没有规定侦查实验的规则、步骤和具体方法，以及对侦查实验的结果如何评断、运用等。而这些，正是侦查学所要研究的内容。

由此可见，侦查学同刑事诉讼法学是既有密切联系，又有明显区别的两个独立的法律学科。具体地说，刑事诉讼法学主要是研究侦查活动的诉讼形式；而侦查学所研究的是侦查活动的方法上的内容。

二、侦查学与法医学、司法精神病学的关系

（一）侦查学与法医学的关系

18 世纪末，与侦查工作密切相关的法医学被认为是一门科学，19 世纪末得到了蓬勃发展，尤其是显微病理学研究的进展，使法医学者能够以精神观察、尸体解剖、显微检验和化学检验为依据，准确地解决侦查中的有关问题。19 世纪初，法国人马蒂厄·奥尔菲拉出版了《毒物的特性》一书，并和比利时人琼·塔斯塔等药剂界先驱对各种毒物加以离析和鉴别，奠定了毒物检验的基础。19 世纪中叶，法国神甫米尚和意大利犯罪学家兼法医学教授龙勃罗梭创立了笔相学。1879 年，法国人阿尔方斯·贝蒂隆创立了世界上第一个科学意义的鉴别人身的人体测量法。19 世纪末，以弗朗易斯·高尔顿、爱德华·亨利为代表的一批人创立了现代指纹鉴定方法。这些领域内技术方法不断大量问世，为侦查学的诞生作了充分的理论准备。

法医学是研究涉及法律事件的人体的检验、鉴定的学科。它的主要任务是研究死亡的原因及各种尸体现象的发生、发展规律；各种暴力所致的损伤及死亡的机理、征象和检验方法；各种猝死的病因、诱因和检验方法；自死、他杀、灾害等原因引起的人体伤亡的规律和特点；涉及法律问题的人体生理状态以及伤、残、病等问题的检验和鉴定；医疗纠纷的鉴定；涉及诉讼的人体组织、分泌物、排泄物的检验方法；个人识别方法等。从法医学的任务来看，法医检验及法医鉴定的意见，在有关刑事案件侦查中占有非常重要的地位。

侦查学的重要任务之一是研究刑事案件的证据的收集和评断。在研究证据这一点上，侦查学与法医学方法的同类性，决定了这两种学科之间的重要的和不可分割的联系，有许多证据在侦查学和法医学中都要加以研究。在许多场合，属于法医学检验和鉴定之列的，也是侦查学意义上的客体。比如对杀人、强

奸、伤害等案件中的有关尸体、活体和物证，法医学和侦查学都要加以研究。

应该指出，根据我国《刑事诉讼法》第128条规定，具有专门知识的人对涉及人体伤亡案件的勘验、检查，必须在侦查人员的主持下进行。与之相适应，法医学所规定的勘验、检查，必须以侦查学所确定的理论和方法为指导。而侦查学所规定的对有关人体伤亡案件的勘验、检查，离开法医学所规定的具体的理论和方法，也必将成为空谈。侦查学与法医学的关系可以作如下表述：一是法医学不等于侦查学，法医学的客体，仅仅是侦查学客体的一部分；二是侦查学在研究有关物证、尸体外表检验、发火武器和其他凶器伤害，以及有关物质的化学的和物理学的检验及鉴定等方面，必须借助于法医学的帮助；三是法医学必须接受侦查学的指导，法医勘验及法医鉴定必须同时在法医学和侦查学的指导下进行。

（二）侦查学与司法精神病学的关系

司法精神病学是精神病学的一个分支，是精神病学与法学之间的边缘学科，是一门研究和解决有精神障碍的人在诉讼活动中的地位和法律责任的学科。狭义的司法精神病学又称“法医精神病学”。侦查学与司法精神病学的关系是，对怀疑有精神病的犯罪嫌疑人，运用侦查学的理论和方法侦查调查其行为是否对社会有危害性，是进行司法精神病学鉴定的前提条件；而精神病人实施的有危害社会的行为，都有其一定的规律特点，学习司法精神病学、研究精神病人的症状和行为规律，可以结合侦查的需要，总结出这类案件的规律特点，用来指导这类案件的侦查，从而丰富和发展侦查学的内容，指导侦查实践。

此外，犯罪心理学与司法精神病学也有一定的联系。犯罪心理学重点关注一般犯罪人的人格特质、犯罪动机形成原因、犯罪行为特点和规律等，主要是辅助案件侦破及犯罪预防。司法精神病学主要关注精神障碍者实施危害行为后的司法精神病鉴定程序、方法，以及刑事责任能力等相关法律能力鉴定，为庭审提供证据。

三、侦查学与犯罪学、犯罪心理学的关系

（一）侦查学与犯罪学的关系

关于犯罪学的研究内容、内涵及外延一直存有争议，主要焦点集中于如何定义“犯罪”。美国犯罪学家埃德温·萨瑟兰认为，犯罪学是将犯罪看作一种社会现象的知识体系，它的范围包括制定法律的过程、违反法律的过程，以及对违

法行为的反应过程,其目标是发展出一套跨学科的关于法律、犯罪、处理或预防过程的普遍原则和实证原则。

侦查学与犯罪学都以犯罪为研究对象,这决定了两者间存在密切的联系,具体表现为:一是都属于不以部门法为研究对象的非规范性学科;二是在研究内容上存在交叉;三是研究成果可以相互转化或影响。

两者间的区别也较为显著,具体表现为:一是学科职能不同,犯罪学是一门"犯罪前学科",正是这一学科性质决定了其必然关注犯罪预防,而侦查学是一门"犯罪后学科",着重研究犯罪发生后的犯罪事实调查与查缉犯罪人的原则与方法;二是侧重点不同,虽然两者都关注犯罪行为的构成要素,但研究的目的和方式是不同的;三是对犯罪预防的指导价值不同;四是研究方法不同,在犯罪学中,社会学、心理学和统计学的方法占主导地位,这些方法虽然也在侦查学研究中被广泛运用,但技术方法和自然科学方法发挥着更为重要的作用。[9]

(二)侦查学同犯罪心理学的关系

犯罪心理学是一门运用心理学理论和方法、研究与犯罪有关的心理活动及其客观规律的科学,即从心理活动方面探索犯罪原因的学科。侦查学与犯罪心理学的关系是,一方面,犯罪心理学所研究的犯罪人的心理活动及与其行为之间的关系,是靠侦查学所规定的措施和方法来揭示的;另一方面,对犯罪人的心理活动及与其行为之间的关系的研究,可以丰富和发展侦查学的理论和方法。

---

〔9〕 张远煌主编:《犯罪学》,中国人民大学出版社 2022 年版,第 20 页。

第十三章　侦查学特点

任何一门学科都具备自身特点,侦查学亦不例外,正是这些特点将侦查学学科与其他学科区分开来,这也从另一侧面反映出侦查学学科的独立性,当然,这并不否认侦查学与其他学科之间可能形成某些交叉。侦查是一项典型的司法实践活动,而侦查活动本身极强的实践性,又使侦查学植根于打击刑事犯罪的实践之中,同时与社会因素、环境条件、科技发展等诸多方面具有紧密联系,并随着犯罪的迭代变化而不断丰富和发展。这些无不使侦查学学科呈现出鲜明的应用性、实践性、综合性等特点。

与此同时,侦查学学科的特点也使侦查学在研究方法上,既有其他学科所普遍采用的研究方法,也有极具本学科特色的研究方法;既有质性研究方法,亦有量性研究方法,呈现出明显的多层次性特点。侦查学研究的基本方法有唯物辩证法、逻辑分析方法、系统科学方法、统计分析方法和数学方法等,侦查学研究的具体方法有社会调查方法、历史总结方法、比较分析方法、实验研究方法、案例研究方法等。在开展侦查学研究时,针对不同问题或研究目标,这些研究方法往往也被加以综合运用。

第一节　侦查学主要特点

侦查学的学科特点是指该门学科内容所显示的基本特征。侦查学学科内容的作用、学科内容的来源、学科内容的性质都有其自身的特点。

一、应用性

侦查学是应用型学科,它植根于同刑事犯罪作斗争的实践之中,并在同刑事犯罪作斗争的过程中不断地丰富和发展。侦查学的应用性表现在侦查的理论具有很强的实践性,侦查实践的经验和技能在侦查理论中占有较大的比例。

侦查理论大多是建立在大量的调查统计、分析研究的基础之上的,或是长期的侦查实践经验的总结、归纳和升华的结果。需要明确的是,应用科学不只是实践经验的简单堆砌。如果将侦查学的应用性只简单地理解为是对侦查经验的总结,这就违背了侦查学作为一门学科自身的规律。侦查学的研究对象和学科性质决定了侦查学理论必须植根于同刑事犯罪作斗争的实践之中,并通过总结与刑事犯罪作斗争的实践经验,不断探索、研究、更新、完善和丰富侦查学的内容,更好地为打击和揭露刑事犯罪服务。侦查学应用性特点表现在以下几方面:

1. 侦查学对邻近学科概念、原理与方法的借鉴和利用。侦查学与刑法学、刑事诉讼法学、法医学、犯罪学、犯罪心理学等学科有着密切的联系。虽然这些学科都有各自从自身角度来研究犯罪和侦查,但侦查学在研究的内容上与这些学科研究的内容具有交叉性。侦查学的形成是在借鉴和运用刑法学、刑事诉讼法学、法医学、犯罪学、犯罪心理学等多门学科力量的基础上建立起来的,这些学科的概念、原理和方法成为侦查学据以立论的重要依据。

2. 侦查学对自然科学、技术科学最新成果的移植和嫁接。侦查学是法学和自然科学、技术科学相结合而产生的应用型学科,侦查学中大量移植和嫁接了自然科学、技术科学的成果。侦查学中移植和嫁接自然科学、技术科学的途径包括:一是直接运用自然科学、技术科学的理论、方法和成果,即移植;二是间接运用自然科学和技术科学的理论、方法和成果,即嫁接。侦查学在移植和嫁接自然科学的理论、方法和最新成果的过程中,建立、形成和发展了侦查学所特有的技术手段和方法。

3. 侦查学对具有方法论性质学科精华的汲取和运用。侦查学的研究主要是从马克思主义哲学、系统论、控制论、信息论、社会学、逻辑学等具有方法性质的学科中汲取方法论的营养,以此来加强侦查学的研究手段。在 20 世纪 70 年代末至 80 年代初,中国的侦查学在理论研究上发展缓慢、内容陈旧、方法简单,其重要的原因在于研究的方法上是处于一种封闭的状态。20 世纪 80 年代中期以后,侦查理论工作者和实务工作者开始认识到理论研究的重要性,他们以研究侦查实践中亟待解决的突出问题为重点,取得了突破性成果,并用以推动侦查工作深入发展。同时,侦查学在研究的方法上加强了开放性,这就促进了侦查学研究的快速发展。

二、实践性

马克思主义认为,实践决定认识,实践是认识的唯一来源;认识对实践具有能动的反作用,能够指导实践活动。侦查活动是一项实践活动。侦查学的实践性是由侦查活动的性质所决定的。侦查学的实践性表现在:

1. 侦查学内容是对侦查实践的总结和升华。从侦查学研究的对象和研究的内容看,各种侦查措施、侦查策略和案件侦破方法等理论都是建立在对侦查实践的总结与概括的基础之上,通过对侦查实践中第一手资料的去粗取精、去伪存真、由此及彼、由表及里的分析、总结与概括,使感性知识上升到理性知识,从中找出带有规律性的事物,揭示所研究对象的内在和本质联系,从而形成侦查学的理论体系。

2. 侦查学理论和方法接受侦查实践的检验。19 世纪中期以后,随着欧洲资本主义社会犯罪现象的急剧增长,犯罪行为人在实施犯罪的过程中不仅犯罪手法娴熟,而且在犯罪过程中逐渐使用科技手段进行犯罪活动,这就给社会和警察机关提出了强烈的挑战。而与此同时,作为同犯罪作斗争的警察机关,则仅仅是凭借个人的记忆和经验来侦查犯罪案件,没有任何的科学侦查方法可言。由于缺乏有效和科学的侦查理论方法的指导,面对急剧增长的犯罪形势和越来越狡猾的犯罪,这种仅仅依靠个人记忆力、直觉和经验破案的方法已经远远不能适应同犯罪作斗争的需要。正是由于侦查工作的实际需要,一些自然科学家、犯罪学家开始将他们的研究成果运用于侦查实践之中,加强了对侦查技术和侦查方法的研究,并注意运用科学技术手段和方法来侦破刑事案件。1893年,奥地利格拉茨地方检察官汉斯·格罗斯通过总结前辈和他自己在侦查工作中的经验以及同刑事犯罪作斗争所运用过的侦查技术、侦查措施和侦查方法,加以综合和系统化,编写出版了《司法检验官手册》一书,并在该著作中最早使用了“侦查学”这一术语。《司法检验官手册》一书的出版,正式宣告了侦查学作为一门学科的诞生。由此能够看出,侦查学理论的产生和发展是源于同犯罪作斗争的实践之中。

侦查学在其形成和发展的过程中,始终直接地指导侦查实践,并接受侦查实践的检验。侦查学源于侦查实践,理应回到侦查实践中去。产生于侦查实践的侦查学理论,只有回到侦查实践中去,才能发挥它对侦查实践的指导作用,才能够实现侦查学理论的目的。另外,侦查学理论只有同侦查实践结合起来,才能检验侦查学理论的原则、手段、方法对侦查工作的正确性和有效性,侦查实践是检验侦查学所规定的原则、手段、措施和方法是否正确、有效的唯一标准。同时,侦查实践的检验又为侦查学理论的研究提出了新的要求,这进一步促进了侦查学理论的研究、发展和完善。发展、完善后的侦查学理论反过来又回到侦查实践之中指导侦查实践,促使了侦查学和侦查实践两者不断地发展、丰富和完善。

3. 侦查学的任务和目的是服务侦查实践。侦查学的任务和目的是指通过对其研究对象的探讨应达到的结果。侦查学的任务是在辩证唯物主义思想的指导下,综合运用有关科学知识的理论和方法,研究侦查机关同犯罪活动做斗争的侦查对策,为侦查机关的功能实现服务。具体地说,侦查学的任务和目的表现在两个方面:

第一,实践方面的任务和目的。侦查学实践方面的任务和目的首先是预防犯罪。通过侦查学对犯罪规律、特点、手段、方法的研究,并采取一定的形式提供给社会各方面,发挥社会治安综合治理的效能,有效地预防、控制和减少犯罪。另外,侦查学理论能够为侦查部门提供有效的对策,并通过侦查机关对犯罪活动的及时、准确和有效地侦查打击而产生的威慑和警示效能,发挥其对犯罪的特殊预防功能。其次,侦查学理论能够为侦查机关提供科学和先进的侦查对策。侦查学通过对犯罪的侦查措施、侦查策略和侦破方法的研究,为侦查机关提供了正确、有效的侦查对策,指导侦查工作的具体实施,增强了侦查机关同刑事犯罪作斗争的能力,从而通过侦查工作实现及时、准确地揭露和证实犯罪的目的,为实现刑法和刑事诉讼法的任务服务。

第二,理论方面的任务和目的。首先,侦查学丰富和发展了邻近学科。侦查学是法学科学中的一门分支学科,侦查学的产生和发展离不开法学科学中各邻近学科的支持和进一步的发展。由于侦查学的内容与其邻近学科研究内容上的交叉,侦查学的形成是在借鉴和运用了刑法学、刑事诉讼法学、犯罪学、证据学等各学科的理论基础上建立起来的,这些学科所揭示出的原理、方法,已经成为侦查学据以立论的重要依据,也正是这些学科在研究内容上与侦查学的交叉,通过对侦查学理论的深入研究,进一步促进了侦查学理论不断取得新的成果,而这些新的侦查学理论的成果又为侦查学邻近学科所借鉴和利用,丰富和发展了侦查学的邻近学科理论。其次,侦查学为相关科学开辟了广阔的运用空间。侦查学在发展的过程中,有一个不断丰富完善自己的理论基础、提高自己的理论水平的任务,这就要求侦查学应当寻找多元化、全方位的发展。这一方面,要求侦查学加强移植、嫁接功能,借鉴和利用社会科学、自然科学的最新成果,丰富和发展侦查学的内容。同时,侦查学理论还应当特别关注和研究世界各国侦查学的发展及其研究成果,应用侦查学所确立的原则和方法加以分析,去其糟粕,取其精华,为我国侦查学的发展服务。另一方面,侦查学应加强纵向继承的功能。中国的法制源远流长，在侦查方面曾经创造了辉煌的成就。根据我国侦查学发展的客观需要，批判地继承前人的侦查成果，进一步地发展和完善中国的侦查学理论，是我们应当具有的态度。

三、综合性

侦查理论涉及的知识范围极为广泛，它在研究侦查活动中的任何一项内容时，总是与社会因素、环境条件等众多方面联系起来进行研究、考虑。同时，侦查学在研究本学科的相关问题时，利用、借鉴了大量社会科学、自然科学的研究成果，形成了侦查学理论与其他的学科相交叉，这就使侦查学理论研究的内容具有明显的综合性特征。侦查学的综合性特点具体表现在以下方面：

1. 侦查学理论运用的综合性。侦查工作对象多样化和综合性特点，决定了侦查学所涉及的知识和原理十分广泛和多样。侦查学理论中既有社会科学的内容，也有自然科学的内容。因此，侦查学在进行理论研究的过程中，就必须广泛地运用多种能够为本学科所借鉴的概念、范畴、原理，以满足侦查学理论研究的客观需要，充实和丰富侦查学的知识体系。

2. 侦查学研究方法的综合性。侦查工作以及侦查学研究对象的多样性和综合性，决定了侦查学研究方法的多样性和综合性。侦查学研究方法的综合性表现在它不仅和其他学科一样要以辩证唯物主义的方法论为指导，而且还要借鉴、移植和嫁接系统论、控制论、信息论、逻辑学、社会学、数学等诸多学科提供的方法。由此可见，侦查学的研究方法是十分广泛的。

第二节　侦查学研究方法

侦查学的研究方法是指在侦查学理论研究中，用来认识问题和处理问题的手段、方式和途径的总和。侦查学的研究方法是由侦查学研究的对象所决定的。侦查学的研究必须以马克思列宁主义的国家学说和犯罪学的有关理论为指导，紧密结合中国犯罪和侦查的实际情况，采取科学的研究方法，对侦查学的相关问题进行研究。侦查学的研究方法具有多层性特点，其第一层次的研究方法主要是指基本方法，第二层次的研究方法主要是指具体方法。

一、侦查学研究的基本方法

（一）唯物辩证法

唯物辩证法是各门学科普遍的认识方法。唯物辩证法关于一般和特殊、共性和个性、必然性和偶然性、原因与结果的学说，都是侦查学研究的重要指导方法。侦查作为一种特殊的社会调查活动，它所面临的矛盾现象是错综复杂的，其认识的难度很大。同时，侦查活动也是物质运动的一种特殊形式，它既受到社会活动规律的制约，也受到物质运动规律的制约。因此，作为研究侦查活动及其规律的侦查学的根本方法只能是唯物辩证法。唯物辩证法是侦查学的指导思想，研究侦查学中的任何问题，都必须符合唯物辩证法的认识方法，以唯物辩证法的基本观点和方法为指导。在侦查活动中侦查人员只有以唯物辩证法为指导才能根据案件情况的发展变化，全面地认识犯罪活动的本质，防止主观性和片面性，及时发现和纠正侦查活动中发生的错误，保证侦查工作的顺利进行。侦查实践证明，侦查人员能否及时、准确地揭露与证实犯罪，这与侦查人员是否始终坚持唯物辩证法有着重要关系。因此，侦查学必须以唯物辩证法作为总的指导思想和基本的研究方法。

（二）逻辑分析方法

逻辑学是关于思维形式、方法及其规律的科学。形式逻辑作为思维的形式，在侦查活动中具有重要的意义。侦查活动的全过程及其各个环节都离不开逻辑思维。侦查活动是归纳法和演绎法的结合以及分析、综合和其他逻辑程序。逻辑学的各种规律和方法是侦查活动中经常使用的方法，尤其是归纳和演绎推理，在分析判断案情时，侦查人员都会自觉或不自觉地使用。侦查推论是逻辑严密的思维形式，当侦查中出现几种可能的假定时，推理必须穷尽一切可能，如果不能穷尽一切可能，则只能作出推测性的判断（或然性判断），而不能得出确定性（必然性）结论。在侦查实践中，侦查人员不仅要运用形式逻辑的推理方法进行思维判断，而且还要运用这些推理的规则对作出的判断进行验证。

逻辑推理的方法不仅可以为侦查破案提供线索，指明方向和范围，而且可以用来分析鉴别侦查情报，确定侦查情报相互之间的联系和各自的作用。侦查人员通过逻辑分析的方法，可以从大量的情报资料中去发现有价值的侦查情报，更好地为侦查工作服务。

（三）系统科学方法

系统科学是一门研究系统的构成、系统的属性、系统的作用以及管理等问题的学科。系统科学方法被引入侦查学理论中，无疑能够科学地解释侦查活动中的有关问题，并对侦查实践起着重要的指导作用，它从一个特定的侧面揭示了刑事犯罪客观存在的本质联系和运用规律，为侦查人员认识犯罪活动及其规律提供了新的研究方法。

（四）统计分析方法

统计分析是发现事物规律特点的重要方法。侦查学的许多原理、手段、方法的提出都是通过统计分析的方法实现的。侦查活动向侦查学提出了两方面的任务：一是侦查的指挥决策部门需要经常了解和研究刑事案件的客观规律、特点和案件的侦破情况，以便及时制定有效的侦查对策，这就需要有客观的统计数据作为决策的依据；二是刑事技术鉴定、科学研究需要寻找各种鉴别客体特征的客观标准，以便保证鉴定结论的准确性和可靠性，这就必须要有科学的统计数据作为基础。因此，侦查学必须运用数理统计、概率论和计算机技术的有关原理和方法，研究本学科内的问题，使侦查原理、侦查手段和侦查方法更加符合客观规律。

统计分析的方法在侦查学的研究中，必须对在侦查实践中获取的数据或相关的资料进行归纳、整理之后，采用图表等方法进行统计分析，并与其他方面获取的资料相对照，从中得出科学的结论。

（五）数学方法

数学作为研究事物的数量关系和空间形式的科学，其特有的思维方式、反映事物存在及其运动规律的方式，也适用于侦查学的研究。从现代侦查学研究的内容看，数学方法正越来越多地介入侦查的研究领域之中。侦查学中利用数学所提供的方法来计算和推导刑事犯罪活动及其相关事物的数量、空间形式和可能性，从而获得对它的规律性和本质的认识。马克思曾经指出：一种科学只有成功地运用数学时，才算达到了真正完善的地步。可以预言，在未来的侦查学研究中，现代数学方法将成为侦查学研究中的重要方法。

二、侦查学研究的具体方法

任何学科的具体研究方法都会因这一学科的特点和任务的不同而有所区

别。在现阶段,侦查学研究的具体方法有如下几方面。

(一)社会调查方法

社会调查既是一种认识活动,又是一种实践活动。由于侦查和犯罪所涉及的领域非常广泛,因而侦查学中社会调查的研究内容也十分广泛。侦查学的研究必须通过社会调查才能掌握刑事犯罪的活动情况,提出有效的侦查对策,解决侦查中的实际问题。社会调查的内容主要有:对犯罪成员的调查;对刑事案件的调查;对犯罪人使用物品和现场遗留物的调查;对犯罪人经常进行活动的地区、行业及其场所的调查;对侦查主体自身建设的调查等。侦查学中的社会调查方法主要有典型调查法、抽样调查法和综合调查法。在实施调查的过程中,具体可采取调查访问、座谈、问卷调查、测试调查、查阅文献资料等方式。

侦查学中的社会调查方法,必须坚持实事求是的基本原则,紧密联系侦查实践活动中的具体情况进行研究,解决侦查工作中存在的问题,推动侦查工作的发展。

(二)历史总结方法

侦查学研究的基本方法之一是对历史和现实的侦查活动进行总结。中国是古代文明的发源地,我们的祖先在执法办案的过程中积累了大量宝贵的侦查经验,它已成为古代灿烂文化的重要组成部分。现代侦查学中的许多侦查方法在历史上都可以寻找到其存在的痕迹。因此,对侦查历史文化的挖掘和整理,可以丰富现代侦查学的内容。另外,现代侦查学通过对各个历史时期侦查破案的典型案例进行研究,可以总结出侦查破案中成功的经验和失败的教训,并从个别和特殊中归纳出一般规律上升为理论,更好地指导侦查实践。

(三)比较分析方法

侦查学是一门具有历史性、世界性的学科,它在研究古今中外各种侦查理论,借鉴古今中外侦查破案的经验方面有着广泛的领域。比较分析是侦查学常用的一种认识方法。侦查学内容的发展,体系的完善,原理、手段、方法的更新,必须与历史的和现代的、全面的与局部的、中国的与外国的等纵横方面进行系统的整理和分类研究,使侦查学理论更加成熟和完善。

比较分析的内容可分为横向比较和纵向比较。纵向比较是将历史上各种社会形态的侦查进行比较。横向比较是将不同国家之间的侦查进行比较。通过比较分析,借鉴和吸收古今中外侦查制度中的精华,为我所用。

(四)实验研究方法

侦查学不仅要研究和总结现有的侦查技术手段和方法,还必须运用新成果、新技术、新材料,不断开拓新的侦查技术和侦查方法。因此,我们必须在各鉴定机构、技术研究机构及其实验室积极开展各种刑事科学技术实验活动。这种科学实验要以自然科学、技术科学的原理为指导,运用高、精、尖的科技成果,研究出更准确、更快捷、更有效、更实用的侦查技术手段和方法,更好地为侦查实践服务。

(五)案例研究方法

案例研究法,是指运用典型的刑事犯罪案例研究侦查学相关问题的方法。它具有直接、具体、易懂的特点。运用案例研究法,是侦查学研究中理论联系实际的良好途径,它既可以牢固地掌握侦查学的理论和方法,又可以检验、发展侦查学的理论和方法。

第十四章　侦查学历史

世界学者普遍公认,系统的侦查学产生于近代资本主义社会,其创始人是奥地利犯罪家汉斯·格罗斯(Hans Gross, 1847 ~ 1915 年)。侦查学产生的标志是汉斯·格罗斯 1893 年写成出版的经典性著作《司法检验官手册》。但是,单靠汉斯·格罗斯一个人是不可能创立侦查学的,在汉斯·格罗斯之前,已经有许多人开始探究侦查领域的某一个或某一些问题,并且取得了一个又一个理论上的突破,是他们为汉斯·格罗斯把侦查对策方法系统化提供了理论源泉。因此,在论述侦查学形成和发展的历史时,既要充分肯定汉斯·格罗斯的开创性贡献,又不可能不涉及侦查学形成过程中的一些先驱性人物及其在侦查学上的历史功绩。同时,侦查学诞生迄今仅有 130 年的历史,当属年轻学科,其内在的发展经历了一个相当艰难曲折的过程。侦查学发端于西方资本主义国家,由于它是指导同刑事犯罪作斗争的有效的方法论,因而很快得以向世界传播。然而,由于不同国家在特定的历史时期内所形成的不同的犯罪形态,更是由于这些国家政治、经济、文化背景的不同,使得侦查学的传播和发展不可避免地出现了差异,形成了不同的侦查学发展模式。

第一节　侦查学萌芽

任何一门学科的形成都不是一蹴而就的,都要由许多人经历相当长一段时间的探索。侦查学同样也经历了较长时间的萌芽,这一萌芽时期主要是指系统侦查学产生前的几十年间。这一段时间内,侦查学领域已开始出现了一些分支性的自成体系的理论和学科,其中,人体测量法、指纹鉴定法、笔迹鉴定法是这一时期侦查学发展的几大主流,构成了侦查学诞生的前奏曲。

从整体上看,萌芽时期的侦查学研究还基本上局限于侦查的一些技术领域,而且内容多是零散的,多系将自然科学和技术科学的成果运用于侦查的某一狭小领域，解决的大多是同一认定问题。这一时期尚不见系统论述侦查措施和方法的著述。可以说，局限于侦查技术领域的人体测量法、指纹鉴定法、笔迹鉴定法是侦查学萌芽的三大主要标志。

一、人体测量法

（一）人体测量法的创立过程

1. 人体测量法的创始人

人体测量法的创始人是阿尔方斯·贝蒂隆（1853～1914年）。据有关资料介绍，阿尔方斯·贝蒂隆是法国人，他行动慢条斯理，说话呆板乏味，生性孤僻，对人疑忌心重，说话刻薄狠毒，浑身透着一股令人生厌的学究气。他的父亲路易·阿道夫·贝蒂隆是巴黎人类学会副会长、德高望重的名医和统计学家，其祖父是自然科学家和数学家阿尔基·盖亚尔·贝蒂隆。虽然贝蒂隆有着良好的家庭环境，但其本人却因学习成绩差和品行乖戾而三次被法国三所一流的学校开除学籍。后他到一家银行当学徒，几个星期后又被解雇。不久，他又去英国给人当家庭教师，但也由于工作差劲被辞退。1879年3月，贝蒂隆在巴黎警察厅谋了一个录事的差事。而正是在这个录事的岗位上，贝蒂隆成了侦查舞台上的风云人物。

2. 人体测量法的创立

也许是对录事工作感到十分厌烦和百无聊赖的缘故，也许是回想起了孩提时代其爷爷、父亲进行的各种测量和分门别类的活动，贝蒂隆当上差事以后的四个月，即1879年7月，开始了对囚犯的分析比较，并被允许对登记在案的囚犯进行登记测量。在此过程中，他逐渐得出了一个坚信不疑的结论：对于不同的人，他们身体的某些部位的大小、长短可能会一样，但四五个部分的尺码都一样是不可能的。他的这个结论参考了比利时天文学家和统计学家阿道夫·凯特勒创立的定律，该定律认为，人的身长有一定规律，世界上高个、矮个人数均等，中等身体身材居多，世界上没有身体各部分尺寸都相同的两个人，统计发现每个部位尺寸相同的可能性为4∶1。贝蒂隆在给时任巴黎警察总监路易·安德烈的报告中断言，如果人身高等同的概率为4∶1，那么身高再加上一项，如腰的长度，等同的概率就降到16∶1，如果进行11个项目的测量，那么，找到11个项目都一样的人的概率是4，191，304∶1，要是测量的项目增加到14项，机会便会下降到286，435，456∶1。他自认为这种对人身鉴定的方法是绝对可靠的。

但是，贝蒂隆的做法和方法遭到了从上到下的嘲笑，巴黎警察总监安德烈给贝蒂隆提出了严厉的警告。就在这时,贝蒂隆的父亲给他以极大支持,阿道夫·贝蒂隆利用其和友人的影响力,说服了巴黎警察新任总监卡梅卡斯,为贝蒂隆争取到了三个月极为有限的实验期限。但是,奇迹发生了,1883 年 2 月 20 日,贝蒂隆用他的方法成功地鉴别出了第一个犯有前科的羁押犯的身份,并在这一年成功地鉴别出了 26 名羁押犯的身份。紧接着,贝蒂隆又研究出了一种将人的面部上不可改变或难以改变的特征拍摄下来的方法。1884 年,他鉴别出了三百多名有前科的罪犯。1885 年,贝蒂隆荣升为巴黎警察局辨真局局长,巴黎的一些新闻记者为贝蒂隆的鉴定方法冠以一个新的术语——贝蒂隆法则。

(二)人体测量法的影响

1. 人体测量法的实践运用

在贝蒂隆实验期间,他著名的父亲就预言贝蒂隆从事的"是一门实用的科学,对警察部门来说是一场革命"。1884 年,英国人斯波曼对贝蒂隆法则产生了极大兴趣,专程赴巴黎讨教。法国监狱管理局局长埃贝尔在拜访了贝蒂隆后,立即决定将贝蒂隆法则运用于法国监狱管理实践。1892 年,贝蒂隆法则举世瞩目,首先在西欧,尔后在世界迅速传播,并被誉为"十九世纪警务中最伟大的发明"。

人体测量法的出现可以被视为人身鉴定领域乃至侦查领域的一次深刻革命,它揭开了探究科学侦查方法的序幕。人体测量法所确立的一些人身登记和测量的方法仍然在现代的情报工作和人身外貌识别中所采纳。遗憾的是,这一方法及其创始人并没有实事求是地正视其在侦查犯罪中的地位和作用,过分夸大了其功能而又顽固地排斥其他鉴识方法。

2. 人体测量法的历史局限

随着同一时期指纹鉴定方法研究的不断深入,阿根廷和南美其他国家首先抛弃了贝蒂隆的人体测量法。英国人亨利的指纹鉴定法也开始从英国向外传播,打入了贝蒂隆法则在欧洲的地盘。1902 年,匈牙利、奥地利、丹麦、西班牙纷纷转而采用指纹鉴定法,紧接着,整个欧洲都摒弃了人体测量法。在这种形势下,贝蒂隆本人仍拒绝了法国一些学识渊博而且对他满怀好意的人的劝告,甚至到 1911 年他用人体测量法鉴定失败后也丝毫不为所动,仅仅认为指纹是人体测量法的一个"可以容允"的补充。他始终不相信指纹那"小小的痕迹"能够成为可靠的鉴定依据。1914 年 3 月,贝蒂隆去世后的几个星期,在摩纳哥召开的国际刑事警察代表大会上,指纹鉴定法取代了人体测量法成为公认的国际鉴定方法。至此,贝蒂隆法则“寿终正寝”。

二、指纹鉴定法

(一)对指纹特性的认识

指纹鉴定法是与人体测量法同时代出现的人身识别方法,与人体测量法不同的是,指纹鉴定法的形成过程要曲折和漫长得多,而且凝聚了世界上不同国度的众多研究者的智慧和汗水。

1. 对指纹特性的早期运用

对人体指纹的运用可以溯源至东方文明古国,中国早在西周时期就将手指的纹印叫“质剂”,到了唐代被称为“画纸券”的按手印方法更是成为民间表示契约关系的信用方法。然而,中国人并没有对指纹的特性进行科学阐释,更没有把指纹与揭露犯罪联系在一起。

世界范围内,最早向社会倡议用指纹鉴别犯罪人身份的是美国显微学家托马斯·泰勒,他在1877年给美国农业部的一次授课中,用幻灯显示了手掌和手指尖端的纹线印迹,并提醒大家注意,这些纹线可以用来鉴别犯罪人,特别是可以通过犯罪人在现场物体上留下的手印与捺印的犯罪嫌疑对象的手印相比时,可以确定犯罪嫌疑对象是否是犯罪嫌疑人。托马斯·泰勒只是提出了一个美妙的建议,他并没有对指纹进行更深入的研究,更没有科学地揭示出指纹的特性。

2. 对指纹特征具有稳定性的认识

世界上第一个作出皮肤乳突线花纹具有稳定性结论的人是英国人威廉·赫谢尔(1833~1913年)。作为英属印度孟加拉国的殖民官员,由于受到去孟加拉国做生意的中国商人在契约上按指印以表示信誉的启示,从1858年开始,威廉·赫谢尔经过了长达近20年的观察和研究,终于得出了手指纹线终身不变的结论。他认为,手指纹理的特征终生如一,根据这些特征,任何时候都可以准确地辨识出任何人。以此为据,赫谢尔把捺印手印运用到了其所管辖区域内监狱的管理中,取得了令人难以置信的效果。然而,威廉·赫谢尔的研究和实验并没有得到其上司的赏识,其有关指纹的建议也被视为胡思乱想而打入了“冷宫”。

威廉·赫谢尔是不幸的,但是,对指纹研究前进的步伐是不可阻挡的,一位名为亨利·福尔兹(1843~1930年)的荷兰籍医生不仅得出了与威廉·赫谢尔同样的结论,而且还将其发现的结论公诸于世。与威廉·赫谢尔一样,亨利·福尔兹的研究也是在亚洲进行的。1879 年,他在东京筑地医院讲授生理学课程时,对遗留在瓦器碎片等物上的手印产生了浓厚的兴趣。起初,他注意的只是指纹与人种的关系以及指纹的遗传问题。一次偶然的机会,福尔兹利用犯罪人遗留在现场酒杯上的手印,成功地帮助日本警方破获了一起盗窃案。从此,福尔兹毫不怀疑地认为他已经发现了一种可使全世界警察的侦查工作得到了改进的方法,即利用现场指印破案的可能性。同时,他还根据自己早年做过的头巾分类工作的经验,提出了将指纹分类、存档的建议。1880 年年初,他将自己的全部研究成果整理寄给了远在伦敦的《自然》杂志社。他认为,手指皮肤上的纹理是终生不变的,所以指纹肯定是比照片更好的一种人身鉴定依据。1880 年 10 月,《自然》杂志社发表了福尔兹的信,立即引起了轰动。

(二)指纹鉴定方法的创立

对指纹特征的科学认识只是指纹运用的前提和基础。如何科学、有效地将指纹用于揭露犯罪、鉴别人身之中去,成了许多有识之士苦苦探求的目标。在这一艰难的探索过程中,有三个人的名字是值得提及的,这就是弗朗西斯·高尔顿、胡安·符采帝奇、爱德华·亨利。

1. 对指纹的分类研究

弗朗西斯·高尔顿被誉为英国历史上最杰出的人体测量专家。他于 1885 年 5 月开始潜心于指纹鉴定方法的研究。他收集了许多指纹图片,经过长达数年的研究后认为,要以指纹鉴定法代替贝蒂隆的人体测量法进行同一认定,就必须创立一套对指纹进行登记和分类编目的方法,经过无数次的观察,高尔顿把指纹分成了四类:左三角指纹、右三角指纹、无三角指纹和多三角指纹。在此基础上,高尔顿作出了对指纹学的创立和发展具有重要意义的三条结论:指纹终身不变;指纹没有重复,每个指纹都是不同的;指纹可以分类。1892 年,高尔顿写完了《指纹》这部经典性著作,书中详细地阐述了其指纹理论和鉴定方法。1895 年以后,他的指纹鉴定法在英国得到了短期采用,而此时,贝蒂隆的人体测量法尚未被废除。

胡安·符采蒂奇是阿根廷布宜偌斯艾利斯警察局的警官。在人体测量法占统治地位的 1891 年,符采蒂奇即开始潜心指纹法的研究。1892 年 9 月,他便对指纹分类的原则和方法有了明确的见解,并且完全依靠自己的摸索,得出了与高尔顿近似的四种指纹类型:弓型纹、内箕型纹、外箕型纹、螺环型纹。在此基础上,他自费出版了自己写的第一部书《人体测量法与指纹法概论》,书中对指纹鉴定法比之人体测量法的优越性作了论证。然而,1893 年 7 月,警方领导人下令禁止符采蒂奇继续进行指纹研究。在十分抑郁的心境中,符采蒂奇写出了他的第二本书《同一认定方法》。到了 1894 年,指纹鉴定法的优越性越来越明显,阿根廷很快成了世界上第一个在警察部门单用指纹鉴定法作为鉴别方法的国家。1904 年,符采蒂奇出版了《比较指纹学》,详细地阐述了他的指纹分类依据和方法,其理论和方法在拉美和使用西班牙语的国家和地区享有盛誉。

2. 亨利指纹鉴定法的出台

爱德华·亨利,英国人,1891 年担任英属印度孟加拉国警察总监后,在警察系统推行贝蒂隆人体测量法时,开始了对指纹进行系统研究。在弗朗西斯·高尔顿的鼓励和帮助下,他解决了指纹的分类和查找的方法,并于 1896 年在印属孟加拉省创立了十指指纹档案。亨利首先将指纹分成五种基本类型,即弧、帐、正箕、反箕和螺环形,再将这五种指纹分成若干亚种,划分亚种的依据是把被高尔顿称为"三角"的纹理进一步精确化,并用数字和字母构成指纹的表现式,根据这些表现式便可以将指纹卡片加以分类和储存。此后,亨利指纹鉴定法迅速普及,很快就具有世界意义,1897 年在英属印度全境推行。1900 年,全英推行并迅速在大不列颠帝国的各个自治领地迅速传播。1905 年 3 月 27 日清晨,在伦敦东部泰晤士河南岸离格林威治不远的一个萧条冷落的德特恒区发生了一起凶杀案——斯特拉顿案,在这个案件中,指纹鉴法结论作为证据在刑事诉讼中第一次得到了确认。1914 年在摩纳哥召开的国际刑事警察会议上,指纹鉴定方法得到了国际确认。

人们对指纹特征的认识经历了一个漫长的过程,对指纹特征的运用又充满了艰难和曲折,同时,指纹鉴定法与同一时期的人体测量法又有着激烈的斗争。可以说,指纹鉴定法的出笼从一个侧面反映了侦查科学前进的艰难。但是,指纹鉴定方法的形成和发展以及对人身鉴别方法的科学意义于侦查科学的形成却有着不同寻常的影响,因为指纹和指纹鉴定结论作为证据得以确认使得"物证为王"的资本主义诉讼证据制度有了科学的基础,也使以追求口供的纠问式诉讼制度下的侦查方式得以根本变革。

三、笔迹鉴定法

笔迹鉴定有着千年以上的历史,但是笔迹鉴定作为一门科学却是近代的事。中国是使用文字最早的国家,其笔迹鉴定实践可以追溯至公元 210 年的三国时期,但是科学系统的笔迹鉴定方法却产生在西方。早在 1609 年,法国人弗朗科尼·迪麦尔在一篇关于笔迹鉴定的论文中就介绍了笔迹鉴定的方法和原理。虽然当时一些国家的法院承认笔迹鉴定具有证据价值,但是,笔迹鉴定方法从其诞生之日起就伴随着它是否科学可靠的争论。在争论声中,笔迹学领域出现了一些影响较大的流派。

(一)笔相学派

笔相学派是笔迹鉴定中最为古老的流派。1622 年,意大利人卡米洛·巴尔迪发表了《依靠书法认识人的生活方式、性格和个人品质的方法》,这是世界上与笔迹鉴定有关的第一部著作,巴尔迪也以此成为笔相学派的早期倡导人。

笔相学派中又分为两派。一派是法国神甫米尚(1806~1881 年)为代表的心理笔相学派,他于 1872 年发表了《笔迹学的体系》和《笔相学的方法》两本专著,书中对巴尔迪的观点进行了详细的论述,并加以了补充和发展。因此,各国侦查学家一般都把米尚作为心理笔相学派的鼻祖。笔相学派的另一流派是生理笔相学派。该派以意大利犯罪学家龙勃罗梭(1836~1906 年)为代表,他于 1895 年发表了《笔相学指南》一书,阐述了生理笔相学的体系,他力图用生物学的原理来解释人的笔相,认为笔迹是人的天生品质的反映,天生犯罪的特点可以从笔迹中表现出来。

(二)书法家鉴定派

书法家鉴定派流行于 18 世纪末 19 世纪初。由于当时尚没有专门的笔迹鉴定人员,所以许多欧洲国家的法律都规定要由掌握书法秘密的教师、文书、书记员等“书法家”担任笔迹工作,这些人一般都不掌握笔迹鉴定的基本知识,只能根据职业所培养起来的观察力和个人经验来进行鉴定。他们往往只注意笔迹中字母和笔画的形状以及笔画连接形式等表面特征,并据此对书写人进行同一认定。

(三)特征描述派

特征描述派是由法国的阿尔方斯·贝蒂隆于 19 世纪末创立的。这一学派强调笔迹鉴定人员在比对检材和样本时应先把被检笔迹中那些多次重复的特征抽出来,然后再按统一规定的专门术语对这些典型特征进行描述,描述的内容主要是字母和笔画的间隔、倾斜度、位置、大小、形状等。其代表人以为,笔迹鉴定一般只能作出否定同一或笔迹相似的结论,而不能作出肯定同一的结论,一个人的笔迹可以由他人伪造。此外,该派在鉴定实践中还运用照相底片重叠法来进行特征的比较以加强鉴定的客观性。

(四)书法测量派

书法测量派是由书法特征描述派发展而来的。法国的埃德蒙斯·洛卡尔首先提出了这一理论。他认为,笔迹鉴定的基础是字母各部分之间的大小比例。他试图用数字方法来抵消鉴定人的主观因素对笔迹鉴定的影响。这一学派的观点显然受了19世纪末20世纪初自然科学飞速发展的影响,其方法虽提高了笔迹鉴定的精确性和规范性,但却忽视了笔迹特征数量与质量的辩证关系,有机械比对的缺陷。

第二节　侦查学诞生

从古代文明到近代警察制度的确立经历了一个漫长阶段,警察制度的确立到侦查制度的独立又有一个痛苦的过程。根据马克思主义的犯罪观,侦查应该是一种几乎和犯罪同时产生的社会职能活动,有着悠久的历史。但是,尽管如此,以侦查活动为研究对象的侦查科学的出现却是近代资本主义时期的事件。作为全面指导侦查实践的科学理论,侦查学产生于19世纪末期的资本主义社会,有其特定的历史环境和独特的形成形态,是一种历史的必然。

尽管侦查与犯罪共生共有,具有悠久的历史,但经过了漫长的奴隶社会、封建社会和资本主义社会初期,无论是东方还是西方,直到19世纪末期,都没有形成系统的侦查科学,这的确是一种历史的事实。归根结底,造成这种历史事实的根源是社会经济基础以及由此而决定的社会生产力水平。在奴隶制时代,即使在自由民内部,法律也公开确认由于社会地位的不同而在法律适用上的不平等。奴隶社会实行的是控诉主义诉讼制度,即弹劾制和当事人主义制度,行政、军事、司法合一的体制造就了既没有独立的审判机关,又没有与审判机关相互配合的侦查机关和检察机关存在的可能。司法上实行的是私人告诉制,不告不理;还普遍实行神明裁判的证据制度,在审理案件时,采用决斗、宣誓、水审、火审、动物审等方法,凭借神的力量判明犯罪嫌疑人是有罪还是无罪。因而,奴隶社会的整个诉讼制度,特别是盛行的野蛮的证据制度,势必导致诉讼程序的简化,从而使无从和无需科学系统调查和侦查程序,也就没有强化侦查的必要。

很显然，在生产力极其低下的奴隶社会，在相对简单的犯罪状况下，由于没有物质基础、科学基础和社会需求，根本不可能也无必要产生指导仍十分古朴和原始的侦查工作的系统的侦查科学理论。

封建社会在各方面都较奴隶社会有一定的进步。在诉讼制度上，私人告诉制让位于公诉制，控告式诉讼让位于纠问式诉讼，国家开始形成中央集权的全国统一的司法体系。在中国，虽然地方办案由行政长官统揽，但中央已开始设置专门机构，如隋唐时期的大理寺、刑部、御史台就是三大司法机构，其中刑部专司刑狱。此种体制，一直沿袭到明清。在欧洲，随着封建专制制度的确立，设立检察机关负责对犯罪的侦查和起诉。法定证据制度代替了神明裁判。这些制度的变革和进步，无疑对侦查是一次推动，至少出现了一定的侦查程序和专门行使侦查职能的机关。证据的要求，也在一定程度上促进了侦查活动的开展和侦查水平的提高。应该说，在封建社会，侦查工作科学化和文明化的程度较之奴隶社会有了根本的飞跃。但是，在封建社会，全世界范围内普遍实行的是纠问式诉讼，司法机关对于犯罪事件，无论是否有被害人的控诉，都根据其职权主动进行追诉和审理。在诉讼中司法官员是唯一的主体，他既执行审判职能，又执行追诉职能，犯罪嫌疑人或被告人员是被追究和审讯的对象，而没有反驳控诉和进行辩解的权利。与这种专横的诉讼制度相适应，封建的刑事诉讼采用了有罪推定原则和法定证据制度。法定证据制度要求每一种证据事先由法律规定证据可靠性和证明力，而既不考虑证据本身的真实性如何，又不考虑该证据对具体案件的证明力如何。在证据中，口供被奉为“证据之王”。在有罪推定思想的指导下，为了证实有犯罪事实，司法官员就必然会不择手段地获取“最关紧要”的证据——口供。于是，刑讯逼供就成了封建专制诉讼制度下野蛮、残酷办案的最有效的手段，此种情形下，侦查审理案件本质上就无科学性可言。因此，尽管封建社会设置了一些专门机构行使侦查职能，并在诉讼程序的规定中涉及了一些侦查的方法和步骤，但科学方法仍然不是发现、揭露和证实犯罪的最主要的手段，同时，封建社会生产力发展仍然缓慢，侦查工作赖以发展的物质基础较为薄弱，侦查活动依然简单。整个封建社会，有关侦查方面的论著很少且内容十分零乱，多以一些办案经验和案例的形式出现，著作仅限于勘验检查方面，特别是法医检验方面。当然，这些文献和科学经验不失为侦查学的历史渊源。

由于奴隶社会、封建社会的生产力尚不发达，犯罪活动相对简单，加上诉讼制度的制约，科学的侦查尚不是揭露犯罪和证实犯罪的最主要的手段。同时，这一时期还没有大量出现侦查学产生所必需的自然科学、技术科学和社会科学,因此,侦查学的形成既无可能也无必要。

一、侦查学形成的历史条件

研究侦查学形成的历史条件是为了揭示侦查学形成的历史必然性。侦查学诞生于19世纪末期的资本主义世界,是由多种因素促成的结果。

(一)资本主义诉讼制度的变革

17、18世纪,资产阶级在反对封建专制统治的斗争中,对于封建专横的司法制度进行了猛烈抨击,同时提出了一系列反映资产阶级意志和主张的诉讼原则和思想,为建立资产阶级的刑事诉讼制度奠定了基础。资产阶级在取得政权后,陆续地将这些原则和主张规定在宪法和其他法律之中,确定了诉讼的辩论原则和辩护原则。如1808年《拿破仑刑事诉讼法典》就规定了侦查辩论式诉讼原则,又称混合式诉讼原则,即侦查是秘密的,审判是公开的,采取言论辩论形式。其后,德国、日本都仿效《拿破仑刑事诉讼法典》规定了与其大致相似的诉讼形式。资产阶级还彻底批判了封建专制的有罪推定思想,确定了无罪推定原则,从而保障了犯罪嫌疑人和被告人的合法权益,使之成为刑事诉讼的主体之一。在证据制度方面,资产阶级完全否定了法定证据制度,代之以自由心证原则,即对各种证据的证明力,法律不作明确规定,而由司法官自由判断取舍。这一系列的变革必然引起诉讼活动多方面的变化,如废除刑讯逼供的审讯方法,否定口供至上,确定举证责任由控诉人员承担,犯罪嫌疑人和被告人获得辩护权等。

这些具有划时代意义的变革对侦查也产生了极其深刻的影响,它首先使侦查这一职能活动获得了法律制度上的确认和根本保证。在这些新的司法制度中,侦查在刑事诉讼中就被摆到了一个十分重要的位置,并且根据上述基本的诉讼原则,口供主义被摒弃,客观证据,尤其是物证就必然引起重视,研究物证的侦查技术方法自然而然就成为人们关注的焦点和重点。同时,确定了控诉人员的举证责任,作为控诉方的侦查工作就显得尤为重要,因为倘若侦查获取的证据没有全面、充分的证明力,在辩论式诉讼中便难以取胜。因此,资产阶级新的刑事诉讼制度的确立给公诉机关的侦查提出更高的要求,也给侦查理论研究提出了更高要求。

(二)犯罪骤增后的社会需求

侦查始终同犯罪相适应,犯罪手段的高明程度和犯罪现象的严重程度在一定程度上决定和影响着一个时期的侦查水平。资本主义社会,无论是在资本积累阶段,还是在工业革命阶段,犯罪问题都是一个突出的社会问题。恩格斯在《英国工人阶级状况》一书中曾对典型的资本主义国家当时的犯罪进行了考察,他说,随着资本主义的发展,“英国的犯罪的数字也增加了,不列颠民族已成为世界上犯罪最多的民族。从内务部每年公布的‘犯罪统计表’中可以看出,犯罪的数字在英国是以不可思议的速度增加着”;仅仅在英格兰和威尔士,当事人因刑事犯罪而被捕的事件的数字是:1805 年为 4605 件,到了 1842 年,即达 31,009 件。“换句话,在 37 年中逮捕事件的数字增加了六倍。”[1]不仅在英国,其他资本主义国家的犯罪现象,从 19 世纪以来都不同程度地增长着。19 世纪的最后 20 年,随着资本主义向帝国主义转变,犯罪现象特别是累犯现象剧烈增加。同时,由于犯罪利用了当时一些先进的科技手段进行犯罪,因而,其犯罪的技巧和手法达到了相当高超和专门化程度。显然,侦查人员的经验和简单的侦破方法已不能适应同犯罪作斗争的需要。要有效地对付日益增长的复杂犯罪,维护和巩固资产阶级的统治秩序,就必须大力加强对新的更加科学有效的侦查手段和方法的研究,提高侦查水平。所以,运用新的、科学系统的侦查对策体系同犯罪作斗争就显得十分迫切。这就为侦查学的产生提出了强烈的社会需求。

(三)科学技术和生产力发展所带来的科学和物质基础

19 世纪中期,西方各国相继完成了资产阶级革命,实现了一系列资产阶级民主改革,大大地促进了资本主义生产力的发展。随着文艺复兴运动的兴起,欧洲出现了一大批自然科学家和技术科学家,他们在各自的研究领域均取得了革命性成就。科学的方法论和自然科学、技术科学的一系列理论成果和实验手段被广泛运用于各个领域。这些崭新的科技成果也迅速为侦查所吸收和利用,转化成了侦查的技术和方法。在对物证技术需求的推动下,侦查的技术手段在运用当时的物理学、化学、生物学、医学等科学最新成果的基础上,迅速发展起来。侦查在新的历史条件下被更加紧密地纳入了日益同科学相结合的轨道。

---

〔1〕《马克思恩格斯全集》(第 2 卷),人民出版社 1957 年版,第 416 – 417 页。

(四)侦查学分支学科的不断聚合

在系统的侦查学产生前的几十年,侦查学的一些重要的分支性学科与邻近学科先后创立并发展起来,为系统侦查学的诞生奠定了雄厚的理论基础。18 世纪末,与侦查工作密切相关的法医学被认为是一门科学,19 世纪末得到了蓬勃发展,尤其是病理学乃对显微病理学研究的进展,使法医学者能够以精神观察、尸体解剖、显微检验和化学检验为依据,准确地解决侦查中的有关问题。19 世纪初,法国人马蒂厄·奥尔菲拉出版了《毒物的特性》一书,并和比利时人琼·塔斯塔等药剂界先驱对各种毒物加以离析和鉴别,奠定了毒物检验的基础。19 世纪中叶,法国神甫米尚和意大利犯罪学家兼法医学教授龙勃罗梭创立了笔相学。1879 年,法国人阿尔方斯·贝蒂隆创立了世界上第一次科学意义的鉴别人身的人体测量法。19 世纪末,以弗朗易斯·高尔顿、爱德华·享利为代表的一批人创立了现代指纹鉴定方法。这些领域内技术方法不断地、大量地问世,为侦查学的诞生作了充分的理论准备。因为近现代科学在不断分化的同时,也有着不断融合的趋势,侦查学的形成正是分支学科大量出现,各分支学科内容又相互交融的结果。

由上可见,近代资产阶级侦查学是为了适应资产阶级新的司法制度,尤其是刑事诉讼制度,在强化对以不可思议迅猛增长的犯罪的侦查这一社会需求下,在侦查与当时蓬勃发展的自然科学和技术科学相融合的过程中产生和形成的。侦查学的形成反映了社会历史要求,同时,也是该学科内在发展的必然趋势。

二、侦查学的形成

(一)侦查学的创立

1. 侦查学的创始人及其成就

国际公认,现代侦查学的创始人是奥地利的司法官汉斯·格罗斯(Hans Gross,1847 ~ 1915 年)。汉斯·格罗斯 1847 年生于奥地利的格拉茨。在格拉茨大学法律专业毕业后,1869 年开始在上施泰尔工作区从事侦查工作,经过一段时间的侦查实践,汉斯·格罗斯深深地感到,必须为侦查工作建立新的道德基础和科学技术基础,尤其是科学技术基础。汉斯·格罗斯确信任何科学成果和技术方法都有助于侦查。汉斯·格罗斯于 1893 年出版的著作《司法检验官手册》(Handbuch Für Undersuchug scrithcer)标志着侦查学的诞生。1899 年,该书在印行第3版时，汉斯·格罗斯在书名后加设了一个副标题“侦查学体系”(System Für Kriminalistiks)。从此以后，世界各国的语言中便增加了一个新的词汇——侦查学或物证技术学。1898年，汉斯·格罗斯创办了侦查学领域内的第一本专业杂志《犯罪学与侦查学档案》。1912年，在格罗斯的不懈努力下，奥地利的格拉茨大学成立了世界上第一个侦查学研究所。由于汉斯·格罗斯在侦查学领域内的上述开拓性贡献，后人多称其为“现代侦查学之父”。

2. 侦查学创立的标志

汉斯·格罗斯1869年人事侦查工作后，经过了20多年的苦心钻研，自学了化学、物理学、摄影技术、植物学、动物学、显微镜检验技术，终于写成了《一个侦查员的经验》一书。这部著作是侦查科学的第一部著作，于1892年正式出版。

1893年，汉斯·格罗斯出版了体系更为完善、内容更为丰富的《司法检验官手册》。作为侦查科学诞生的标志物，《司法检验官手册》的出现一方面是汉斯·格罗斯侦查实践经验的总结，另一方面也得益于萌芽时期侦查科学先驱性人物在摄影技术、文书检验、指纹鉴定、枪弹检验、毒物检验、血痕检验等领域内已经取得的丰硕成果。《司法检验官手册》中包含了现场勘查、讯问、笔迹学、司法弹道学、刑事化学、指纹鉴定、人体测量、刑事摄影等方面的内容，可以构成现代侦查学体系的雏形。因此，虽然汉斯·格罗斯并不是第一个把科学分析方法用于侦查工作的人，但因首先提出了侦查方法体系和物证技术体系，并且创制了“侦查学”这一学科术语，对侦查学的建立和发展作出了不可磨灭的开拓性贡献。

(二)创立时期侦查学的基本内容

1. 创立时期侦查学的内容结构

《司法检验官手册》在理论体系上分为两部分：第一部分是犯罪现象，主要论述犯罪及其规律特点；第二部分为科学侦查的方法，包括侦查策略方法(Modus Operandi)和物证技术方法(Kriminalistiks)。在《司法检验官手册》中，汉斯·格罗斯集当时侦查科研成就和实践经验之大成，把侦查对策方法与法医学、毒物学、显微学、人体测量法、笔迹学、枪弹检验、司法化学等技术方法合为一体，并将之归结为“侦查学”。《司法检验员手册》后来也因此更名为《侦查学手册》(handbuch für kriminalistiks)。

2. 创立时期侦查学的基本特点

汉斯·格罗斯在《司法检验员手册》中虽然主要论及的是侦查的技术方法，

但也涉及了勘验和讯问等策略措施问题。如他在关于现场搜集物证的原则中写道:“在官方没有详细记录物体的特征及对物体进行拍照之前,千万不要改变物体的位置,不要提取物体,甚至不要触及任何物体。”汉斯·格罗斯确定的这一现场勘查规则一直被视为不可动摇的“黄金规则”。汉斯·格罗斯还十分重视审讯中证人证词的作用,他在书中写道:“被审视的人是骨架子,而证人的证词则是审讯时的血和肉。”

汉斯·格罗斯虽然吸收了侦查科学领域大量先驱性人物的技术方法,但他本人也创立了司法弹道学。在《司法检验官手册》中,他对发火武器的构造、运用和鉴别方法列了专篇,为侦查枪杀案件和检验枪弹痕迹奠定了基础。汉斯·格罗斯还十分重视化学方法在侦查中的运用,他在书中列举了不同案例来说明尘土对破案的作用,并提醒司法检验人员要注意搜集和研究被害人衣物和现场遗留物上的附着物。

当然,与任何科学一样,侦查学在形成阶段不仅体系上尚不完备,而且在内容上也有诸多片面和不科学之处。汉斯·格罗斯在《司法检验官手册》中就断言:“在侦查每一个犯罪行为时,侦查员都必须寻找妇女罪恶之手,因为一切犯罪行为都受到妇女幕后的影响。”他主张讯问时要根据被讯问人的面部表情来确定犯罪的倾向,如此等等。

第三节　侦查学发展

侦查学诞生迄今仅有100余年的历史,当属年轻学科,但其内在的发展经历了一个相当艰难曲折的过程。侦查学发端于西方资本主义国家,由于它是指导同刑事犯罪作斗争的有效的方法论,因而很快得以向世界传播。然而,由于不同国家在特定的历史时期内所形成的不同的犯罪形态,更是由于这些国家政治、经济、文化背景的不同,使得侦查学的传播和发展不可避免地出现了差异,形成了不同的侦查学发展模式。

一、欧美侦查学的发展

欧美侦查学主要是指以美国为代表的资本主义国家的侦查学。虽然现代科学的侦查学的主要发源地是法国、英国、德国和奥地利,而且毒物学、指纹学、法医学等都是由欧洲人创立的,但是,整个欧洲大陆在侦查学领域的进步和发展，由于受到两次世界大战的严重破坏，其领先的地位在 20 世纪以来逐渐被削弱，而在美国，由于工业革命和科技发展的刺激，侦查科学得到了飞速发展，进而在资本主义国家异常突起，成为侦查学前进的领路人。以美国为代表的欧美侦查学的发展成就主要表现在三个方面。

（一）侦查实验室的广泛建立

在西方国家，最先提出侦查机关应建立自然科学实验室，将自然科学家变成侦查学家思想的是瑞士人鲁道夫·阿奇巴德·赖斯。20 世纪初期，他同瑞士瓦特州警察署和州政府密切合作，自费在洛桑建立了一个“警察科学研究所”，并设法使这个研究机构附属于洛桑大学。这一研究机构被国际学者公认为侦查学的首批研究机构。与此同时，法国的侦查学家埃德蒙斯·洛卡尔在里昂创建了欧洲第一个警方的侦查实验室。洛卡尔不仅在指纹学、笔迹学领域颇有建树，而且也是一位刑事化学家。他是欧洲也是世界上侦查实验室的创始人，很多新的实验方法都是由他首先采用的，他在里昂创办的实验室实际上是当时侦查学鉴定和教学实验的国际中心。此后，1935 年在英国伦敦苏格兰场建立了英国第一个警察实验室，即国家警察实验室。1938 年 10 月，德国建立了当时世界上规模最大、技术装备最好的中央警察技术研究所。

正当西欧各国的侦查实验机构不断开拓新的鉴定领域，探究新的鉴定方法时，第一次世界大战和第二次世界大战接踵而至，许多警察实验室成为战争废墟。而在大洋彼岸的美国由于受战争影响较小，在 20 世纪四五十年代，其侦查实验室得以迅猛发展，其中，成立于 1932 年 11 月 24 日的联邦调查局科学实验室在当时的联邦调查局局长丁·爱德加·胡佛的领导下，研究领域不断拓展，科学仪器不断更新，规模亦不断扩大。工业革命和科技发展带来的充足的资金来源和活跃的学术空气，使联邦调查局科学技术实验室的法庭科学家们不仅在国内法庭科学界，而且在世界法庭科学界起着主导作用，产生决定性影响。进入 20 世纪 90 年代后，该实验室已拥有了静电检测仪、中子活化分析仪、原子吸收分光光度仪、X 射线感应荧光分析仪、配有 X 射线分析仪的扫描电子显微镜、富利叶变换红外分光光度仪、X 射线衍射仪、高效液相色谱分析仪、离子色谱分析仪、显微分光镜、质谱分析仪等精良的设备投入使用。联邦调查局科学技术实验室的三个检验处，即文件处、科学处和特别项目处的对外服务项目已达到六十余项。

目前，西方各资本主义国家均已建立了独立的、具有相当规模和精良设备的侦查实验室或物证技术实验室。

(二)物证技术学科领域的不断拓展

在欧美国家,侦查学在很大程度上就是物证技术学。欧美学者给 Criminalistics 所下的定义就是"The sum of these Sciences insofar as they are applied to criminal detective"(运用于侦查领域的各门科学知识的总称),"Their utility is associated mainly with physical evidence"(其主要作用于物证方面)。因此,欧美的侦查学几乎涉足了物证技术的各个领域,不仅包括了我国传统侦查学中所涵盖的同一认定技术,而且包括了法医学、法毒物学、法动物学、法植物学、法人类学、法工程学等众多的法庭科学领域。据法国《拉鲁斯大百科全书》第六卷第 3476 页载,法国的侦查学(Criminalistique)就包括了法医学、警察科学和警察技术三个部分。[2]1950 年,美国加利福利亚刑事工作者协会也认为:"侦查学是把自然科学运用到法律科学上来指导物证的辨认、鉴定、区别和解释的专门学科和科学训练方法。"[3]

20 世纪以来,物证技术学随着警察实验室和现代科技的迅猛发展而迅速繁荣起来,物证技术的研究领域也不断拓展。如人身识别同一认定领域,汉斯·格罗斯时代仅仅局限于人体测量、指纹鉴定、笔迹鉴定等几个领域,而进入 20 世纪以后,这一领域的新兴学科已有足迹鉴定、牙齿鉴定、唇纹鉴定、声纹鉴定、眼纹鉴定、耳纹鉴定、DNA 鉴定等。其他物证技术领域的发展也是如此,工具痕迹、油漆、玻璃、毒品、毒物、伪造文书等物质的检验技术更是日新月异,在侦查领域中的应用有着越来越广阔的前景。

(三)技术方法和策略方法的融合

人们一般认为,欧美侦查学家和物证技术学家比较注重科学技术方法在侦查中的应用问题,对一些侦查理论、策略、原则涉猎较少。但进一步地考察后发现,欧美学者对侦查的理论和策略原则也作了许多有益的探索。美国物证技术学的先驱者保罗·柯克 1953 年在其著述《刑事侦查》中就用一整章的篇幅介绍了同一认定问题,在阐述了"同一"的概念及同一认定与种类认定的区别后,柯克指出了在同一认定中引入数学原理的重要性,认为要保证同一认定的科学

---

[2] 蔡晋主编:《刑事侦查与司法鉴定》,知识出版社 1982 年版,第 33 页。
[3] 蔡晋主编:《刑事侦查与司法鉴定》,知识出版社 1982 年版,第 21 页。

性，应该使对客体特征的定性分析转化为定量分析，并且要为各种同一认定客体建立特征的基础数据库。

欧美的物证技术学的内容虽然主要局限于技术领域，但是一些侦查著述中依然要论述侦查中的策略原则和侦破方法。美国侦查学家卡尔斯·奥哈里和格列高里·奥哈里所著的《刑事侦查学基础》一书中虽然认为侦查只是一门艺术（Art），但在具体阐述这门"艺术"时，却包含了 Information（侦查情报）、Interrogation（侦查讯问和询问）、Instrumentation（仪器操作分析）的所谓"三 I"内容，其中有侦查措施、各类犯罪侦查方法、侦查员出庭作证等，全书的社会科学属性占据了主导地位。由此看来，欧美侦查学中已出现了技术策略化和策略技术化的双重趋势，技术和策略的融合在侦查学的未来发展中不可避免。

二、苏联侦查学的发展

由于特定的历史原因，苏联在 20 世纪中叶对东欧、朝鲜、中国、越南等社会主义国家的政治、经济、文化都产生了极大的影响。与此相适应，苏联的侦查学也有着相当广泛的国际作用。与欧美技术科学型的侦查学相比较，苏联侦查学的发展是另一番景致。

（一）苏联侦查学内容的拓展

苏联的侦查学是在 1917 年 10 月革命前的二三十年开始萌芽的，这一时期侦查学的主要成果表现在侦查技术领域，这与侦查学形成的一般规律一致。十月革命后，苏联早期的一些侦查家们就侦查学的一般问题、刑事照相、指纹学、刑事登记等撰写了侦查学领域的第一批著作，初步确定了侦查学的地位。

直到 20 世纪 30 年代中、晚期，苏联才有了第一部高等院校通用的侦查学教材。在这部教材中，沙维多和温别尔格教授提出了侦查学结构的"二要素说"，即认为侦查学的内容包括"技术上的手段"和"策略上的手段"两个方面，侦查的策略方法成为侦查学体系的独立内容，从此，侦查的策略措施问题引起了越来越多的人的重视。在蓬勃发展的心理科学、逻辑科学、管理科学、军事科学等理论和方法的影响下，侦查策略方法不断得以规范化、科学化，并在侦查学中占据越来越重要的地位，为侦查学性质的转化树起了第一座丰碑。

与此同时，随着侦查策略措施内容的出现，侦查技术和侦查策略措施在具体侦查情势下的组合，即具体犯罪的侦查方法问题也自然而然地引起了学者们的注意，并很快地在侦查学中找到了其独立的位置。20 世纪 50 年代以后，苏联侦查学已经成为一门“关于如何通过利用在专门科学和总结实践基础上研究制定的手段、措施和方法，对犯罪有组织有计划地侦查，按照诉讼法规有效地收集、检验物证以及预防犯罪的科学”[4]。至此，苏联侦查学的“三块结构体系”——手段、措施、方法，也就是侦查技术、侦查措施、侦破方法正式形成。

随着侦查学研究的不断拓宽，侦查学的学科属性也逐渐发生了变化。随着新的内容的不断注入，侦查学的社会科学属性越来越突出。侦查学技术也越来越多地处于为侦查措施和侦破方法服务的地位，以心理学、逻辑学、管理学、法学、军事学为理论依据的侦查方法问题变成了侦查学的核心，侦查学的社会科学属性大大超出了它的技术科学属性。随着侦查与法律日益紧密地结合，侦查主体、侦查客体、侦查的程序和方法越来越多地写进了法律范畴，尤其是侦查与刑法、刑事诉讼法密不可分的关系使得以侦查方法为研究对象的侦查更多地具有了法律属性，侦查学终于由一门单纯的为侦查服务的技术性应用学科过渡为刑事法律学科。

(二)苏联侦查学的理论研究、教材建设和人才培养

1. 苏联侦查学的理论研究

苏联早期侦查学家在 20 世纪 20 年代就已经撰写出了侦查学领域的第一批著作。1938 年，沙维尔教授首先论证了侦查学的对象和方法问题，他认为，侦查学不是一门狭窄的技术性学科，而是一门法律学科，它具有政治内容，并积极采用自然科学和技术科学的成就来达到侦查犯罪的目的，它运用的是辩证方法，所研究的手段科学、客观，符合法治原则和民主原则。

关于同一认定问题，早在 1925 年，亚基莫夫在《方法学上的一致性》一文中就比较详细地论述了同一认定理论中的一些基本问题，如同一认定的概念、特征和分类，同一认定的科学方法，同一认定的标准和划分的条件等。20 世纪 30 年代波塔波夫首次系统研究和阐述了同一认定理论的科学基础和基本方法。1937 年，苏联第一部《司法弹道学》问世，该书作者切尔瓦柯夫教授在 1953 年又出版了《司法弹道学概述》，书中系统论述了枪弹痕迹鉴定的原理。1938 年，波塔波夫第一次将“笔迹学”列为专章写进了通用的侦查学教材，1940 年，他的《科学的笔迹学》一文从原则上奠定了笔迹鉴定的新原理；同年，温别尔格写完了《笔迹的司法鉴定》一书，提出了新的笔迹特征分类和检验的方法。此后，许多

---

[4] 《犯罪对策学专题报告》，司法科学鉴定研究所 1958 年版，第 18 页。

专家、学者陆续论证了笔迹形成的生理学基础、笔迹与高级神经之间的关系以及与此相关的一些问题,如左手笔迹的检验、数字笔迹的检验、书面语言特征检验、签名字迹检验、铅字图样拼成的文书检验及变化笔迹的检验。1947 年,雪甫琴科的《现代痕迹学的科学基础》一书面世,书中论述了痕迹鉴定的基本原理。与痕迹检验有关,巴里塔扎尔提出了从质量上和数量上判断分析特征符合点和差异点的理论,柯勒马阔夫的《人身同一认定的实质和任务》一文解决了人身同一认定的理论原理。

进入 20 世纪 60 年代以后,苏联侦查学界又开始研究控制论等新的理论和方法在侦查中的运用问题。1964 年出版了《概率论和数理统计法》以及《搜集与检验证据的数学方法》等。与此同时,在侦查学的策略措施和侦破方法的研究中广泛地引入了逻辑学、心理学、管理学等科学的最新研究成果和方法。

2. 苏联侦查学教材建设

苏联第一部侦查学教材于 1925 年出版。1935 年至 1938 年,苏联出版了第一部高等院校通用的侦查学教科书计两册,上册为《侦查技术和策略》,下册为《各类犯罪侦查方法》,该书由当时的苏联总检察长维辛斯基主编,许多著名学者如戈隆斯基、波塔波夫、格罗莫夫、亚基莫夫等参加了该书的编撰工作。该书的出版是苏联侦查学发展史上的一座丰碑,它为“培养从事实际工作和科学研究工作干部之用的理论水平更高的苏维埃侦查学教科书的不断出版奠定了基础”[5]。此后,苏联教科书和专著不断涌现,较有影响的有 1951 年捷尔基耶夫的《侦查学》,1963 年米切特列夫萨拉莫夫的《侦查学》,1968 年别尔金、朱衣可夫的《侦查学》,1980 年瓦西利耶夫的《侦查学》和 1985 年潘捷列耶夫、谢里马诺夫的《侦查学》。他们中的相当部分已被以“犯罪对策学”或“犯罪侦查学”为名翻译介绍至中国。

3. 苏联侦查学人才培养

1938 年前,苏联尚无一位侦查学方面的法学博士或副博士。苏联第一批侦查方面的法学博士产生于 20 世纪 30 年代末,其中有波塔波夫、亚基莫夫、温别尔格、米特切列夫、戈隆斯基、捷尔基耶夫等,他们后来都成了侦查学教授,并在各自的研究领域中成为开拓性的风云人物,此后,苏联每年都有许多人通过侦查学方面的法学博士或副博士的论文答辩。与科学研究和人才培养相适应,苏联检察院、内务部、司法部、各加盟共和国、各法学院、民警学院等都设立了侦查

---

〔5〕[苏]瓦西利耶主编:《犯罪侦查学》,原因译,群众出版社 1985 年版,第 18 页。

学科学研究机构。

三、新中国侦查学的发展

中国是世界侦查制度和方法的发源地,古人在侦查领域所取得的举世瞩目的成就是中华民族古代灿烂文化的重要组成部分。但是,由于近代半殖民地半封建社会的专制和腐败,科技革命和司法革新未能出现在中国,以至于侦查科学未能从中华沃土上滋生出来。新中国成立后,侦查学逐渐得以确立并在新的历史时期迅速发展。

(一)新中国侦查学的萌芽时期(1948～1953年)

这一时期,我国召开了数次公安工作会议和侦查工作会议,规定了一系列侦查专门工作,既为建立具有中国特色的侦查工作奠定了基础,也为侦查专业教学和科学研究提供了必要的政策和理论依据。

与此同时,我国开始了侦查工作教材的编写。这些侦查教材的编写,一方面系统地总结了解放区侦查工作的经验,另一方面在坚持人民民主专政的前提下又批判地借鉴了国外和国民党的某些侦查手段和方法,如华北军区政治部保卫部1948年8月编印的《侦查工作技术参考资料》就参考了日本《犯罪搜查学》和国民党统治时期编写的《侦探学》中有关盯梢、坐探、抓捕、摄影、信检、犯罪隐语等方面的内容。

由于当时特定历史条件的限制,侦查工作与治安管理、政治保卫等工作合为一体,尚无独立的体制。因此,侦查教材的内容也带有一定的依附性,无独立的学科体系而言,或者说,形成的是一个"大侦查学"体系。这与近代资产阶级侦查学形成时的体系特征是一致的。

(二)新中国侦查学的创建时期(1953～1965年)

创建时期的我国侦查学有两个基本特征:

一是系统地总结新民主主义革命时期和中华人民共和国成立初期侦查工作的经验,形成了具有独立体系和内容的侦查工作教材。1953年至1954年,中央人民公安学院和各地中央人民公安学院分院相继建立,并组建了侦查教研机构,开设了侦查课程,编写了多种侦查专业教材和参考资料。在这些教材和参考资料中,较为系统地总结了新民主主义革命和中华人民共和国成立初期侦查工作的基本经验,阐述了包括专案侦查、秘密侦查力量建设、犯罪活动的调查研究、特种行业控制和侦查技术建设等侦查专业工作。随着具有独立体系和内容的侦查工作教材的不断出现，侦查学的教学和研究亦开始兴起。1953 年 12 月，中央人民公安学院编写了一部《刑事侦查工作讲义》，内容涉及现场勘查、调查、逮捕等方面的内容，该教材构成了此后此类教材编写的基础。1963 年 3 月，西南政法学院刑侦教研室集体编写的《刑事侦察学教学提纲》被正式采用于该院法律专业本科教学，该教材共 5 篇 27 章，近 20 万字，是国内首次采用"刑事侦察学"这一术语的教材，在一定程度上标志着我国侦查学的学科建设进入了一个新的阶段。

二是全面学习苏联侦查工作的基本经验，借鉴苏联的"犯罪对策学"。由于特定的历史原因，在 20 世纪 50 年代初期，苏联作为法学分支学科之一的犯罪对策学被我国全面引进和采用。公安部、中央人民公安学院、司法部司法科学鉴定科学研究所和一些政法院系，先后聘请了苏联的犯罪对策学专家讲学，在此过程中翻译了一些苏联的侦查学教材和苏联专家的讲稿，如 1956 年由公安部办公厅编译处翻译的苏联侦查业务教材《秘密调查》，提供了秘密侦查手段和侦查控制工作方面的宝贵经验。1957 年 8 月由中国人民大学法律系翻译的柯尔金的讲稿"犯罪对策学"是一本比较成熟的犯罪对策学。应该说，这些举措对我国侦查工作的发展和侦查科学的创建起到一定的作用。

总之，这一时期的侦查学通过总结我国侦查工作的历史经验，为我国侦查工作的方针、原则的确立和侦查基础工作和专业工作的建设奠定了理论依据。同时，通过学习苏联侦查工作经验，借鉴其犯罪对策学，进一步丰富了我国侦查学的内容，使我国侦查学在创建阶段就处在一个较高的起点。

（三）新中国侦查学的停滞时期（1966～1976 年）

从 1976 年到 1976 年长达十年的时间里，我国的侦查工作遭到了严重破坏，侦查的一些基础工作和专业工作被取消，专门工作被群众工作所替代，公安民警政法院校陆续停办，侦查学教学和科研工作基本停止。与此相适，侦查科学的发展呈空白状态，侦查学既无内容，也无形式。

（四）新中国侦查学发展的新时期（1976 年至今）

侦查学在总结和研究新的历史时期的犯罪活动规律特点和侦查对策方法的过程中逐步走向成熟和完善。发展时期的侦查学有以下基本特点：

1. 确立了具有中国特色的社会主义侦查学的发展方向。新的历史时期的我国侦查学研究在古为今用、洋为中用、理论与实践相结合的原则的指导下，始终坚持了具有自己特色的社会主义方向。如确立了以马克思列宁主义、毛泽东思想、邓小平理论为指导思想和唯物辩证法为研究原则的理论基础，建立了阐明和指导我国实践的基础理论；全面、客观地反映我国侦查理论和侦查实践发展的演变的科学史；用历史的、科学的、法制的观点研究我国古代和现代侦查策略，建立了社会主义条件下的侦查策略理论体系；针对现代犯罪规律特点，建立适合我国国情的案件侦查理论和方法；根据我国管理体制改革模式的特点研究我国侦查管理的理论和方法，如此等等。这些方向性的指导原则，对引导我国侦查学的发展起到重要作用。

2. 建立了侦查学的理论基础。理论基础是阐明该门学科主要内容的基本原理和基本方法的理论体系，是该门学科赖以存在和发展的前提。关于我国侦查学的理论基础问题，学术界经过较长时间的研究和讨论，虽未完全求得认识上的统一，但比较一致的观点是：我国侦查学的理论基础是认识论、同一认定理论及信息论、控制论和系统论。其中，认识论是侦查学第一层次的理论基础，贯穿于侦查活动的始终，包括犯罪案件可知性理论、案件侦查认识活动特殊性理论、侦查主体的思维模式理论、侦查决策的类型和步骤的理论等。同一认定理论是认识论在侦查活动中的具体化，是一个认识方法体系。就认识过程而言，侦查过程是一个同一认定过程。信息论、控制论、系统论仍属于认识的方法论体系。侦查活动是一个以信息为基础的并由侦查主体加以控制的系统工程。

3. 建立了比较严密的学科体系和比较完善的学科群体。我国侦查学体系经历了不断发展、充实和完善的过程。20 世纪 50 年代的侦查学体系由侦查技术和侦查措施构成，称为“两块论”体系；60 年代发展为侦查技术、侦查措施、侦破方法三部分，称为“三块论”体系。20 世纪 80 年代以后，许多学者认为由于新学科的分离，侦查技术不宜作为侦查学的构成体系，侦查原理和侦查策略在侦查中居于核心地位，应成为侦查学体系的重要组成部分，因此，侦查原理、侦查措施和策略、侦查方法构成当代侦查学的体系，故有“新三块论”之称。本教材依从侦查学各结构要素之间的逻辑关系，提出了侦查学体系由总论和分论两部分构成的设想。在侦查学体系不断发展的同时，随着我国侦查实践经验的丰富，侦查理论和教育迅速发展，为了适应各方面的需要，侦查学分支学科纷纷创立，如侦查语言学、侦查情报学、侦查心理学、侦查逻辑学、侦查管理学等。侦查学由单一学科发展成为以案件侦查为主体的十几个分支学科的学科群，拓宽了侦查学的研究领域。

4. 侦查理论研究的重点围绕侦查实践，并用研究成果指导侦查活动。自20世纪80年代以来，侦查理论工作者和实际工作者都很重视研究工作，学术空气活跃，他们以研究侦查实践中亟待解决的突出问题为重点，取得了突破性的成果，并用以推动侦查工作的深入发展。如通过对刑事犯罪活动规律特点的研究，为制定侦查工作的总体部署、战略决策、侦查破案组织形式和社会治安综合治理提供了依据；将刑事案件的侦查步骤统一为侦查的提起、侦查的实施和侦查的终结三个阶段，使其与刑事诉讼法规定的程序保持一致；根据现代犯罪特点，将刑事案件的侦查过程分别确定了"从事到人"和"从人到事"两种，根据不同的犯罪手法特点具体选择，改变了传统的侦查模式，从而推动了侦查措施和侦查方法的变革；职务犯罪侦查和经济犯罪侦查是我国侦查学的新领域，通过研究已经建立了各自的侦查理论体系，从而充实了各类案件侦查的方法，完善了各种侦查措施的研究。

5. 新型犯罪的出现与侦查实务的变化催生侦查学研究理论范式新走向。我国侦查学具有较为稳定系统的理论研究范式。自2000年以来，以电信网络诈骗为代表的新型非接触式犯罪开始高发多发，与传统犯罪相比，这一类新型犯罪在组织结构和作案手法等方面发生了明显变化。以大数据侦查为核心，构建与新时期打击犯罪相适应的新型侦查形态，有效侦查非接触性犯罪的信息流、资金流、人员流、网络流等涉案犯罪流，成为侦查实战化需求。面对复杂严峻的犯罪形势，侦查治理成为侦查领域的治理之道，体现为治理在侦查领域的功能性适用，服务于侦查工作的总体布局，[6]作为理论衔接，我国侦查学现在的理论重心已然处于侦查治理理论范式阶段。随着2022年12月1日《反电信网络诈骗法》的施行与配套性规范的逐步出台，完善的法律体系将固化侦查机关为主导，其他社会力量多元协同参与的反诈侦查治理格局，侦查学理论研究将围绕创新新型犯罪侦查治理的具体路径与社会协同治理职责不断向纵深发展。

---

〔6〕 任惠华、胡翔：《侦查学理论范式的历史演绎与现代证成》，载《中国刑警学院学报》2022年第3期。